이 책은 이론보다 실제 사례와 원칙을 중심으로 무슬림 선교의 다양한 주제를 다루며 깊은 울림을 준다. 여러 저자의 글이지만 무슬림을 향한 하나님의 마음이라는 일관된 주제가 드러난다. 비서구 선교운동, 움마(공동체), 이주, 제자화, 트라우마와 멤버케어, 유목민, 여성, 명예, 피스메이킹 등의 키워드는 내가 이슬람권 선교사들과 만나고 남아시아에서 오랜 시간을 보내며 집중적으로 고민해온 주제들이다. 특히 무슬림을 개종 대상이 아닌 동등한 인격체로 보는 글을 통해 나의 선교 관점을 다시금 돌아보게 되었다. 유럽과 아프리카의 무슬림 난민 사역, 도시 무슬림 공동체에서의 복음 전파, 코소보와 알바니아에서의 평화 사역 등 최근 사례는 실제적 통찰을 제공한다. 전쟁과 갈등으로 고통받는 무슬림들에게 어떻게 평화의 복음을 전할지, 비서구 선교사들의 이슬람 선교는 어떻게 이루어지는지, 하나님 선교에 동참함이 궁극적으로 무엇을 의미하는지 고민하는 이들에게 이 책의 일독을 권한다. 그 답의 실마리를 얻게 될 것이다.

공갈렙 선교사, 인터서브 코리아 대표

『열매에서 추수로』는 무슬림 공동체에서 이루어지는 그리스도인 사역을 안내하는 책이다. 전편 『씨앗에서 열매로』가 무슬림을 대상으로 한 복음 전파의 포괄적 접근법과 체계적 지침을 제시했다면, 이 책은 순종 중심의 MBB 제자양육에 초점을 두고, 사역자들의 현장 경험과 타문화 상황에서의 교훈을 배우게 하는 스토리텔링이 돋보인다. 믿음의 공동체 안에서 더욱 효과적인 제자양육을 위해 미디어 선교 등 다양한 도구들을 소개하기도 한다. 또한, 예수 그리스도 안에 거하며 기도하는 사역자를 강조하고, MBB의 삶에 변화를 가져오는 제자양육에 큰 관심을 불러일으킨다. 이슬람 지역 연구, 이슬람 공동체 특성에 따른 선교적 재고, 사역자 트라우마와 멤버케어, 무슬림 사회와 명예, 여성과 민속 이슬람, 무슬림 난민과 디아스포라, 피스메이킹 등 다양한 주제를 다루며, 특히 제자 삼는 자(discipler)가 문화적, 사회적 역동성을 고려하면서 어떻게 MBB의 믿음을 강화시킬 수 있을지, 그리고 그들의 개인적 필요에 어떻게 대응할지를 알려준다. 이슬람권 선교는 도전과 수고가 따르지만, MBB와의 공감대 형성을 통한 사역의 기쁨도 있다. 하나님께서 당신을 이 사역으로 부르신다면, 해산의 수고와 기쁨의 추수를 준비하는 데 이 책이 도움될 것이다.

공일주 중동아프리카연구소 소장, Discipleship Ministry Network 공동대표

2017년 10월 치앙마이에서 모였던 1,200여 명의 이슬람권 사역자들의 경험과 논의를 담은 이 책은 특별한 의미를 지닌다. 참석자의 25퍼센트가 무슬림 배경 신자들이었으며, 우리는 매일 아침저녁 각 지역어로 여전히 놀라운 일을 행하시는 하나님을 찬양했다. 나는 마지막 날 발표될 언약(covenant)을 작성하는 위원회에 속해, 빠듯한 일정 속에서도 매일 다른 위원들과 토론하며 의미 있는 시간을 가졌다. 이 대회는 사무엘 즈웨머가 비전을 제시한 이래로 진행된 여러 이슬람권 선교대회와 뚜렷한 차이가 있다. 아젠다와 성취 방법, 목표 설정에서 특정 지역 중심이 아닌 포괄적 접근을 취했고, 숫자를 내세우는 기존의 경향에서 완전히 벗어나진 못했으나, "거하라, 열매 맺으라"라는 주제 아래 다양한 배경의 사역자들이 오직 주님 안에 거함으로써 이 모든 성취가 가능함을 선언했다. 로잔 4차 대회 소그룹(GAP) 모임에서도 드러났듯이, 현재 선교적 관심은 일터와 이슬람권, 그리고 그 둘의 공통 배경인 도시를 향하고 있다. 그러나 국제 정세의 불확실성과 종교를 빙자한 폭력이 있는 시대라는 현실 속에서 이슬람권 선교는 여전히 도전의 현장이다. 『씨앗에서 열매로』의 저자진이 참여하고, 이슬람권 선교의 신학화에 꾸준히 학문적 관심을 기울여온 정승현 교수가 번역한 이 책이, 한국 그리스도인들에게 이슬람 선교의 힘든 여정을 극복하는 실제적 안목과 성경적 방법을 고민하는 계기가 되길 바란다.

김아영 횃불트리니티신학대학원대학교 교수, 한국이슬람연구소 소장, 우드베리연구소 소장

이 책을 단숨에 읽었다. 25개국 50명 이상의 목소리로 "무슬림 가운데 전도와 신앙 공동체를 세우는 효과적 방법"을 탐구하기에 몰입할 수 있었다. 이슬람권 선교를 처음 접하는 이들에게도 깊은 울림과 통찰을 선사할 것이다. 이 책의 중심은 지식 전달이 아닌 순종의 삶을 위한 초대에 있다. 예수님과의 관계 변화, 세상과의 관계 변화를 통해 무슬림을 그리스도의 제자로 부르시는 일에 어떻게 동참할 수 있는지 구체적으로 보여준다. 요한복음 15장 5절 말씀에 뿌리를 둔 이 책은 예수님과의 친밀한 관계, 주의 임재를 드러내는 삶이 무슬림 선교의 기초임을 거듭 강조한다. 동시에 글로벌 노동 이주와 디지털 환경 같은 현대적 선교 기회를 조명하고, '영적 가족됨'의 회복(요 13:35)을 도전 과제로 제시한다. 이 책에 담긴 50여 명의 목소리는 무슬림을 제자로 세우는 기도와 사역에 새로운 빛을 비춰준다. 당신도 그 통찰의 빛을 발견하길 바란다. 이 책을 통해 나는 이슬람 세계의 많은 이야기를 나누어 주는 또 한 명의 좋은 친구를 얻었다.

김은수 선교사, 중동선교회 본부장

우리는 보통 자기 삶의 영역을 벗어나 생각하기 어려우며, 주관적 경험을 기준으로 세상을 바라보는 경향이 있다. 그런 점에서 한국인에게 무슬림은 낯설고 때로는 두려움의 대상이다. 2050년경에는 세계 종교인들 중 무슬림이 가장 다수를 차지할 것이라는 사회종교학자들의 보고도 있다. 그럼에도 우리는 무슬림 선교 역사상 가장 놀라운 시대를 살고 있다. 무슬림 세계가 많이 달라졌고, 선교 환경도 엄청난 변화를 겪고 있다. 이 변혁의 시기에 『열매에서 추수로』는 무슬림 사역의 다양한 영역과 주제를 다루며, 씨앗에서 시작된 하나님의 사역이 어떻게 추수로 이어지는지 보여준다. 무슬림 선교 전반에 대한 폭넓은 통찰과 지식, 아이디어, 나아가 미래의 사역 방향을 제시한다. 각 장 말미의 '토론과 적용' 질문은 현장에 대한 실질적 이해와 적용을 돕는다. 이 책에 소개된 여러 간증과 이야기들이 무슬림 선교를 향한 소망이 되기를 기도하며, 이 책을 적극 추천한다.

김재형 선교사, 한국 WEC 국제선교회 대표

예수님의 명령에 따라 무슬림을 전도하고 제자 삼는 일은 쉽지 않지만 결코 불가능한 일이 아니다. 실제로 지속적으로 열매가 맺히고 있으며, 그 수확은 우리의 예상을 뛰어넘는다. 2017년 치앙마이에서 열린 비전 5:9 대회에 참석한 선교단체 리더와 선교학자들의 간증, 사역 보고, 그리고 실제적 지침을 담고 있는 이 책은, 그 놀라운 현실을 생동감 있게 보여준다. 무슬림 회심자들의 삶, 문화, 심리에 대한 깊은 이해를 반영하는 간결하고 구체적인 서술을 통해 사역 현장을 간접 경험하거나 공감하며 새로운 도전과 격려를 받게 될 것이다. 2017년 치앙마이 대회는 '예수님 안에 거함'을 강조했고, 이 책도 우리가 아닌 주님께 초점을 맞추어야 하는 이유를 보여준다. 그런 점에서 선교적 영성과 모범을 제시하는, 생명력을 느낄 수 있는 경건서이기도 하다. 인종과 문화, 국경을 초월한 하나님의 사역을 보여주는 이 책은 무슬림 선교에 관심 있는 모든 그리스도인의 필독서다.

김철수 아프리카국제대학 이슬람권 선교학 교수, 풀러신학교 문화인류학·이슬람권 선교학 객원교수

『열매에서 추수로』는 이스마엘 자녀를 위한 선교 사역의 동향과 추수 현장의 다양한 모습을 보여준다. MBB 공동체, 박해 국가의 교회, 서구 교회가 한 가족으로서 하나님과 함께 춤추고 동행하는 법을 탐구하며, 이 시대에 다양한 방식으로 일어나고 있는 하나님의 추수를 조명한다. 이스마엘의 자녀를 섬길 때 직면할 수 있는 대부분의 상황이 책 곳곳에 담겨 있으며, 이야기를 풀어내고 해석하는 방식이 현장 중심적이고 무슬림에게 적실하다. MBB와의 동역을 넘어 그들의 리더십을 따르는 비전을 제시하기도 한다. 선교의 주체가 삼위 하나님임을 분명히 하며, 그분과의 교제와 형상 회복이 열매의 근원임을 강조한다. 존재(being)가 사역(doing)을 결정하고, 좋은 나무가 좋은 열매를 맺으며, 우리는 심고 뿌리되 오직 하나님께서 때를 따라 열매 맺게 하신다는 진리가 분명히 선언된다. "성찰 없는 현장 사역은 맹목적이고, 현장 없는 성찰은 공허하다"는 관점에서 균형 잡힌 무슬림 선교의 길을 제시한다. 이 책을 읽는 동안, '선교지에 가기 전에 이 책을 만났더라면 얼마나 좋았을까?' 하는 생각을 거듭했다. 지금이라도 이 책이 출간되어 감사하고 기쁘다. 이스마엘 자녀를 섬기고자 하는 선교사와 선교인(missioner)으로 부름 받은 모든 성도에게 이 책을 주저 없이 권한다.

남경우 한국선교훈련원(GMTC) 원장, 전) 인도네시아 선교사

이 책은 2017년 "거하라, 열매 맺으라" 무슬림 선교 컨설테이션의 결과물이다. 전 세계 40개 이상의 선교단체에서 온 무슬림 선교사들의 경험을 담아, 오늘날 무슬림 선교의 현주소를 보여준다. 최근 선교신학에서 주목받는 이야기의 중요성을 고려할 때, 이 책의 다양한 이야기들은 감동을 줄 뿐 아니라 선교학적 성찰을 위한 1차 자료로도 활용될 수 있다. 특히 책과 대회 제목이 보여주듯, 이 책은 선교의 영성을 강조한다. 선교는 깊은 영성에서 흘러나와야 한다. 선교가 분주한 프로젝트 운영으로 흐르다보면 영성의 뿌리를 잊기 쉬운데, 이 책은 무슬림 선교에서 '그리스도와 동행하는 영성'이 핵심임을 강조한다. 이 귀한 책이 한국어로 번역되었음을 기쁘게 생각하며, 무슬림 선교에 관심 있는 모든 그리스도인에게 일독을 권한다.

박보경 세계선교학회 회장, 장로회신학대학교 교수

열매와 추수! 무슬림 세계를 향한 사역자들의 가슴 벅찬 기대와 힘에 지나는 노고가 느껴진다. 난공불락 같던 무슬림 세계를 성령의 바람으로 품으시는 하나님의 역사가 드러난다. 성령의 바람은 하나님의 마음으로 무슬림을 사랑하고자 삶을 불태운 이들을 통해 번져간다. 서구와 비서구를 넘어 열매로 거둔 MBB까지 함께 모여 하나님의 음성을 듣고, 비전을 공유하며, 기도로 삶을 드리는 이들을 통해 열매는 계속해서 맺힐 것이다. 25개국 이상의 나라와 40개 이상의 선교단체 사역자들이 한마음으로 모여 '주님 안에 거함'의 가치를 최우선으로 여기는 모습이 인상적이다. 이들은 열매를 허락하고 추수로 부르신 주인이 누구인지 분명히 증거한다. 오늘날 전쟁과 난민, 사회적 갈등의 참담한 소식이 연일 들려오지만, 하나님은 그 가운데서도 그분의 사람들을 통해 일하신다. 이 책은 무슬림 세계라는 단단한 벽과 끝없이 이동하는 거대한 물결 가운데서 역사하시는 하나님의 드라마를 보여준다. 추수의 때다! "추수할 곳은 많으나 일꾼이 적다"는 주님의 음성을 들으라! 추수에 동참할 수 있는 수많은 역할을 이 책에서 찾게 될 것이며, 이것이 바로 당신이 이 책을 반드시 읽어야 하는 이유다.

이대행 선교사, 엠브릿지 대표, 전) 선교한국 사무총장

여타 세계 종교처럼 이슬람 역시 매우 광범위하고 다채로운 스펙트럼을 가지고 있다. 그만큼 이론과 실제 간의 균형을 유지하면서 이 주제를 다루는 글을 기획하기란 결코 쉽지 않다. 그러나 『열매에서 추수로』는 이 도전적인 과제를 훌륭히 수행했다. 이 책은 광범위한 이슬람 현장과 그곳에서 사역하는 글로벌 교회개척자들의 컨설테이션에서 나온 두 번째 결실이며, 그만큼 더욱 값지고 의미가 깊다. 무슬림을 향한 사랑을 지닌 모든 이들이 이 귀한 글을 읽으며 기도하고 적용하길 소망한다.

이재화 선교사, GMP 대표

2천 년 전, 우리 주님은 당신의 제자들과 앞으로 올 모든 제자들에게 "너희는 가서 모든 민족을 제자로 삼으라"(마 28:19)고 명령하셨다. 이후로 주님의 역사는 중단 없이 이어졌고, 제자들은 크고 작은 순종을 통해 이 말씀을 실천하고자 노력했다. 그러나 예수 그리스도의 이름조차 들어보지 못한 이들이 여전히 존재한다는 사실은 우리 스스로를 돌아보게 한다. 특히, 수많은 무슬림이 예수님의 복음을 알지 못한 채 세상을 떠나는 현실은 더욱 큰 도전으로 다가온다. 하나님은 지난 1,400년 동안 당신의 사람들을 무슬림 세계로 보내셨으며, 20세기 말에 이르러 이러한 부르심

은 더욱 활발해졌다. 21세기 초에는 더 많은 무슬림이 하나님 나라로 초대되는 것을 보며 우리는 기쁨을 누렸다. 이러한 주님의 섭리를 이해하고자 주님의 사역자들은 1978년, 2007년, 그리고 2017년에 모임을 가졌으며, 세 번째 치앙마이 모임을 통해 이 책 『열매에서 추수로』가 탄생했다. 이 모임에는 많은 무슬림 배경 신자들이 참석해 자신의 신앙을 나누었다. 지난 20여 년간 이슬람 세계는 급격한 변화를 겪어왔으며, 이 책은 그 속에서 복음이 어떻게 그들을 만났는지, 만나고 있는지, 앞으로 만날지 진지하게 성찰한다. 복음 사역은 본질적으로 주님의 일이지만, 주님은 부족한 우리를 통해 그 일을 이루어가신다. 하나님께서 우리를 어떻게 사용해 열매를 맺고 추수를 이루실지에 대한 '거룩한 궁금함'을 품고 있다면, 이 책을 읽기 바란다.

이현수 선교사, 프론티어스 코리아 대표

비전 5:9(계 5:9)는 2007년 태국 파타야에서 글로벌 무슬림 교회 개척자 컨설테이션을 개최했다. 풀러신학교의 더들리 우드베리가 주도한 이 대회는 30개 선교기관의 경험을 바탕으로 68가지 실천 목록을 제시했고, 이는 『씨앗에서 열매로』로 출간되었다. 2017년 치앙마이에서 열린 두 번째 대회 "거하라, 열매 맺으라"에는 1,000명 이상이 참석했다. 주최 측은 글로벌 사우스 50퍼센트, 여성 25퍼센트, 다음 세대 25퍼센트의 참여를 추구했고, 특히 참석자와 본회 강연자의 각각 25퍼센트와 50퍼센트 이상을 무슬림 배경 신자로 구성하고자 했다. 이들의 간증은 하나님께서 전 세계 이슬람 현장에서 어떻게 역사하시는지를 보여주었고, 이는 새로운 전략 수립 이전에 하나님의 선교 자체에 초점을 맞추게 했다. 대회는 요한복음 15장 4절을 주제 말씀으로 삼아, 예수님 안에 거함이 선교사의 최우선 과제이자 선교의 기본이 되어야 한다는 사실을 확인했다. 이처럼 예수님 안에 거할 때 비로소 열매를 맺을 수 있다는 사역자들의 경험을 담은 『열매에서 추수로』는 오늘날 이슬람 선교 헌신자들에게 명확한 방향을 제시할 것이다.

주승중 주안장로교회 위임목사, 주안대학원대학교 이사장이 개요서는 무슬림 가운데서 진지하게 사역하는 이들을 위한 고전적 참고서가 될 것이다.
빅터 하시웨 유나이티드 패밀리 인터내셔널

하나님의 영은 무슬림 세계를 전례 없는 방법으로 움직이고 계신다. 이 책은 단순한 격려를 넘어 무슬림 세계 곳곳에서 실제로 복음을 전하는 기독교인들의 생생한 사례를 담고 있다. 책의 모든 페이지에서 하나님의 지문을 발견하게 된다.
댄 히츠후젠 글로벌 교회개척 전략가

『열매에서 추수로』는 무슬림 사역을 하거나 무슬림을 위해 기도하는 모든 이들에게 중요한 최신 자료다. 무슬림 사역의 최신 동향, 글로벌 사우스에서 들려오는 이야기와 아이디어, 그리고 방대한 미접촉 무슬림 공동체를 파악하고 그들에 다가가는 데 유용한 지침을 담고 있다.
켄 노마딕 피플스 네트워크

이 책은 여러 세대에 걸쳐 황무지에 심어진 하나님 나라의 겨자씨가 큰 나무로 자라나는 놀라운 이야기들을 담고 있다. 현장에서 직접 경험한 이들의 증언을 통해 예수님께서 어떻게 전 세계에서 교회를 세우고 계신지 잘 보여준다.
베켈레 샨코 GACX 대표, Cru 부대표

오늘날 하나님께서 무슬림 세계에서 행하시는 일들을 광범위하게 보여주는 최신 자료다. 이 책의 기반이 된 2017년 태국 치앙마이의 글로벌 컨설테이션에는 이슬람에서 회심한 이들이 상당한 비율로 참석했다. 혼란스러운 세계 정세 속에서도 교회는 전례 없이 성장하고 있으며, 이는 현지인과 외국인 모두에게 영향을 미치고 있다.
더들리 우드베리 풀러신학교 이슬람학 명예교수

열매에서 추수로

무슬림 가운데 드러난 놀라운 하나님의 은혜

열매에서 추수로

진 다니엘스 외 | 정승현 옮김

FRUIT TO HARVEST

이슬람파트너십
좋은씨앗

목차

감사말 -- 17
머리말 돈 맥커리 -- 19
옮긴이 말 정승현 -- 23
서문: 예수님 안에 거한다는 것 알렌 마타모로스, 딕 브로그덴 -------- 25
　　　행동을 촉구한다: 거함의 약속 마틴 홀 ---------------------- 31
들어가며 -- 38

첫 번째 설교. 예수님 안에 거함의 중요성 딕 브로그덴 ---------- 41
섹션 1. 추수 동향 -- 45
1장　무슬림 종족을 향한 특별한 담대함 짐 해니 -------------------- 47
2장　비서구 세계의 부상 존 청 ----------------------------------- 61
3장　무슬림 종족 가운데 복음의 진전 짐 해니 --------------------- 76
4장　무슬림 세계에서 기회와 위협 팸 알룬드 ---------------------- 92
5장　무슬림 배경 신자의 믿음 아부 술레이만 야히야 --------------- 108
6장　신실한 가족의 사랑 수 에니겐버그, 나비드·사라, 린다 사이먼 -- 121
7장　기도: 변화의 원동력 타마라 --------------------------------- 135
8장　조직의 위협과 기회 마틴 홀, 존 베커 ------------------------ 141
9장　무슬림 종족을 위한 하나님 나라 운동의 평가 짐 해니 --------- 157
10장　무슬림 세계에서 일하는 젊은 사역자의 희망, 꿈, 기도
　　　마이클 카스파 --- 171

두 번째 설교. **기도의 중요성** 데보라 리 ------------------------------ 185
섹션 2. **추수 밭** -- 189
11장 도시의 무슬림 종족: 최소 전도 종족의 이주와 새로운
 민족의 흐름 – 사례 연구 민 하 응우옌, 마르코 프레토리우스 ------------ 191
12장 무슬림 가운데 공동체와 정체성의 개념 – 사례 연구
 조나단·소피아 모건 -------------------------------------- 207
13장 글로벌 사우스에서 난민의 제자화 존·오페예미 이도코, 윌슨 나무워자 - 223
14장 트라우마 상황에서 사역하기 사라 G. ---------------------- 237
15장 목자가 필요한 양 갈렙 롬 -------------------------------- 251
16장 무슬림 여성을 위한 생명수 모이라 데일, 케이시 하인, 하지노로 라자 ---- 267
17장 무슬림 사회에서 명예는 어떤 역할을 하는가?
 오드리 프랭크, 자이로 드 올리베이라 ------------------------ 281
18장 예수님은 어떻게 MBB의 마음을 목양하셨을까?
 데이비드 F. 아르조우니 ---------------------------------- 296

세 번째 설교. **삶의 변화를 가져온 만남** 로야·자베드 ------------------ 311
섹션 3. **추수 일꾼** -- **315**
19장 외국인에서 현지인에게로 옮겨가는 리더십 진 다니엘스 --------- 317
20장 추수의 기쁨 레이나 E. ---------------------------------- 332
21장 고난을 축복으로 B. 오스만 ------------------------------ 347
22장 가정의 빛: 자유를 가져오는 종 진 다니엘스, 바나바 형제 ----------- 357

네 번째 설교. 끝까지 말씀을 전파하라 야시르 에릭 --------- **369**

섹션 4. 추수 통로 ------------------------------------- **373**

23장 실현되는 파송 구조: 글로벌 사우스 일으키기 FD, JS ------- 375
24장 디아스포라 사역과 미접촉 종족을 위한 동원 브라이언 히버트 ----- 389
25장 극단적 위협에는 철저한 대비가 필요하다 브라이언 에크하트 ------ 401
26장 현존의 선물 쇼단케 존슨, 존 베커 ------------------------ 415
27장 운동의 발전 요인 샬롬, 트레버 ---------------------------- 430
28장 토착 미디어는 그리스도를 향한 제자화 운동을
　　　촉발시킬 수 있다 캘빈·캐롤 콘키 ----------------------- 444
29장 알바니아와 코소보에서의 피스메이킹 데이비드 쉥크 ------------ 458
30장 열매 맺는 실천, 배움의 공동체 네이트 숄츠, 래리 버크 --------- 471

다섯 번째 설교. 바울의 선교 전략에서 배운다 알렌 마타모로스 ------- **485**

나오며 -- 489
인명 색인 -- 492

감사말

무엇보다 이 프로젝트에 함께하신 주님의 손길에 감사드린다. 추수의 주님께서 직접 팀을 이끌고 인도하지 않으셨다면, 25개가 넘는 나라와 40개 이상의 선교단체에 속한 이들을 한 자리에 모으는 일은 불가능했을 것이다. 이 책에 담긴 모든 선한 일들은 오직 주님의 영광을 위한 것이다.

그러나 이 책이 다듬어지지 않은 날것의 아이디어에서 지금 독자의 손에 들린 완성된 결실로 발전하기까지, 주님께서 사용하신 이들에게 감사를 표하는 것 또한 선하고 옳은 일이다.

저자로 표기된 이들 외에 편집 및 관리팀의 다음 이들에게 감사를 전한다. 사무엘 안스와르(가명), 존 베커, 수잔 버그만 드브리스, 리사 스마트, 캐서린 프랭크, 데이비드 그린리, 루크·제니 헤린(가명), K. B. 하우먼, 스테판 헹어, 메리 제임스(가명), 조수아·메레디스 존슨, 패트릭 나브에라, 제프·타마라 닐리, 자이로 드 올리베리아, 맨디 리드, 네이트·키마리 숄츠, 키스 스와틀리, L. D. 워터맨(가명), 루스 베첼.

또한 "거하라, 열매 맺으라" 컨설테이션에 참석한 믿음의 선배들을 기억한다. 빅터·마하 해시웨, 그렉 리빙스턴, 돈 맥커리, 사피아 미라즈, 스튜어트 로빈슨, 파리다 사이디, 데이비드 쉥크, 더들리·로베르타 우드베리. 이들은 자신의 삶을 통해 우리가 선한 싸움을 싸우고 주어진 경주를 완주할 수 있도록 영감을 주었다.

머리말

 이 책은 무슬림 세계 가운데서 일하시는 하나님의 이야기를 담고 있다. 그러나 그것이 전부는 아니다. 이 이야기는 과거의 역사와 이어지는 연속체의 한 부분이다. 여러 면에서 볼 때, 인도의 무슬림을 위해 신약성경을 우르두어로 번역한 영국 성공회 소속 헨리 마틴은 무슬림 세계에 도달하려는 열망을 품었던 많은 이들을 이끄는 역할을 했다.
 개신교 선교의 초기 개척자들은 1800년대에 무슬림들과 소통하기 시작했다. 칼 판더는 트랜스코카서스와 튀르키예를 거쳐 인도로 갔다. 프랑스 주교 토마스 발피는 넓은 지역을 여행하며 우르두어, 펀자브어, 페르시아어, 파슈토어(아프가니스탄의 공용어), 아랍어를 배웠다. 그는 1891년 오만 무스카트에서 새 사역을 시작하던 중 세상을 떠났다. 그 후로 레바논에서부터 해협 지역을 거쳐 카이로까지 널리 사역했으며 '이슬람의 사도'로 알려진 사무엘 즈웨머가 등장한다. 즈웨머는 개인적인 사역 외에도 저널 편집, 학생 선교사 자원자 모집, 그리고 무슬림에게 그리스도를 전하고 가르치는 일을 통해 무슬림 사역에 이바지했다.

즈웨머의 가장 영향력 있는 업적 중 하나는 1906년 카이로에서 열린 역사적인 무슬림 사역 대회다. 70년 후인 1978년 10월, 콜로라도주 글렌 이리(Glen Eyrie)에서 열린 북미 로잔 컨설테이션에서도 동일한 열정이 이어졌다. 이 대회는 이 책을 출간하는 계기가 된 "거하라, 열매 맺으라"(Abide, Bear Fruit) 컨설테이션을 예시한 중요한 모임이었다. 글렌 이리 컨설테이션에는 선교단체 임원, 선교사, 재외국민, 다양한 분야의 여성, 커뮤니케이션 전문가, 기독교 문화인류학자, 신학자, 그리고 이슬람을 연구하는 기독교 학자들이 모였다. 우리는 모두 새로운 시대의 출발점에 서 있다고 느꼈다. 식민지주의는 종식되었고 상황화에 대한 논의가 시작되고 있었다. 각 분야 전문가들의 협력을 위한 전담기구가 구성되었다.

그뿐만 아니라 이 대회를 통해 무슬림을 위한 새로운 선교회가 세워졌으며, 기존의 선교단체 중 일부는 무슬림 사역을 위해 현장 사역자들을 재교육했다. 글렌 이리 컨설테이션은 수백 명의 선교사 후보자들을 교육하는 중요한 전환점이 되었고, 이들은 이슬람의 다문화적 세계로 파송되었다. 이때는 새로운 실험의 시기이기도 했다. 글렌 이리 컨설테이션에서 새로운 선교 접근법이 많이 탄생했다. 그중 일부는 실패했지만 효과가 입증된 방법도 있었다. 연륜 있는 선교사이자 문화인류학자인 폴 히버트의 말은 지금도 우리에게 깊은 울림을 주고 있다. 그는 "혁신하고, 그 뒤에 평가하라. 혁신하고, 그 뒤에 평가하라"고 강조했다. 이 말을 경청한 사람들은 열매 맺는 실천에 이르렀지만, 그렇지 않은 사람들은 실패하거나 최악의 경우 이단에 빠졌다.

30여 년이 지나고 재평가의 시간이 찾아왔다. 2007년 태국 파타야에 무슬림 세계에서 사역하는 많은 이들이 모였고, 그곳에서 핵심적인 질문이 제기되었다. "당신의 경험상, 무슬림 가운데서 전도하고 살아 있는 신앙 공동체를 세우는 데 입증된 효과적인 방법은 무엇인가?" 이 질문에 답하기 위해 엄청난 자료가 수집되었다. 자료들은 8개의 범주, 68가지의 열매 맺는 실천 목록으로 정리되었다. 이 대회는 수년간 많은 시간을 들인 노력의 결실이었다. 무슬림 세계에서 활동하는 30개 기관에 속한 수백 명의 선교사들이 간증을 나누었고, 보고에 참여한 기관 중 3분의 2는 무슬림들 사이에 최소한 한 개의 신앙 공동체가 세워졌다고 보고했다. 연구를 진행한 이들은 이러한 실천들이 규범이 아니라 경험에 기반한 것임을 강조했다. 또한 열거한 실천들이 모든 상황에 보편적으로 적용되지는 않는다고 설명했다. "열매 맺는 실천 전담기구"의 연구 결과는 이후 무슬림 사역의 발전에 큰 영향을 미쳤다.

2007년 파타야 대회 후, 후속 모임의 필요성을 절감한 두 명의 탁월한 지도자가 여러 단체를 결집하고 1천여 명의 사역자를 불러모아 2017년 10월 12-17일, 태국 치앙마이에서 무슬림 사역을 위한 "거하라, 열매 맺으라" 글로벌 컨설테이션을 주최했다. 이 대회의 책임자인 두 사람은 모두 극심한 시련 속에서도 사역을 해온 이들이었다.

내가 코스타리카의 산호세에서 '이슬람과 무슬림 복음전도 개요' 강의를 할 때, 내 수업을 듣던 알렌 마타모로스는 18세에 불과했다. 이후 그는 몇몇 동료와 함께 코스타리카의 밀림으로 들어가 미전도 토착민들과 함께 살았다. 나중에 알렌은 국내외 선교사들을 훈련하는 일에 헌신한 20개 이상의 코스타리카 교회 및 선교단체 연합회의 핵심 지도자가 되었다. 마침내 그는 아내와 함께 모로코의 PMI(Pueblos Musulmanes Internacional)에서 사역을 시작했고, 비전 5:9 운동의 일원이 되었으며, 나중에는 회장직을 맡았다. 비전 5:9는 요한계시록 5장 9절에 나타난, 각 족속과 방언과 백성과 나라의 사람들이 하나님의 보좌 앞에서 함께 모이는 비전을 구체화하는 운동이다.

"거하라, 열매 맺으라" 컨설테이션 공동의장인 딕 브로그덴과 그의 아내는 수단의 하르툼에서 10년간 온갖 고생을 하며 생활해야 했다. 하나님은 고통을 통해 그를 빚으신 후, 복음을 전하는 청년 선교사를 훈련하는 사역으로 그를 부르셨다. 그 사역지는 고향인 미국이 아니라 무슬림들이 살고 있는 현장이었다. 이들 부부는 "날마다 죽는"(고전 15:31) 심정으로 하나님의 영광을 위해 온전히 헌신한 자로 살고 있다. 브로그덴은 다양한 무슬림 국가에서 일하는 선교사들이 요한복음 15장 1-17절에 기록된 예수님의 가르침을 어떻게 적용하는지 연구해 박사학위를 취득했다. 이들 부부의 열정은 태국 치앙마이 모임의 원동력이 되었고, 그 열매가 지금 당신이 손에 들고 있는 이 책이다.

이 책의 머리말을 쓰며 두 개의 이미지, 두 가지 비유가 떠올랐다. 첫째는 살아 있는 포도나무이신 예수 그리스도의 이미지다. 그분은 가지에 생명을 끊임없이 공급해 열매를 맺도록 하신다. 둘째는 예수 그리스도의 신부인 교회다. 교회는 어린 양이신 그리스도와 성도의 혼인식을 준비하고 있다. 예수님은 신부를 위해 피 값을 지불하셨다. 위대한 혼인의 날이 올 때까지 우리는 그분 안에 거함의 의미를 배우며, 무슬림 세계에서 우리 아버지의 영광을 위해 열매를 맺고자 한다.

— 돈 맥커리(미니스트리 투 무슬림 회장)

옮긴이 말

현재 교수로서 선교학을 가르치고 있는 나에게 『열매에서 추수로』의 번역 작업은 무슬림 세계에서 복음을 전했던 경험과 맞닿아 있는 매우 의미 있는 일이었다. 이 책은 무슬림 세계에서 이루어지고 있는 하나님의 역사와 그 가운데서 헌신하는 사역자들의 이야기, 그리고 그 땅에서 맺어가는 복음의 열매에 대해 다룬다.

무슬림 세계의 사회적, 문화적, 그리고 종교적 장벽은 매우 견고하지만, 그럼에도 불구하고 사역자들은 끊임없이 복음의 씨앗을 심어왔다. 그 씨앗이 이제 열매를 맺기 시작했고, 추수의 시기를 맞이하고 있다. 이 책은 이러한 선교의 역사를 다루며, 하나님의 일하시는 방식과 성령님의 인도하심 속에서 어떻게 복음의 진보가 이루어지고 있는지 생생하게 보여준다.

"거하라, 열매 맺으라" 대회의 주제는 사역자들에게 중요한 메시지를 전한다. 온전한 복음을 전하기 위해서는 먼저 사역자들이 현장에서 예수 그리스도 안에 깊이 거해야 한다는 진리가 절실하게 다가온다. 아울러서 선교학을 연구하는 이들은 이슬람과 무슬림에 대한 중요한 통찰과 실제적인 사역 방안을 얻게 될 것이다. 이 책이 무슬림에게 그리스도의 복음을 증거하고 추수하는 일에 작으나마 기여가 되기를 소망한다.

이 책의 번역을 제안하고 출간하기까지 기도와 조언으로 동역해준 프론티어스 이현수 대표님과 김아영 교수님, 공일주 박사님, 그리고 편집 작업에 애써준 도서출판 좋은씨앗 직원들에게 깊은 감사를 드린다.

— 정승현(주안대학원대학교 선교학 교수)

예수님 안에 거한다는 것

비전 5:9와 "거하라, 열매 맺으라" 소개

모든 족속과 방언과 백성과 나라가 예수님을 예배하는 영광스러운 비전은 오직 파트너십을 통해서만 이루어질 수 있다. 그 어떤 단일한 선교단체도, 고립된 교회도, 독립된 선교사도 홀로 이 거룩한 임무를 완수할 수 없다. 우리는 서로를 필요로 하며, 무엇보다 성부, 성자, 성령 삼위일체 하나님의 도우심이 필수적이다. 특히 무슬림 세계와 관련해 비전 5:9는 이러한 파트너십을 실현하는 데 앞장서고 있다. 우리의 이름은 요한계시록 5장 9절에서 묘사된, 예수님을 향한 다문화적 예배에서 유래했다.

> 그들이 새 노래를 불러 이르되 두루마리를 가지시고 그 인봉을 떼기에 합당하시도다. 일찍이 죽임을 당하사 각 족속과 방언과 백성과 나라 가운데에서 사람들을 피로 사서 하나님께 드리시고.

우리의 모델은 파트너십의 원칙에 기초하며, 그리스도의 영으로 연합하고 그분의 능력을 힘입어 모든 무슬림 종족 가운데서 제자를 삼고 토착 교회를 개척하는 데 중점을 둔다. 우리의 목표는 2025년까지 무슬림 공동체 가운데 상주하는 교회개척 팀이 모든 무슬림을 효과적으로 복음에 접촉하게 하는 것이다.

이 야심 찬 목표를 이루기 위해서는 대규모의 자료 공유와 협력이 필수적이며, 이것이 비전 5:9의 핵심 사역이다. 우리는 단순히 모여서 이야기만 나누지 않고 함께 행동에 나선다. 회원 단체들은 미전도 무슬림 종족 집단 가운데 복음을 전하고, 교회개척 팀을 세우기 위한 실질적 조치를 취하고자 하는 열망과 역량을 갖추고 있다. 이 네트워크의 가시적 노력은 다양한 단체들이 현지에서 교회개척자를 세우고, 무슬림을 제자화하며 열매를 맺도록 촉매제 역할을 한다.

우리가 협력하고 있다는 가시적 증거 중 하나가 주기적으로 열리는 글로벌 무슬림 교회개척자 컨설테이션이다. 2007년에 첫 모임이 있었고, 그 결과 무슬림 신자 가운데서 교회개척의 열매를 맺는 실천들을 설명한 『씨앗에서 열매로(*From Seed to Fruit*)』*가 출간되었다. 이후 2017년 10월, 두 번째 세계적 모임인 "거하라, 열매 맺으라" 컨설테이션이 태국 치앙마이에서 개최되었다.

이 대회를 준비하며 기도하고 계획하는 과정에서, 요한복음 15장 5절의 "예수님 안에 거하지 않고는 *아무것도* 할 수 없다"는 말씀이 핵심이 되었다. 우리는 이번 컨설테이션에서 개인적으로든, 공동체로든 예

---

* 이 책은 『씨앗에서 열매로』(김아영 옮김, 좋은씨앗, 2018)로 번역, 출간되었다(역자 주).

수님 앞에서 충분한 시간을 보내기로 동의했다. 이는 선교사의 최우선 순위이자 선교의 기본이라는 확신을 실천하기 위함이었다. 우리는 방법론과 선교학의 지속적인 발전에 감사하지만, 무엇보다 항상 하나님과 친밀한 관계를 유지하며 그분께 순종하는, 하나님의 임재 안에 거하는 사람이 되어야 한다는 사실을 마음에 새기고 있다.

이를 바탕으로 1천 명에 가까운 교회개척자들이 태국에 모여, 모든 무슬림 종족이 복음화되어 하나님의 보좌 앞에서 함께 예배드리는 비전에 대해 묵상하고 이를 위해 기도하며 헌신했다. 참석자 중 25퍼센트가 무슬림 배경의 신자였고, 25퍼센트는 여성이었으며, 50퍼센트는 글로벌 사우스(Global South) 출신으로 매우 다양한 그룹으로 구성되었다. 또한 참석자들의 무슬림 사역의 평균 경험 햇수는 20년 이상이며, 이들은 네트워크의 다양성을 반영하기 위해 특별히 모집되었다.

나(앨런)는 영어를 제2외국어로 사용하는 라틴아메리카 출신인데, 비전 5:9가 그동안 내가 경험한 그 어떤 네트워크보다 글로벌 사우스와 비주류 세계의 목소리를 전달하고 있음을 알게 되었다. 비전 5:9는 중동, 아프리카, 아시아, 라틴아메리카 출신의 회원들에게 주저 없이 리더십 기회를 부여하며, 그들의 경험과 지식을 존중하고, 우리의 차이를 포용한다. 한 주 동안 우리는 아침마다 의도적으로 예수님 안에 개인적으로 거하는 시간을 가졌으며, 공식 모임에서도 성령님을 통해 아버지께서 우리에게 말씀하시길 기다리는 시간을 가졌다. 매일 아침 우리는 열매 맺기에 관한 성경말씀을 들으며 기도했고, 무슬림 선교현장에서 40년 이상 봉사한 믿음의 장로들이 하나님의 말씀을 분별하는 데 도움을 주었다.

이번 컨설테이션에서 다음 내용이 포함된 여러 중요한 결과물이 도출되었다.

당신이 지금 들고 있는 이 책

"세계적 동향과 열매 맺는 실천(GTFP)"은 2007년 대회의 결과물인 『씨앗에서 열매로』의 후속작으로 이 책을 출간하기 위해 전담기구를 구성했다. 이 책을 통해 전 세계적으로 선교학적 성찰에 기여하고 있는 광범위한 기고자들로부터 최고의 통찰을 발견할 수 있다. 이 책이 당신의 사역을 굳건히 하고, 무슬림 가운데 토착 교회를 세우는 최선의 방식으로 그들과 접촉하는 데 도움이 되기를 바란다.

예수님 안에 거함에 초점을 맞춤

이번 대회의 주제는 개인적으로나 연합적으로 단순한 표어를 넘어 그리스도의 몸을 향한 갈망과 명령이 되었다. 한 무슬림 배경 신자(MBB, Muslim Background Believers)는 다음과 같이 간증했다. "나는 정체되어 있었고 무엇을 해야 할지 알지 못했지만, 이제는 압니다. 다시 성경으로 돌아가고 예수님 안에 거해야 합니다."

대표자들은 하나님께서 그들의 삶을 다시 한번 정돈하고 분명히 말씀하고 계심을 거듭 확인했다. 앞으로의 행동 단계는 예수님과 함께하는 시간을 충분히 보내고, 그 풍성한 친밀함이 교회개척의 모든 일에 동력이 되고 안내자가 되도록 하는 것이다. 당신도 예수님 안에 거하는 일에 동참하기를 바란다.

10/10 기도와 금식 운동

한 주간의 모임 동안 주님은 우리에게 특별한 인도하심을 주셨다. 2028년까지 10년간 24시간 기도와 금식을 통해 무슬림 세계의 최소 10퍼센트가 (로마서 10장 9절 말씀에 따라) 구원받게 되길 구하는 것이다. 여러 선교단체가 각자 인도하심을 받은 대로 매년 며칠씩 이 계획에 동참하여, 이 엄청난 추수를 위해 회원들을 동원하고 정한 날에 금식하며 기도하기로 했다. 이 과정에 반드시 대가가 따를 것이라고 성령님은 거듭 경고하셨다. 이와 같은 기도와 금식 운동에는 필연적으로 고통과 영적 공격이 뒤따른다. 우리가 믿는 대로 수백만의 무슬림들이 복음에 응답하기 시작하면, MBB와 선교사들 모두에게 전례 없는 순교와 핍박이 닥칠 것이다.

우리는 인도하심의 무게를 느끼면서도 이것이 주님의 뜻임을 확신했다. 기도와 금식에 동참할 수 있는 웹사이트(www.1010prayerandfasting.com)도 개설되었다. 앞으로 10년 안에 무슬림 세계의 10퍼센트 이상이 구원받을 수 있도록 금식하며 기도하는 일에 동참하기를 바란다.

새로운 파트너십 기회에 대한 기대감

대회를 통해 우리는 지역별로 혹은 다양한 방식으로 파트너십을 논의할 수 있었다. 우리의 세계는 친밀도, 언어, 문화, 지리적 특성에 따라 구분되어 있다. 국가와 지역 단위의 파트너십(예를 들어, 아라비아반도, 중앙아시아, 사헬 등)은 네트워킹, 도구, 정보 및 자료 공유에서 그 중요성이 더욱 커지고 있다. 또한 각 지역의 특성을 반영한 이니셔티브를 발전시킬 수 있는 MBB 글로벌 파트너십을 모색하고 있다.

이러한 파트너십 중 하나에 참여하기를 권한다. 이는 모든 참여자에게 서로 축복이 되고 또한 축복받는 기회가 될 것이다. 자세한 내용은 info@vision59.com으로 문의하기 바란다.

결론

치앙마이의 "거하라, 열매 맺으라" 컨설테이션에서 함께한 시간은 요한계시록 5장 9절의 한 장면을 보여주는 아름다운 그림이었다. MBB와 라틴계, 아프리카인, 아시아인, 유럽인, 미국인 등 다양한 이들이 세계교회를 통해 미전도 무슬림 가운데 제자를 삼으려는 우리의 소명에 대한 헌신을 나누었다.

동시에 우리는 예수님 없이는 아무것도 할 수 없음을 매우 잘 알고 있다(요 15:5). 오직 그리스도 안에 거할 때만 우리는 이 소명을 이룰 수 있다. 그리스도 안에 거하라는 부르심과 하나님 나라를 위해 많은 열매를 맺으라는 약속은 결코 분리될 수 없는 하나임을 우리는 잘 안다. 예수님은 처음 제자들을 부르실 때에도 "내가 너희를 사람을 낚는 어부가 되게 하리라"는 말씀보다 "나를 따라오라"는 말씀을 먼저 하셨다(마 4:19). 하나님은 이 둘을 나누어 생각지 않으신다. 그리스도 안에 거할 때, 우리는 아버지의 영광을 위해 풍성한 열매를 맺게 될 것이다.

그 소망과 기쁨에 동참하며
알렌 마타모로스(비전 5:9 의장)
딕 브로그덴("거하라, 열매 맺으라" 컨설테이션 의장)

행동을 촉구한다: 거함의 약속

마틴 홀

"빨리 가고 싶으면 혼자 가고, 멀리 가고 싶으면 함께 가라"는 아프리카 속담이 있다. 이 정신을 염두에 두고, 2016년 2월에 인도, 독일, 요르단, 프랑스, 미국, 수단, 헝가리, 몰타, 알제리, 코스타리카 등 세계 각지에서 18명이 모였다. 이들 중 일부는 기독교인으로, 일부는 무슬림으로 태어났다. 각기 다른 선교단체와 교단에서 온 이들이지만, 모두가 십자가와 그리스도의 명령, 즉 모든 족속과 종족에게 복음을 전하라는 사명을 중심으로 하나가 되었다. 우리는 함께 모여 기도하며, 2025년까지 모든 무슬림 족속/종족에게 교회개척 팀이 효과적으로 접촉할 수 있는 방법을 모색하는 계획을 세웠다.

   우리의 의제 중 하나는 글로벌 모임을 개최할지 여부를 결정하는 것이었다. 불과 8년 전, 비전 5:9 사역이 무슬림 교회개척자 모임을 소집했을 때, 78개 단체에서 500여 명이 이에 응답했다. 우리는 10년 후 후속 집회를 개최할 계획을 세웠고, 이제 그 시기가 다가와 결정을 내려야 했다. 또 다른 글로벌 모임을 개최할 필요가 있을까? 여기에 무슨 소득이 있을까? 참석 대상은 누구이고, 참석 가능자는 누구이며, 반드시 참석해야 할 사람은 누구일까?

우리는 2007년 이후 무슬림 세계에 어떤 변화가 있었는지 되집어 보았다. 그 결과, 10년간 특히 아랍 세계에서 권위주의 정권에 대한 저항, 야만적인 이슬람 근본주의의 부상, 그에 따른 혼란과 환멸 등 엄청난 변화가 일어났음을 알게 되었다. 우리는 위협과 기회가 공존하는 이 지리적 동향과 함께 무슬림을 향한 선교 또한 변화하고 있음을 확인했다. 2007년 모임의 초점이 교회개척이었다면, 이제 우리는 글로벌 무슬림 사회 내에서 일어나는 운동(movements)을 목격하고 있다. 선교 단체와 교단들은 미전도 종족과 전도가 미비한 종족, 그리고 미접촉 종족에 보다 더 초점을 맞추기 위해 구조조정을 하고 있다. 새로운 상황에 맞는 새로운 이야기가 필요하고, 이에 따라 또 하나의 대회가 필요하다는 결론에 이르렀다.

먼저, 우리는 이전 모임에서 무엇을 배울 수 있었는지 되물었다. 모두가 동의한 점은, 과거의 가장 큰 실패는 무슬림 배경 신자(MBB)들을 초청하여 그들의 이야기를 들으려는 노력이 부족했다는 것이었다. 그래서 이번에는 참석자의 25퍼센트가 MBB가 되도록 목표를 세웠고, 대회 강연자 중 최소 절반을 MBB로 세우자는 제안을 했다. 처음에는 성경의 권위를 타협하지 않으면서도 과연 이 목표를 이룰 수 있을지 의문이 들었다.

그러나 실제로 초청자의 이름이 제안되기 시작하자, 곧 그들을 선택하는 것이 유일한 과제임을 깨달았다. 전 세계 곳곳에 탁월한 MBB 지

> 참석자의 25퍼센트가 MBB가 되도록 목표를 세웠고, 대회 강연자 중 최소 절반을 MBB로 세우자는 제안을 했다.

도자들이 넘쳐났기 때문이다. 이전 대회에서 실패했던 또 다른 문제는 나이, 성별, 그리고 전 세계적 참여의 다양성이 부족했다는 것이었다. 그래서 이번에는 참석자의 50퍼센트를 글로벌 사우스에서 초청하고, 여성은 25퍼센트, 밀레니엄 세대는 25퍼센트가 되도록 목표를 정했다. 하나님의 은혜로 이 모든 목표를 달성하고도 남았지만, 목표에 집중하고 열심히 노력하지 않았다면 불가능했을 일이었다.

우리의 리더십 팀에 아프리카와 아시아의 젊은이들을 강조하고 그들에게 권한을 부여해야 했지만, 동시에 우리가 걸어온 길 위에 서 있는 원로들의 지혜 역시 존중해야 했다. 그래서 대회 중에 그들의 경험과 희생을 기릴 수 있는 자리를 마련했다.

대회가 계획대로 진행되면서, 성령님은 계속해서 우리에게 *거함의 필요성*을 강조해주셨다. 우리는 요한복음 15장 5절을 읽고 묵상하면서, 주님 안에 머물 때 많은 열매를 맺으리라는 약속에 이끌렸다. 그래서 우리의 주제는 자연스럽게 "거하라, 열매 맺으라"로 결정되었다. 말씀을 전하는 가운데, 기도하는 가운데, 고난을 겪는 가운데서도 예수님 안에 머물며 많은 열매를 맺으라는 것이다.

우리는 또한 하나님을 기다리는 이 과정에서 '행동의 촉구'가 있어야 한다고 절실히 느꼈다. 그러나 여기에는 딜레마가 있었다. 우리가 하나님을 기다리며 그분의 말씀을 듣는다면, 그 '언약'은 어떤 형태를 띠어야 할까? 하나님께서 그분의 말씀과 영, 그리고 몸을 통해 말씀하시는 것을 들으면서 우리는 모임까지 기다릴 수 있을까? 우리의 결과물이 아직 구체화되지 않은 상태에서 그렇게 큰 모임을 시작할 수 있을까? 결국 우리는 언약의 주요 개념들만 대략적으로 정리해 대회 소책자에 초안을 넣기로 결정했다. 세부 사항은 성령님께서 그분의 백성을 집단적으로 움직이실 때까지 기다려야 했다.

오전에는 1천 명에 가까운 대회 참석자들이 10명씩 그룹을 이루어, 그날의 메시지와 주제에 맞추어 언약에 대한 문구에 대해 토론하고 기도했다. 그 후 매우 다양한 위원회가 매일 110개의 모든 소그룹의 피드백을 검토했다. 최종적으로 언약이라는 단어가 너무 강하다는 의견이 모였고, 그렇게 해서 거함의 언약(Abide Covenant)은 거함의 약속(Abide Commitment)으로 바뀌었다.

첫날 토론에서 시작된 이 작은 변화는 대회의 분수령이 되었다. 총회는 위원회가 진정으로 그들의 목소리에 귀를 기울이고 있다는 확실한 증거를 본 것이다. 이제 전 세계에서 온 형제자매들이 이 역사적인 순간에 집단적으로 자신들이 하고 싶은 말을 구체적으로 내놓으며 피드백 양이 증가했다. 매일 저녁, 위원회는 성령님의 인도하심을 신뢰하며 당일의 피드백을 숙고하고 기도하며 토론하고 인정했다.

이 과정은 '거하는' 모임의 핵심이었다. 모든 활동을 관통하는 주제는 바로 거함이었다. 오전에는 각자 예수님 안에 거하는 시간을 가진 후, 말씀을 듣고 단체로 거하는 시간(하나님의 음성을 듣는 시간)을 가졌다. 오후에는 실질적 참여에 초점을 맞추어 이미 이룬 일과 남은 과제를 평가했고, 저녁에는 변화하는 상황 속에서 우리의 사명을 다시 살펴보았다. 이러한 모든 과정은 거함의 약속으로 요약되었다. 개인으로

나 공동체 차원에서 예수님 안에 거하며, 성령님으로 충만하고, 말씀을 전하고, 중보하고, 날마다 죽겠다는 약속이었다.

모임을 마무리하면서 우리는 참석자들에게 이 약속에 서명하고, 앞으로 나와 기도하고 장로들과 지도자들에게 기름 부음을 받도록 요청했다. 800명이 넘는 사람들이 앞으로 나왔다. 엄숙하고 기쁨으로 가득했던 그 순간은 평생 잊을 수 없을 것이다. 그리스도 안에 거하겠다는 약속에 서명한 많은 이들을 위해 기도할 때, 우리의 팔에서 기름이 흘러내렸다. 우리는 그들이 하나님과 그리스도의 영광을 위해 많은 열매를 맺도록, 모든 무슬림 종족 집단 가운데서 사역하고 기도할 수 있도록 간구했다.

"거하라, 열매 맺으라"의 약속

하나님의 영광과 효과적인 교회개척을 통한 모든 무슬림 종족과의 접촉을 위해, 우리는 다음과 같이 약속한다.

1. 예수님 안에 거함(요 15:5, 시 1:1-3, 요일 4:16)
"내가 그 안에 거하면 사람이 열매를 많이 맺나니 나를 떠나서는 너희가 아무것도 할 수 없음이라."

우리는 지속적으로 예수님께 충분한 시간을 드리고, 그분 안에 거함을 사역의 최우선 순위와 기초로 삼겠다고 약속한다.

2. 성령 충만(엡 5:18, 행 2:4, 4:8, 31, 행 1:8, 고전 1:17-23, 2:1-5, 요 1:1)

"성령으로 충만함을 받으라 … 그들이 다 성령의 충만함을 받고 … 이에 베드로가 성령이 충만하여 … 무리가 다 성령이 충만하여 담대히 하나님의 말씀을 전하니라."

우리는 하나님의 말씀인 그리스도를 담대히 선포하기 위해 지속적으로 성령 충만을 받고자 힘쓰기로 약속한다.

3. 말씀 전파(딤후 4:2, 막 4:14, 사 40:8, 행 28:31, 딤후 2:2, 마 28:19-20)

"너는 말씀을 전파하라. 때를 얻든지 못 얻든지 항상 힘쓰라. 범사에 오래 참음과 가르침으로 경책하며 경계하며 권하라 … 뿌리는 자는 말씀을 뿌리는 것이라 … 풀은 마르고 꽃은 시드나 우리 하나님의 말씀은 영원히 서리라 … 전파하며 … 가르치더라 … 충성된 사람들에게 부탁하라. 그들이 또 다른 사람들을 가르칠 수 있으리라."

우리는 신실하게 순종하고, 담대하게 가르치며, 하나님의 말씀을 널리 전파하고, 성경의 진리를 사랑으로 보여줌으로써 모든 무슬림 종족 집단 가운데서 제자 삼을 것을 약속한다.

4. 중보기도(엡 6:18, 행 13:3, 단 9:3, 살전 5:17)

"모든 기도와 간구를 하되 항상 성령 안에서 기도하고 이를 위하여 깨어 구하기를 항상 힘쓰며 여러 성도를 위하여 구하라 … 이에 금식하며 기도하고 … 금식하며 … 주 하나님께 기도하며 간구하기를 결심하고."

우리는 모든 무슬림 종족 집단 가운데 교회개척 운동이 일어나도록 개인이, 그리고 공동체가 인내심을 가지고 정기적으로 기도하고 금식하기로 약속한다.

5. 날마다 죽음(갈 2:20, 요 12:24, 눅 9:23, 고전 15:31)

"내가 그리스도와 함께 십자가에 못 박혔나니 그런즉 이제는 내가 사는 것이 아니요 오직 내 안에 그리스도께서 사시는 것이라… 한 알의 밀이 땅에 떨어져 죽지 아니하면 한 알 그대로 있고 죽으면 많은 열매를 맺느니라… 아무든지 나를 따라오려거든 자기를 부인하고 날마다 제 십자가를 지고 나를 따를 것이니라… 나는 날마다 죽노라."

우리는 모든 무슬림 종족 집단을 실질적으로 접촉하기 위해 매일 십자가를 지고 예수님을 따르기로 약속한다.

결론

"하나님의 사랑 안에서, 하나님의 은혜로, 그리고 하나님의 영광을 위해, 우리는 하나님과 함께 예수님 안에 거하고, 성령 충만하여 말씀을 전파하고, 중보하며, 날마다 죽음으로써 모든 무슬림 종족 집단이 교회 개척 운동을 경험하게 될 것을 믿는다."

서명 _____

2017년 10월 17일
하나님, 우리를 도우소서!

들어가며

나는 너희에게 이르노니 너희 눈을 들어 밭을 보라. 희어져 추수하게 되었도다. 거두는 자가 이미 삯도 받고 영생에 이르는 열매를 모으나니 이는 뿌리는 자와 거두는 자가 함께 즐거워하게 하려 함이라(요 4:35-36).

현재 우리는 무슬림 세계에서 전례 없는 영적 추수의 시기를 살고 있다. 과거에 영적 황무지로 여겨졌던 지역에서 이제 영생의 열매를 수확하고 있다. 지난 세대의 선교사들이 오랫동안 씨를 뿌렸지만 부르심에 충실했다는 것 외에 별다른 성과를 거두지 못하고 사역을 마쳤던 것과 달리, 오늘날에는 불과 수십 년 전만 해도 영적 황무지였던 지역과 종족에서 씨 뿌리는 자와 추수하는 자가 함께 기뻐하고 있다.

  추수의 규모가 급증하는 동시에 그 일을 담당하는 일꾼들의 구성도 크게 변화했다. 현재 무슬림 세계에서 수확하는 이들은 여러 나라의 다양한 단체들로부터 왔다. 특히 이들 중 상당수가 무슬림 출신이라는 점이 주목할 만하다. 이는 하나님 말씀의 씨앗이 추수뿐만 아니라 추수에 참여하는 새로운 일꾼들까지 만들어내고 있음을 반증한다.

새로운 일꾼들이 현장에 투입되면서 새로운 아이디어를 가져오고, 다른 사람들이 따라갈 수 있는 길을 새로 만들어가고 있다. 이 책에 수록된 장에서는 이러한 새로운 아이디어, 새롭게 거하는 방식, 그리고 새롭게 열매 맺는 방식 가운데 일부를 포착하기 위해 노력했다. 이것은 전 세계 다양한 배경의 사람들로부터 생각과 아이디어, 이야기를 모으는 것을 의미했다. 그 결과, 이 책의 제작 팀은 20개국 출신의 50명 이상으로 구성되었다. 이러한 저자, 편집인, 행정가들은 1년 이상 협력해 현재 무슬림 세계에서 일어나고 있는 하나님 역사의 가장 중요한 측면을 포착하고자 했다.

이 책을 통해 세계를 여행하며 언젠가 천국에서 만나게 될 형제자매들을 미리 만날 수 있기를 바란다. 이 책에 담긴 이야기들, 제자삼기 운동, 하나님의 역사는 모두 하나님께서 이 땅의 민족들 가운데 자신의 이름을 알리시는 아름다운 태피스트리의 일부다. 비록 무슬림들이 예수님께 나아오는 데 많은 장애물이 있지만, 예수님께서 이를 극복하신 것도 사실이다. 그리고 무슬림 세계에서는 거의 듣지도, 나누지도, 심지어 접근해보지도 못한 좋은 소식들이 많이 있다. 이 책은 거대한 그리스도의 몸이 함께 모여 하나님의 행하심 안에서 기뻐하고자 한다.

무슬림 세계에서 우리를 통한 하나님의 역사하심을 인정할 때, 우리는 이 모든 것이 하나님의 역사 없이는 일어날 수 없음을 인정하게 된다. 열매도, 추수도 모두 그분의 것이다. 예수님은 우리에게 이렇게 말씀하셨다.

내 안에 거하라. 나도 너희 안에 거하리라. 가지가 포도나무에 붙어 있지 아니하면 스스로 열매를 맺을 수 없음같이 너희도 내 안에 있지 아니하면 그러하리라. 나는 포도나무요 너희는 가지라. 그가 내 안에, 내가 그 안에 거하면 사람이 열매를 많이 맺나니 나를 떠나서는 너희가 아무것도 할 수 없음이라(요 15:4-5).

설교: "거하라, 열매 맺으라"의 음성

태국 컨설테이션에서 하나님의 역사하심은 특히 대회 중 선포된 설교를 통해 드러났다. 이를 통해 개인들이 변화되었을 뿐만 아니라, 공동체 전체가 말씀을 듣고 응답하면서 그 메시지가 비전 5:9 네트워크 DNA의 일부가 되었다. 지면의 제약으로 본회의 설교 전체를 수록할 수는 없었지만, 주요 메시지를 발췌해 다섯 개의 설교를 각 섹션 앞에 배치했다.

예수님 안에 거함의 중요성

- 설교자: 딕 브로그덴
- 본문: 요한복음 15장 1-8절

예수님 안에 거하는 것은 선교사의 최우선 순위이자 선교의 기본입니다. 예수님 안에 거하면 열매를 맺지만, 그분 안에 거하지 않으면 아무것도 할 수 없습니다. 성경말씀처럼 예수님 안에 거하는 것이 열매 맺음의 필수 조건입니다. 그러므로 우리는 예수님 안에 거하는 것이 무엇을 의미하는지 이해하고, 우리가 실제로 그분 안에 거하고 있음을 확신해야 합니다.

거함의 정의

요한은 예수님께서 사용하신 아람어 말씀을 헬라어로 기록할 때, '거함'의 개념을 전달하기 위해 메노(meno)라는 단어를 선택했습니다. 이는 라틴어 만시오(mansio)로 번역되며, 영어로는 맨션(mansion), 즉 집을 의미하는 단어의 어근이 됩니다. 이처럼 메노는 '우리가 시간을 보내는 장소'를 나타냅니다. 그러므로 예수님 안에 거함은 예수님께 우리의 소중하고 즐거운 시간을 양적으로, 질적으로 충분히 드리는 것을 의미합니다.

이 성경 구절의 또 다른 핵심 단어는 6절에 나오는 발로(ballo)로, 마치 손에서 종이를 떨어뜨릴 때처럼 '놓다'라는 뜻입니다. 그러므로 예수님은 우리가 그분과 함께 시간을 보내지 않으면, 제자 삼는 것은 말할 것도 없고 아무것도 할 수 없다고 경고하고 계십니다.

예수님 안에 거함의 예

부모님: 저의 부모님은 47년간 선교사로 헌신하고 얼마 전에 은퇴했습니다. 제가 기억하는 한, 두 분은 사역을 하는 오랜 기간 동안 항상 예수님 안에 거하는 것을 사역의 기반으로 삼았습니다. 매일 아침 8시부터 10시까지 케냐 서부의 적도 정원에서 성경을 읽고, 예수님께 온전히 집중하며 예배를 드렸습니다. 부모님은 교회를 개척하고, 성경학교에서 가르치며, 새신자들을 제자화하는 등 다양한 사역을 했고, 리더와 행정가 역할도 수행했습니다. 그분들은 시간의 십일조를 드리는 법을 알았기에 놀랍도록 많은 열매를 맺을 수 있었습니다.

허드슨 테일러: 테일러는 위대한 중국 선교사였지만, 처음 선교현장에 나갔을 때 예수님 안에 거하는 법을 몰랐다는 사실을 많은 사람이 알지 못합니다. 6년 후 그는 소진하고 병을 얻어 고국에 돌아와 5년 동안 머물러야 했습니다. 바로 이 기간에 그는 예수님 안에 거하는 법을 배웠습니다. 다시 중국으로 돌아갔을 때, 그는 예수님과 동행했고, 이로

인해 그의 삶과 사역은 완전히 변화되었습니다.

헬렌 이완: 이완은 1910년에 태어난 순수한 영혼을 지닌 영국 소녀로, 스물두 살에 세상을 떠났습니다. 그녀는 예수님과 함께 거하기 위해 매일 새벽 5시에 일어나 기도했습니다. 특히 겨울에는 추워야 더 깨어 있을 수 있다는 생각에 자신의 작은 방에 난방도 켜지 않았습니다. 그녀는 매일 잃어버린 자들이 구원받기를 간절히 바라며 그들의 이름을 부르면서 기도했습니다. 대학 기도 모임 시간에 사람들은 이완이 참석했는지 눈으로 확인하지 않아도 알 수 있었습니다. 그녀가 있으면 그들 가운데 계신 하나님의 임재를 느꼈기 때문입니다.

템플 가드너: 가드너는 약 100년 전 이집트에서 사역한 성공회 신자로, 하나님의 영으로 충만한 사람이었습니다. 그는 극적으로 회심했고, 예수님을 깊이 사랑하며 뜨겁게 친밀함을 나누었습니다. 그의 삶을 특징짓는 것은 예수님과의 깊은 교제이며, 그리스도의 임재를 실천하는 능력이었습니다. 예수님 안에 거함으로써 그의 내면에는 거룩한 영향력이 차올라 주변 사람들에게로 끊임없이 흘러갔습니다. 가드너는 예수님 없이는 아무것도 할 수 없었지만, 그분과 함께했기에 무슬림과 사역자들 모두를 변화시킬 수 있었습니다.

나 자신: 저는 1992년 모리타니에서 무슬림을 대상으로 첫 선교 사역을 시작했습니다. 당시 제가 속한 팀에는 신입 선교사가 처음 2주 동안 팀원들과 되도록 접촉하지 않고 새로운 문화에 몰입하도록 하는 규칙이 있었습니다. 저는 아무도 알지 못했고, 현지 언어도 몰랐으며, 이슬람의 무게에 짓눌려 혼란스러웠습니다. 2주가 지나 팀에 합류한 후에도 여

전히 의미 있는 일을 하지 못했습니다. 그래서 저는 예수님 안에 거하는 시간을 보내기로 했습니다. 매일 새벽 5시에 일어나 두 시간씩 성경을 읽었고, 저녁에는 해 질 무렵 도시 외곽의 쓰레기밭을 걸으며 찬양하고, 기도하고, 울고, 예수님의 음성을 들으며 그분 안에 거했습니다.

우리는 하나님께서 무슬림 친구들 가운데서 영광 받으시기를 간절히 소망합니다. 그들이 진노에서 구원받고 영생의 은혜를 누리기를 간구합니다. 외부의 필요와 내부의 한계에 때때로 압도당하지만, 예수님 없이는 아무것도 할 수 없다는 사실을 인정하며, 우리가 예수님 안에 거하고 예수님께서 우리 안에 거하시면 반드시 열매 맺을 것을 믿습니다. 그 열매는 오래도록 남을 것입니다. †

섹션 1 — 추수 동향

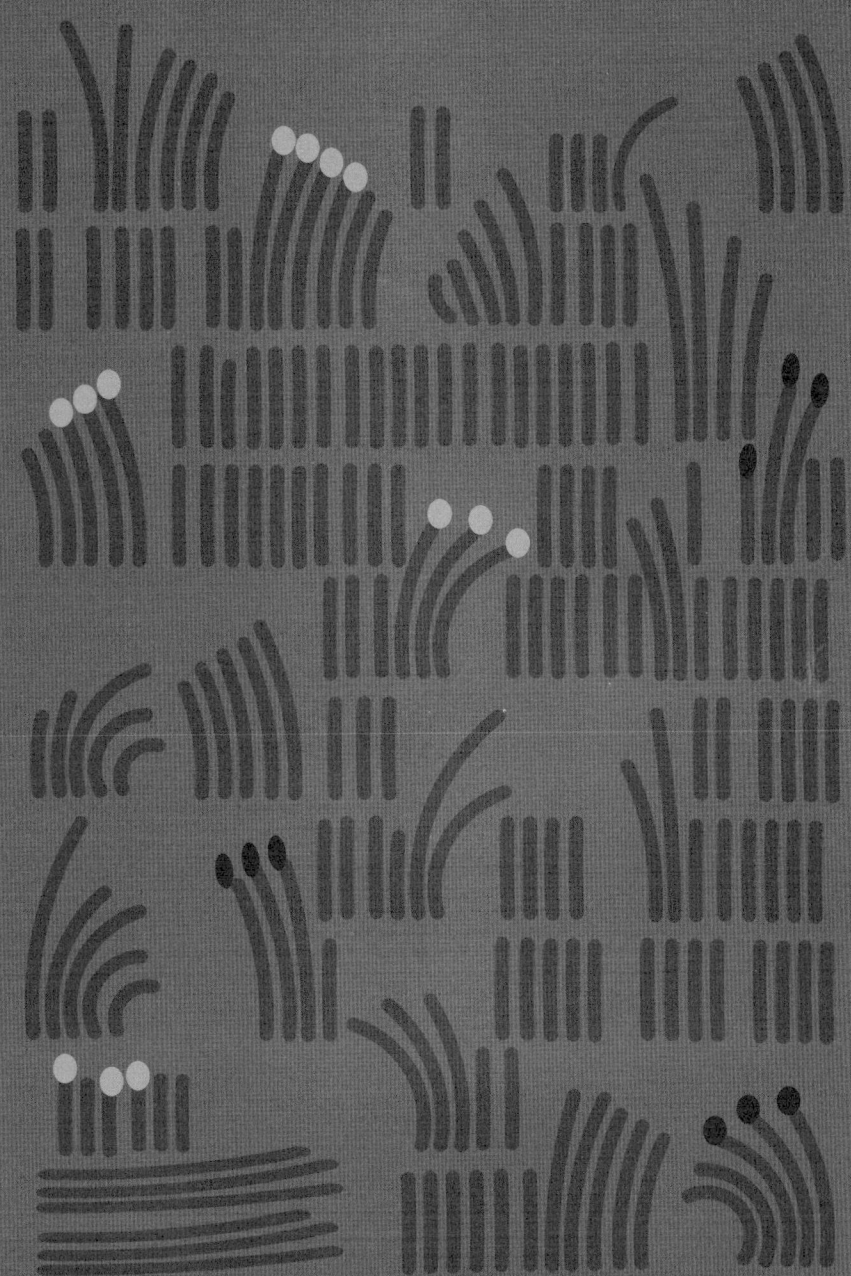

오늘날 전 세계 무슬림들이 복음에 반응하는 모습에 큰 변화가 일어나고 있다. 수 세기 동안 무슬림 세계에서 활동한 이들은 사역의 열매를 거의 보지 못했고, 일부 지역에서는 이 같은 상황이 여전하지만, 이전에 복음과 단절되었던 종족과 지역에서 상당한 추수가 점점 더 많아지고 있다. 전도, 제자훈련, 교회개척, 리더십 개발, 현지 팀에게 사역을 이관하는 일은 여전히 어렵지만, 그럼에도 불구하고 계속해서 일어나고 있다. 해야 할 일이 여전히 많이 남아 있다.

오늘날 무슬림과 기독교인의 관계에 영향을 미치는 새로운 상황과 도전이 생겨나면서, 함께 살아가는 삶의 어려움과 기회를 동시에 마주하게 된다. 무슬림을 향한 우리의 가장 간절한 소망은, 이러한 추수 동향이 그들에게 그리스도 안에서 새로운 삶을 발견할 기회를 가져다주는 것이다. 이 섹션에서는 복음의 씨앗이 열매를 맺고, 그 열매가 새로운 종족과 장소로 흩어지는 과정을 나눌 것이다. 하나님은 불멸하는 복음의 씨앗이 자라나고 생수를 끌어올리는 광대한 과수원을 만들고 계신다.

이 섹션에서는 무슬림 복음전도의 역사적 이정표와 함께 기회와 위협이 공존하는 현재의 동향을 살펴보고자 한다. 다양한 배경의 저자들이 당신과 당신 팀이 무슬림 가운데서 더 효과적으로 사역할 수 있도록 자신의 경험과 지혜, 그리고 통찰을 나눈다. 무슬림들 가운데서 그리스도를 담대하게 전하며, 간절한 기도와 사랑의 관계 속에서 사역하는 당신과 당신 팀에게, 이 글들은 새로운 접근 방식과 관점을 제시하고 도전을 줄 것이다. 그리고 그리스도를 알기 위한 새로운 구조와 방법의 필요성을 일깨워줄 것이다. 무엇보다 여기서 당신이 기쁨의 이유를 발견하기를 바란다. 그러한 발견은 무슬림을 향한 열정적인 기도와 사랑, 그리고 소망으로 이어질 것이다.

— 스테판 헹어, 섹션 편집자*

---

* 스테판 헹어는 사람을 진심으로 사랑하고, 그들에게 예수 그리스도를 통한 사랑과 평화의 메시지를 의미 있게 접할 기회를 제공하고자 노력하고 있다. 특히 그리스도가 아직 알려지지 않은 지역에서 복음을 전하려는 이들을 적극적으로 격려한다. 그는 SIM과 일부 네트워크를 통해 선교훈련을 제공하고, 관련 자료를 개발하며, 다양한 현장에서 현지인 리더십을 장려하고 있다.

1 무슬림 종족을 향한 특별한 담대함

글로벌 동향 전담기구 본회의 프레젠테이션,
"거하라, 열매 맺으라" 글로벌 컨설테이션 *

> **짐 해니**는 2005년부터 2018년까지 버지니아 주 리치몬드에 위치한 IMB(International Mission Board) 글로벌 연구 책임자이자 비전 5:9의 글로벌 동향 전담기구 코디네이터로 활동했다. 이전에는 서아프리카 무슬림 종족 가운데서 18년간 교회 개척 사역을 했다. 선교와 선교학에 관한 다양한 글을 쓰고 강연도 하고 있다.

핵심 포인트

- 오늘날의 사역 팀은 그들보다 앞서간 팀들이 겪었던 희망과 절망의 경험에서 교훈을 얻을 수 있다.
- 무슬림 세계에 접촉하는 오늘날의 사역 팀은 무슬림들이 복음을 듣도록 새로운 방식과 희생적인 헌신, 특별한 담대함으로 나아가야 한다. 그렇지 않으면 수백만의 무슬림이 그리스도 안에서 희망을 발견할 기회조차 얻지 못한 채 죽어갈 것이다.

---

* 젠 브라운, 제프 리버맨, 제프 닐리, 그리고 짐 해니는 2017년 태국 치앙마이 "거하라, 열매 맺으라"에서 글로벌 동향 본회를 인도했다.

이 장의 대화에 당신을 초대한다. 오늘 나는 과거와 현재의 손님 몇 분을 모시고 왔다. 하나님께서 예수 그리스도의 복음을 무슬림에게 전하도록 당신을 보냈다고 그들에게 말했다. 그들은 이 장에서 당신과 만나는 데 동의했다. 그러니 당신도 우리와 함께 앉아 차 한 잔을 마시며 대화를 나누기를 바란다.

이 손님들이 당신과 대화를 나누기 원하는 이유는 단순하다. 당신이 하나님께서 주신 소명에 충실하도록 격려하기 위해서다. 과거에 수많은 사역 팀들이 무슬림 종족 가운데로 들어갔지만, 엄청난 도전 앞에서 사탄은 그들을 절망 가운데로 몰아넣었다. 실제로 "역사를 통틀어 기독교는 이슬람이 가장 강력하고 번성한 경쟁자인 현실을 끊임없이 마주해왔다."[1]

당신은 이 세대에 살고 있으며, 따라서 이 대화의 중심에 있다. 과거의 이야기에서 조언을 얻기를 바란다. 무슬림들이 매일 직면하는 현실과 하나님께서 예수 그리스도를 통해 그들에게 가지고 계신 계획 사이에는 여전히 큰 격차가 있기 때문이다. 당신과 당신의 팀은 하나님께서 주신 소명에 충실해야 한다. 이제 귀를 기울일 준비가 되었는가?

---

1 Philip Jenkins, *The Lost History of Christianity: The Thousand-Year Golden Age of the Church in the Middle East, Africa, and Asia-and How It Died* (New York: HarperOne, 2009), 214.

무아위아와 예지드

제 이름은 무아위아이고, 이쪽은 제 아들 예지드입니다. 아들과 저는 옛적에 살았던 사람들입니다. 예언자 무함마드를 알았고, 직접 그를 보았지요. 우리는 오늘 우리가 죽은 후 우리에 대해 기록된 이야기를 들려주고자 합니다. 우리는 살아생전에 이싸 알마시흐(Isa al Masih)의 이름을 믿지 않았고, 그의 길을 따르지 않았습니다.

당시 우리는 알라를 그 어떤 피조물과도 관계나 애정이 없는 유일신으로 알고 있었습니다.[2] 알라는 절대 주권자였고, 그의 전능함은 비인격적인 것으로 알았습니다. 진리를 가지고 아라비아에 왔다가 다시 다마스쿠스로 돌아갔다는 한 남자가 있다고 들었습니다.[3] 그러나 우리는 그가 누구인지, 그의 메시지가 무엇인지는 듣지 못했습니다. 무함마드가 오기 전, 히라와 쿠파[4]의 일부 아랍인들은 이싸 알마시흐의 메시지를 듣고 그 길을 따랐습니다. 그들은 진지한 추종자들이었습니다. 그중 한 명인 노먼 아부 카무스는 자신의 부족이 경배해온 비너스 황금 신상을 녹여 가난한 사람들에게 나누어 주며 믿음을 증명했습니다. 부족의 많은 사람이 그를 따랐고, 세례를 받았습니다.[5]

그러나 예언자 시대에 아라비아는 '이교도의 모태'가 되었습니다. 기

2　Samuel Marinus Zwemer, *Arabia: the Cradle of Islam* (New York: Fleming H. Revell Company, 1900), 171-172.
3　갈라디아서 1장 15-18절.
4　현대 이라크의 쿠파 남쪽에 있는 알히라는 이슬람 이전의 아랍 역사에서 중요한 도시였다.
5　Zwemer, *Arabia*, 301-305.

독교인들은 우리에게 복음을 전해주었지만, 내부의 다툼과 분열에 지쳐 있었습니다. 불의와 위선, 이단을 가져온 주교, 목사, 선교사들이 있었던 것이지요.[6]

그러던 중 예언자가 나타났고, 우리는 권력과 의미, 그리고 진리를 구하며 그를 따랐습니다. 그는 알라의 권능을 통해 우리 무슬림이 부도덕한 기독교인보다 우월하다고 가르쳤습니다. 하지만 우리의 삶은 알라의 절대적 통치 아래서도 여전히 불확실하고 혼란스러웠습니다. 우리는 궁핍했고 길을 잃었으며 희망을 찾지 못했습니다. 아무도 당신을 부르신 하나님을 알지 못했고, 복음을 아는 사람도 없었습니다.

시간이 흘러 우리는 하나둘씩 세상을 떠났습니다. 나는 임종을 앞두고 아들 예지드에게 말했습니다. "내가 죽거든 예언자의 머리카락과 손톱을 내 눈과 입, 목에 대고, 그의 웃옷을 내 관에 덮어라. 그러면 혹시 축복이 임할지도 모르겠구나." 내 장례식에서 아들은 이렇게 말했습니다. "전능자께서 아버지를 용서하신다면 그것은 그분의 자비 때문일 것이고, 만일 벌하신다면 아버지의 죄 때문일 것입니다."[7]

우리는 길을 잃었습니다. 예언자를 따르던 다른 많은 이들 또한 길을 잃었습니다. 무슬림이 된다는 것은 불확실성 속에서 희망 없이 살아가는 것을 의미합니다.

6　Ibid., 306.

7　Elwood Morris Wherry, Samuel Marinus Zwemer, and James L. Barton, The Mohammedan World of Today: Being Papers Read at the First Missionary Conference on Behalf of the Mohammedan World Held at Cairo April 4th-9th, 1906 (New York: Fleming H. Revell Company, 1906), 15-16.

그렇다면 오래전 세상을 떠난 무슬림과 그의 아들이 이싸 알마시흐의 신입 선교사인 당신에게 말하는 것은 무엇입니까? 우리는 당신이 누구인지 모르고, 누구라 한들 상관치 않습니다. 그러나 당신이 죄악에 대한 해결책을 가지고 있다면, 우리를 외면하거나 모임에서 시간을 낭비하지 마십시오. 대신 우리에게 오십시오. 우리와 함께 있어주십시오. 이싸 알마시흐의 진리를 명확히 전해주어 우리가 듣고 믿을 수 있도록 말입니다.

레이몬드 룰

무아위아가 자신의 이야기를 들려주자, 한 남자가 바닥을 내려다보며 울기 시작했다. 그는 평생을 북아프리카에서 프란체스코회의 선교사로 섬겼던, 현명하면서 겸손한 인물이었다.[8] 그는 이 자리에서 조언을 나눌 준비가 되어 있었지만, 잃어버린 무슬림들에 대한 슬픔에 휩싸였다. 마침내 그는 고개를 들고 조용히 말문을 열었다.

저는 레이몬드 룰입니다. 제 나이 79세가 되던 해에 친구들은 제가 유럽에 남아 가르치기를 원했지만, 제 결론은 철학 교사가 아닌 선교사로 일생을 마치는 것이었습니다. 그래서 임종이 가까워졌을 때, 저는 기도했습니다. "오 주여, 자석에 닿은 바늘이 자연스럽게 북쪽을 가리키듯이,

---

[8] 마요르카 출신의 레이몬드 룰(1232-1315)은 무슬림들이 믿음을 가지고 평화롭게 기독교로 회심하는 데 일생을 바쳤다.

당신의 종이 당신을 사랑하고 찬양하고 섬기게 하소서. 당신이 당신의 종을 향한 사랑으로 그토록 심한 고통과 고난을 기꺼이 감당하셨음을 알기 때문입니다. 오 주여, 사람은 노쇠하여 자연적으로 따뜻함이 사라지고 추위가 극심해져 죽음을 맞이하지만, 주의 뜻이라면 이 종은 그렇게 죽기를 원치 않습니다. 당신이 당신의 종을 위해 기꺼이 죽으셨듯이, 당신의 종 또한 사랑의 불꽃 속에서 죽기를 원하나이다." [9]

예수님을 따르는 이여, 당신이 자원하는 일에 대한 사람들의 칭찬과 영예에서 떠나기를 촉구합니다. 무슬림의 구원을 위해 당신의 삶을 나누고, 간절한 심정으로 고난을 받기를 바랍니다. 단지 믿을 뿐만 아니라 행동하는 것, 이것이 바로 우리에게 필요한 자발적 봉사입니다. [10]

7세기부터 무슬림과 관련된 많은 사람들이 있다. 그들의 이야기가 많은 책들에 기록되어 있으니 이제 그들의 증언을 바탕으로 지난 세기의 목소리를 이어가자. 당신과 당신의 팀이 지닌 소명에 도움이 되고자 그들의 이야기를 여기에 남긴다.

헨리 제섭

이 토론에 추가로 참여하고 싶은 제 이름은 제섭입니다. 저는 1906년 이

---

[9] Samuel Marinus Zwemer, *Raymund Lull: First Missionary to the Moslems* (New York' Funk & Wagnalls Company, 1902), 132-135.
[10] 레이몬드 룰은 1315년 6월 30일 북아프리카에서 마지막으로 복음을 전하기 위해 담대하게 시장에 들어간 후 돌에 맞아 사망했다.

집트 카이로에서 개최되는 무슬림 세계를 위한 선교사 대회를 도왔습니다. 카이로에서 다른 이들과 함께 무슬림 세계의 어둠이 얼마나 되는지 파악하고, 이에 대한 대책을 세우기 위해 노력했지요. 그 당시 우리는 전 세계에 2억 3,300만 명의 무슬림이 있다고 추정했습니다. 그들 중 많은 이들이 영원히 정죄받는 지옥의 문을 통과했다고 추정할 수 있습니다.

"심지어 기독교인들 중에서도 이슬람의 영적 필요를 인지하는 사람은 소수에 불과합니다. 대부분의 교회는 무슬림 세계가 과거에 교회의 방치로 인해 이러한 고통을 겪었다는 사실과, 현재 열린 기회가 그들의 믿음과 신실함에 대한 도전이라는 사실도 깨닫지 못합니다."[11] 그러므로 당신이 진정으로 무슬림에 대한 소명에 진지하다면, 제가 지금 하는 일과 관련해 몇 가지 격려를 전할 수 있어 기쁩니다.

카이로 대회에 참석한 우리가 말했듯이, 당신은 다음 세 가지에 집중해야 합니다.[12]

첫째, 더 많은 전문 인력을 따로 두고 전문적인 훈련을 제공해야 합니다. 무엇보다도 무아위야와 예지드와 같은 사람들의 진지한 이야기를 더 많이 읽어야 합니다. 무슬림들이 영적으로 불완전하다는 사실을 이해해야 합니다. 사역자들이 이 점을 마음 깊이 새기지 않는다면, 자신의 소명을 생사가 달린 문제로 여기지 않을 것입니다. 당신은 그들의 적대감을 애정과 친절로 마주하고, 그리스도만이 유일한 구원자이심을 소

---

[11] H. H. Jessup's introductory paper, in Wherry, Zwemer, and Barton, *The Mohammedan World*, 14.

[12] J. Brown, "Families Engaging Muslims in Grace and Truth" (presentation, Abide, Bear Fruit, Chiang Mai, Thailand, October 13, 2017).

개할 수 있도록 사역자들을 훈련해야 합니다.

둘째, 무슬림을 위한 문헌을 좀 더 효율적으로 제작하고 배포해야 합니다. 카이로에서 열린 회의 중에 우리는 1905년에 베이루트의 인쇄소에서 4,600만 쪽의 아랍어 문헌이 인쇄되었다는 소식을 들었습니다. 놀라운 일입니다! 그러나 당신과 당신의 사역 팀은 하나님의 말씀을 무슬림들에게 전달하여 그들이 읽고 듣고 변화될 수 있는 방법을 찾아야 합니다.

셋째, 중요한 센터에서 새로운 직책을 맡을 팀을 구성해야 합니다. 당신은 요나처럼 무슬림의 도시들로부터 도망칠 수 없다는 점을 명심해야 합니다. 하나님께서 무슬림 학자들을 일으키시고, 각성시키시고, 하나님의 영으로 거듭나 마리아의 아들 예수를 유일한 구세주로 믿어 철저하게 회심하게 하실 때까지 당신의 모든 것을 바쳐야 합니다. 이슬람에 은혜를 베풀 시간이 왔고, 모든 사람이 그리스도를 받아들이도록 부르심을 받았다고 선포해야 합니다.[13]

마지막으로, 무슬림을 붙들고 있는 현실, 즉 일부다처제, 여성 억압, 이혼, 증오, 의심 등을 간과하는 교회에 도전해야 합니다. 이러한 일들은 외면당하거나 심지어 옹호되기까지 했습니다. 내 친구 무슬림들은 계속해서 잃은바 되었기에, 그들은 당신과 당신의 가족 안에서 제자도를 확인해주는 그리스도의 사랑을 볼 수 있어야 합니다.[14]

---

13   Jessup, introductory paper, 14-20.
14   요한복음 13장 34-35절

사무엘 즈웨머

그리스도께서 사랑하신 것처럼 사랑하라는 제섭의 말에 아멘으로 동의합니다. 저는 즈웨머입니다. 우리의 평의회는 1910년 스코틀랜드 에든버러 세계선교사대회(World Missionary Conference in Edinburgh)에서 시작되었습니다. 오늘날 교회는 분명히 그때와 마찬가지로 중요한 전환점에 서 있습니다. 만약 교회가 무슬림들(1910년 기준 2억 3,900만 명)을 향해 방향을 바꾸지 않거나, 더 지체한다면 그들에 대한 배척 외에 다른 결과를 얻을 수 있을까요? 무슬림을 무시하는 교회에게는 어떤 미래가 기다릴까요?

에든버러에서 우리는 세계선교사대회의 회원으로서 기독교 지역의 교인들에게 메시지를 보내고자 했습니다. 우리는 이 시기의 중요한 특성을 깊이 각성시켰습니다. 당시 우리는 많은 나라들이 깨어나고, 오랫동안 닫혔던 문이 열리며, 그리스도를 위해 승리해야 할 새로운 세계를 교회에 제시하는 운동에 대해 여러 곳에서 들었습니다. 그러나 하나님께서 주신 은혜에도 불구하고, 우리의 네트워크 목표를 완수하는 데 어려움이 있습니다.

우리는 편지에 다음과 같은 말을 덧붙였습니다. "앞으로 10년은 인류 역사상 전환점이 될 것이며, 수 세기에 걸친 일상적인 경험보다 인류의 영적 진화를 결정하는 데 더욱 중요한 시기가 될 것입니다. 만일 그 시간을 낭비한다면 회복 불가능의 혼란이 초래될 수 있습니다. 반면, 그 시간을 올바르게 사용한다면, 기독교 역사상 가장 영광스러운 시간 중 하나가 될 것입니다."[15]

에든버러에서 우리는 "새로운 선교사 파송의 급물살을 타기 직전에 있는 우리의 상황을 이해했습니다. 애석하게도 서구의 선교사 운동은 다시는 에든버러에서와 같은 방식으로 무대의 중심에 서지 못할 것입니다. 대부분의 선교본부와 선교단체에 20세기는 활동이 심각하게 쇠퇴하는 시기가 될 것입니다."[16] 애석하게도 우리의 결단은 사탄의 영향을 받았습니다. 사탄은 대량 학살, 세계대전, 팬데믹, 경제 불황, 민족주의로 우리를 짓누르고 있습니다.[17]

그렇다면 제가 어떤 조언을 해줄 수 있을까요? 시간은 여전히 소중합니다. 당신의 시간 말입니다. 제가 당신에게 드리고 싶은 조언은 현재 시간을 낭비하지 말고, 그 시간을 바르게 사용하여 교회를 깨우고, 당신에게 맡겨진 직분을 충실히 수행하라는 것입니다.

돈 맥커리

저는 맥커리입니다. 1978년, 우리는 콜로라도 주 글렌 이리에서 무슬림 복음화를 위한 북미 대회(North American Conference on Muslim Evange-

---

[15] John Raleigh Mott and W. H. T. Gairdner, *Echoes from Edinburgh, 1910: An Account and Interpretation of the World Missionary Conference* (New York: Fleming H. Revell Company, 1910), 277-288.

[16] David A. Kerr and Kenneth R. Ross, eds., *Edinburgh 2010: Mission Then and Now*(Oxford: Regnum, 2009), 314.

[17] J. Liverman, "The Church at a Turning Point: If Not Now, When?" (presentation, Abide, Bear Fruit, Chiang Mai, Thailand, October 14, 2017).

lization)를 조직했습니다. 그 당시 전 세계 무슬림 수는 7억 2천만 명으로,[18] 1910년 에든버러 때보다 약 5억 명이 증가했습니다. 국제 월드비전의 회장인 스탠리 무니햄은 "어떤 대회는 논쟁을 벌이다가 선언하고 해산하지만, 어떤 대회는 역사를 바꾼다"[19]며 에든버러의 불씨를 다시 지폈습니다.

그러나 에든버러의 낙관주의는 이슬람의 성장과 "교회의 몰락"[20]을 감안할 때 시들해졌습니다. 대회 참석자들은 여전히 새로운 기회에 낙관적이었지만, 무슬림 땅의 사회적, 정치적 격변과 무슬림에 대한 접근성 상실, 그리고 무슬림 전도에 비효과적인 방법은 복음화 상태와 하나님의 구원 계획 사이에 격차가 커지고 있음을 시사했습니다.

우리는 새로운 시작이 필요합니다. 무슬림 선교는 종종 무슬림 회심자의 문화를 거부하고 선교사나 전도자의 문화를 강요하는 형태를 띠었습니다. 이러한 배타성과 먼저 그리스도께 회심하고 선교사나 전도자의 문화로 회심해야 한다고 주장하는 이중적 회심은 무슬림 가운데 사역의 열매가 없는 주된 원인일 수 있습니다. 오늘날의 팀원들은 예수님께서 문화를 어떻게 대하셨는지 이해해야 합니다. 우리는 그분이 인간 본성의 죄성을 결코 간과하지 않으셨다는 점에 주목합니다. 그분은 죄,

---

[18] L. Ford, preface to "North American Conference on Muslim Evangelization," in *The Gospel and Islam: A 1978 Compendium*, edited by Don M. McCurry (Monrovia, CA: Missions Advanced Research and Communication Center, 1979), 6.

[19] W. S. Mooneyham, foreword to "North American Conference on Muslim Evangelization," in *The Gospel and Islam: A 1978 Compendium*, edited by Don M. McCurry (Monrovia, CA: Missions Advanced Research and Communication Center, 1979), 7.

[20] Ibid.

잘못, 불순종에 대해 직접적으로 말씀하셨습니다… 예수님은 인간의 문화와 행위에서 칭찬할 만한 것은 인정하시면서, 인류를 변화시키기 위해 사랑으로 애쓰셨습니다.[21]

이러한 교훈을 무슬림 복음화에 적용하면, 우리는 전례 없는 미지의 영역으로 나아가게 됩니다. 당신과 당신의 팀원들은 그리스도께서 오늘날 이슬람 문화권에서 하실 법한 방식으로 행동하는 법을 배워야 하며, "무슬림에게 복음을 전하는 더 실질적인 접근법"[22]을 통해 변화를 일으킬 수 있는 복음을 전해야 합니다. 선교사의 노력은 하나님의 마음에서 비롯되므로, 우리는 하나님의 응답을 간구해야 합니다. 당신과 당신의 팀이 하나님 마음의 확장이 될 수 있도록 간절히 기도해야 합니다. 그것이 새로운 시작입니다. "미전도 무슬림들은 그분의 음성을 들어야 합니다."[23]

미래

지금까지 우리는 차를 마시며 여러 시대의 목소리에 귀를 기울였다. 이제는 행동을 고민할 시간이다. 이 말씀은 우리에게 어떤 결과를 가져올 것인가? 우리가 행동하지 않으면 결코 복음을 듣지 못할 수백만의 무슬림들은 어떻게 되는가? 과거 선교사 대회에서 선언문과 성명서를

---

21 "North American Conference," 13-21.
22 Ibid.
23 J. Neely, "Let Unreached Muslims Hear His Voice" (presentation, Abide, Bear Fruit, Chiang Mai, Thailand, October 16, 2017).

통해 품었던 희망과 꿈은 어디로 갔는가? 우리 교회는 무슬림 세계에 대한 과거의 무관심을 계속할 것인가, 아니면 자원자들이 무슬림 세계에서 일어나는 운동의 카이로스적 순간에 하나님 안에서 지속적으로 기도하며 대위임령의 부르심에 담대히 응답할 것인가? 이제 우리는 결단해야 한다.

토론과 적용

1. 무슬림 사역과 관련해 오늘날 교회의 강점과 약점은 무엇인가?
2. 당신의 팀이 지닌 '특별한 담대함'은 어떤 모습으로 나타날 수 있는가? 그 담대함을 위해 목숨을 바칠 각오가 되어 있는가?

참고문헌

Brown, J. "Families Engaging Muslims in Grace and Truth." Presentation at Abide, Bear Fruit, Vision 5:9, Chiang Mai, Thailand, October 13, 2017.

Jenkins, Philip. *The Lost History of Christianity: The Thousand-Year Golden Age of the Church in the Middle East, Africa, and Asia-and How It Died*, New York: HarperOne, 2009.

Kerr, David A., and Kenneth R. Ross. *Edinburgh 2010: Mission Then and Now*, Oxford: Regnum, 2009.

Liverman, J. "The Church at a Turning Point: If Not Now, When?" Presentation at Abide, Bear Fruit, Vision 5:9, Chiang Mai, Thailand, October 14, 2017.

Mott, John Raleigh, and W. H. T. Gairdner. *Echoes from Edinburgh, 1910: An Account and Interpretation of the World Missionary Conference.* New York: Fleming H. Revell Company, 1910.

Neely, J. "Let Unreached Muslims Hear His Voice." Presentation at Abide, Bear Fruit, Vision 5:9, Chiang Mai, Thailand, October 16, 2017.

"North American Conference on Muslim Evangelization." In *The Gospel and Islam: A 1978 Compendium*. edited by Don M. McCurry. Monrovia, CA: Missions Advanced Research and Communication Center, 1979.

Wherry, Elwood Morris, Samuel Marinus Zwemer, and James L. Barton. *The Mohammedan World of to-day: Being Papers Read at the First Missionary Conference on Behalf of the Mohammedan World Held at Cairo April 4th-9th, 1906.* New York: Fleming H. Revell Company, 1906.

Zwemer, Samuel Marinus. *Arabia: The Cradle of Islam.* New York: Fleming H. Revll Company, 1900.

_____. *Raymund Lull: First Missionary to the Moslems.* New York: Funk & Wagnalls Company, 1902.

2 비서구 세계의 부상

축하, 주의, 그리고 조언이 필요한 이유

존 청은 트리니티 국제대학교에서 선교학 박사학위를 받은 학자다. 선교학 리서치, 컨설턴트, 강사로 활동하며, 아시아 전역의 여러 신학교에서 강의하고 있다. 전문 분야는 세계화와 동남아시아 이슬람이며, 경제의 문화적 양상과 상황화 신학에 관한 저서를 출간하기도 했다.

핵심 포인트

- 전 세계 모든 지역의 추수 일꾼들은 서로를 필요로 한다. 우리는 서로의 성공을 축하하고 실패로부터 교훈을 얻어야 한다.
- 건강한 동역 관계를 유지하려면 중요한 의제와 예상되는 결과에 대해 솔직하고 열린 토론이 필요하다.

기독교 지도자들과 사역자들이 함께 모이는 글로벌 모임은 교회가 하나님 백성의 다양성을 경험하고, 그분의 놀라운 사역을 깨달을 수 있는 좋은 기회를 제공한다. 이러한 기회 중 하나가 최근에 개최된 "거하라, 열매 맺으라" 컨설테이션이었는데, 이 모임에는 거의 1천 명에 달하는 신자들과 사역자들이 참여했다. 특히 많은 참석자가 비서구로 옮겨가고 있음을 명백히 보여주는 징후가 나타났다. 그러나 이러한 비서구 세계의 부상은 축하만이 아니라 주의와 조언도 필요로 한다. 이는 교회가 건강하게 성장하며 무슬림 세계 속에서 하나님의 선교를 올바르게 평가할 수 있도록 돕고자 함이다. 이 장에서는 내가 대회에서 나눈 대화와 인터뷰를 바탕으로 다양한 참석자들의 생각을 정리한 내용을 다룬다. 이 글은 모든 비서구 세계 참석자들의 의견을 종합하기보다는 나의 관점을 중심으로 재구성했다.

축하의 이유

이 일 후에 내가 보니 각 나라와 족속과 백성과 방언에서 아무도 능히 셀 수 없는 큰 무리가 나와 흰 옷을 입고 손에 종려 가지를 들고 보좌 앞과 어린 양 앞에 서서(계 7:9).

참석자들의 축하

요한계시록 7장 9절은 불신자들에게 하나님의 사명이 완수된 영광스러운 비전을 제시한다. 이러한 비전을 "거하라, 열매 맺으라"에서 조금이나마 느꼈던 것은, 그곳에 많은 무슬림 배경 신자(MBB)들이 모였기 때문이다. 이전에는 접근하기 어려웠던 무슬림들이 얼마나 많이 그리스도께 나아왔는지를 알았을 때, 그리고 그들이 절망에서 희망으로, 고립에서 교제와 공동체로 변화된 강력한 간증을 들었을 때, 참석자들은 큰 충격을 받았다. 동남아시아에서 온 한 참석자는 이렇게 말했다, "이렇게 많은 무슬림이 예수님께 나아올 수 있는지 몰랐습니다. 이제 저는 하나님과 함께라면 못할 일이 없음을 확신합니다."

아시아인으로서 (그리고 비서구 세계 참석자로서) 이러한 경험을 하니 가슴이 설레고 큰 용기를 얻는다. 아시아에서 종교적 소수자로 살아가는 많은 기독교인에게 이처럼 다수의 회심자와 교제할 기회가 드물기 때문이다. 바울의 말이 이러한 상황에 적절하다. "거기서 형제들을 만나 그들의 청함을 받아 이레를 함께 머무니라. 그래서 우리는 이와 같이 로마로 가니라. 그곳 형제들이 우리 소식을 듣고…맞으러 오니 바울이 그들을 보고 하나님께 감사하고 담대한 마음을 얻으니라"(행 28:14-15).

비서구 세계의 신자들이 모일 때, 특별히 무슬림 선교와 관련해 우리는 그들 가운데 하나님께서 어떻게 일하시는지 배우기를 원한다. 우리는 MBB들을 만나 그들의 이야기를 나눌 수 있는 안전하고 신뢰할 수 있는 자리를 찾고자 한다. 한 방글라데시인은 자신이 MBB들과 함께 시작한 교회와 예수님을 따르는 가족들에 대해 나눈 후, 기뻐하며 자신이 제자화하고 있는 남성들과 복음을 듣고 감동된 정부 관리들의 사진을 보여주었다. 나 역시 MBB들과의 관계 속에서 그들이 내 인생에 감동을 준 순간에 대해 이야기하며 기쁨을 나누었다. 우리는 시련과 고통, 그리고 기도 제목에 대해 솔직하게 나눌 수 있었다.

인도에서 온 한 목회자는 추방된 MBB들을 더 잘 돕기 위한 쉼터 네트워크를 어떻게 해야 찾을 수 있는지 배우고 싶다고 고백했다. 이러한 필요에 대한 기도 요청과 성장을 향한 열망은 비서구 세계 다른 신자들과의 많은 만남에서 중요한 요소였다. 서구 신자들에 대한 질문을 받았을 때, 나는 그동안 만났던 서구인들을 돌아보게 되었다. 그들이 운영했던 세부 프로그램, 전도용 자료, 통계, 선교를 위한 큰 그림이나 조직적인 계획 등을 떠올렸다.

비서구 세계의 신자들은 각자의 상황에서 얻은 교훈을 나누었고, 그리스도의 더 큰 공동체는 더욱 견고하게 세워졌다. 이야기들은 구체적이고 감정적이며, 기억에 남는 영향력을 발휘했다. 우리는 종종 이들의 이야기를 통해 삼대지 설교를 들을 때보다 더 큰 힘을 얻곤 했다. 서구인들로부터는 복음의 진보와 그들이 감당했던 지속적인 헌신과 희생에 대해 듣고 유익을 얻었다. 그들은 하나님께서 자신들의 사역에서 이루신 일, 자신들이 저술한 책, 혹은 다양한 조직에서 오랫동안 섬겨온 일에 대해 이야기했다. 반면에 비서구 세계 참석자들은 자신들의 교회가 사람들을 그리스도께 인도한 이야기, 혹은 멘토로서 개인을 신앙으로 이끈 경험을 나누었다. 그들의 자부심은 그들이 세운 조직이나 저술한 책(책을 쓴 사람은 거의 없었다)에 있지 않았으며 오히려 사람들에게 있었다.

"거하라, 열매 맺으라" 모임에는 다양한 선교단체와 교회에서 섬기는 다양한 사람들이 참석했다. 우리는 하나님께 찬양드리며, 진정 겸손한 마음으로 선교를 배우고 협력하려는 서구인들에게 감사한다.

예배의 축하

예배에 참석할 수 있어서 정말 기뻤다. "거하라, 열매 맺으라" 모임에서 아랍어, 프랑스어, 스와힐리어 등 다양한 언어로 하나님을 찬양하는 사람들을 보면서, 우리는 예배 안에서의 즐거운 음악과 행복을 경험했다. 미접촉 종족 집단의 불신자들에게 점점 더 다가가고 있다는 보고서를 보면서는 고무되었다. 이는 교회의 힘이 우리가 하는 일에 있지 않고, 하나님을 예배하고 그리스도 안에서 연합하여 서로를 기뻐하고 격려하는 데 있음을 상기시켜주었다(요 17:20-23).

> 기독교는 찬양하는 종교다. 찬양은 기독교인의 신앙과 정체성에 매우 중요한 요소이며, 수 세기 동안 영적인 힘을 공급해온 양분이다.

기독교는 찬양하는 종교다. 찬양은 기독교인의 신앙과 정체성에 매우 중요한 요소이며, 수 세기 동안 영적인 힘을 공급해 온 양분이다. 특히, 당국의 주목을 피하기 위해 큰 소리로 찬양할 수 없는 MBB들의 가정교회에서는 이러한 영적 양분이 더욱 중요하다.

"거하라, 열매 맺으라"에서의 예배 시간은 행복했고, 교제는 친밀했으며, 감동은 전염성이 있었다. 많은 참석자가 이 감동을 고국의 친구들과 가족들과 SNS를 통해 나누고자 했지만, 주최 측은 이를 자제해달라고 주의를 주었다. 비서구 세계의 사역자들은 오늘날 글로벌 상황에서 무슬림에 대한 사역을 공개적으로 알리는 것은 상당히 위험할 수 있음을 인지하고 있다.

사역자의 신분 보호와 회심자의 이름과 위치, 그리고 선교계획을 지키는 것은 많은 서구 선교단체에서 준수하는 표준적 보안 정책이다. 반면, 비서구 세계에서는 이러한 경험이 부족한 경우가 많다. 특히 교회 기반이나 목회 복음전도 방식으로 무슬림 사역을 하는 이들이 그러하다. 좀 더 경험 많은 선교단체의 사역자들은 이러한 위험을 인식하는 가운데 대담하면서도 신중한 방식으로 사역하지만, 새내기 사역자들은 SNS를 통해 그들의 활동을 알릴 때 발생할 수 있는 보안상의 위험을 충분히 인식하지 못할 수 있다. 이러한 부분에서 비서구 세계의 신자들이 서구의 선교단체와 사역자들로부터 배워야 할 점이 있다.

주의와 조언이 필요한 이유

<u>선교회 관리에 대한 주의와 조언</u>

로잔 I, II, III와 같은 복음적 대회나 국제 회의에서는 교회가 계속해서 선교의 길을 걸어가도록 언약이나 선언을 재차 발표하는 경향이 있다. "거하라, 열매 맺으라" 컨설테이션도 예외는 아니었으며, 대다수의 참석자가 무슬림 세계에서의 복음적 선교에 헌신을 다짐하는 언약을 채택하기로 투표했다. 이는 전 세계적으로 무슬림 선교에 대한 합의와 헌신을 보여주는 중요한 순간이었지만 논란도 일어났다. 일부 참석자들은 선언문 작성에 영어가 사용된 것에 불만을 제기했다. 그들은 특정 용어가 자신들의 언어로 적절하게 번역되지 않았다고 느꼈다. 어떤 참석자는 왜 선언문이 아랍어, 인도네시아어, 스와힐리어 등 비서구 세계의 언어로 작성되지 않았는지 의문을 표했다.

또한 일부 비서구 세계의 신자들은 대회에서 내린 결정들이 자신들에게 '강요된' 느낌을 받았다고도 말했다. 이는 이해 당사자들과 충분히 시간을 들여 논의하지 않아 생긴 결과로 보인다. 의사 결정이 서구의 기준보다 더디게 이루어지는 문화권에서는 이러한 반응이 당연할 수 있으며, 앞으로의 컨설테이션에서는 이러한 불만을 다루어야 할 것이다.

대회에서 미전도 종족 집단에 초점을 맞추고 접촉하는 구체적인 목표를 2025년까지로 설정한 것에도 불만이 있었다. 대표들이 이 목표에 대해 토론하고 투표할 때, 일부 참석자는 그 과정에 불편함을 느꼈다. 한 중국계 동남아시아인은 이를 "서구의 목표 지향적 의제를 계속해서 추진하고 있다"고 묘사하며, "관리는 차고 넘치지만 성령님에 대한 신뢰는 거의 없다"고 지적했다. 이는 '경영의 선교학' 개념이 근대 복음적 선교에 문제를 일으키고 있다는 지적과도 맥을 같이한다.[1]

목표 설정과 전략 실행이 하나님의 영에 대한 의존과 신뢰를 배제하지는 않지만,[2] 루스 발레리오는 10여 년 전 다음과 같은 경고를 했다.

> 이러한 방식은 선교에 대한 사고와 실천에 불가피하게 영향을 미칩니다. 남아프리카공화국의 한 사람은 … [이전 글로벌 대회에서] 글로벌 노스(Global North) 선교회들로부터의 압력이 세계화 질서에 따라 작용하는 것을 목격했으며, 나머지 세계는 (그들의) 우선순위를 수용해야 한다는

---

[1] Samuel Escobar, "Evangelical Missiology: Peering into the Future," in *Global Missiology for the 21st Century: The Iguassu Dialogue*, ed. William Taylor (Grand Rapids: Baker Academic, 2000), 101-122.

[2] John Mark Terry and J. D. Payne, *Developing a Strategy for Missions: A Biblical, Historical, and Cultural Introduction* (Grand Rapids: Baker Academic, 2013).

암시를 받았습니다… 그러나 경제적 현실은 저항하거나 무시하기 어렵고, 그로 인해 글로벌 사우스의 국가들은 세계 선교에서 자신들만의 문제를 제기하고 공헌할 수 있는 신학적 공간을 잃는 경향이 있었습니다. 제 친구는 주후 2000년의 헤게모니에 대한 반발을 언급했습니다.[3]

막강한 재정력과 통계와 동향을 생성하는 서구의 능력으로 인해, 서구 선교회의 사상가들은 점점 더 '경영 지향적' 방식으로 생각하고 실행하는 경향을 갖는다. 심지어 이번 "거하라, 열매 맺으라" 대회에서도 일부 비서구 신자들은 서구 선교회 지도자들이 여전히 선교 전략을 주도하고 있으며, 현지 신자들에게는 별다른 의미가 없는 프로젝트를 추진한다고 느꼈다. 일부 워크숍에서는 토론에 충분한 시간이 할애되지 않고, 발표자들이 자신의 의견만 일방적으로 제시한다는 느낌을 받은 두 명의 신자가 실망하기도 했다.

이런 상황에서 서구의 방식이 비서구 세계에 여전히 적합한지 의문을 제기하는 비서구 신자들과 서구 신자들 간의 진솔하고 열린 대화가 부족했다. 높은 비용을 치르고 이러한 행사에 참여하면서도 대화와 토론의 공간이 충분하지 않다면, 미래의 글로벌 대회에 대한 매력이 감소할 것이다.

한편, 이번 대회의 주제는 "거하라, 열매 맺으라"였기 때문에, 프로그램 안에서 그리스도 안에 거함과 신자들과의 교제에 더 많은 시간을

---

[3] Ruth Valerio, "Globalisation and Economics: A World Gone Bananas," in *One World or Many? The Impact of Globalisation on Mission*, ed. Richard Tiplady (Pasadena, CA: William Carey, 2003), 19.

할애했어야 했다는 아쉬움이 남는다. 이 부분에서는 '거함의 부족'을 느꼈다.

협력 사역에 대한 주의와 조언

"거하라, 열매 맺으라"에서는 새로운 우정을 많이 쌓는 것 외에도, 협력 사역에 대한 새로운 아이디어도 논의되었다. 특히 지치거나 선택의 여지가 없는 우리 중 일부는 서구인들이 새로운 이니셔티브에 에너지를 불어넣고 지속적으로 시간과 교육, 인력을 투자하는 데 크게 감사하고 있다. 오늘날 협력 사역은 흔한 일이 되었고, 이를 평가하는 것은 중요하다. 글로벌 노스와 글로벌 사우스, 동양과 서양 간의 선교 파트너십에서 협력 사역은 핵심적이기 때문이다.[4] *이러한 파트너십과 책무는 문화 간의 이해를 기반으로 하며, 목표와 기대, 교단 및 신학적 전통이 다른 사람들과 함께 일할 때 큰 역할을 한다.*[5]

자원이 중요한 만큼, 특히 자원이 부족한 나라에서 사역하는 비서구 세계 참석자들 중 일부는 "거하라, 열매 맺으라"에서 그들의 사역에 대한 지원을 요청하기도 했다. 그러나 이러한 대화나 교류가 단순히 개인

---

4 지면상 선교 파트너십과 그 의미에 대한 더 자세한 논의는 생략한다. 이에 대해서는 Phill Butler, "Is Our Collaboration for the Kingdom Effective?" *Lausanne Global Analysis* 6, no. 1 (January 2017)을 보라. https://www.lausanne.org/contentllga/2017-01/is-our-collaboration-for-the-kingdom-effective.

5 Mary Lederleitner, "An Approach to Financial Accountability in Mission Partnerships,' in *Serving Jesus with Integrity: Ethics and Accountability in Mission*, EMS series, vol. 18, ed. Dwight P. Baker and Douglas Hayward (Pasadena, CA: William Carey, 2010).

의 이득을 위한 자금 요청이나 신분 상승을 위한 시도인지,[6] 아니면 하나님 나라를 위한 상호 원원 파트너십을 구축하려는 진정한 이니셔티브인지를 판단하기란 쉽지 않다.

비서구 세계의 신자가 아첨하는 인사를 길게 하며 서구인을 맞이할 때, 그 진정성을 더욱 의심하게 된다. 흥미롭게도, 이러한 인사는 성경에서 바울이 동료 신자들에게 했던 인사와 상당히 유사하다(예를 들어, 롬 1:6-12, 엡 1:15-18, 골 1:3-12). 이는 사회적, 경제적 불평등과 위계질서가 존재하는 문화에서 흔히 볼 수 있는 정상적인 인사 방식이다. 특히 아시아에서는 이러한 인사가 후원자-의뢰인 관계에서 나타나며, 관계는 자원의 불평등한 분배를 관리하는 데 매우 중요한 역할을 한다. 때로는 경험이 풍부한 선교사조차 이러한 인사가 단순히 문화적 공손함의 표현인지, 아니면 숨은 의도가 있는 것인지 구별하기 어려울 때가 있다. 오랫동안 이러한 사람들과 관계를 맺어 그들의 문화를 이해하는 사람들만이 이처럼 복잡한 역학관계를 진정으로 이해할 수 있다.

마지막으로, 후원자-의뢰인 사회 배경의 사람들은 상위 지위에 있는 이들에게 동의하는 경향이 있다. 이는 때때로 그릇된 명예심에서 비롯되기도 한다.[7] 비서구 세계의 신자들이 충분한 사역 경험이 있는데도

---

[6] 서구 선교사들도 비슷한 충동을 느낄 수 있다. 많은 단기 선교 참석자들이 도덕적 우월감을 드러내기 위해 제3세계에서의 사역 사진을 활용하여, 자신의 모험을 '가치 있는 일'로 포장하는데, 이는 고상한 마음이나 깊은 영성을 쌓으려는 의도에서 비롯된다. 이것의 실천과 윤리에 대해서는 Gabriel B. Tait, "The Missionary and the Camera: Developing an Ethic for Contemporary Missionary Photographers," in Baker and Hayward, *Serving Jesus with Integrity*를 보라.

[7] John Cheong, "Polycentrism in Majority World Theologizing: An Engagement with Power and Essentialism," in *Majority World Theology*, EMS series, vol. 26, ed. Allen Yeh and Tité Tienou (Littleton, CO: William Carey Publishing).

불구하고, 자신들의 사역지를 방문한 적이 없거나 문화적 이해가 부족한 서구인들에게 기회를 양보하는 경우가 그 예다.

동양과 서양, 글로벌 사우스와 글로벌 노스 간의 교류가 증가하면서 사역과 자원에 대한 기회는 이전보다 빠르게 확대되고 있으며, 양측의 접근 능력도 함께 늘어나고 있다. 그러나 이러한 유동성은 불균형하게 작용할 수 있다. 개인화된 소셜미디어(예를 들어, 왓츠앱, 페이스북)나 이메일을 통해 제도적 관리나 선교위원회를 우회하여 더욱 직접적으로 후원자와 의뢰인을 연결할 수 있기 때문이다.[8] 이럴 때, 건강한 파트너십에 대한 보다 엄격한 검토와 윤리적 고려가 필요하다.

바람직한 책무란 무엇인가? 상하 관계와 후원자-의뢰인 관계가 작용하는 곳에서도 서구적 규범을 적용할 수 있을까? 충분한 지원과 과도한 지원의 경계는 어디에 있는가? 비서구 세계 신자들의 수와 영향력이 증가하고 더 많은 파트너십이 형성됨에 따라, 양측 모두는 하나님 나라에서 선한 일꾼과 청지기로서 현명하게 협력하기 위해 파트너십의 본질과 구조에 대해 정직하게 고민해야 한다.

마지막으로, 비서구 세계의 부상과 함께 새롭게 고려해야 할 문제는 선교 사역에 유입되는 무의식적 또는 암묵적인 민족주의 사고방식이다. 선교회들이 과거에 그들의 사업을 국가 캠페인이나 문명화 프로젝트와 결합시킨 사례를 보면, 그들이 민족주의 영향력에서 자유롭지 않았음을 알 수 있다. 마찬가지로, 비서구 세계의 신자들도 이러한 영향에서

---

8 Peter Horsfield and Paul Teusner, "A Mediated Religion: Historical Perspectives on Christianity and the Internet," *Studies in World Christianity* 13, no. 3(2007): 292.

벗어날 수 있다고 생각한다면 순진한 발상이다. 최근 중국과 싱가포르의 선교회 사례는 민족주의적 또는 인종 중심적 충동이 사역의 목표에 영향을 미칠 수 있음을 보여주었다.[9] 사역과 선교가 새로운 종족과 지역으로 확장됨에 따라 이러한 암묵적 민족주의 사고방식은 문화적 편견으로 인해 갈등을 초래할 수 있다. 이러한 도전들은 성경의 가르침에 뿌리를 둔 진정한 기독교 신앙과 실천으로 해결해야 할 것이다.

결론

글로벌 모임을 통해 형성된 새로운 관계들은 비서구 세계가 지역 및 글로벌 네트워크에서 점차 더 큰 영향력을 발휘하게 된 현실을 반영한다. 이러한 변화는 "수많은 소규모 친밀한 모임들이 쌓아가는 누적 효과가 가시적인 중앙집중식 대형교회에 버금가는 기독교의 새로운 공동체를 만들어낸다"[10]는 사실을 보여준다. "서구 선교사들의 주도권이 여전히 두드러지기는 하지만, 더 이상 그것이 가장 지배적이거나 압도적인 영향력을 행사하지는 않는다."[11]

---

9   Simon Chan, review of Tan-Chow, May Ling, *Pentecostal Theology for the Twenty-first Century: Engaging with Multi-Faith Singapore*, H-Pentecostalism, H-Net Reviews, December, 2007, http://www.h-net.org/reviews/showrev.php?id=13966; and James Sung-Hwan Park, "Chosen to Fulfill the Great Commission? Biblical and Theological Reflections on the Back to Jerusalem Vision of Chinese Churches," *Missiology* 43, no. 2 (September 2014): 170.

10   Horsfield and Teusner, "A Mediated Religion," 293.

11   Jehu Hanciles, "Migration and Mission: The Religious Significance of the North-South Divide," in *Mission in the 21st Century: Exploring the Five Marks of Global Mission*. ed. Andrew Walls and Cathy Ross (Maryknoll, NY: Orbis, 2008), 127.

현재, 비서구 세계의 부상은 21세기 선교의 긍정적이고 건강한 발전을 의미한다. 그러나 그중 많은 선교회 운동은 여전히,

> 근본적으로 비체계적이고, 자발적이며, 비밀리에 이루어지고 있다. 그 규모와 잠재적 영향력에 대한 분석은 여전히 복잡하며, 대부분 시작 단계에 있다. 따라서 이들에 대한 평가가 아무리 좋더라도 한동안은 부분적이고 잠정적인 수준에 머물러 있을 것이다… 서구 선교 프로젝트의 두드러진 특징은 견고한 지역적 구조(단일 방향), 파라처치(para-church) 선교회의 도구화, 식민지 지배와의 복잡한 관계, 그리고 문화적 우월감의 투영이었다. 반면, 급증하는 글로벌 사우스-글로벌 노스의 선교 원리는 교회에 기반을 두며, 성육신적 증언을 중시하고, 신약성경의 패턴(개인의 창의력에 의존, 영적 능력의 강조, 가정교회의 활용, 자비량 사역에 대한 의존, 그리고 제국과의 단절)을 면밀하게 보여준다.[12]

따라서 서구와 비서구 신자들 사이에서 사역을 지속적으로 협력하려면 겸손이 필수적이며, 대화와 교정에 열린 자세가 요구된다. 비서구 세계의 부상은 축하할 일이지만, 인간의 타락한 본성이 여전히 존재하기에 지나치게 낙관해서는 안 된다.[13] 바울의 말처럼, 우리는 "너희 안에서 착한 일을 시작하신 이가 그리스도 예수의 날까지 이루실"(빌 1:6) 줄 믿을 뿐이다.

---

12 Ibid., 129.
13 팀들은 반드시 그리스도의 대의를 위해 수많은 장애물을 만날 준비가 되어 있어야 하며, 돌파구와 운동은 포도나무에 붙어 열매를 맺는 사람을 통해서만 이루어질 것이다.

토론과 적용

1. 아직 복음을 들어보지 못한 사람들에게 그리스도를 전하는 데 도움이 될 잠재적 파트너십을 어디에서 찾을 수 있는가?
2. 당신이 경험한 파트너십의 함정은 무엇이었고, 이를 어떻게 극복했는가? 파트너와의 정직한 토론을 어디에서 찾아야 하는가?

참고문헌

Butler, Phill. "Is Our Collaboration for the Kingdom Eff ective?" *Lausanne Global Analysis 6*, no. 1 (January 2017). https://www.lausanne.org/content/lga/2017–01/is-ourcollaboration-for-the-kingdom-effective.

Chan, Simon. Review of Tan-Chow, May Ling, *Pentecostal Theology for the Twenty-first Century: Engaging with Multi-Faith Singapore*. H-Pentecostalism, H-Net Reviews. December, 2007. http://www.h-net.org/reviews/showrev.php?id=13966.

Cheong, John. "Polycentrism in Majority World Theologizing: An Engagement with Power and Essentialism." In *Engaging Theology, Theologians, and Theological Education from the Majority World*. EMS series, vol. 26, edited by Allen Yeh and Tité Tienou. Pasadena, CA: William Carey (forthcoming).

Escobar, Samuel. "Evangelical Missiology: Peering into the Future." In *Global Missiology for the 21st Century: The Iguassu Dialogue*, edited by William Taylor, 101–122. Grand Rapids: Baker Academic, 2000.

Hanciles, Jehu. "Migration and Mission: The Religious Significance of the North-South Divide." In *Mission in the 21st Century: Exploring the Five Marks of Global Mission*, edited by Andrew Walls and Cathy Ross, 118–129. Maryknoll, NY: Orbis, 2008.

Horsfield, Peter, and Paul Teusner. "A Mediated Religion: Historical Perspectives on Christianity and the Internet." *Studies in World Christianity* 13, no. 3 (2007): 278–295.

Lederleitner, Mary. "An Approach to Financial Accountability in Mission Partnerships." In *Serving Jesus with Integrity: Ethics and Accountability in Mission*. EMS series, vol. 18, edited by Dwight P. Baker and Douglas Hayward, 27–47. Pasadena, CA: William Carey, 2010.

Park, James Sung-Hwan. "Chosen to Fulfill the Great Commission? Biblical and Theological Reflections on the Back to Jerusalem Vision of Chinese Churches." *Missiology* 43, no. 2 (September 2014): 163–174.

Tait, Gabriel B. "The Missionary and the Camera: Developing an Ethic for Contemporary Missionary Photographers." In *Serving Jesus with Integrity: Ethics and Accountability in Mission*. EMS series, vol. 18, edited by Dwight Baker and Doug Hayward, 321–340. Pasadena, CA: William Carey, 2010.

Terry, John Mark, and J. D. Payne. *Developing a Strategy for Missions: A Biblical, Historical, and Cultural Introduction*. Grand Rapids: Baker Academic, 2013.

Valerio, Ruth. "Globalisation and Economics: A World Gone Bananas." In *One World or Many? The Impact of Globalisation on Mission*, edited by Richard Tiplady, 13–32. Pasadena, CA: William Carey, 2003.

3 무슬림 종족 가운데 복음의 진전

짐 해니는 2005년부터 2018년까지 버지니아 주 리치몬드에 위치한 IMB 글로벌 연구 책임자이자 비전 5:9의 글로벌 동향 전담기구 코디네이터로 활동했다. 이전에는 서아프리카 무슬림 종족 가운데서 18년간 교회개척 사역을 했다. 선교와 선교학에 관한 다양한 글을 쓰고 강연도 하고 있다.

핵심 포인트
- 공동 의제, 명확하고 일관된 정의, 공유된 측정 시스템은 비전과 주요 결과에 대한 네트워크 공동의 효과를 증대시킨다.
- 하나님은 우리의 기대와 지식을 넘어선 추수를 허락하신다.

2005년부터 글로벌 동향 전담기구는 비전 5:9 네트워크를 섬기며, 무슬림 종족에서의 복음 전파 진행 상황을 모니터링하고 평가해왔다. 이 장에서는 우리가 그동안 관찰한 열매에 대한 개요를 제공하겠다.

비전 5:9 목표

비전 5:9의 주요 목표는 그 존재 이유를 명확히 설명한다. "*비전 5:9는 모든 무슬림 종족 가운데 실질적인 교회개척의 노력을 이루기 위해 존재한다. 우리는 하나님의 은혜로 2025년까지 이 목표를 달성하기를 열망한다.*"[1]

비전 5:9의 두 번째 목표는 첫 번째 목표 달성을 위한 선결 과제다. "비전 5:9는 2012년 말까지 10만 명 이상의 미접촉 무슬림 미전도 종족 집단에 접촉하는 것을 목표로 한다."[2]

비전 5:9 목표 단계

두 가지 목표는 주의를 기울여야 하는 다음 세 가지 단계를 함축하고 있다.

---

1 비전 5:9 전략 계획.
2 Ibid.

1단계 - 미접촉 무슬림 미전도 종족 집단(UMUPG)

UMUPG(Unengaged Muslim Unreached People Groups)가 존재하는 현실을 직시해야 한다. UMUPG가 무슨 뜻인지, 이들이 누구인지, 이들에게 접촉하는 것이 무슨 의미인지 이해해야 한다. 분명히 이들은 전 세계에서 복음의 소식을 접하지 못한, 크게 소외된 종족들이다. 하나님의 사랑과 돌보심, 그리고 그분이 세상 모든 사람을 위해 예비하신 구원의 기회를 알지 못한 채 살아가는 이들을 상상해보라. 우리가 이들에게 복음을 전하라는 하나님의 부르심에 신실하게 응답하지 않는다면, 이들은 사랑의 하나님에 의해 변화된다는 것이 무엇인지 알 길이 없다.

글로벌 동향 전담기구는 미접촉, 무슬림, 미전도, 종족 집단 등의 용어를 정의하고, 그 의미를 명확히 했다. 비전 5:9와 같은 네트워크에서 공통된 정의는 중요한데, 이는 하나님의 은혜로 성취하고자 하는 것을 매우 구체적으로 추구하고자 함이다.

미접촉(Unengaged): 다음 네 가지 기준이 충족될 때까지 종족 집단을 '미접촉'으로 간주한다.[3] 종족이 접촉된 것으로 간주되려면 다음의 증거가 필요하다.

1. 거주지에서 사도적(개척) 노력

---

3   Jeff Liverman, "What Does It Mean to Effectively 'Engage' a People?" *Mission Frontiers* (November-December 2006), 10-12.

2. 현지 언어와 문화 내에서 사역에 헌신

3. 장기적 사역에 헌신

4. 교회개척 운동(CPM)의 출현을 위한 일관된 방식의 씨 뿌리기

무슬림(Muslim): 해당 종족 집단에 거주하는 사람 중 다수가[4] 이슬람을 신봉하는 경우 무슬림 종족 집단으로 간주한다. 이 개념은 특정 국가나 도시, 유대감, 인종 집단, 또는 개별 인물이나 장소에 적용될 수 있다. 따라서 무슬림 공동체는 다른 어떤 종교보다 많은 구성원이 자신을 무슬림이라고 부르는 모든 종족 집단을 의미한다.

미전도(Unreached): 미전도 집단은 종족 집단 내에서 교회개척에 참여할 수 있는, 그리스도를 믿는 토착 공동체가 없는 경우를 말한다. 기술적으로는 해당 집단 내 복음적인 기독교인의 비율이 2퍼센트 미만일 때를 의미한다.[5]

종족 집단(People Group): 전략적 목적에서 종족 집단이란, 복음을 전파할 때 문화적 장벽 없이 복음을 수용할 수 있는 가장 큰 사회적 단위를 의미한다.[6] 이러한 정의에 덧붙여, 종족 집단은 외부인 또는 내부인의 관점에서, 또한 역사적이거나 문화적 특징에 따라 구분될 수 있다. 이러한 정의는 다소 기술적으로 보일 수 있지만, 우리가 섬기는 종족 집단의 구체적인 필요를 이해하는 데 도움이 된다.

---

4 무슬림의 수는 다른 어떤 종교 전통의 신자 수보다도 많다.
5 http://peoplegroups.org/.
6 http://peoplegroups.org/294.aspx#310.

비전 5:9는 규모가 큰 UMUPG의 접촉에 초점을 맞추고 있다. 이는 작은 UMUPG의 중요성이 떨어진다는 뜻이 아니다. 다만, 큰 집단은 더 명확히 식별되고, 지역 공동체 내에 집중된 경우가 많기 때문이다. 예를 들어, 한 사역 팀이 소규모이면서 흩어진 종족 집단에 복음을 전하기는 매우 어렵다. 특히, 그 집단이 큰 그룹과 다른 언어를 사용하는 경우에 더욱 그렇다. 반면, 규모가 큰 UMUPG에 접촉할 수 있다면, 그들을 통해 소규모 집단에 대한 접근 방법을 제시하고, 나아가 그들의 복음 전파를 돕는 역할을 할 수 있다.

<u>2단계 – 접촉 무슬림 미전도 종족 집단(EMUPG)</u>
위에서 정의한 대로 UMUPG에 접촉한다면, 그것은 최소한 하나의 팀이 그 집단을 대상으로 교회개척 전략을 실행하고 있음을 의미한다. 그러나 한 팀만으로는 전체 종족 집단에 광범위하게 복음을 전하기에 충분하지 않다는 것을 우리는 잘 안다. 그럼에도 불구하고 초기 접촉은 중요한 단계이며, 설령 그 접촉이 단 한 팀으로 이루어졌더라도 의미가 있다.

모든 팀에는 시작이 있게 마련이다. 마태복음 4장 23절에는 예수님께서 갈릴리를 다니며 회당에서 가르치시고, 하나님 나라의 복음을 전하시며, 온갖 병을 고치셨다는 기록이 있다. 사도행전 13장 4절에는 바울과 바나바가 안디옥을 떠나 실루기아로 내려가 구브로로 항해했다는 내용이 나온다. 한 종족 집단이 UMUPG 단계에서 EMUPG(Engaged Muslim Unreached People Groups)로 나아가는 것은 이제 사역이 본격적으로 시작되었다는 의미다. 이 단계에서는 더 이상 첫 번째 팀이 오기를 기다리며 기도하는 것이 아니라, 이미 존재하는 팀이 제자들과 교회를 세우며 성령님의 능력 아래에서 더 많은 접촉이 이루어지도록 기도하는 단계로 나아간다.

비전 5:9가 2002년에 시작되었을 때, 접촉되지 않았던 미전도 종족들이 이제는 접촉되고 있으며, 제자들과 교회의 성장이 새로운 팀들의 사역에 더 큰 영향을 미치고 있는 것에 대해 하나님께 감사드린다.

3단계 – 실질적인 교회 개척

UMUPG 또는 EMUPG를 정의하는 데 주의를 기울이기는 했지만, 최종 단계에서는 이러한 정의보다 더 중요한 것이 있다. 우리는 실제로 접촉해온 종족 집단 가운데서 하나님의 일하심을 보고, 그것에 주목하기를 원한다.

2016년 1월, 글로벌 동향 전담기구는 샌프란시스코에서 모여, 우리가 각 무슬림 종족 집단에서 무엇을 기대하는지에 대해 숙고했다. 그때 우리가 논의한 바는 단순히 정의를 도출하는 것이 아니라, 하나님의 말씀에 비추어 교회가 어떠해야 하는가에 대한 본질적인 고민이었다. 그러한 교회개척 운동을 어떻게 평가할 수 있을지도 함께 고민했다. 우리가 논의한 중심 질문은 "2025년까지 네트워크의 목표를 달성했는지 과연 어떻게 평가할 것인가?"였다.

성령님은 우리에게 '실질적인 교회개척'이 무엇인지 구체적인 정의보다는 묘사로 보여주셨다. 우리는 실질적인 교회개척을 평가하기 위해 다음의 묘사에 동의했다.

실질적인 교회개척은 종족 집단 내에 다음과 같은 특징을 갖춘 그룹이 있는 경우를 말한다. "예수 그리스도의 거듭난 제자들이 회개하고 세례를 받아 번성하는 그룹이 성령님의 인도하심 아래에서 교리 학습, 교제, 성찬, 기도를 위해 정기적으로 모인다"(행 2:38-47).[7]

요컨대 모든 집회, 여권 업무, 후원금 모금, 박해, 질병, 국경 횡단, 눈물, 그리고 시련은 이 한 가지 목적을 위해 이루어진다. 그것은 바로 그리스도의 복음을 선포하여 *성령님으로 인해 무슬림 종족 가운데 사는 사람들이 그리스도 안에서 한 가족으로 변화되는 것이다.* 우리는 교회가 어떠해야 하는지에 대한 분명한 비전을 가지고 있으며, 무슬림들이 구원이라는 하나님의 계획 아래 사랑받는 자로서 그리스도 안에서 새로운 정체성을 나누는 공동체가 되기를 희망한다. 사도행전 2장에서 보이는 그리스도를 따르는 자들의 새로운 움마(ummah, 공동체)가 바로 우리가 꿈꾸는 모습이다. 우리는 무슬림들을 이 글로벌 교회라는 더 큰 움마에 소개할 특권을 가지고 있다.

2017년 치앙마이에서 열린 "거하라, 열매 맺으라" 글로벌 대회에서 우리는 더 큰 움마를 경험했다. 다양한 종교적 배경과 여러 언어, 종족, 부족, 국가에서 온 신자들이 함께 모여 예배하고 치유를 경험하며 기름 부음을 받고 훈련과 교제를 나누었다. 이 글로벌 대회는 성별, 연령, 국적, 사역, 부르심의 다양성을 품고 있었다. 이 자리에서 우리는 서로

---

7 강조를 위해 이탤릭체를 추가했다. 이것이 비전 5:9의 목표이고, 우리가 간구하는 열매다. 우리는 모든 무슬림 그룹에 실질적인 교회가 세워지기를 원한다. 이러한 특성을 갖춘 교회는 번성하고 하나님께 영광을 돌릴 것이다.

를 형제자매로 부르시는 사랑의 아버지를 통해 가족과 같은 동질감을 느꼈다. 비록 '교회'라는 명목으로 모인 것은 아니었지만, 그리스도의 몸인 보편적인 교회 안에서 강한 연대감을 경험했다.

무슬림 종족 가운데 복음의 진전을 논하기 전에, 마지막으로 한 가지 정의가 필요하다. 이 정의는 우리가 믿음과 실천에 있어 과연 누구인가를 식별하는 데 도움이 되며, 새로운 *움마*에 들어온 MBB들이 하나님 아버지와의 관계에 감사하도록 하는 세계관으로 안내한다.

복음적(Evangelical):[8] 복음적인 기독교인은 예수 그리스도가 구원의 유일한 근원이심을 믿으며, 성령님을 통해 개인적인 회심을 경험하고 믿음을 갖게 된 사람을 말한다. 이들은 하나님의 영감을 받은 성경말씀을 믿음과 삶의 유일한 근거로 여기고, 예수 그리스도를 믿게 하는 성경에 기초한 설교와 복음전도에 헌신한다. 따라서 복음적인 교회는 이러한 믿음과 원칙을 공유하는 교회다. 믿음과 실천에서 복음적이라고 간주되지 않는 일부 교회에 복음적인 구성원이 포함될 수도 있다.

이제 지난 10년간 무슬림 종족 가운데 이루어진 복음의 진전을 살펴보겠다.

---

8 이 정의는 선교 연구에서 일반적으로 사용되며, 세계기도정보, IMB, 과업완수운동(FTT), 여호수아 프로젝트 및 기타 협력기관에서 인용된다. 이 정의의 개별적 특성이 유의하고, 이것이 단지 종교적 소속뿐만 아니라 복음적인 신앙과 실천을 의미한다는 점을 유념해야 한다.

무슬림 종족 가운데 복음의 진전 - 변화 분석

누가복음 10장 2절에서 예수님은 제자들에게 말씀하셨다. "추수할 것은 많되 일꾼이 적으니 그러므로 추수하는 주인에게 청하여 추수할 일꾼들을 보내주소서 하라."

추수는 첫 열매가 나타나는 시기가 아니라 수확이 무르익었을 때를 의미한다. 주님은 모든 언어와 종족, 부족, 나라들 가운데 풍성한 추수를 기대하며 찾고 계신다. 마태복음 28장 19-20절에서는 "그러므로 너희는 가서 모든 민족을 제자로 삼아 아버지와 아들과 성령의 이름으로 세례를 베풀고 내가 너희에게 분부한 모든 것을 가르쳐 지키게 하라. 볼지어다, 내가 세상 끝 날까지 너희와 항상 함께 있으리라"고 말씀하신다.

이 무슬림 종족 가운데서 우리는 네트워크의 일원으로서 우리의 정체성을 기억하며, 네트워크에 보고된 변화를 더 자세히 살펴보겠다. 우선, 인구가 최소한 10만 명 이상인 모든 UMUPG에 접촉하려는 노력에서 우리가 어느 정도 진전을 이루었는지 살펴보자.

UMUPG 인구수

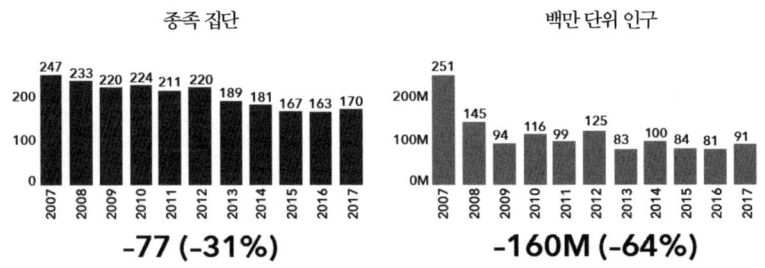

2007년부터 10만 명의 UMUPG 수는 247개에서 170개로 감소했으며, 해당 인구는 2억 5,100만 명에서 9,100만 명으로 감소했다. 즉 10만 명의 UMUPG의 수가 77개 감소했고, 그 인구는 1억 6천만 명 감소했다. 위의 두 그래프는 우리 사역이 꾸준히 진전해왔음을 보여준다.

비록 2012년까지 10만 명 규모의 모든 UMUPG에 접촉하지는 못했지만, UMUPG 수와 그 인구에서 의미 있는 감소를 이루었다. 인구 감소가 크게 나타난 이유는 접촉한 UMUPG가 대부분 대규모 집단이었기 때문이다.

그렇다면 왜 우리는 10만 명 이상의 종족 집단에 집중하는가? 첫째, 우리의 2012년 목표가 바로 이 인구 규모에 초점을 맞추었기 때문이다. 둘째, 우리는 10만 명 이상의 종족 집단에 접촉하고 실질적으로 교회를 개척함으로써, 그들이 우리의 동역자로서 10만 명 이하의 집단과 접촉할 것이라고 믿기 때문이다. 이러한 대규모 종족 집단에서의 사역은 지역 신자들이 이웃과 교제하고 복음을 나누는 능력을 향상시키는 데 큰 도움이 된다. 그러나 근접문화 파트너들이 다문화의 역량을 가지고 있을 것이라고 막연히 추정하는 것은 위험하다. 많은 종족 집단이 여전히 무슬림으로 남아 있는 이유 중 하나는, 이들과 근접한 문화를 가진 기독교 종족 집단들이 이들에게 문화적으로 적절히 복음을 전달하는 기술을 충분히 갖추지 못했기 때문이다.

우리가 UMUPG에 접촉하고 첫 신자와 교회 공동체가 세워지는 모습을 보며 기뻐할 수 있지만 지나친 낙관은 경계해야 한다. UMUPG에 접촉한 팀들이 떠나고 나면, 첫 제자들은 건강한 교회에서 성숙한 신자로 자라기 위한 멘토링과 훈련을 받을 기회가 거의 사라지게 된다.

이제 UMUPG가 목록에 추가되거나 제외되는 이유에 대해 살펴보겠다. 2007년 이래, 10만 명 규모의 UMUPG가 247개 있었을 때부터 우리는 104개의 새로운 10만 명 규모의 UMUPG를 목록에 추가했다. 다음 그래프는 UMUPG를 목록에 추가한 이유 중 일부를 보여준다.

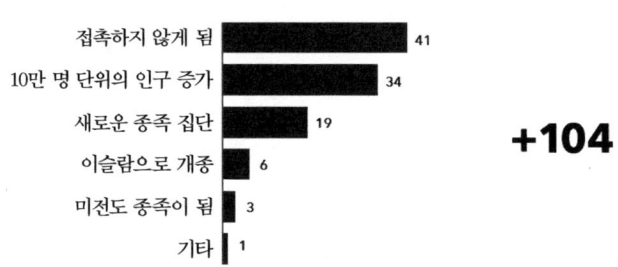

또한, 같은 기간 동안 181개의 10만 명 규모의 UMUPG가 목록에서 제외되었다. 다음 그래프는 UMUPG를 목록에서 삭제한 이유 중 일부를 보여준다.

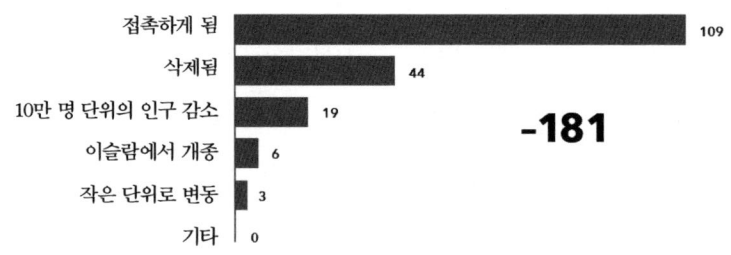

다음 지도는 2007년 이래로 비전 5:9의 변화와 함께 10만 명 이상 인구를 가진 UMUPG에 대한 사역의 변화를 보여준다. 짙은 회색 점은 2007년에는 목록에 없었지만, 현재는 목록에 추가된 종족 집단을 나타낸다. 이들은 여전히 복음 접촉이 필요한 집단이다. 중간 회색 점은 2007년에 목록에 있었지만 더 이상 목록에 없는, 진보가 이루어진 종족 집단을 나타낸다. 옅은 회색 점은 2007년부터 현재까지 목록에 남아 있는 종족 집단으로, 이들은 복음 접촉에 대한 추가 보고나 사역의 진척 상황이 확인되지 않았다.

지도의 변화

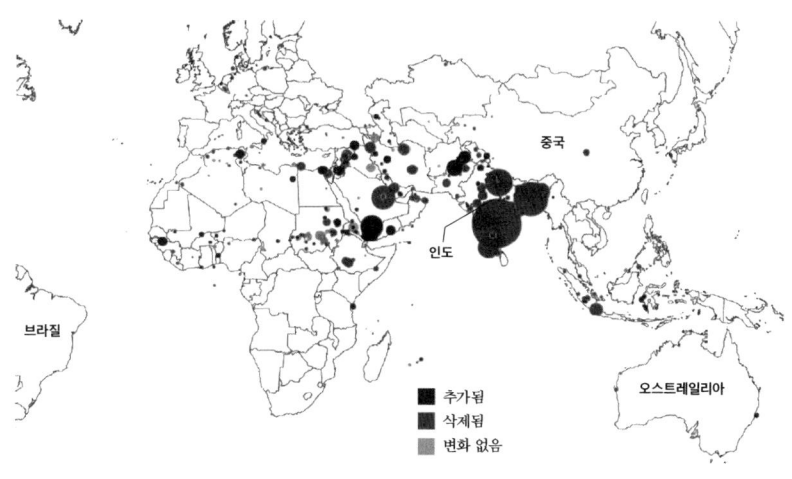

목록에 있는 UMUPG의 수는 매달 변동된다. 이는 팀들이 특정 종족 집단 내에서 접촉을 시작하거나, 해당 지역에서 떠나는 움직임이 계속되기 때문이다. 따라서 우리는 단지 주님께서 일꾼들을 보내주시기

> 최소 10만 명 인구를 가진 170개의 UMUPG 중 일부는 이미 접촉 중일 가능성이 있지만, 교회개척이 진행 중인지 확인하려면 추가적인 보고와 평가가 필요하다.

를 기도할 뿐만 아니라, 그들이 사역지에 지속적으로 남아 있도록 간절히 기도해야 한다.

요약하자면 우리는 2007년에 최소 10만 명의 인구를 가진 247개의 UMUPG로 시작했다. 그 이후로 104개를 추가했고, 181개를 삭제했다. 2017년에 태국에서 열린 "거하라, 열매 맺으라" 글로벌 대회 당시, 교회개척 팀이 접촉해야 할 최소 10만 명 인구의 UMUPG 170개가 남아 있었다.

이 170개의 UMUPG 중 일부는 이미 접촉 중일 가능성이 있지만, 교회개척이 진행 중인지 확인하려면 추가적인 보고와 평가가 필요하다. 현재까지의 기록에 따르면, 접촉 대상인 총 9,100만 명의 인구를 가진 UMUPG들이 여전히 우리의 주요 접촉 대상으로 남아 있다. 이 170개의 UMUPG는 UMUPG에 거주하는 전체 인구의 84퍼센트를 대표하며, 나머지 16퍼센트는 더 작은 종족 집단들로 구성되어 있다. 이들은 대규모의 UMUPG와 근접한 위치에 있으며, UMUPG가 이들로 인해 복음을 접할 가능성이 크다.

결론적으로, 대규모의 UMUPG와의 접촉과 그들 안에서 제자들을 세우는 것이 주변의 작은 UMUPG에 복음을 전할 수 있는 가장 효과적인 방법이다. 지난 10년간 접촉이 이루어지거나 팀들이 이동하는 등의 이유로 많은 종족 집단이 여러 차례 UMUPG 목록에 추가되거나 삭제되었다. 우리는 장기간 현장에서 UMUPG와 접촉하며 상주할 팀을 찾고 있으며, 특히 이를 통해 무슬림들과 장기간의 관계를 발전시킬 수 있기를 바란다.

　UMUPG 가운데서 접촉하고 있는 선교사들의 사역을 완수할 팀들이 필요하다. 이 팀들은 접촉, 복음전도, 제자훈련, 건강한 교회의 조직, 그리고 리더십 개발에 참여하게 될 것이다. 마지막으로, 그들은 그들의 이웃과 다른 종족 집단에게로 복음을 확장해가며 주님의 추수 사역에 함께할 수 있을 것이다.

　비록 우리의 접촉이 점진적으로 이루어지고 있기는 하지만 여전히 많은 사역이 필요하다. 현재 1억 9천만 명의 인구가 남은 UMUPG에 속해 있으며, 그들을 대상으로 복음 전파가 이루어지고 있다. 그럼에도 16억 명에 달하는 무슬림들이 복음 접촉이 부족한 상태에 놓여 있다는 점을 명심해야 한다.

미접촉 집단에 접촉하고, 불충분하게 접촉된 집단을 세우며, 전도된 사람 동원하기

요약하자면 우리의 목표를 달성하기 위해서는 다음과 같은 발전이 필요하다.

1. 접촉하는 팀들이 필요하다. 종족 집단에 들어가 복음 전파와 교회개척 전략을 실행할 개척 팀이 필수적이다.
2. 세우는 팀들이 필요하다. 이미 접촉한 종족 집단과 지역에서 복음전도, 제자훈련, 건강한 교회 설립, 그리고 실질적인 지도자를 세우는 일이 중요하다. 그러나 여기서 멈추어서는 안 된다.

3. 동원하는(enlisting) 팀들이 필요하다. 더 이상 미전도 종족이 아닌 종족을 대위임령에 동원해야 한다. 우리는 이들에게 배턴을 넘겨 점점 더 많은 추수 일꾼들이 잃어버린 땅 끝까지 가서 복음을 전하도록 해야 한다.

세계의 다양한 무슬림 종족 집단에는 우리의 이해를 뛰어넘는 수많은 잠재적 추수 일꾼들이 존재한다. 우리는 UMUPG에서 발굴된 첫 번째 팀과 함께 미접촉 종족과의 만남을 시작해야 한다. 이 팀이 해당 종족과 접촉을 시작하고, 교회를 세워서 복음을 전하며 추수에 동참할 수 있도록 해야 한다. 하지만 이것은 목표일 뿐이고, 우리 자신의 힘으로 이룰 수 있는 일이 아니다. 우리는 다만 추수의 주님께서 그분의 때에 열매를 주실 때까지 신실하게 섬겨야 한다.

하나님께서 세계의 남아 있는 종족 집단에 이르실 때, 우리는 그분을 따르고, 그분의 영광이 열방 가운데 드러나는 것을 보게 될 것이다. 우리는 그분의 은혜로, 그분의 영광을 위해 열방을 변화시킬 수 있음을 확신한다.

토론과 적용

1. 당신의 조직 또는 교회 팀은 지난 10년 동안 몇 개의 UMUPG에 접촉했는가? 현재 그 종족 집단의 상황은 어떠한가? 각 종족 집단을 나열하고, 그들에게 필요한 지원 사항을 기록해보라.
   - **접촉 또는 재접촉**: 오랜 시간 적절한 언어로 일관된 방식의 교회 개

척 운동이 이루어질 수 있도록 지속적으로 접촉할 팀이 필요하다.
- **설립**: 이미 접촉된 팀이 담대하게 전도하고, 제자를 양육하며, 건강한 교회를 세우고, 헌신적인 지도자를 키울 수 있도록 지원하는 팀이 필요하다.
- **동원**: 형성된 제자들과 교회가 대위임령을 듣고, 그들의 주변에 복음을 전해야 할 이들에게 접촉할 수 있도록 돕는 팀이 필요하다.

2. 당신의 교회나 조직은 하나 이상의 무슬림 미전도 종족 집단에 어떻게 장기적으로 접촉하고, 그들이 스스로 복음을 전할 수 있을 때까지 교회를 세울 수 있는가?

참고문헌

Liverman, Jeff. "What Does It Mean to Effectively 'Engage' a People?" *Mission Frontiers*, November-December 2006, 10-12.

People Groups, http://peoplegroups.org/.

4 무슬림 세계에서 기회와 위협

사례 연구

팸 알룬드는 중앙아시아에서 10년 동안 교회개척자이자 성경 번역가로서 이전에 접촉하지 않았던 종족 집단에서 사역해왔다. 그녀의 소망은 평생 예수님에 대해 들을 기회가 없었던 미전도 종족들에게 복음을 전할 수 있도록 교회개척자들을 훈련하고 파송하는 것이다. 이를 위해 제자들을 훈련하고 코칭하며, 성경 연구에 기반한 최상의 실천 방안을 통해 제자들을 양성하고 있다.

핵심 포인트
- 세계의 새로운 동향은 위협과 기회를 모두 포함하고 있으며, 모든 것은 무슬림에게 신실하게 복음을 나누라는 부르심에 대한 우리의 사려 깊은 응답에 달려 있다.
- 당신과 당신의 팀은 무슬림 종족과 지혜롭고 실질적으로 접촉하기 위해, 우리 세대가 직면한 기회와 위협을 이해해야 한다.

새로운 프로젝트를 시도하기 전에 SWOT(강점, 약점, 기회, 위협) 분석을 실시하는 것은 많은 나라에서 일반적인 관행이 되었다. 이러한 분석은 종종 긍정적이고 유익한 계획 수립에 중요한 통찰력을 제공한다.

예수님도 "너희 중의 누가 망대를 세우고자 할진대 자기의 가진 것이 준공하기까지에 족할는지 먼저 앉아 그 비용을 계산하지 아니하겠느냐"(눅 14:28)라고 물으시며 이와 같은 사고방식을 지지하신 것으로 보인다. 또한 "또 어떤 임금이 다른 임금과 싸우러 갈 때에 먼저 앉아 일만 명으로써 저 이만 명을 거느리고 오는 자를 대적할 수 있을까 헤아리지 아니하겠느냐"(눅 14:31)라는 말씀으로 세심한 검토의 필요성을 강조하셨다. 비용을 계산하지 않은 채 중요한 프로젝트를 진행하는 사람은 아무도 없을 것이다. 예수님은 말씀을 마치며 이렇게 덧붙이셨다. "이와 같이 너희 중의 누구든지 자기의 모든 소유를 버리지 아니하면 능히 내 제자가 되지 못하리라"(눅 14:33).

이 장에서는 무슬림이 예수님을 영접하는 데 어떤 위협과 기회가 있는지 살펴보겠다.

세상에는 많은 위협이 존재한다. 예수님은 이 사실을 잘 알고 계셨다. 그러나 각각의 위협 속에는 동시에 기회도 숨겨져 있다. 만약 위협 때문에 사역을 포기한다면, 이는 훈련을 잘못 이해한 것이다. 더욱이 예수님은 위협을 맞닥뜨릴 때 우리에게 구체적인 격려의 말씀을 주신다. "이것을 너희에게 이르는 것은 너희로 내 안에서 평안을 누리게 하려 함이라. 세상에서는 너희가 환난을 당하나 담대하라. 내가 세상을 이기었노라[기회를 만들었노라]"(요 16:33).

무슬림의 이주

지난 10년 동안, 역사상 가장 큰 무슬림 이주가 발생했을 가능성이 높다. 대부분의 이주는 2011년 시작된 시리아 내전과 여러 국가에서 지속되는 정치적, 사회적 불안으로 촉발되었으며, 특히 이란과 아프가니스탄이 가장 주목할 만한 지역이다. 이 같은 경향은 무슬림들이 살아가는 방식과 장소, 그리고 자신을 인식하는 방식에 중대한 변화를 가져왔다. 또한 난민과 디아스포라 사역에서 새로운 차원의 과제를 만들어냈다.

중동은 세계 어느 지역보다 많은 무슬림 난민을 받아들였다. 요르단, 레바논, 튀르키예와 같은 국가들은 특히 시리아 난민들에게 국경을 개방했다. 시리아를 떠난 시리아인의 41퍼센트는 중동의 다른 지역으로 이주했다.[1]

유럽 대륙에서는 무슬림 인구가 전체의 약 5퍼센트에 불과하지만, 여러 유럽 국가에서 무슬림의 대부분은 최근에 유입된 이민자들이다.[2] 예를 들어, 독일은 비교적 짧은 시간 내에 약 400만 명의 무슬림 이민자를 받아들였으며, 이로 인해 앙겔라 메르켈 총리는 독일 연방의회에

---

1   Phillip Connor, "Most Displaced Syrians Are in the Middle East, and About a Million Are in Europe," Pew Research Center, January 29, 2018, http://www.pewresearch.org/fact-tank/2018/01/29/where-displaced-syrians-have-resettled/.

2   Conrad Hackett, "Five Facts About the Muslim Population in Europe," Pew Research Center, November 29, 2017, http://www.pewresearch.org/fact-tank/2017/11/29/5-facts-about-the-muslim-population-in-europe/. 지난 수십 년간 독일의 인구조사를 둘러싼 논쟁으로 인해 이 이민자들이 정확히 언제 도착했는지 알기 어렵다. 그러나 2011년 이후 약 400만 명의 무슬림이 독일에 들어온 것으로 보인다(https://www.bbc.com/news/world-europe-22727898dmf를 보라).

서 "이슬람도 독일의 일부가 되었다"[3]는 점을 강조해야 했다.

미국은 유럽에 비해 무슬림 인구가 적고, 무슬림 난민도 상대적으로 적게 받아들였다. 그럼에도 불구하고 2000년대 초반부터 수십만 명의 무슬림 난민이 미국으로 이민 오는 것을 허용했다.[4]

유럽과 미국 외에 아프리카도 많은 무슬림 난민을 받아들였다. 우간다는 공식적으로 가장 많은 무슬림 난민을 받아들였는데, 그들의 대부분은 수단과 남수단에서 왔다. 나이지리아도 보코 하람(나이지리아 기반의 이슬람 극단주의 무장단체)과 같은 자국내의 위협으로 인해 난민 유입이 증가하고 있다. 동아프리카의 소말리아인들도 사회 변두리에서 불법적으로 배회하며 새로운 기회를 찾아 도시로 이동하고 있다. 아프리카 대륙 내 난민 수는 공식적으로 보고된 것보다 훨씬 더 많을 가능성이 크다.[5]

이처럼 무슬림 이주가 급증하면서 유럽과 미국에서 극심한 반발이 일어났다. 메르켈 총리는 이민자에 대한 개방 정책으로 인해 독일 연방의회에서 비난을 받았고, 유럽 여러 국가에서는 무슬림 여성의 의복을 제한하는 법안이 통과되었거나 심각하게 논의 중이다.[6] 2018년 말, 미

---

3 David Frum, "Competing Visions of Islam Will Shape Europe in the 21st Century," *The Atlantic,* May 2, 2018, https://www.theatlantic.com/international/archive/2018/05/akbar-ahmed-islam-europe/559391/.

4 Sarah Feldman, "Muslim Refugees in the U.S. On the Rise, Till Now," *Statista*, June 29, 2018, https://www.statista.com/chart/14502/muslim-refugees-in-the-us-on-the-rise/.

5 Philip Connor and Jens Manuel Krogstad, "Record Number of Forcibly Displaced People Lived in Sub-Saharan Africa in 2017," August 9, 2018, Pew Research Center, http://www.pewresearch.org/fact-tank/2018/08/09/record-number-of-forcibly-displaced-people-lived-in-sub-saharan-africa-in-2017/.

6 Ariana Monique Salazar and Scott Gardner, "Most Western Europeans Favor at Least

국은 9.11 테러 이후 무슬림 이주율이 최저치로 확실히 감소하는 새로운 법안을 제정했다.[7]

무슬림들이 재정착한 국가에서 기독교인들이 보이는 반응은 다양하다. 많은 이들은 의심과 두려움으로 반응하며 무슬림 이민자들의 존재를 위협으로 인식했다. 반면, 다른 이들은 이러한 이주를 새로운 무슬림 이웃에게 복음과 예수님의 사랑을 전하는 기회로 여겼다. 여러 국가에서 수집된 정보에 따르면, 복음을 접한 많은 무슬림이 호의적으로 반응하고 있다. 실제로 난민들 가운데 수천 명의 MBB가 하나님 나라에 들어왔으며, 이 숫자는 훨씬 더 클 가능성이 있다. 새롭게 개척된 교회들도 많이 생겨났고, MBB들은 가족들에게 그리스도를 전하기 위해 그들의 지역에 머물며 담대하게 활동하고 있다. 일부 중동 국가에서는 자국민을 대상으로 하는 선교 활동을 엄격히 감시하면서도, 승인된 프로그램과 접근 방식을 통해 난민들에게 수행되는 선교사의 지원에 대해서는 관대한 태도를 보이고 있다.

대체로 팀들은 이동 중인 무슬림들에게 예수님을 전할 수 있는 전례 없는 기회를 맞이하고 있다. 그러나 안타깝게도 이러한 기쁜 소식을 주류 뉴스 매체에서 거의 다루지 않고 있다. 그럼에도 불구하고 무슬림 난민들과 접촉한 다양한 배경의 선교단체들은 무슬림들이 예수님

Some Restrictions on Muslim Women's Religious Clothing," Pew Research Center. September 17, 2018, http://www.pewresearch.org/fact-tank/2018/09/17/most-western-europeans-favor-at-least-some-restrictions-on-muslim-womens-religious-clothing/.

7 Phillip Connor and Jens Manuel Krogstad, "The Number of Refugees Admitted to the U.S. Has Fallen, Especially among Muslims," Pew Research Center, May 3, 2018, http://www.pewresearch.org/fact-tank/2018/05/03/the-number-of-refugees-admitted-to-the-u-s-has-fallen-especially-among-muslims/.

을 만나 변화된 놀라운 이야기들을 들려준다.

무슬림들이 역사적으로 기독교 지역인 국가로 이주하면서 사회적 불안과 갈등이 잠재적 위협으로 대두되고 있다. 이주민들은 특정 사건이나 문화적 오해, 또는 소수의 나쁜 행동으로 인해 환영받지 못하고 있으며, 소수민족 집단 거주지나 빈민가에 모여 살게 되면서 폭력적 성향을 보이기도 한다. 이로 인해 무슬림 공동체는 더욱 고립되고 있다. 결과적으로 원래 주민들은 자신이 살던 도시의 이러한 지역에 무감각해질 수 있다. 예를 들어, 미시간 주의 디어본이나 런던의 무슬림 커뮤니티에서는 무슬림 지도자들이 그림자 정부를 형성하여 지역 정부에 영향력을 행사하고 있다. 더욱이 교회와 기독교인들은 이민자들을 의심의 시선으로 바라보면서 그들의 필요에 둔감해지고 있다.

결국 무슬림 이민자들에게 가장 큰 위협은 예수님을 아는 사람들의 방관과 무관심이다. 무슬림 이민자들이 지역사회에 통합되는 것은 단순히 이주민의 평화로운 정착을 위해서만 중요한 것이 아니다. 이는 그리스도의 사랑을 이해하고 경험할 기회를 제공하는 데도 필수적이다.

무슬림을 받아들이는 지역사회는 분명 이전과는 달라질 것이다. 그러나 위협을 느껴 고립과 분노로 대응하기보다 우리 앞에 놓인 기회를 보아야 한다. 우리는 무슬림의 문화를 배우고, 그들을 하나님의 형상대로 창조된 존재로 존중하며, 기독교인들이 자신과 다른 이들을 예수님의 이름으로 사랑하도록 훈련받은 세대를 키워낼 기회를 맞이한 것이다. 이는 기독교인들이 그리스도 안에서 성장하고, 무슬림들이 예수님을 발견할 수 있는 기회다.

모든 종류의 위기는 인위적이든 자연적이든 기회를 창출한다. 기독교인이 사랑으로 음식, 친절, 보살핌, 그리고 진정한 관계를 제공할 때, 그 안에서 복음을 나눌 기회를 얻게 된다. 동시에 '쌀 신자들(rice Christians, 음식이나 금전적 혜택을 받기 위해 형식적으로 예수님을 따르는 사람들)'이 생길 위험도 있다. 장기적으로는 외부에 대한 건강하지 못한 의존으로 이어질 수도 있다. 그러나 난민들이 새로운 언어를 배우고 직업을 찾아 사회에 기여할 수 있도록 도우며 그들과 함께 시간을 보낼 때, 그리스도의 사랑을 보여줄 기회가 찾아온다.

커뮤니케이션 혁명과 스마트폰

오늘날 인류의 약 3분의 2가 휴대폰으로 연결되어 있으며, 그 수는 계속해서 증가하고 있다. 2020년까지 전 세계 인구의 75퍼센트가 휴대폰을 보유할 것으로 예상되었다.[8]

스마트폰의 보급은 복음 전파에 있어 전례 없는 기회를 제공한다. 스마트폰을 통해, 심지어 매우 위험한 지역에서도 사람들은 복음을 접할 수 있게 되었다. 어떤 이들은 SNS를 활용하여 예수님과의 관계를 갖도록 사람들을 초대한다. 익명성을 제공하는 인터넷은 무슬림들이 예수님을 따르는 사람들과 대담하게 교류할 수 있도록 돕는다. 또한 혁신적인 방법으로 사역 자료를 다운로드하는 데 사용되기도 한다. 현재 교회는 인터넷을 통해 모임을 가지고, 코칭과 목회를 원격으로 수행하고

---

8 Rayna Hollander, "Two-Thirds of the World's Population Are Now Connected by Mobile Devices," *Business Insider*, September 19, 2017, https://www.businessinsider.com/world-population-mobile-devices-2017-9.

있으며, 심지어 세례도 비대면으로 이루어지고 있다. 교회개척과 제자훈련 역시 스마트폰 앱을 통해 운영되고 있다.

이를 통해 우리는 새로운 형태의 교회와 연결된 전 세계적인 신앙 공동체에 대해 다시 생각해볼 기회를 가지게 되었다.

마이크로 SD카드를 활용하면 인터넷 환경에 있지 않은 사람들에게도 휴대폰을 통해 복음 자료를 제공할 수 있다. 작고 휴대가 간편한 이 카드에 성경, 목회 훈련 자료, 예배 음악 등을 담을 수 있다. 많은 국가에서 구할 수 있는 비교적 저렴한 휴대폰에는 여러 사람이 함께 들을 수 있는 스피커가 장착되어 있다. 보고에 따르면, 미전도 종족에 속한 가정들이 이러한 자료를 접하기 위해 최초로 휴대폰을 구매한다고 한다. 그들은 자비로 SD카드를 구매하여 제자훈련 도구로 사용하고, 그 외에는 통화 수단으로 활용한다. SD카드는 탄압을 받을 경우 쉽게 숨기거나 폐기할 수 있어 비교적 안전하며, 구도자와 신자들이 정부의 인터넷 사용 감시를 걱정하지 않고 복음을 접할 수 있게 해준다.

그러나 스마트폰은 기회인 동시에 위협이 되기도 한다. 특히 저렴한 통신비와 보급의 확산으로 인해 남녀노소를 불문하고 쉽게 스마트폰에 중독될 수 있다. 이러한 이유로 기독교인과 무슬림 모두 인터넷과 정보 접근성이 초래하는 위험성에 공감하고 있다.

세계주의/자유주의

사람들이 도시로 이동하고 세계가 더욱 긴밀하게 연결됨에 따라 전통적인 무슬림 지역에서도 자유화의 새 물결이 일어나고 있다. 예를 들어, 사우디아라비아는 여성의 운전을 허용하고, 더 이상 법적으로 베일을 강제하지 않는 법률을 시행하고 있다. 또한 여러 무슬림 국가에서 세속적 정치 정당이 부상하고 있다.[9] *무슬림과 기독교인 모두 세속화의 영향 아래 비슷한 어려움을 겪고 있다. 세속화는 혼외 관계, 알코올 남용, 이혼 등의 문제를 조장하며 우리의 가치를 위협하고 가정의 기반을 흔들고 있다.*

세계주의(cosmopolitanism)는 무슬림과 함께할 새로운 기회를 제공한다. 여성을 포함한 더 많은 무슬림이 직장, 쇼핑몰, 카페, 바와 같은 다양한 장소에서 활동하면서 우정을 나누고 교류할 수 있는 기회가 생겼다. 그러나 세속적인 서구인들과 마찬가지로, 이러한 세속적 생활 방식은 결국 그리스도가 없는 삶에서는 공허함과 파괴로 이어질 수 있음을 우리는 예상할 수 있다. 비슷한 세속적 환경에서 살아가는 신자들은 비슷한 세속 문화권에 사는 무슬림의 무너짐을 그 어느 때보다 잘 이해할 수 있게 되었다. 세속적 생활 방식이 다양한 형태로 융합되면서, 전 세계적으로 깊은 마음의 문제를 이해하는 데 방해가 되었던 많은 문화적 장벽들이 점차 허물어지고 있다(물론 전부는 아니지만). 세계적으로 확산되는 세속주의는 오히려 신자들에게 전 지구적 차원의 새로운 기회를 제공하고 있다.

이러한 환경에서는 예수님을 따르는 이들의 메시지가 보수적인 무슬림 성직자의 목소리처럼 들리지 않도록 주의해야 한다. 신자들이 예수

---

9   Nicolas Pelham, "Roll Over, Religion," in *The Economist: The World in 2018*, edited by Daniel Franklin. Singapore: Times Printer, 64. http://www.theworldin.com/article/14440/edition2018roll-over-religion(접속: 2018년 10월 18일)에서 볼 수 있다.

님의 사랑 넘치는 삶을 보여주기보다 율법적인 행동을 강조할 때, 그들의 메시지는 단순히 이슬람을 비판하는 소리로 들릴 수 있다. 그리스도의 사랑을 실천하며 깨어진 세상 속으로 들어가는 것이 일부 신자들에게는 쉽지 않은 도전이 될 수 있다.

편리한 교통

세계는 과거 어느 때보다 거대한 교통망으로 연결되어 있다. 전 세계적으로 인구가 밀집된 모든 주요 도시는 공항을 갖추고 있으며, 그중 많은 도시가 하나 이상의 공항을 운영하고 있다. 또한 도로 인프라도 과거에 비해 크게 개선되었다. (비록 최근에 끔찍한 도로 사정을 겪었지만 말이다!) 전통적으로 무슬림 국가였던 많은 나라가 이제는 훌륭한 도로망과 공항을 갖추고 있다는 사실은 그리 놀라운 일도 아니다.[10] *2050년까지 전 세계적으로 약 2,500만 킬로미터의 새로운 도로가 건설될 것으로 예상된다.*[11]

신자들에게는 이러한 교통망을 활용하여 예수님에 대해 들어본 적 없는 지구상의 마지막 장소와 사람들에게 다가갈 기회가 열리고 있다. 또한 더 많은 신자가 이전보다 더 활발하게 전 세계적으로 상호 연결되는 기회도 확대되고 있다. 이는 신자들이 복음을 전할 수 없는 어떤 종

---

[10] "Roads Quality-Country Rankings," TheGlobalEconomy.com., 2015, https://www.theglobaleconomy.com/rankings/roads_quality/.

[11] "Global Road Maps," Global Road Map, https://www.global-roadmap.org/global-road-maps'.

족 집단도, 무슬림도 없음을 의미한다.

그러나 편리한 교통수단은 단기선교에 잘못 활용될 위험도 있다. 단기선교가 항상 비생산적인 것은 아니지만, 적절한 교육을 받지 않은 채 출발하려는 유혹이 커질 수 있기 때문이다. 이로 인해 공동체와 깊이 있는 관계를 구축하려는 장기적 투자의 중요성이 저해될 수 있다. 어떤 사람들은 현지인과 깊이 있는 관계를 맺으려 하기보다 단순히 왔다 갔다하는 것(물론 그것이 항상 나쁜 것은 아니지만)으로 선교를 끝내려는 경향을 띨 수 있다.

도로 덕분에 새로운 아이디어와 외부의 영향에 접하게 되면서 위협도 생긴다. 모든 외부인이 친절하거나 현지 주민의 이익을 최우선으로 두지는 않기 때문이다. 일부 새로운 도로는 변두리 지역이나 특수한 생태계로 향하기도 한다. 때로는 착취적인 단체들이 복음을 전하는 선교사들과 같은 도로를 이용하기도 한다. 이러한 위협에 직면하여 신자들은 전통적으로 고립된 종족이 외부로부터 들어오는 변화하는 세상을 헤쳐 나갈 수 있도록 도움을 주어야 한다. 이런 활동은 그들을 예수님의 이름으로 사랑하고 인도할 기회로 이어질 수 있다.

고립주의

앞서 언급한 내용과는 반대로, 일부 국가는 외부인의 이민과 장기 비자 발급에 상당히 까다로운 태도를 취하고 있다. 이러한 나라로는 인도, 중국, 차드, 수단, 나이지리아, 이란 등이 있으며, 이들 나라에는 여

전히 예수님을 만날 기회를 갖지 못한 많은 무슬림이 살고 있다.[12]

이러한 제한은 해당 국가에 장기 선교사의 파송을 점점 더 어렵게 만드는 위협이 될 수 있다. 때로는 사역 팀이 시장성이 있는 기술을 제공하는데도 불구하고, 현지인이나 해당 지역과 충분히 교류할 시간을 확보하지 못하는 경우가 생긴다.

그러나 이러한 상황에서도 긍정적인 기회가 있다. 현지인 신자들이 빠르게 지도자로 성장할 수 있는 기회를 얻게 된 것이다. 이들 국가의 현지인 신자 다수가 자국의 미전도 종족에게 복음을 전하고 있으며, 타문화권 선교사들은 이들을 코칭하여 그들이 복음 전파의 촉매제 역할을 하도록 돕는다. 그 과정에서 지역 주민들이 자신들의 종족을 넘어 복음을 전하고, 함께하려는 대상들이 그들의 환경에서 실질적으로 유익한 실천을 배울 수 있도록 지원한다. 이를 통해 글로벌 신앙 공동체는 공평한 파트너십을 형성할 기회를 얻게 된다. 이러한 실천은 현지인 신자들이 고국으로 돌아가거나 새로운 지역으로 이주할 때도 적용될 수 있다.

핍박

전 세계적으로 핍박이 증가하고 있다.[13] 인도, 중국, 수단 등 여러 국가

---

12   "Ten of the World's Hardest-to-Get Visas," Wanderlust, February 10, 2018, https://www.wanderlust.co.uk/content/10-of-the-worlds-hardest-to-get-visas/.

13   Ashlyn Webb and Willlnboden, "Religious Persecution Is on the Rise, It's Time for Policymakers and Academics to Take Notice," Foreign Policy, July 23, 2018, https://foreignpolicy,com/2018/07/23/religious-persecution-is-on-the-rise-its-time-for-

에서는 개별 신자들과 교회들이 생명과 자유, 그리고 미래를 심각하게 제한하는 해묵은 정책과 규제로 인해 어려움을 겪고 있다. 핍박은 고통스럽고 힘든 일이지만, 성경은 우리에게 이를 예상하고 견뎌낼 준비를 하라고 가르친다.

제자삼기와 교회개척 운동의 특징 중 하나는 대부분의 신자가 핍박을 경험한다는 것이다. 신자들이 인내할 때, 그들의 용기와 피는 그들을 그리스도의 삶과 일치하게 하며, 하나님께 더욱 의지하고 신뢰하도록 독려한다.[14] 현지인 신자들이 지혜롭고 담대하게 행동할 때, 예수님을 높이고 증거할 기회가 열린다. 외국인 선교사들과 현지인 신자들 모두 고문, 투옥, 심지어 죽음의 위협을 받을 수 있지만, 예수님은 마태복음 24장에서 종말의 때를 설명하면서 이러한 상황을 예상하고 준비하라고 말씀하셨다.

그 위협은 신자들이 두려움 때문에 물러서고, 죽음의 공포로 인해 자신의 삶을 지나치게 사랑하게 되는 데 있다. 이러한 일이 일어나면, 예수님의 아름다움은 세상의 물질적인 것들과 비교해 작아지게 된다. 그러나 신자들이 대가를 치르더라도 용기와 지혜로 맞서 섬길 때, 큰 기회가 올 것이다.

일부 기독교인들은 위험하다는 이유로 무슬림을 사랑하고 섬길 선교사의 파송을 주저하고 있다. 이에 대한 랄프 윈터의 조언은 매우 적절하다. "위험은 성공 확률이 아니라 목표의 가치에 따라 평가해야 한

---

policymakers-and-academics-to-take-notice/.

14 Jerry Trousdale and Glenn Sunshine, *The Kingdom Unleashed* (Murfreesboro, TN: Thomas Nelson, 2015).

다."[15] 예수님이 온 땅의 모든 민족에게 경배받으시게 한다는 목표는 모든 것을 걸 만한 가치가 있다.

결론

이 마지막 요점은 예수님의 진정한 제자에 대한 정의를 완성한다. 누가복음 14장 33절에서 말하듯이, 진정한 제자는 예수님을 따르기 위해 기꺼이 모든 소유를 포기하는 사람이다. 오늘날의 글로벌 동향(그중에서 예수님 사역에 영향을 미치는 각종 위협과 기회)이 예수님 나라의 발전에 이롭게 작용할지, 아니면 해로울지는 이 땅에서 그분을 따르는 우리의 반응에 달려 있다.

예수님의 이름으로 사랑하기란 결코 쉬운 일이 아니다. 예수님은 그 일이 쉬울 것이라고 약속하신 적이 없다. 그러나 무슬림을 담대하게 사랑하고, 지금 우리에게 주어진 시간과 공간에서 하나님께서 허락하신 기회를 잘 활용하는 것이 우리가 받은 고유한 기회다. 미래가 어떻게 펼쳐지든 예수님의 은혜와 확신 가운데 그 기회를 잡을 수 있기를 바란다.

---

15 "Challenging Missions Quotes," Joshuaproject.net, https://joshuaproject.net/assets/media/handouts/challenging-missions-quotes.pdf.

토론과 적용

1. 지금까지 살펴본 위협과 기회 중에서 당신의 사역에 가장 큰 영향을 미치는 것은 무엇인가? 무슬림에게 그리스도를 전하기 위해 그 도전에 어떻게 대처하고 있는가?
2. 무슬림 사역에 참여하는 데 예수님은 당신에게 어떤 가치를 지니는가? 현재 처한 상황에서 "뱀같이 지혜롭고 비둘같이 순결하라"(마 10:16)는 말씀은 어떤 의미를 갖는가?

참고문헌

"Challenging Missions Quotes," Joshuaproject.net, https://joshuaproject.net/assets/media/handouts/challenging-missions-quotes.pdf.

Connor, Phillip. "Most Displaced Syrians Are in the Middle East, and About a Million Are in Europe," Pew Research Center, January 29, 2018, http://www.pewresearch.org/facttank/2018/01/29/where-displaced-syrians-have-resettled/.

Connor, Phillip, and Jens Manuel Krogstad, "Record Number of Forcibly Displaced People Lived in Sub-Saharan Africa in 2017," August 9, 2018, Pew Research Center, http://www.pewresearch.org/fact-tank/2018/08/09/record-number-of-forcibly-displaced-people-livedin-sub-saharan-africa-in-2017/.

———. "The Number of Refugees Admitted to the U.S. Has Fallen, Especially among Muslims," Pew Research Center, May 3, 2018, http://www.pewresearch.org/fact-tank/2018/05/03/the-number-of-refugees-admitted-to-the-u-s-has-fallen-especially-among-muslims/.

Feldman, Sarah. "Muslim Refugees in the U.S. On the Rise, Till Now," *Statista*, June 29, 2018, https://www.statista.com/chart/14502/muslim-refugees-in-the-us-on-the-rise/.

Frum, David. "Competing Visions of Islam Will Shape Europe in the 21st Century," *The Atlantic*, May 2, 2018, https://www.theatlantic.com/international/archive/2018/05/akbarahmed-islam-europe/559391/.

"Global Road Maps," Global Road Map, https://www.global-roadmap.org/global-road-maps/.

Hackett, Conrad. "Five Facts About the Muslim Population in Europe," Pew Research

Center, November 29, 2017, http://www.pewresearch.org/fact-tank/2017/11/29/5-facts-aboutthe-muslim-population-in-europe/.

Pelham, Nicolas "Roll Over, Religion." *The Economist: The World in 2018*, edited by Daniel Franklin. Singapore: Times Printer, 64. http://www.theworldin.com/article/14440/edition2018roll-over-religion.

Rayna Hollander, Rayna. "Two-Thirds of the World's Population Are Now Connected by Mobile Devices," *Business Insider, September* 19, 2017, https://www.businessinsider.com/world-population-mobile-devices-2017–9.

"Roads Quality—Country Rankings," *The Global Economy*, 2015, https://www.theglobaleconomy.com/rankings/roads_quality/.

Salazar, Ariana Monique, and Scott Gardner, "Most Western Europeans Favor at Least Some Restrictions on Muslim Women's Religious Clothing," Pew Research Center. September 17, 2018, http://www.pewresearch.org/fact-tank/2018/09/17/most-western-europeansfavor-at-least-some-restrictions-on-muslim-womens-religious-clothing/.

"Ten of the World's Hardest-to-Get Visas," Wanderlust, February 10, 2018, https://www.wanderlust.co.uk/content/10-of-the-worlds-hardest-to-get-visas/.

Trousdale, Jerry, and Glenn Sunshine, *The Kingdom Unleashed* (Murfreesboro, TN: Thomas Nelson, 2015).

Webb, Ashyln, and Will Inboden, "Religious Persecution Is on the Rise. It's Time for Policymakers and Academics to Take Notice," *Foreign Policy*, July 23, 2018, https://foreignpolicy.com/2018/07/23/religious-persecution-is-on-the-rise-its-time-for-policymakersand-academics-to-take-notice/.

5 무슬림 배경 신자의 믿음

사례 연구

아부 슐레이만 야히야는 파키스탄에서 교회개척 컨설턴트이자 훈련가, 조력자, 선교동원가로 활동하고 있다. 그는 남아시아 역사 속 종교적 변혁과 현대 사회와의 상관관계, 상황화, 인권 문제, 다양성, 종교 간 관계에 깊은 관심을 가지고 있다.

핵심 포인트
- 매우 어려운 상황에서도 그리스도를 반대하는 이들에게 그분을 전할 수 있는 방법이 있다.
- 무슬림 배경 신자의 이야기를 통해 무슬림에게 그리스도를 전하는 방법을 배운다.

파키스탄의 기독교 역사는 1세기에 사도 도마가 인도의 펀자브(Punjab), 서북부, 그리고 남부 지역에서 교회를 개척하면서 시작된다.[1] 그 후 몇 세기 동안 많은 선교사들이 파키스탄으로 진출했으나 가슴 아픈 좌절을 겪었다. 기독교인의 숫자는 박해와 살해로 인해 감소했다.[2]

시크교가 지배하던 시기와 대영제국이 인도 대륙을 점령한 이후에도 긴장이 고조되었고, 기독교에 대한 적대감은 계속되었다. 식민지 인도로 파송된 영국인 선교사는 영국 시민과 군인뿐만 아니라 인도의 민족주의자들의 반대에도 직면했다.[3] 기독교 공동체가 성장하면서 통일된 인도를 위해 상황화된 기독교 문헌이 출간되었다. 그러나 인도와 파키스탄의 분단은 엄청난 유혈 사태와 폭력을 동반했으며, 다문화, 다종교 국가였던 파키스탄을 보다 단일한 무슬림 국가로 바꾸어놓았다.

이후 파키스탄의 경험: 종교 간 관용의 변화하는 지형

파키스탄 내에서 무슬림 종교 단체들은 정치, 법률, 그리고 사회 문제에 영향을 미쳤다. 특히 소수 비무슬림에 대한 체계적인 차별과 박해가 신성모독법 제정과 함께 시작되었다. 영국이 통치하던 시기에, 현지 개종자들과 선교사들이 제작한 종교 문헌은 국가 폭력과 이슬람화에

---

1 B. Ullah, *Saint Thomas the Apostle of India* (Lahore: National Council of Churches in Pakistan, 2010), 36-76.
2 B. Ullah, *Christianity in Moghul Empire* (Lahore: National Council of Churches in Pakistan, 2010), 555.
3 Jeffrey Cox, *Imperial Fault Lines: Christianity and Colonial Power in India, 1818-1940* (Palo Alto, CA: Stanlord University Press, 2002), 1.

따른 보복을 두려워한 현지 기독교인들에 의해 파괴되었다.[4] 많은 상류층 기독교인들은 다른 나라로 이주했다. 힌두교 배경의 하층 카스트 출신 기독교인들은 대부분 단순 노동을 강요당했다. 기독교인이 되거나 이슬람에서 개종한다는 것은 사회적 지위의 하향 이동을 의미했다.

다우드 아흐메드는 MBB들이 특히 사회적으로, 더 나아가 국가적으로 심각한 박해에 직면한다고 말한다. 지역교회들은 부패, 침체, 교단 분열 등 다양한 어려움 속에서도 이슬람 국가 내 종교적 증오와 차별의 한가운데서 살아남아 날마다 성장하고 있다. 파키스탄에서 비밀리에 믿음을 실천하며 살아가는 MBB들의 특별한 이야기를 들어보자.

압바스 이야기

파키스탄에 거주하는 58세 남성 알라마 악바르 압바스는 수피 무슬림 가정, 그중에서도 수천 명의 추종자를 거느린 순니파의 주요 수피 종단인 나카쉬반디 가문에서 태어났다. 어린 시절 압바스는 라디오 제작에 관한 신문 기사를 보았고, 부품을 구하러 다니던 중 파키스탄에 처음 도착한 영국 선교사 데이비스를 만나게 되었다. 데이비스는 압바스가 필요한 부품을 찾는 것을 도와주었고, 성경 이야기책을 몇 권 선물했다.

압바스와 그의 어머니는 그 책들을 읽기 시작했다. 특히 아브라함과

---

[4] Farahnaz Ispahani, *Purifying the Land of the Pure: Pakistan's Religious Minorities* (Noida Uttar Pradesh: HarperCollins India, 2015), 215.

구약의 선지자 이야기가 특히 흥미롭게 다가왔다. 어느 날 그의 어머니는 이렇게 말했다. "얘야, 이 책은 기독교 성경의 구절을 인용한 것 같은데, 도저히 이해할 수가 없구나." 이후 그 책은 집에서 금서가 되었다. 그러나 압바스는 글 읽는 법을 배운 후, 그 책들을 다시 꺼내 공부를 시작했다.

십 대 때, 압바스는 성경을 구입하고 선교사를 찾아갔지만, 그는 이미 다른 곳으로 떠난 후였다. 그럼에도 성령님은 그에게 말씀을 가르쳐 주셨고, 압바스는 예수 그리스도를 주님이자 구세주로 영접하게 되었다. 이후 6년 동안 그는 집에서 성경을 공부하며 지역교회를 방문하고, 기독교 선교단체와 함께 무슬림들 사이에서 복음을 전했다.

압바스가 데이비스를 만난 지 12년이 흘렀다. 이제 성인이 된 압바스는 북부 산악지대에 위치한 선교센터에서 열린 성경공부 여름캠프에 참석하게 되었다. 그 캠프에서 성경공부를 인도한 사람은 다름 아닌 12년 전 압바스에게 기독교 책을 주었던 영국인 선교사 데이비스였다. 데이비스는 자신이 12년 전에 이 나라에 와서 주님의 사역을 시작했지만 열매를 맺지 못했다고 털어놓으며 이야기를 시작했다. 그는 무거운 마음으로 말했다. "오늘이 이 나라에서의 마지막 날입니다. 오늘 저녁, 저는 요르단으로 영원히 떠납니다."

그 순간 압바스는 데이비스를 알아보고 눈물을 흘리며 다가갔다. 그는 선교사에게 말했다. "어떻게 당신의 사역에 결실이 없다고 말씀하실 수 있나요? 저를 기억하세요? 오래전에 당신이 만난 소년이 바로 저입니다. 당신이 제게 성경 이야기를 들려주셨잖아요. 저는 당신이 뿌린 씨앗의 열매입니다. 이제 그 씨앗이 다른 많은 나무를 키워내는 큰 나무로 자랐습니다."

두 사람은 서로 부둥켜안고 눈물을 흘렸다. 압바스의 친구들은 데이비스에게 압바스가 많은 무슬림을 그리스도께로 인도한 용감한 그리스도의 군사라고 전했다. 데이비스 선교사는 모든 사람에게 말했다. "이제야 제 사역의 열매를 보았으니 이 나라에서의 사역이 헛되지 않았다고 말할 수 있겠군요." 한 알이 씨앗이 과수원을 이루는 데 12년이 걸렸다. 그래서 그는 그 과정을 모두 지켜볼 수 없었을 뿐이었다.

현지 신자들에 대한 환멸과 두려움

압바스는 이렇게 말했다. "현지 기독교인들은 무슬림에게 복음을 전하는 것을 두려워하기 때문에 저와 동역하지 않았습니다. 대부분이 겁쟁이였지요. 저는 그들에게 그리스도께서 그들을 위해 돌아가셨다고 말하며 도전을 주었습니다. 그런데 광신적 무슬림들이 순교자로 자폭하는 모습을 보면서 기독교인들은 무슬림에게 복음을 전하기 위해 집밖에 나올 엄두조차 내지 못했습니다."

압바스는 종종 현지 신자들로부터 고립감과 낙담을 경험했다고 말한다. 그는 "누군가가 제게 설교만 전했다면 저는 다시 이슬람으로 돌아갔을지도 모릅니다. 하지만 그리스도의 능력과 진실한 본성을 알게 되었기에 저는 그분을 받아들였습니다"라고 밝혔다.

압바스는 사역 현장에서 종종 외로움을 느낀다. 하나님과 회개, 기타 종교적 문제에 대해 상담하러 오는 무슬림들의 필요를 채워줄 자원이 없기 때문이다. 또한 그는 자신의 무슬림 친척들이 재산과 사업을 빼앗았으며, 자신을 공격하고 죽이려 했다고 회상했다. 그의 얼굴에는 그 과정에서 생긴 단검 흉터가 남아 있다.

압바스는 말했다. "약 20년 전, 저는 무슬림 스물다섯 가정을 주님께 인도하겠다는 목표를 세웠습니다. 지금까지 스물네 가정을 전도했고, 이제 한 가정이 남았습니다. 하나님께서 곧 그 가정도 제게 허락해주실 것입니다. 저의 두 자매도 그리스도를 영접했는데, 그들 역시 극심한 박해를 겪었습니다. 한 자매는 자녀들도 기독교 신자로 만들었다는 이유로 남편에게 이혼을 당했습니다."

그는 회심 후 한 무슬림 소녀와 약혼했으나, 그의 회심을 알게 된 소녀의 가족에게 결혼을 거부당했다고 말했다. "하지만 지금은 미혼자가 더 효과적으로 주님을 섬길 수 있다는 말씀대로, 제가 혼자인 상황이 주님을 섬기는 데 더 낫다고 생각합니다. 마지막 숨을 거둘 때까지 주님을 계속 섬길 것입니다."

현재 압바스는 85세의 어머니와 함께 살고 있다. 그의 어머니도 그리스도를 굳게 믿는다. 압바스는 소규모 사업장을 운영하며 집에 기도실을 만들었다. 많은 지역 주민들이 매일 그 기도실을 찾아온다. 그는 그들과 함께 기도하고 회개에 대해 가르친다. 이슬람 경전과 전통에 정통하고 현지 상황을 잘 알고 있는 그는 사람들의 이해와 필요에 따라 이야기하고, 꾸란과 성경을 사용하여 죄 사함과 구원의 메시지를 전한다. 그는 항상 마태복음 10장 16절의 말씀을 마음에 새기고 있다. "보라, 내가 너희를 보냄이 양을 이리 가운데로 보냄과 같도다. 그러므로 너희는 뱀같이 지혜롭고 비둘기같이 순결하라."

압바스는 무슬림들과 논쟁할 때 성령님께서 자신이 할 말을 인도하신다고 믿는다. 그는 매일 영생의 씨를 뿌리고 MBB들을 모으고 있다.

아리파 이야기

파키스탄에 사는 63세 여성 아리파는 9남매 중 유일하게 살아남았다. 그녀는 "저는 어머니 뱃속에서부터 주님의 선택을 받았습니다. 주님이 저를 은혜로 부르셨어요"라고 고백한다.

무슬림으로 자란 아리파는 하나님께서 주신 사랑의 마음으로 인해 다른 종교를 가진 사람들을 미워한 적이 없었다. 남편은 항상 "기독교인들과 함께 식사하지 말라"고 말했지만, 아리파는 늘 "그들도 같은 인간인데 어떻게 미워할 수 있어요?"라고 대답했다. 무슬림 대부분이 기독교인들을 불가촉 천민으로 여기는 상황에서도 그녀는 편견을 가지지 않았다.

1987년, 아리파는 거주지에서 약 10킬로미터 떨어진 사립학교에서 우르두어와 이슬람학을 가르치고 있었다. 두 딸 아르주와 아크사와 함께 매일 시내버스로 출퇴근하기가 쉽지 않았는데, 마침 다른 학교 교사이자 기독교인인 제임스가 유일하게 자가용을 가지고 있었다. 그는 학생들과 교사들에게 차량 서비스를 제공하며 약간의 추가 수입을 벌었다.

어느 날 아리파는 제임스에게 "당신은 좋은 사람인데, 왜 이슬람을 받아들이지 않으세요?"라고 물었다. 그러자 제임스는 대답했다. "우리는 둘 다 교사이니 이 주제에 대해 한번 진지하게 토론을 해볼까요? 그런데 왜 그렇게 물으셨는지 궁금합니다. 만약 제가 '모든 무슬림은 지옥에 가고, 기독교인만 천국에 갈 것'이라고 말한다면, 선생님은 뭐라고 대답하실 건가요?"

아리파는 곧바로 "아니요, 그것은 불가능해요"라고 대답했다. 그러자 제임스는 다시 물었다. "선생님은 토라(모세오경), 자부르(시편), 인질(복음서)을 믿는다고 말하면서 왜 그 책들을 읽지 않으세요?"

아리파는 주저 없이 "그 책들은 기독교인과 유대인에 의해 타락하고 변질되었기 때문이에요"라고 대답했다. 이에 제임스는 "꾸란에는 하나님의 말씀이 변할 수 없다고 적혀 있는데, 어떻게 변했다고 생각하세요?"라고 반문했다.

그 후로 10년 동안 이슬람과 기독교에 관한 토론은 매일 계속되었다. 아리파는 이러한 논의를 부모님께 나누었지만, 부모님은 이 사실을 사위가 알게 되면 이혼을 당할 수 있다고 경고했다. 제임스는 아리파를 MBB인 나크비가 인도하는 성경공부 모임에 데려갔다.

성금요일에 아리파는 어머니를 찾아가 나크비의 특별 기도회에 참석할 것이라고 말했다. 몸이 좋지 않았던 아리파의 어머니는 딸에게 "언젠가 네 남편이 이 사실을 알게 되어 네가 이혼당할까 봐 두려워서 내가 병이 났다"라고 말했다.

아리파는 어머니의 치유를 위해 예수님께 기도하겠다고 말했다. 그날 밤, 어머니는 꿈을 꾸었다. 그녀는 수많은 군중과 함께 유명한 신당 앞에 서 있었고, 모두들 거룩한 현자의 치료를 기다리고 있었다. 그때 흰옷을 입은 거룩한 남자가 그녀에게 다가오더니, "당신은 이미 치유되었으니 더 이상 이곳에 머물 필요가 없습니다"라고 말한 후, 다른 사람들에게로 갔다.

다음날 아리파는 어머니를 나크비의 집으로 데려가 꿈 이야기를 나누었다. 나크비는 흰 옷을 입은 그 남자가 예수님이며, 그분이 구원에 이르는 길이요 진리요 생명이며, 하나님과 인간 사이의 유일한 중보자라고 설명했다.

이후로 아리파와 그녀의 부모님은 이 성경공부 모임의 정기 회원이 되었다. 1990년대 초 부모님은 주님을 믿게 되었고, 나크비로부터 세례를 받았다. 아리파는 두 딸 아르주와 아크사, 아들 사키브와 함께 남편이 신앙을 가질 때까지 기다리라는 권고를 받았다. 아리파는 남편에게 복음을 전하려 했지만, 그는 크게 화를 냈다.

경찰인 아리파의 남편은 특히 일요일에 그녀와 아이들을 엄격하게 감시했다. 그는 가족들이 회심했다는 사실을 몰랐다. 아이들은 심각한 정체성 갈등에 시달렸다. 성경공부 모임에서는 자신들이 기독교인임을 고백했지만, 학교와 친척들 앞에서는 무슬림처럼 행동해야 했다. 그들은 이슬람 연구 대신 시민 교육을 수강하고 싶었지만, 그것은 비무슬림만 수강할 수 있는 과목이어서 그럴 수 없었다. 이러한 이중적인 삶 속에서 아이들은 소속감의 혼란을 겪었다.

그러던 중 아리파의 남편은 고향에서 약 400킬로미터 떨어진 도시로 파견 근무를 가게 되었다. 그는 집에 돌아왔을 때, 아이들에게 성경공부하는 저녁 수업에 자신을 데려가달라고 요청했다. 아이들은 모임 장소를 알려주지 않으려고 길을 못 찾는 척하며 아버지와 함께 온 거리를 헤매고 다녔다. 아버지는 화를 냈지만, 아이들은 그날 저녁 성경공부 모임에 가지 않게 된 것에 대해 하나님께 감사했다.

마침내 아리파와 세 자녀는 세례를 받았다. 나크비는 아리파의 부모님과 함께 살고 있던 삼촌과 자주 이야기를 나누었는데, 삼촌은 병에 걸려 입원하기 전까지 주님을 영접하기를 거부했다. 그러나 나크비와 한 목사가 중환자실을 방문했을 때, 삼촌은 마침내 주님을 영접하고 세례를 받았다. 그는 이후 24일을 더 살다가 주님의 곁으로 떠났다.

1998년 나크비 역시 주님 곁으로 떠나게 되었다. 이는 날로 깊은 교제를 나누던 MBB들에게 큰 상실이었다. 아리파와 자녀들은 사랑의 아버지 같은 영적 지도자를 잃었다.

두려움과 낙담과의 대면

아리파의 남편이 다른 도시에서 파견 근무를 하던 시절, 아리파의 딸 아크사는 지역교회를 방문했다. 교회에 다니던 학교 친구들 중 일부는 아크사가 무슬림 소녀라는 사실을 알아챘다. 보복이 두려웠던 아크사의 가족은 예전의 학교 친구들과 친척들이 알지 못하도록 동네에서 멀리 떨어진 기독교 학교에 아크사를 보내기로 했다.

2003년, 아리파의 남편은 이들을 이교도, 즉 '기독교인'이라고 비난했다. 일부 기독교 단체는 두려움 때문에 아리파와 그녀의 자녀들에게 당분간 성경공부 모임에 나오지 말고 집에도 찾아오지 말라고 요청했다. 이 가족들은 고립되었다. 아리파의 남편은 친척들을 불러모은 후, 아리파와 자녀들을 이슬람 사원으로 데려가 무슬림 신앙을 공개적으로 고백시키기로 했다. 아리파와 자녀들은 억지로 기독교 신앙을 포기하고 무슬림 신앙을 고백해야 하는 심각한 위기에 처했다.

그들은 기도하며 이 문제를 선교단체와 의논했고, 선교단체는 이 가족을 안전한 곳으로 대피시키기로 했다. 한밤중에 기독교인 남성이 트럭을 몰고 와 그들을 안전한 곳으로 데려다주었고, 하나님의 임재가 그들과 함께했다. 아리파는 안전한 곳에서 자녀들과 함께, 이 도시에서 가장 용감한 전도자 중 한 명이 된 어머니와 함께 팸플릿을 만들어 공공버스에서 나누어 주며 생활했다. 그녀의 어머니는 2018년 주님 곁으로 가기 전까지 많은 이들에게 자신의 신앙을 공개적으로 나누었다.

지난 16년 동안 다양한 기독교인들이 아리파를 도왔고, 때로는 낙담시키기도 했다. 교사이자 미니밴 운전사였던 제임스는 2004년 사망할 때까지 계속해서 이 가족을 도왔다. 아리파는 제임스의 믿음과 헌신이 자신과 몇몇 가족을 그리스도께로 인도했다고 말했다. 기독교인들이 일상에서 그리스도의 모습을 보여준다면 많은 이들이 그분을 믿게 될 것이다. 자녀들은 학업을 마친 후 결혼 상대를 찾는 데 어려움을 겪었지만, "그리스도만을 바라보고, 기독교인들이 당신을 어떻게 대하는지에 초점을 두지 말라"는 나크비의 조언을 기억했다. 결국 세 자녀 모두 기독교 가정과 결혼하여 매일 신앙을 나누며 행복하게 살게 되었다.

현재는 은퇴한 아버지가 자녀들을 찾아오기 시작했으며, 그들은 아버지가 신앙을 갖도록 기도하고 있다. 이들은 과거에 나크비가 그러했듯이 MBB들을 위해 집을 개방하고 성경공부 모임을 이어가고 있다. 그들의 신앙과 삶은 많은 것을 시사한다.

결론

지역사회에서 일어나는 주님의 역사는 이러한 이야기들에만 국한되지 않는다. 이 나라의 산악지대와 사막, 촌락, 그리고 대도시에서 많은 작은 교회개척 운동이 진행되고 있다. 하나님께서 다양한 부족과 언어, 종족 가운데서 신자들을 모으시는 가운데 사람들은 꿈과 환상, 기적을 경험하고 있다. 나는 영국이나 미국에서 박사학위 공부를 하러 갔다가 신자가 되어 돌아온 이들의 이야기를 직접 녹음한 적이 있다.

이 신자들은 많은 도전 앞에 서 있다. 현지의 기독교인들은 가난과 절망, 두려움 때문에 교회 건물 밖으로 나오지 못하고, 전통적인 기독교인들과만 복음을 나누고 있다. 파키스탄에서 MBB들은 특히 교제 부족이라는 큰 어려움을 겪고 있다. 파키스탄에서 활동하는 대부분의 선교단체는 새신자들을 위한 후속 프로그램과 전략이 부족하다. 그들은 외적인 신앙고백과 세례에만 신경을 쓰다가 슬픔과 고통에 직면하면 떠나버린다.

하나님은 우리가 이해하거나 상상할 수 없는 방식으로 MBB들을 도우신다. 우리는 하나님의 동역자로서 그분께 순종하며 그리스도를 따르는 형제자매들을 포기하지 말아야 한다. 그 씨앗은 하나님의 때에 과수원으로 자라나 추수 시기가 될 때까지 기도와 말씀 선포를 통해 물을 주고 가꾸어야 한다.

토론과 적용

1. MBB들의 이야기를 듣고, 당신과 무슬림 사역을 하는 다른 이들을 격려하는 글을 써보라(보안을 위해 실명과 위치를 공개하지 말고, 그리스도 대신 그들의 삶을 높이지 않도록 주의하라).

2. 당신은 지금 그리스도를 따르기 위해 어떤 대가를 치르고 있는가? 그리스도를 담대히 증거하도록 자신을 격려하며 MBB들을 어떻게 도울 수 있는가?

3. 슬픔과 고통에 직면했을 때에도 떠나지 않고 그 자리를 지키는 팀의 특성은 무엇인가?

참고문헌

Ahmed, Dawood. "The Two Faces of Religious Persecution in Pakistan." *DAWN*, August 7, 2012. https://www.dawn.com/news/740453.

Ali, Mubarak. *Akbar Ka Hindustan*. Lahore: Tarikh Publications, 2016.

———. *Badalti Hui Tarikh*. Lahore: Tarikh Publications, 2016.

Cox, Jeffrey. *Imperial Fault Lines: Christianity and Colonial Power in India, 1818–1940*. Palo Alto, CA: Stanford University Press, 2002.

Ispahani, Farahnaz. *Purifying the Land of the Pure: Pakistan's Religious Minorities*. Noida Uttar Pradesh: HarperCollins India, 2015.

Ullah, B. *Christianity in Moghul Empire*, Lahore: National Council of Churches in Pakistan, 2010.

———. *Saint Thomas the Apostle of India*. Lahore: National Council of Churches in Pakistan, 2010.

Walker, G. C. *Gazetteer of the Lahore District 1893–94*. Lahore: Sang-e-Meel Publications, 2006.

6 신실한 가족의 사랑

수 에니겐버그는 30년 넘게 타문화 사역에 헌신해왔으며, 그리스도의 지체들이 하나님께 영광 돌리기 위해 함께 일하는 모습을 보는 것을 기뻐한다.

나비드와 사라 부부는 지난 20년간 남아시아의 무슬림 미전도 종족과 한 가족처럼 지내며 주님을 섬겨왔다. 예수님을 모르는 이들에게 복음을 전하는 사명을 가지고 있으며, 자신들이 섬기는 지역에 수천 개의 가정교회가 세워지기를 소망한다.

린다 사이먼은 아내이자 어머니이며, 동시에 의사로서 중앙아시아에서 세계 최대의 미전도 무슬림 종족 중 하나를 섬겨왔다. 무슬림 여성들에게 그리스도의 사랑을 나누고, 여성 사역자들이 소명을 감당할 수 있도록 격려하는 일에 헌신하고 있다.

핵심 포인트

- 무슬림 가정과 함께 생활하며 그리스도를 전하는 가정 및 독신 선교사에게는 많은 장점이 있다.
- 일반 가족이 혈연으로 맺어져 있듯이 영적 가족도 그렇다. 그리스도 안에서 새롭게 가족이 된 이들은 신앙 때문에 혈연 가족을 잃은 사람들을 따뜻하게 맞이해야 한다.

진리란 과연 무엇인가? 누가 나의 이웃인가? 누가 나의 가족인가? 예수님은 이러한 질문에 답하시며 삶을 변화시키는 진리를 선포하셨다. 이러한 진리를 믿고 그에 따라 행동할 때, 우리는 선교에서 예수님과 더욱 긴밀하게 동역할 수 있다. 이 장에서는 예수님께서 가족을 어떻게 바라보셨는지, 그리고 그 개념이 우리의 타문화 증언에서 어떻게 나타나는지 탐구하고자 한다.

보통 우리는 '가족'이라는 단어를 들으면 육신의 가족을 떠올린다. 여기에는 부모, 형제자매, 배우자, 자녀, 손자, 조부모, 숙모, 삼촌, 사촌, 사돈 등이 포함될 수 있다. 하나님은 육신의 가족을 창조하시고, 그들을 통해 일하셨다. 창세기에서 하나님은 아담과 하와의 결혼을 통해 (창 2:24) 그들에게 "생육하고 번성하라"는 말씀을 주셨으며, 아브라함의 가족을 통해 인류를 구원하는 계획을 세우셨다(창 12:1-4). 그러나 예수님은 가족을 정의할 때, 그 개념을 영적 친척으로 확장하셨다. 즉 하나님의 가족 안에 있는 우리의 정체성을 강조하셨다. 마가복음 3장 31-35절에서 예수님은 영적 가족에 대해 이렇게 말씀하신다.

> 그때 예수의 어머니와 동생들이 와서 밖에 서서 사람을 보내어 예수님을 부르니 무리가 예수님을 둘러앉았다가 여짜오되, "보소서. 당신의 어머니와 동생들과 누이들이 밖에서 찾나이다."
> 대답하시되 "누가 내 어머니이며 동생들이냐" 하시고, 둘러앉은 자들을 보시며 이르시되 "내 어머니와 내 동생들을 보라. 누구든지 하나님의 뜻대로 행하는 자가 내 형제요 자매요 어머니이니라."

우리가 타문화권에서 무슬림에게 복음을 전할 때는 이처럼 신실한 가족의 사랑을 깊이 이해하며, 육신의 가족과 영적 가족 모두를 소중히 여기고 그 관계를 살펴야 한다. 우리는 핵가족으로 사역하며 다른 가정들에게 다가가는 사명을 가지고 있다. 그리스도의 몸 된 우리는 더 큰 가족의 대표로 부름받았다. 이는 서로 사랑하고 섬기며 영원한 공동체를 이루는 영적 가족이다. 우리는 육신적이든 영적이든 가족으로 하나님의 뜻 안에서 보냄을 받았으며, 복음은 개인을 넘어 가족의 틀 안에서 흘러가고 받아들여진다. 육신의 가족이 피로 연결되어 있듯이, 영적 가족은 우리의 구세주이신 예수 그리스도의 보혈로 연합한다.

육신의 가족

우리 삶의 모든 상황을 아시고 우리의 발걸음을 인도하시는, 주님의 사도적 증인으로서의 부르심은 개인을 넘어 온 가족에게 주어진다.

확장된 복음

노아의 이야기는 하나님의 부르심이 단순히 노아 개인뿐만 아니라 그의 가족 전체에 대한 부르심이었음을 보여준다. 하나님의 계획에는 노아와 그의 아내, 아들들, 그리고 며느리들의 구원까지 포함되어 있었다. 아브라함을 부르실 때도 이와 비슷했다. 사라가 잉태할 것이라는 부르심과 이삭을 희생제물로 바치려 했던 사건은 아브라함 가정 전체가 하나님의 계획 안에 있었음을 드러낸다. 이삭은 하나님의 은혜로 목숨을 건졌다. 신약성경 또한 하나님을 공경하는 가족의 연합을 중요하게 여긴다. 에베소서 6장의 가르침은 십계명의 가르침을 이어가며, 예수님은 "누구든지 하늘에 계신 내 아버지의 뜻대로 하는 자가 내 형제요 자매요 어머니이니라"(마 12:50)고 말씀하시며 가족의 개념을 친족을 넘어서는 것으로 확장하셨다.

가족은 단순히 한 개인의 공동체가 아니라, 하나님의 부르심을 받는 단위로서 부르심을 받고 파송되고 준비하게 된다. 이것은 삶을 바라보는 총체적 관점이자 우리에게 자유를 주는 진리다. 하나님께서 우리를 돌보실 때, 우리는 그분 안에서 안식할 수 있으며, 가족 구성원들이 우리의 증거와 사역에 함께 참여하도록 격려를 받을 수 있다.

린다는 좀 더 제한된 지역에서의 경험을 통해 이러한 일이 어떻게 아이들에게도 적용되는지 나눈다.

> 딸들이 친구를 사귈 수 있는 새로운 방법을 위해 기도하던 중, 하나님께서 매일 돌봄이 필요한 한 환자를 우리에게 보내주셨습니다. 저는 그 환자를 매일 우리 집으로 초대해 치료를 받게 했지요. 첫날 그녀가 제 셋째 딸과 동갑인 세 딸을 데리고 왔을 때 얼마나 놀랐는지 상상해보세요. 두 달 동안 이들은 매일 우리 집을 찾아와 제 딸들과 놀아주었습니다. 그러면서 우리는 자연스럽게 가족처럼 가까워졌습니다.

치료를 받는 것 외에도 아이들이 관계의 문을 여는 것을 쉽게 볼 수 있다. 아이들은 다가가기 쉽고 쾌활하며 위협적이지 않다. 하나님은 그들의 어린아이 같은 믿음을 통해 다른 이들에게 다가가신다.

무슬림 사회에서는 한 가정이 다른 가정 전체에 가장 효과적으로 다가갈 수 있다. 다만 성별 분리가 엄격한 일부 무슬림 문화에서는 이 방법도 한계가 있다. 여성은 집안에서 베일 뒤에 숨어 남성 가족 구성원의 감시를 받기 때문이다. 보수적인 무슬림 환경에서는 남성이 남성에게, 여성이 여성에게 연락하는 방식 외에는 온 가족을 통하지 않고 그들에게 다가가기란 사실상 불가능하다.

나비드와 사라는 남아시아에서 그들이 경험한 일을 나눈다.

사역 초기에 우리는 독신 친구들을 주로 공원이나 호텔에서 만났을 뿐, 그들의 집에서는 만나지 않았습니다. 우리는 그들을 제자로 삼고, 가족들에게 복음을 나누도록 도전했지만, 이는 너무 어려운 일이었지요. 그래서 접근 방식을 '가족 대 가족'으로 바꾸었습니다. 우리 가족은 그들의 남성, 여성, 그리고 아이들과 각각 함께 시간을 보내며 가족 관계 속으로 들어갔습니다. 그러자 온 가족이 주님께 나아오는 모습을 보게 되었습니다. 샤히드의 가족이 좋은 예입니다.

샤히드는 23년 전에 주님을 영접했습니다. 무슬림이었던 그의 가족에게 그리스도를 전하기는 매우 어려웠습니다. 5년 전, 우리 가족은 그의 가정을 방문했습니다. 사라는 그의 아내와 어머니, 그리고 다른 여성 친척들과 정기적으로 시간을 보냈습니다. 샤히드는 자신이 그리스도를 알게 된 이후로 지난 5년이 가족에게 가장 풍성한 열매를 맺은 시기였다고 고백했습니다. 우리 가족의 신실한 사랑과 친절이 열매를 맺어, 이제 그의 가족과 동생의 가족, 그리고 다른 가족들도 예수님에 대해 더 열린 마음을 갖게 되었습니다. 샤히드의 가족은 조카들이 샤히드가 예수님을 따르는 모습을 보고 배웠으며, 시간이 날 때마다 성경말씀을 듣고 예수님에 대해 이야기한다고 말합니다. 샤히드의 어머니는 매일 오디오 성경을 듣고, 아들들은 성경 구절을 암송하고 있습니다.

이 이야기는 가족이 증거의 도구로 얼마나 강력한지, 그리고 복음이 가족을 통해 어떻게 전파될 수 있는지 잘 보여준다. 하나님은 한 가정이 다른 가정 전체에 복음을 전하게 하는 지혜를 가지고 계신다.

<u>복음의 수용</u>
무슬림 사회에서 신뢰는 주로 가족 내에서 형성된다. 예를 들어, 결혼이 대가족 내에서 이루어지는 것은 가정의 자원을 보호하고 외부인과 나눌 수 없는 마음의 문제를 지키기 위해서다. 이렇듯 강한 가족 간의 유대는 새로운 믿음의 열매가 대가족 안에서 안전하게 뿌리내리고 성장할 수 있게 한다. 신앙을 가진 가정은 외부의 압력에 함께 맞서고, 예배하며 신앙 안에서 서로를 격려할 수 있다.

특히 중앙아시아의 보수적인 무슬림 공동체에서 교회는 대가족을 중심으로 성장하고 있다. 사도행전의 가정교회처럼 가정은 교제와 예배를 위한 공간이 되고 있다.

나비드와 사라는 각자의 사역에서 한 개인이 어떻게 가족에게 예수님을 소개하고 복음이 받아들여지는지를 나눈다.

남아시아에서 우리는 예수님을 따르기 시작한 친구들에게 가족과 함께 지내도록 권합니다. 새신자를 집에 머물게 하는 한 가지 이유는, 그의 가족들을 신앙의 여정에 포함시키기 위해서입니다. 예를 들어, 무슬림

이 성경을 공부하고 싶다고 요청할 때마다 우리는 먼저 부모님의 반응을 생각해보라고 권유하며, 가정에서 성경공부를 함으로써 가족들에게 자연스럽게 마음을 열도록 이끕니다.

이때 예수님에 대해 배우는 것이 목표이지 종교적 신념에 도전하는 것이 아님을 강조해야 합니다. 이러한 접근 방식은 위협적이지 않으며, 오히려 가족 전체의 구원으로 이어질 수 있습니다.

한 친구는 기독교인들과 만나 성경을 읽으며 그리스도에 대해 배우기 시작했는데, 그 소문이 곧 마을에 퍼졌습니다. 이 일은 마을에서 상당히 이례적인 사건이었지만, 그는 흔들리지 않고 가족 곁에 머물렀습니다. 오히려 부모에게 더 순종하고, 가족과 친구, 친척들에게 더 잘했습니다. 마을 사람들은 그가 기독교인이 되었다는 이유로 예비 장인에게 딸의 결혼을 허락하지 말라는 압력을 가했습니다. 그러나 그의 변함없는 성품과 가정에 대한 사랑이 예비 장인에게 깊은 인상을 주어 결혼이 성사되었습니다. 결혼 후 그의 아내는 예수님을 구세주로 영접했고, 이제는 온 가족이 그리스도를 따르게 되었습니다. 모스크의 이맘이었던 그의 아버지조차 아들의 긍정적인 변화를 보고 우리와 함께 성경을 읽기를 좋아하게 되었습니다.

이 이야기는 효과적인 접근 방법과 가족을 통해 일어날 수 있는 변화뿐만 아니라, 그리스도를 따르기로 결심했을 때 직면하게 되는 공동체의 반발 가능성도 암시한다.

많은 무슬림은 개인보다 집단 정체성을 중요시하며, 가족과 공동체가 함께 의사 결정을 하는 경향이 강하다. 특히 여성들은 '공동체적 사고'와 집단 정체성에 얽매여 있는 경우가 많다. 이런 환경에서 개인이 하나님 나라로 들어올 때, 종종 공동체로부터 큰 압력을 받게 된다. 위의 예에서 보듯이, 새신자들은 믿음을 갖는 과정에서 강한 압력을 경험할 수 있다. 그러나 이러한 압력은 가족 내에서 더 잘 견딜 수 있다. 놀랍게도 무슬림 공동체에서 열매가 지속적으로 맺히는 모습이 가족 내에서 자주 일어난다. 하나님은 가족 구조를 통해 신뢰를 기반으로 한 관계 속에 그분의 나라를 확장하고 계신다.

종교적, 문화적 제약으로 인해 핍박이 일어날 수 있는 상황에서, 새신자들은 특별한 지혜를 구해야 한다. 특히 가족 전체가 함께 신앙을 받아들이면 핍박의 상황에서도 서로에게 큰 격려와 힘이 될 수 있다.

이제 우리는 복음을 전하는 자와 하나님의 가족으로 들어오는 새신자 모두에게 영적 가족이 주는 힘에 대해 살펴보고자 한다. 특히 육신의 가족으로부터 적대감을 느낄 때, 영적 가족이 어떻게 위로와 힘이 될 수 있는지 보겠다.

영적 가족

예수님을 믿는 모든 사람은 믿음의 가정으로 환영받는데, 이는 곧 영적 가족을 의미한다. 바울이 에베소서 2장 19절에서 말한 것처럼, 우리는 더 이상 "외국 사람이나 나그네가 아니요, 성도들과 함께 시민이며 하나님의 가족"이다. 우리는 "하나님의 자녀"라는 칭호를 받았다(요 1:12). 그렇다면 영적 가족이라는 정체성은 우리가 무슬림 이웃과 친구들에게 복음을 전할 때, 그리고 그들이 신앙을 받아들일 때, 그들의 정체성에 어떤 영향을 미치는가?

확장된 복음

모든 타문화 사역자가 가족과 함께 사역하는 것은 아니다. 독신 타문화 사역자들도 하나님의 가족 구성원으로서 제공할 수 있는 것이 많다. 독신 사역자들이 결혼한 사역자보다 더 넓은 네트워크를 가지고 있는 경우가 많다. 가족을 중시하는 무슬림 이웃들은 종종 독신 사역자들을 가족으로 받아들인다. 그들은 결혼식, 장례식, 생일, 명절과 같은 가족 행사에 초대를 받아 자연스럽게 신앙을 나눌 기회를 자주 얻는다. 일반적으로 인간관계를 통해 삶의 필요를 충족시키는 문화권에서, 독신 사역자들은 소명을 따라 살고 그리스도 안에서 자족하는 삶을 보여줌으로써 복음을 드러낸다.

또한 독신자와 기혼자가 함께 사역할 때는 서로를 축하하고 격려하며, 어린이와 성인들에게 이모, 삼촌, 형제, 자매의 역할을 해줄 수 있다. 이렇게 그리스도 안에서 갖는 건강하고 순수한 형제자매 관계는 현지 사회에서 흔히 볼 수 없는 귀한 모범이 된다.

우리는 계속해서 스스로에게 물어야 한다. 문화적으로 적절한 선에서 평판을 잃지 않고 어떻게 더 영적 가족의 모범을 보일 수 있는가? 그리스도 안에서 형제자매로서 우리의 역할을 더 잘 수행할 수 있는 방법은 무엇인가? 우리의 문화적 맥락에서 영적 가족은 어떤 모습이어야 하는가? 우리는 공동체 내에서 종종 두려움과 암시로 형성된 관계적, 문화적 규범을 따르고 있는가?

무슬림 사회에서 살아가며 사역하는 한 독신 여성의 이야기는 영적 가족의 또 다른 예를 보여준다. 그녀는 한 가정과 함께 살게 된 후로 사역 방식과 삶이 크게 변화했다. 이전에 했던 개인 전도는 '가정 전도'로 바뀌었고, 특히 지역사회 사람들이 그녀가 가족과 함께 신앙생활하는 모습을 직접 목격할 수 있게 되었다. 이처럼 그녀는 자신을 받아들인 현지 문화권 사람들과 마찬가지로 독신자가 아니라 대가족, 다세대 가정의 일원으로 살아가게 되었다.

사역을 시작하고 처음 3년 동안, 저는 매월 수백 시간을 들여 예수님을 전했습니다. 시간이 지나면서 일대일 관계가 깊어졌고, 많은 사람들이 저를 집으로 초대해 그들의 가족과 만나게 해주었습니다. 저는 그들의 딸, 자매, 사촌, 이모, 손녀와 같은 역할을 하게 되었습니다. 하지만 차츰 제 사역에 뭔가 빠져 있음을 느꼈습니다. 신자들 간에 공동체로서 나누는 사랑을 놓치고 있었던 것입니다.

저는 제 주변에 공동체 관계를 만들어달라고 기도하기 시작했습니다. 일대일 관계가 여러 방향으로 발전할 수 있기를 바랐습니다. 기도를 시작한 지 몇 달 후, 저와 같은 이유로 그 도시에 와 있던 6명의 가족에게 함께 살자는 제안을 받았습니다. 우리는 지역 문화의 중요한 의미를 존중하고, 이웃과 긴밀한 관계를 유지하며, 이웃의 축복 속에서 새로운 가정을 세워갔습니다. 한 지붕 아래 핵가족과 대가족이 함께 생활하는 모습이었습니다.

혼자 사역할 때와 달리 가정이 함께 사역을 하게 되자 활동 방식이 상상했던 것보다 훨씬 더 극적으로 변화했습니다. 이전에는 현지 무슬림 가정이 저를 받아들여 한 가족처럼 지냈지만, 이제는 그들 역시 진정으로 함께하는 가정이 되었습니다. 우리는 한 가정 단위로 다가가 아버지와 아버지, 어머니와 어머니, 자매와 자매, 자녀와 자녀 간에 소통하고 교제할 수 있게 되었습니다.

영적 가족의 모범을 보이는 것은 육신의 가족을 섬길 수 있는 기회를 가져다줄 뿐만 아니라, 그들을 하나님의 영적 가족으로 초대할 수 있는 문을 열어준다. 이 사역은 또한 외로운 사람, 소외된 사람, 과부, 이혼자에게도 그들이 필요로 하는 가족을 제공하는 기회가 된다. 가정이 필요한 사람들은 그들에게 손을 내미는 가정 속에서 새로운 가족을 찾을 수 있다. 신명기에서 모세는 이방인과 과부와 고아를 돌보며 부양하라고 권면하면서 그들을 향한 하나님의 마음을 전했다. 모세는 백성들에게 이러한 이들의 가족이 되어줄 것을 요청했다.

복음의 수용
가족 모두가 함께 신앙을 받아들이지 않을 때가 많다. 그럴 때면 새신자가 불필요하게 자신의 가족을 모욕하거나 복음에 대한 저항심을 키우지 않도록 가족과의 관계에서 지혜롭게 처신해야 한다. 그러나 신중하게 접근해도 일부 새신자들은 신앙 때문에 가족과 직장을 잃고 배척당할 수 있다. 이럴 때 그들에게는 공동체의 지지가 절실하다.

그리스도의 몸인 우리는 무슬림 이웃들에게 피보다 더 진한 가족의 모범을 어떻게 보여줄 수 있는가? 어떻게 예수님의 보혈로 결속된 가족이라는 강한 유대감을 가질 수 있는가? 분명 하나님의 가족은 무슬림 친구들의 마음을 사로잡고 그들에게 필요한 공동체를 제공할 수 있다.

예수님을 아는 무슬림 친구들에게 영적 가족은 어떤 모습으로 비칠까? 다음은 린다와 수의 이야기다.

저(린다)는 한 안타까운 사건을 기억합니다. 정신질환을 앓던 남편이 아내에게 심각한 화상을 입히고 자살한 사건이었습니다. 당시 그 자매는 난민 신분의 새신자였고, 9명의 자녀를 둔 어머니였습니다. 도움의 손길이 절실했지만 의지할 곳이 없었습니다. 하지만 믿음의 가족들이 즉시 나서서 병원에 입원한 그녀를 돌보고, 집에 남은 아이들을 보살폈습니다. 20년이 지난 지금도 이 하나님의 가족은 그녀에게 전부입니다.

저(수)는 우리 팀에서 특별한 영적 가족의 모습을 경험했습니다. 기혼자와 독신자, 내국인과 외국인이 한데 어우러지고 정기적으로 모여 서로를 위해 기도하고, 격려하며, 함께 예배하고 말씀을 나누었습니다. 그중 한 자매는 가족 중 유일한 신자였고, 그로 인해 심한 핍박을 받고 있었습니다. 집에 갈 때마다 가족들은 그녀의 기독교 서적과 성경을 찾아내 불태우며 위협했습니다. 그들은 그녀가 무슬림 남자와 결혼하여 가문의 종교를 지키기를 원했습니다. 구혼자가 여러 명이 있었으나, 그녀는 예수님을 따르는 배우자를 원했기에 모두 거절했습니다.

상황이 악화되어 아버지가 살해 위협까지 하자, 어머니는 마지막 수단으로 딸을 무슬림 선생에게 데려가기로 했습니다. 자매는 어떻게 해야 할지 몰랐습니다. 무슬림 선생을 찾아가야 할까요, 아니면 도망쳐야 할까요? 갈등하던 자매는 우리 영적 가족에게 조언을 구했고, 우리는 함께 기도한 끝에 그녀가 선생을 만나보는 것이 좋겠다고 느꼈습니다. 그날 우리는 가족으로서 그녀를 위해 금식하며 기도했습니다. 놀랍게도 무슬림 선생은 그녀에게 사람들이 태어날 때부터 '까리나'라는 동반자를 가지며, 그녀의 까리나는 질투심이 많아 갈등을 일으킨다고 설명했습니다. 선생은 그녀에게 결혼을 강요하지 말고 내버려두면 시간이 지나 카리나가 진정될 것이라고 조언했습니다. 자매는 하나님의 보호하심에 기뻐하며 돌아왔을 뿐만 아니라 더욱 굳건한 믿음을 가지게 되었습니다.

이러한 결정은 결코 쉽지 않았지만, 우리는 영적 가족으로서 함께 기도하며 하늘 아버지를 신뢰했습니다.

"너희가 서로 사랑하면 이로써 모든 사람이 너희가 내 제자인 줄 알리라"(요 13:35). 복음을 통해 문화적 장벽을 넘어 하나님의 가족으로 초대될 때, 우리의 무슬림 친구들은 모든 족속과 방언과 나라와 함께하는 하나님의 영원한 가족을 보게 될 것이다.

결론

예수님은 십자가에서 돌아가시기 전, 장남으로서 육신의 부모를 돌보는 책임을 다하셨다. 그분은 어머니를 형제에게 맡기지 않고 제자 요한에게 부탁하셨다(요 19:25-27). 이는 예수님께서 영적 가족의 더 넓고 깊은 유대를 인식하셨으며, 그 중요성을 보여주신 것이 아니겠는가?

우리의 사명은 잃어버린 영혼에게 복음을 전하는 것이다. 이는 육신의 가족이든 영적 가족이든, 개인으로든 공동체로든 모두에게 해당한다. 우리는 예수 그리스도에 대한 믿음을 통해 얻는 입양의 약속을 사랑으로 전해야 한다. 요한은 이를 복음서에서 이렇게 기록했다. "영접하는 자 곧 그 이름을 믿는 자들에게는 하나님의 자녀가 되는 권세를 주셨으니 이는 혈통으로나 육정으로나 사람의 뜻으로 나지 아니하고 오직 하나님께로부터 난 자들이니라"(요 1:12-13).

한때 하나님의 원수였던 우리는 이제 하나님의 자녀가 되었다. 우리는 영적 형제자매들과 영원한 시민권을 공유하는 하나님의 가족이다. 영원한 가족의 일원으로서 기쁜 소식을 일대일로, 가정 대 가정으로 전하여 하나님의 영광을 위해 지속적으로 열매 맺기를 바란다.

토론과 적용

1. 당신의 환경에서 무슬림 가정은 어떤 모습인가? 무슬림 가족에게 다가가 그들의 일원이 될 수 있는 방법은 무엇인가? 한 사람 또는 온 가족과 만나며 그들을 위해 기도하라.
2. 당신의 가족은 누구인가? 예수님은 우리에게 가족에 대해 다시 생각해보라고 도전하셨다. 우리 모두는 혈연으로 맺어진 가족이 있다. 배우자가 있는 사람도 있고, 자녀가 있는 사람도 있다. 그렇다면 독신자는 어떻게 가족과 연결되고, 가족을 통해 교제할 수 있는가? 또한 혈연으로 맺어진 사람들은 어떻게 개인의 길을 고집하지 않고 가족과 함께, 그리고 가족을 통해 소통할 수 있는가?

7 기도: 변화의 원동력

타마라는 "무슬림을 위한 30일 기도운동"의 국제 코디네이터로, 남편 제프와 함께 30년 동안 국제 예수전도단에서 섬겨왔다. 제프는 비전 5:9의 운영 책임자이며, 타마라는 네트워크 관리자 역할을 맡고 있다.

핵심 포인트
- 열렬한 기도는 이슬람 세계를 변화시킨다. 우리는 역사상 그 어느 때보다 지속적인 기도를 통해 더 많은 그리스도 중심의 운동들이 일어나는 것을 목격하고 있다.
- 영적 전투에는 영적 전략이 필요하다.

약 14세기 동안 이슬람과 기독교는 전 세계 인류의 충성을 두고 영적 전쟁을 벌여왔다. 이 기간 대부분 동안 이슬람이 승리자로 보였고, 수십만 명의 기독교 신자들을 이슬람으로 데려갔다. 이슬람의 역사 초기 350년 동안, 중동에서 스페인에 이르기까지 기독교 신자들은 이슬람 군대에 정복되어 이슬람으로 개종당했으며, 기독교로의 회심은 드물고 예외적인 사례에 불과했다.

이슬람 세계에서의 하나님의 역사를 연구한 저명한 작가 데이비드 개리슨은 2014년, 저서 『이슬람 세계에 부는 바람(A Wind in the House of Islam)』[1]에서 수년간 무슬림들이 그리스도께로 오는 운동을 연구하여 발표했다. 개리슨 박사가 발견한 그 운동의 규모는 놀라웠으며, 이는 하나님께서 무슬림 세계에서 역사하시는 큰 그림을 보도록 그리스도의 지체를 각성시켰다. 기도는 무슬림 세계에서 운동을 일으키는 중요하고 필수적인 역할을 해왔으며, 앞으로도 그럴 것이다.

982년에 1만 2천 명의 아랍 무슬림 남성들이 (가족과 함께) 세례를 받고, 기독교로 개종했다고 역사에 기록되어 있다. 12세기와 13세기에는 레바논과 리비아(현대 지명)에서 기독교로의 대규모 개종이 두 차례 일어났다는 기록이 존재한다. 그러나 이후로 6세기 동안 이슬람에서 기독교로의 대규모 개종은 거의 기록되지 않았으며, 이에 반해 이슬람의 성장은 수그러들지 않았다.

---

[1] Monument, CO: WIGTake Resources, 2014. 개리슨은 동일한 종족 내에서 최소 1천 명의 새신자가 이슬람에서 기독교로 개종해 세례를 받는 현상을 '운동(movement)'이라고 정의한다. 그의 저서는 『이슬람 세계에 부는 바람』(이천 옮김, 앗쌀람, 2022)으로 번역, 출간되었다(역자 주).

무슬림이 그리스도께로 전향한 최초의 근대적 운동은 1870년, 자바 섬의 외딴 지역에서 시작되었다. 그후 10년 뒤, 1890년부터 1920년까지 에티오피아에서 두 번째 운동이 일어났다. 20세기는 두 차례의 세계대전과 대공황으로 인해 전 세계적으로 혼란한 시기였지만, 1967년에 다시 한번 인도네시아에서 큰 운동이 일어났다. 그곳에서 200만 명 이상의 무슬림이 수백 개의 기독교 교회에서 세례를 받았다.

그러나 20세기 마지막 20년에 접어들면서 우리는 무슬림들이 그리스도를 향해 나아오는 중대한 변화를 목격하기 시작했다. 알제리, 구소련 중앙아시아, 방글라데시, 이란 등에서 이러한 운동이 일어났다. 21세기가 시작되고 첫 14년 동안 그리스도를 향한 무슬림 운동은 이전에는 한 번도 그리스도가 전파된 적이 없는 곳에서 증가했다.

개리슨의 연구에 따르면, 세기가 바뀐 이후로 무슬림들이 그리스도께로 향하는 69개의 새로운 운동이 일어났으며, 이는 전체 무슬림 운동의 84퍼센트를 차지한다. 현재 우리는 역사상 가장 크고 광범위하게 무슬림들이 그리스도께로 돌아오는 것을 경험하고 있다!

우연의 일치인가?

1993년, 한 글로벌 선교단체의 리더들이 중동에서 모임을 가졌다. 그들은 기도 중에 무슬림 세계에 중점을 두지 못했음을 인정하고, 무슬림을 포함한 모든 민족에게 복음의 메시지를 전하기 위해서는 더욱 포용적인 자세를 취해야 한다는 도전을 받았다.

그 결과, 일부 지도자들은 라마단 기간인 30일 동안 매일 무슬림을 위해 기도하는 연례 행사를 갖기 시작했다. 이 행사는 나중에 "무슬림을 위한 30일 기도"[2]로 알려졌다. 기도 안내서가 제작되었으며, 이 안내서를 사용하는 사람들은 이슬람 신앙과 다양한 무슬림 문화를 이해하고, 세계에서 가장 접근이 어려운 무슬림 집단을 위해 기도할 수 있게 되었다. 이 기도 운동에 참여하는 사람이 늘어나면서 기독교 단체들도 안내서의 번역과 배포에 협력하게 되었다. 2018년 기준으로 이 안내서는 30개 이상의 언어로 번역되었으며, 매년 최대 100만 명이 이 기도에 참여하고 있는 것으로 추정된다.

개리슨의 연구가 발표되었을 때, "무슬림을 위한 30일 기도"가 시작된 시점과 무슬림 세계에서 그리스도를 향한 영적 운동이 급격히 성장한 시점 사이에 연관성이 있음을 발견했다. 지난 25년 동안, 선교 역사상 그 어느 때보다 많은 기도와 그리스도를 향한 운동이 있었다. 신자로서 우리는 이것을 우연의 일치라고 생각지 않는다.

기도는 상황을 변화시킨다

개리슨은 연구의 일환으로, 이 운동에 참여한 MBB 1천여 명에게 "당신이 예수 그리스도를 믿도록 하나님께서 사용하신 방법은 무엇입니까?"라는 질문을 던졌다. 많은 답변에서 기도의 중요성이 강조되었고, 무슬림들이 예수님의 계시를 받도록 이끌었던 기도 중 일부는 "무슬림을 위한 30일 기도" 안내서에 제시된 내용이었다.

---

[2] https://www.pray30days.org

북아프리카의 MBB는 "왜 지금 이토록 많은 사람이 그리스도에 대한 꿈과 환상을 경험하고 있다고 생각하십니까?"라는 질문에 이렇게 답했다. "전 세계 사람들의 기도가 하늘로 올라가 거대한 몬순 구름처럼 쌓여 있다고 믿습니다. 그 구름에서 오늘 우리 민족에게 은혜와 구원의 기적이 쏟아지고 있습니다."[3]

고린도후서 10장 4절에 따르면, 기도는 우리가 영적 영역에서 싸울 수 있도록 주어진 영적 무기 중 하나다. 또한 요한복음 16장 8-14절에서 예수님은 성령님께서 우리의 기도와 함께 일하시며, 세상을 진리로 이끌고 책망하신다고 말씀하셨다. 지난 20년 동안 우리는 무슬림 세계에서 수많은 사람의 기도에 힘입어 놀라운 변화를 목격해왔다. 이러한 일이 앞으로도 계속될 수 있을까?

"무슬림을 위한 30일 기도"는 무슬림에 초점을 맞춘 유일한 기도 행사가 아니다. 비전 5:9는 지속적인 기도를 촉진하기 위해 "10/10 이니셔티브"[4]라는 기도 달력을 개발했으며, 여러 동역 단체들은 자체 정보와 행사로 기도의 동력을 모으고, 무슬림 세계를 위한 효과적인 기도를 알리고 있다.

최근 밝혀진 지속적인 기도와 그리스도께로 향하는 운동이 급증한 것의 상관관계는 결과가 아니라 시작이다. 이는 무슬림 세계 전역에 더 많은 운동이 퍼질 것이라는 확신과 함께 희망적인 기도에 참여하도록 영감을 준다. 무슬림 세계를 위한 기도와 하나님의 임재 안에 거함은

---

3 *30 Days of Prayer for the Muslim World*, 2015 edition, 39.
4 https://1010prayerandfasting.wordpress.com/home/vision-1010/

참된 열매를 맺는다! 그리스도의 지체들이 더 많은 기도의 헌신과 참여로 이 운동을 지원하도록 동기부여해야 한다.

토론과 적용

1. 기도 운동에 동참하여 무슬림 세계를 위해 정기적으로 기도하며, 가능하다면 적절한 시간과 장소에서 금식에 참여하라. 현지 무슬림 지도자들과 당신이 알고 있는 무슬림 가족들을 위해 그들의 이름을 부르며 기도하라.
2. 교회를 기도 운동에 동원하라. 교회 내에서 정기적으로 기도제목을 나누고, 하나님의 응답하심을 나누라. 신자들에게 기도 자료를 배포하고, 가정과 교회에서 모여 기도하는 시간을 가지도록 초대하라. 다음 링크에서 유용한 자료를 찾아볼 수 있다.

* 기도 링크
  - Prayercast: https://prayercast.com
  - 30 Days of Prayer: https://www.30daysprayer.com
  - 10/10 Initiative: https://1010prayerandfasting.wordpress.com
  - 많은 선교단체에 무슬림 세계를 위한 기도 자료가 있다.

8 조직의 위협과 기회

마틴 홀은 비전 5:9의 창립 멤버로 국제 리더십 팀의 일원이다. 지난 39년 동안 OM에서 무슬림 사역을 해왔으며, 현재는 아내와 함께 영국 OM의 무슬림 사역 앰배서더로 섬기고 있다. 또한 리젠트 신학교에서 이슬람학 겸임강사로 재직하며, 주요 기업 임원진을 위한 문화 코치로도 활동하고 있다.

존 베커는 비전 5:9 네트워크의 국제 코디네이터로 10년간 섬겼으며, 현재 AIM 인터내셔널의 글로벌 전략 책임자이자 "교회성장을 위한 글로벌 얼라이언스"의 글로벌 네트워킹과 파트너십 담당 부총재로 일하고 있다. 지난 25년간 아프리카, 유럽, 북미의 무슬림을 섬겼으며, 현재 캘리포니아에서 아내와 네 자녀와 함께 살고 있다.

핵심 포인트
- 무슬림 세계는 변화하고 있다. 선교단체도 무슬림에게 더욱 효과적으로 다가가기 위해 변화해야 한다.
- 과거 개척자들의 열정에 다시 불을 붙이려면, 그리스도가 가장 알려지지 않은 곳에서 이루어지는 대담한 평가와 헌신이 필요하다. 이를 통해 앞으로 무슬림 세계에서 추수할 기회를 마련해야 한다.

비전 5:9 네트워크에 속한 회원 단체들은 다양한 구조, 문화, 그리고 목적을 대표한다. 일부는 최근에 설립되었지만, 100년 전에 형성된 단체들도 있다. 그러나 모든 조직은 변화가 필요한 시점에 이르러 막상 변화에 실패할 위험이 있다. 하나님은 우리의 조직 구조가 아니라 그분과 그분의 소명에 따라 살도록 부르신다. 그러나 많은 단체가 변화에 대한 두려움이나 자신에 대한 평가와 새로운 시도를 꺼려하기 때문에, 추수해야 할 곳에서 잠재력을 충분히 발휘하지 못하고 있다.

이 장에서는 비전 5:9의 오랜 회원 단체인 OM(Operation Mobilization)과 AIM(Africa Inland Mission)를 조명하겠다. 이 단체들은 무슬림과 더욱 효과적으로 접촉하기 위해 과감한 조직 변화를 추구해왔다.

무슬림 세계는 달라졌다. 선교도 달라졌다. 당신의 조직은 미전도 무슬림에게 다가가려는 노력에 영향을 미칠 수 있는 위협과 기회를 어떻게 평가하고 변화에 적응하고 있는가? 더 많은 열매를 맺기 위해 성공에 위협이 되는 요소를 분석하고 기회를 받아들인 두 단체의 이야기를 들어보자.

순풍과 역풍 - 소명을 지켜나가는 OM의 여정
마틴 홀

"괜찮으세요?" 안내자는 내가 숨 막혀 하는 것을 보고 물었다.

그는 남아프리카공화국 요하네스버그의 아파르트헤이트 박물관에 설치된 작은 감옥의 문을 닫았다. 그 순간 뜻밖에도 나는 1979년, 내가 OM에서 사역했던 첫 해에 튀르키예 감옥에서 보낸 시간이 떠올랐다.

내가 OM에 합류한 이유는 OM의 사역자들이, 비록 그들의 삶이 감옥에서 끝나더라도 복음을 들어보지 못한 사람들에게 복음을 전하기 위해 어떤 대가라도 치를 각오를 했기 때문이었다. 40년이 지난 지금(이제 나는 안전한 자유의 몸이다), 나는 OM이 그 소명과 우리가 그 당시 가졌던 기회를 잃을 위험에 처해 있음을 어떻게 깨닫게 되었는지 이야기하고 있다.

OM은 1957년, 복음을 나누는 것에 중점을 두고 시작되었다. 특히 복음을 한 번도 들어보지 못한 이들에게 어떻게든 다가가는 것이 목표였다. 1960년대는 혁신적인 10년으로, 어떤 희생을 치르더라도 신념을 따르겠다고 나선 열정과 헌신의 시대였다. OM은 순풍을 탔고, 많은 사람이 그 사명에 동참했다. 사람들은 공동체를 찾았고, 기꺼이 희생하는 마음으로 믿음을 실천하고자 했다. 이를 통해 우리는 전 세계 많은 사람에게 가능한 한 신속하게 복음을 전할 수 있었다.

순풍은 항공기나 선박이 나아가는 방향으로 불어 목적지에 더 빨리 도달하도록 돕는 바람이다. 역풍은 그 반대다. 이 비유는 OM의 상황과 맞닿아 있다. 우리는 목적지에서 눈을 떼지 않으면서도 전 세계적으로 함께 나아갈 수 있는 흐름을 찾고자 한다.

OM은 초창기 40년 동안 110개국에 기지를 설립했으며, OM 선박을 통해 이보다 더 많은 나라를 방문했다. 개척자와 기업가들의 관심을 끌어 수백 개의 사역과 프로젝트를 시작했다. 복음주의 교회가 사회 정의를 받아들이기 시작하면서 우리는 구제, 정의, 예술, 스포츠 등 다양한 영역에서 사역을 넓혀갔다. 개척자들이 새로운 사역을 추가할 때마다 정착자들은 이를 뒷받침하는 구조를 마련했다.

2013년 말, 로렌스 통이 혁신의 임무를 가지고 OM의 국제 디렉터로 임명되었다. 2015년에 나는 비전 5:9의 관점에서 OM의 역할과 2025년까지 모든 미접촉 무슬림 국가에 실질적인 교회개척 팀을 배치하는 목표에 대해 로렌스에게 물었다. 로렌스는 이렇게 답했다. "우리의 다음 목표가 선박이나 건물이 아니라 100개의 미전도 종족에게 도달하는 것이라고 한번 상상해보세요!"

OM은 복음을 전혀 들어본 적이 없는 사람들에게 다가가려는 열정으로 시작되었다. 그러나 2015년에 이르러 미전도 종족에 대한 우리의 초점은 다소 모호해졌다. 창의적인 구제 및 정의 사역을 통해 우리는 과연 본래의 소명에 다시 집중할 수 있었을까?

2015년, 우리는 50년 이상의 시간이 흐르면서 '추가된' 조직과 선교 방식에 대해 스스로 질문하게 되었다.

1. 우리의 선교 목적은 무엇인가?
2. 우리 조직은 선교를 위해 존재하는가, 아니면 우리가 조직을 위해 일하고 있는가?

이 질문에 답하기 위해 우리는 OM 내부에서 1년간 심도 있는 논의를 진행했다. 모든 시니어 리더와 회원을 대상으로 OM의 조직 구조와 선교 목적, 그리고 개선이 필요한 부분에 대해 인터뷰를 실시했다. 그 결과는 매우 충격적이었다. 전 세계에서 54개의 서로 다른 OM 사명선언문이 존재한다는 사실을 발견했기 때문이다. 일부는 주제의 변형에 불과했지만, 몇몇은 상당히 다른 내용을 담고 있었다. 이처럼 다양한 사명 선언문이 존재하는 이유는 지역 중심의 운영 방식과 더불어, 개척 정신과 기업가 정신을 가진 인재를 유치하려는 조직 구조 때문이었다.

또한 우리는 조직 내에 많은 의사 결정 단계가 있는 것을 발견했다. 변경 승인에만 수 년이 걸릴 수 있는 구조였다. 다시 말하지만, 이는 우리가 수십 년 동안 개척자들의 요구를 따라가면서 구조를 '추가해온' 결과였다. 물론 그동안 전략적인 검토와 구조 조정이 없었던 것은 아니다. 그러나 우리의 조직 문화는 많은 훌륭한 사역을 수행하면서도, 때때로 우리를 여러 방향으로 분산시키는 결과를 낳았다. 결과적으로, 우리는 조직을 통해 일하기보다는 조직을 위해 일하는 상황에 자주 처했다. 인터뷰 결과, 대다수의 OM 리더들은 OM이 어떻게 작동하는지, 어떻게 조직을 통해 변화를 끌어낼 수 있는지 이해하지 못하고 있음이 드러났다. 확실히 변화가 필요했다.

하나의 글로벌 사명 선언문을 만들자는 제안이 나왔다. 그 내용은 "우리는 가장 복음이 전달되지 못한 이들 가운데서 예수님을 따르는 활기찬 공동체를 보고 싶다"였다. 이어진 두 번째 제안은 이 사명을 수행할 수 있도록 OM을 완전히 재구성하는 것이었다.

이 과정은 투명하게 진행되었으며, 한 사람이 토론을 주도하지 못하도록 다양한 커뮤니케이션 도구를 활용하여 모든 사람에게 질문을 던지고 의견을 구했다. 이러한 투명성은 조직 내 변화를 주도하는 데 주인의식을 부여했다. 나는 OM 리더들의 97퍼센트가 이 제안을 지지한 것에 놀랐다. 투명성과 포용성은 조직을 한마음으로 나아가게 하는 열쇠였다.

아직 해결해야 할 과제가 남아 있지만, 우리의 여정에는 OM 리더들의 성실한 준비, 발표와 더불어 기도, 묵상, 그리고 축하가 중요한 요소로 자리 잡았다. 2016년 리더십 모임은 비즈니스 회의라기보다 예배 모임과 같아 꽤 놀랐다. 그렇다면 우리의 비즈니스도 곧 예배가 될 수 있지 않겠는가? 새로운 사명 선언문과 우리의 사역이 어떻게 조화될지에 대한 우려도 있었지만, 복음을 들어보지 못한 이들에게 복음을 전할 기회를 얻게 될 수만 있다면, 우리는 근본적으로 변화해야 한다는 데 동의했다.

3년이 지난 지금, OM은 다양한 초점을 가진 폭넓은 선교에서 "우리는 가장 복음이 전달되지 못한 이들 가운데서 예수님을 따르는 활기찬 공동체를 보고 싶다"는 단일한 초점으로 전환했다. 이를 달성하기 위해 다양한 사역들이 이 목표에 어떻게 기여할 수 있을지 각 팀이 명확히 밝히도록 했다. 구제 사역과 창의적 사역을 배제하지 않았고, 오히려 그 사역에 새롭게 초점을 맞추고 조정하여 전체 방향과 일치시켰다. 개인적으로 나는 다시 처음 선교에 뛰어들 때의 열정을 느꼈다. 우리는 우리를 목적지로 이끌어줄 순풍을 찾아가고 있다.

순풍이 우리를 앞으로 나아가게 하는 기회라면, 역풍은 발전을 가로막는 위협이다. 선교에 있어 우리는 강한 역풍에 맞서기보다 전 세계적인 동향을 순풍으로 삼아 최대한 활용하며, 인내를 미덕으로 삼아야 한다. 우리 선교의 가장 큰 위협은 바로 관계의 문제다. 관계는 하나님의 마음을 담고 있다. 우리는 진리를 붙들고, 우리가 전하는 메시지를 삶 속에서 실천하라는 부르심을 받았다. 그러나 서로 의견이 다를 때 너무나 쉽게 "서로 물고 먹는다"(갈 5:15). 모든 미접촉 무슬림 종족 가운데 교회개척 팀을 세우는 과제는 우리가 함께 협력할 때만 실현될 수 있다. 그리고 파트너십의 기회는 그 어느 때보다 커지고 있다. 사명 선언문은 우리가 이루고자 하는 비전을 제시하지만, 그것을 반드시 우리가 직접 해야 한다는 의미는 아니다. 파트너십을 통해 다른 이들이 그 사명을 성취하도록 돕고, 그에 따른 열매를 보게 된다면 그것으로 충분하다.

우리가 주목해야 할 가장 강력한 순풍 중 하나는 인근 교회들의 성장이다. 이 교회들은 지리적, 문화적으로 미접촉 혹은 미전도 종족과 가장 가까운 곳에 있는 신자들로 구성되어 있다. 최근에 나는 UMUPG들 가운데서 교회개척 사역을 하고 있는 OM 팀을 방문했다. 그곳에서 리더는 자신이 파송한 탐사 팀으로부터 전화를 받았는데, 그들은 UMUPG 중 한 지역에서 우리 팀이 제공한 교회개척 훈련을 받기 원하는 두 명의 현지 기독교인을 발견했다고 전했다. 지금까지 그들은 무슬림 미접촉 종족 집단에 12개의 교회를 개척했다. 인근 교회는 더 멀리, 더 빠르게 복음을 전할 것이다. 우리는 그저 도움의 손길을 내밀기만 하면 된다.

예수님은 우리가 직면한 가장 큰 역풍의 위협에 대해 경고하셨다. "추수할 것은 많되 일꾼이 적으니." 그러나 간단한 해결책도 주셨다. "그러므로 추수하는 주인에게 청하여 추수할 일꾼들을 보내주소서 하라"(마 9:37-38).

비전 5:9의 관점으로 모든 무슬림 종족의 효과적 참여라는 추수밭에서의 우리 역할을 살펴볼 때, 우리는 예수님의 간단한 해결책, 즉 더 많은 일꾼을 위해 기도하는 일부터 시작해야 한다. 또한 그 기도에 대한 응답으로 글로벌 사우스 교회의 동원을 순풍, 즉 기회로 삼아야 한다. 지금 우리가 직면한 문제는 수천 명의 일꾼을 추수밭으로 파송할 새로운 방식을 찾는 것이다. 현재 후원금에 의존하는 구조만으로는 이 일을 온전히 달성하기 어렵다. 그러나 오늘날 세계적 동향인 이주와 외국인 노동력은 우리가 세속적인 것과 성스러운 것을 모두 선교의 도구로 받아들일 수 있다면, 일꾼을 파송하는 데 순풍이 될 수 있다.

21세기의 맥락에서 OM은 본래의 부르심으로 돌아가고 있다. 기존의 구조로는 이를 실현할 수 없었기 때문에 우리는 처음부터 새로운 구조를 재구축했다. "우리는 가장 복음이 전달되지 못한 이들 가운데서 예수님을 따르는 활기찬 공동체를 보고 싶다"는 목표를 이루기 위해, 오늘날 세계적 동향 중 어떤 것이 우리의 순풍이 될 수 있는지 이해하는 것이 매우 중요하다.

집중과 열매를 통한 배움과 성장: AIM의 조직 변화

존 베커

AIM 국제 책임자였던 래니 아렌슨은 2002년 싱가포르에서 열린 선교대회 "모든 미전도 종족을 위한 사명 완수 전략 추진"[1]에 참석한 후, 신중하지만 열정적인 태도로 돌아왔다. 그는 무슬림 종족 트랙에 참여했는데,[2] 당시 나는 영국에서 진행된 비전 5:9 주도의 후속 대화에 초청

---

1   http://www.missionfrontiers.org/issue/article/singapore-021.
2   http://www.ijfm.org/PDFs_IJFM/20_1_PDFs/05%2013s02reportfixed.pdf.

을 받았다. 그때 아렌슨이 나에게 "존, 이 모임이 어떤 것인지 한번 확인해봅시다!"라고 말했던 것을 기억한다. 그 모임의 목적은 무슬림 세계에서 복음이 전해지고 있는 현황을 점검하고, 어떤 교회개척 전략이 실질적으로 성과를 거두고 있는지 발견하는 것이었다.[3]

그 후 10개 조직의 리더들이 모인 자리에서 각 팀이 사역하고 있는 위치를 공유하라는 요청을 받았을 때, 다들 처음에는 주저했다. 그러나 신뢰와 상호 의존의 공동체가 형성되기 시작했고, 이 네트워크는 동료들 간에 긍정적인 압력을 주는 역할을 했다. 이러한 압력은 AIM과 같은 조직들이 남은 사역을 보다 잘 감당하기 위해 용기를 내어 때로는 비용이 많이 드는 변화를 만들어나가는 데 큰 도움이 되었다.

우리는 AIM에 아직도 많은 사역이 남아 있음을 깨닫고 놀랐다. AIM은 1895년에 피터 카메론 스콧에 의해 설립되었다. 스콧은 몸바사에서 차드 호수까지 선교 기지를 세우겠다는 비전을 가지고 있었다. 그는 첫 해에 흑수열로 사망했지만, 4천 킬로미터를 넘게 걸어서 네 곳에 사역자들을 배치했다.[4] 아프리카의 미전도 지역을 향한 이 비전은 여전히 AIM의 사명으로 남아 있다.[5] 그러나 120년이 지난 현재에도 그 비전은 여전히 도전적인 과제로 여겨진다. 아프리카의 독특한 3,700개 종족 집단 가운데 여전히 1천 개 이상의 집단, 즉 3억 명 이상의 사람들이 여전히 복음의 증인이 없는 상태에 있다.

---

3 http://www.missionfrontiers.org/issue/article/what-must-be-done
4 Dick Anderson, *We Felt Like Grasshoppers* (Crossway Books, 1994), 17-22; https://dacb.org/stories/kenya/scott-petercameron/.
5 http://www2.wheaton.edu/bgc/archives/GUIDES/081.htm.

비록 우리는 미전도 종족들 가운데 교회를 개척한다는 우선순위를 잃지 않았지만, 여전히 남은 과제를 수행하지 못한 가운데 여러 훌륭하고 성과 있는 사역들이 넘쳐나고 있었다. 이러한 상황에서 우리는 협력의 필요성과 변화의 기회가 왔음을 깨달았다. 특히 다른 조직들이 무슬림 세계를 품고 그곳에서 열매를 맺는 사례는 우리에게 큰 자극이 되었다. 그들이 어떻게 미전도 종족을 우선순위에 두고, 팀을 동원하고 훈련하며 배치하는지를 배우는 과정은 우리의 신앙을 확장시키는 경험이었다. AIM은 비전 5:9 네트워크에 참여한 덕분에 조직 변화의 길로 나아갈 수 있었다.

"열매 맺는 실천 전담기구"는 무슬림 세계에서 교회가 세워지는 방식에 막대한 영향을 미쳤다. 비전 5:9에 소속된 여러 회원 조직들은 각자의 사례 연구를 수집하고, 그들의 팀들이 어떻게 교회개척에서 성공하고 있는지 평가해달라는 요청을 받았다. 이러한 기회를 통해 AIM은 최초의 교회개척자 컨설테이션을 열었다. 리더들과 교회개척자들이 한자리에 모인 결과, 우리는 교회개척에 더 큰 노력을 기울이고, 보다 일관성 있는 훈련이 필요하다는 사실을 깨달았다.

우리는 심도 있는 조직 구조조정도 시작했다. 선출직이 아닌 임명직 리더가 이끄는 지역을 설정하여, 미전도 종족이 많이 분포된 아프리카 북부와 북동부(아프리카의 뿔 지역)에서 자원을 더욱 효과적으로 활용하고, 새로운 지역으로 사역을 확장할 수 있도록 했다.

가장 큰 성과는 비전의 명확성을 확보한 것이었다. 우리는 명확한 비전 선언문과 우선순위를 수립했다. "우리는 미전도 종족과 모든 아프리카인들 가운데 그리스도 중심의 교회를 세우는 것을 우선순위에 둔다."[6] 또한 우리는 진척을 보다 실질적으로 측정하기 위해 '교회'를 간단히 정의할 필요가 있음을 깨달았다. 이전의 측정 기준은 지나치게 이상적이어서 현실적으로 적용하기 어려웠기 때문이다. 사실 우리 중 누구도 완전히 이상적인 교회에 속해 있다고 말할 수 없음을 인식했다! 그래서 우리는 구조보다는 제자훈련에 더 중점을 두어 교회를 새롭게 정의해보았다. "교회는 공동 예배와 선교를 통해 그리스도 안에서의 정체성을 알고 이를 표현하는 제자들의 집합체다."[7]

또한 우리는 비전 5:9에서 사용하는 "접촉"[8]의 정의를 채택함으로써, 미접촉 종족을 식별하고 그들 사이에서 이루어지는 사역을 보다 효과적으로 추적할 수 있게 되었다.

우리의 비전을 명확히 하고 새로운 우선순위를 정하는 과정에서 필연적으로 고통스러운 결단이 따랐다. AIM은 약 35개국에서 1천여 명의 회원들이 사역하고 있었으며, 여러 기존 사역들이 진행 중이었다.[9] AIM의 국제 책임자 루크 헤린은 용기 있게 우리가 소중히 여기는 가치들, 즉 섬김, 희생, 고난, 구도, 그리고 순종을 중심으로 한 사역의 틀을 제시했다. 이 틀은 아프리카 미전도 종족들 가운데 제자화와 교회의 선교적 제자훈련을 촉진하고, 아프리카 교회 지도자들을 양성하며, 이러

---

6 AIM international council minutes, Bristol, England, November, 2007.
7 2008년 AIM 정의
8 비전 5:9 글로벌 동향의 정의: 거주지에서 교회개척의 노력, 현지 언어와 문화 내에서 사역에 헌신, 장기적 사역에 헌신, 제자의 배가 혹은 교회개척 운동의 출현을 위한 일관된 방식의 씨 뿌리기와 훈련에 헌신.
9 사무직, 동원 분야, 그리고 단기 사역자를 포함한다.

한 사역에 동참하는 사람들을 섬기고 지원하는 데 초점을 맞추었다.[10] AIM의 모든 구성원과 새로운 이니셔티브는 이 틀에 맞추어야 했다.

이것은 많은 사람에게 뼈아픈 결정이었다. 기존의 사역이 평가절하되면서 상실감을 느낀 이들도 있었다. 새 틀을 채택하고 사역을 전환하는 데는 긴 논의와 많은 과정이 필요했다. 아직 여정이 진행 중이지만, 이 변화는 매우 활기차고 훌륭한 결과를 가져왔다. 다음 그래프에서 보듯이, 미전도 종족 집단을 섬기는 AIM 회원 수는 2007년 처음 데이터를 수집했을 때의 24퍼센트에서 현재 거의 50퍼센트로 증가했다. 이는 우리의 선교 방향과 문화에 진정한 변화가 일어났음을 보여준다.[11]

미전도 종족 집단을 사역하는 회원과 다른 사역을 하는 회원

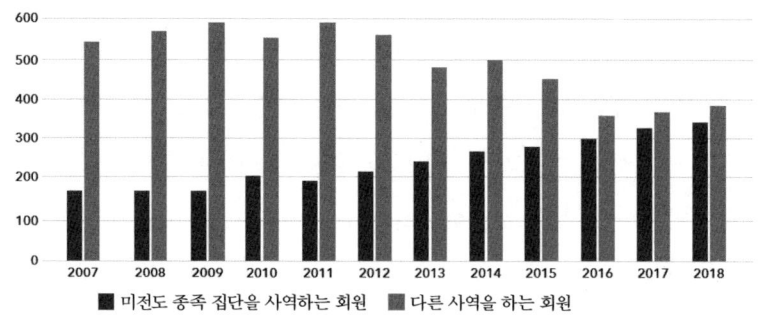

---

10 2018년 AIM 회원 핸드북.
11 그래프를 참조하라(퍼센트 계산 방식: '미전도 종족 집단을 사역하는 회원' 수를 '미전도 종족 집단을 사역하는 회원' 수와 '다른 사역을 하는 회원' 수를 합한 수로 나눈 값) × 100).

우리는 우리의 존재 이유에 대한 책임을 고취시키며 서로를 격려해 왔다. 특히 기도의 자세에서 더욱 그렇다. 우리는 함께 기도하고 금식하며, 다른 사람들에게도 아프리카를 위해 기도하도록 적극적으로 권하고 있다.[12] 주님 안에 풍성히 거하는 삶이 함께 논의되고 실천되며, 리더들에 의해 모델로 제시되고 있다.

우선순위의 진전을 추적하기 위해서는 단기 목표와 구체적인 측정 방식을 도입했다.[13] 다행히 데이터는 거의 모든 항목에서 매년 지속적인 상승세를 보이고 있다. 현재 우리는 80개의 미전도 종족과 관계를 맺고 있으며, 세례 교인 수와 새로운 교회 수가 증가하고 있다. AIM 회원들은 점점 더 꾸준히, 그리고 의도적으로 매일 자신의 신앙을 나누고 있다.[14]

이와 관련해 AIM 국제 책임자 헤린은 최근 모니터링 보고서에서 이렇게 말했다.

> 자료의 수집과 분석은 선한 청지기의 역할입니다… 선한 청지기는 우리의 영향력을 측정해야 합니다. 주님께서 우리를 어떻게 사용하시는지, 그리고 우리가 어떤 의미 있는 성과를 이루고 있는지 파악하는 것이 중요합니다. 데이터는 우리가 사역을 어떻게 수행해야 할지 방향을 제시합니다. 우리는 하나님 나라에 더 많은 열매를 맺기 위해 신중하게 기도하

---

12 www.prayafrica.org.
13 http://eu.aimint.org/about/vision2020/.
14 2018년 데이터에 따르면, AIM 회원의 44퍼센트가 매일 신앙을 공유한다.

고, 숙고하고, 계획하며, 진행 상황을 측정해야 합니다.[15]

우리는 파트너십의 중요성을 새롭게 인식하고 있다. 그 핵심은 바로 추수할 일꾼들이 이미 추수 현장에 있다는 점이다. AIM은 항상 아프리카 사역 기관들과 열매 맺는 협력 관계를 유지해왔지만, 이제 아프리카인 회원 수를 대폭 늘리기 위한 중요한 여정을 시작하고 있다. 아프리카에는 1억 8천만 명의 복음주의자들이 있으며, 이들은 다양한 토착 조직에 속해 있고, 세계적으로 영향력을 미치는 수많은 지도자들이 있다. 우리는 이들과 더욱 적극적으로 소통하고 배우며, 더 많은 열매를 맺는 파트너십을 구축해가고 있다. AIM은 2017년 "거하라, 열매 맺으라" 컨설테이션에 수십 명의 MBB 아프리카 사역자들이 참석할 수 있도록 지원한 것을 기쁘게 생각한다.

우리에게 지금 가장 중요한 과제는 아프리카 선교 운동을 지원하는 것이며, 이를 통해 우리의 비전과 사명을 실질적으로 달성하고자 한다. 이러한 섬김의 자세는 재정 구조, 팀의 접근 방식, 그리고 필요한 기술 등 여러 측면에서 새로운 성찰을 요구한다. 이러한 변화의 과정은 때로는 불안할 수 있지만, 덕분에 사하라 사막 이남의 교회개척자들을 북아프리카로 동원하고 훈련시키는 "고 노스 이니셔티브(Go North Initiative)"[16]와 같은 전략적 기회가 열리고 있다.

실로 선교 협력의 흥미진진한 시대다! 우리가 이 변화에 적응하지

---

15 2018년 5월, AIM 모니터링 보고서.
16 S2NP(South to North Partnership)이라고도 한다.

못할 때 발생하는 위험을 인식하면서 AIM은 계속해서 하나님께 의지하고, 그분 안에 거하며, 새로운 기회를 적극적으로 받아들이고 있다. 우리는 아프리카의 모든 민족 가운데서 많은 열매를 맺고, 어디에서나 그리스도께 영광을 올려드릴 것이다.

토론과 적용

1. 현재 수행하고 있는 사역은 무엇이며, 그 사역의 성격은 어떠한가? 조직이 시작된 이후에 어떤 변화가 있었는가? 이러한 변화에 조직은 어떻게 대응하고 있으며, 여전히 현재의 업무를 효과적으로 수행하고 있는가? 조직은 어떤 부분이 변화해야 하는가?
2. 사역과 조직의 효율성을 평가하는 것은 과감한 작업이다. 이에 도움이 필요하다면 다음 연락처로 문의하라.
 짐 해니 jimrayhaney@gmail.com
3. 당신의 조직이나 팀은 무슬림 세계에서 하나님께서 일하시는 사역과 맥을 같이하고 있는가? 그렇지 않다면, 하나님과의 일치를 가로막는 장애물을 해결하기 위해 무엇을 할 수 있는가?

참고문헌

Africa Inland Mission, International—Collection 8, Wheaton, Billy Graham Center Archives, viewed on 1 May 2019, https://www2.wheaton.edu/bgc/archives/GUIDES/081.htm.
———. Definitions, AIM, Bristol, England, 2008.
———. Member Handbook, AIM, Bristol, England, 2018.

———. Minutes, AIM, Bristol, England, 2007.
———. Monitoring Report, AIM, Bristol, England, 2018.
———. Pray Africa, AIM, Bristol, England, https://prayafrica.org. 2019.
———. Vision 2020, AIM, Bristol, England, https://eu.aimint.org/about/vision2020, 2019.
Anderson, D. *We Felt Like Grasshoppers*. London: Crossway Books, 1994.
Becker, J. "What Must Be Done?" *Mission Frontiers*, http://www.missionfrontiers.org/issue/article/what-must-be-done, 2017.
Parsons, G. "A Report on Singapore 2002," *Mission Frontiers*, 20:1, http://www.ijfm.org/PDFs_IJFM/20_1_PDFs/05%2013s02reportfixed.pdf. 2003.
Smith, S. "Vision for a Refugee Kingdom Movement," *Mission Frontiers*, 31, http://www.missionfrontiers.org/issue/article/singapore-021,2016.
Vision 5:9, Global Trends Task Force 2006, Definitions. Adopted from Liverman, J.
"What Does it Mean to Effectively 'Engage' a People?," *Mission Frontiers*, http://www.missionfrontiers.org/issue/article/what-does-it-mean-to-effectively-engage-a-people.

9 무슬림 종족을 위한 하나님 나라 운동의 평가

짐 해니는 2005년부터 2018년까지 버지니아 주 리치몬드에 위치한 IMB 글로벌 연구 책임자이자 비전 5:9의 글로벌 동향 전담기구의 코디네이터로 활동했다. 이전에는 서아프리카 무슬림 종족 가운데서 18년간 교회개척 사역을 했다. 선교와 선교학에 관한 다양한 글을 쓰고 강연도 하고 있다.

핵심 포인트
- '운동(movements)'은 하나님께서 그분의 나라를 위해 하시는 일이다. 하나님의 운동에서 우리는 장소, 종족, 혹은 사람을 불문하고 그분의 나라가 펼쳐지는 것을 목격할 수 있다.
- 우리는 온 세상에 하나님 나라의 복음을 선포하며, 그 안에서 우리의 역할을 담당한다.

마태복음 24장 14절에서 예수님은 말씀하셨다. "이 천국 복음이 모든 민족에게 증언되기 위하여 온 세상에 전파되리니 그제야 끝이 오리라." 이 구절은 하나님 나라의 복음을 전 세계에 전파해야 한다는 우리의 사명과, 더 이상 복음을 선포할 수 없는 날이 올 것이라는 예수님의 약속을 확립한다.

우리의 역할과 하나님의 역할 사이에는 분명한 구분이 있다. 우리의 역할은 신실하게 증인으로서 하나님 나라의 복음을 온 세상에 선포하는 것이다. 하나님의 역할은 이 세상 끝 날까지 우리와 함께하시며 그분의 나라를 영원히 세우시는 것이다. 하나님 나라 운동을 위해 일하려면, 그분의 나라를 깊이 이해하고 그 원칙을 실천하는 데 시간을 할애해야 한다. 하나님 나라는 단순히 세례와 교회의 세대를 넘어서는 의미를 지닌다.

예수님은 제자들이 하나님 나라에 초점을 맞추도록 도와주셨다. 하나님 나라에 대한 분명한 이해 없이 어떻게 그들이 '하나님 나라의 복음'을 선포할 수 있었겠는가? 그들은 메시아가 오셔서 자신들의 왕국, 즉 이스라엘 왕국을 회복하실 것이라고 기대했다. 예수님께서 승천하실 때도 그들은 그런 왕국을 허락해주시길 간청했다.[1]

그러나 예수님은 하나님 나라는 다르다고 가르치셨다. 예수님을 따르는 이들은 온갖 종류의 토양에 열심히 씨를 뿌리고, 가라지 가운데서 인내하며, 겨자씨처럼 성숙해지고, 누룩처럼 퍼져 나가며, 값비싼 보

---

1 사도행전 1장 6절은 예수님께서 승천하시기 전에 제자들이 예수님께 물었던 질문이 이스라엘 왕국에 관한 것임을 보여준다.

물과 진주를 얻기 위해 모든 것을 포기하고, 의를 얻어 그리스도의 그물에 걸려야 한다.[2] 하나님 나라를 이해하는 데는 시간이 걸리며, 하나님 나라 운동은 우리의 시간이 아닌, 하나님의 시간에 따라 이루어진다. 하나님 나라를 이해하지 못한다는 것은 하나님 나라의 복음을 이해하지 못하는 것이다. 우리는 하나님 나라 운동이 아닌 다른 어떤 운동도 원치 않는다.

그렇다면 제자 운동이든, 교회개척 운동이든 하나님 나라 운동을 평가하는 방법에 대해 함께 생각해보자. 우리는 예수 그리스도의 변화된 제자가 된다는 것이 무엇을 의미하는지, 그리고 그리스도를 따르는 이들의 교회가 되는 것이 본질적으로 무엇인지 고민해야 한다. 성경의 가르침을 통해 그분의 나라에 대한 하나님의 음성을 들을 때, 우리 팀이 관여하고 있는 종족 집단이 과연 하나님 나라 운동을 경험하고 있는지 평가할 수 있다.

접촉

2000년 이전에는 선교사 활동을 "그들 사이에서 일하다(work among)"로 표현하는 것이 선호되었다. 어떤 종족 집단에 선교사가 사역하고 있는지, 혹은 사역하고 있지 않은지를 나타내는 목록이 계속 표시되었다. "그들 사이에서 일하다"는 선교사가 어떤 종족 집단에서 어떤 일을 하든 그것이 선교사역임을 의미했다. 수년 간 선교사들에 의해 좋은 일

---

2 마태복음 13장 하나님 나라 비유.

들이 많이 이루어졌지만, 제자삼기에 팀을 집중시키기 위해 좀 더 구체적인 용어가 필요했다. 그 결과, 전 세계 사람들 사이에서 교회개척 전략을 실행하는 데³ 집중하기 위해 1999년, IMB에서 접촉(engagement)이라는 용어를 채택했다. 교회개척 전략을 실행하는 팀 없이 이 사역을 스스로 수행할 신자가 충분하지 않은 종족 집단은 미접촉, 미전도 종족 집단, 즉 UUPG(Unengaged, Unreached People Groups)로 분류되었다.

2006년에 제프 리버맨은 무슬림 집단을 효과적으로 접촉하기 위한 네 가지 필수 요소를 제안했다.⁴

1. 거주지에서 사도적(개척) 노력
2. 현지 언어와 문화 내에서 사역에 헌신
3. 장기적 사역에 헌신
4. 교회개척 운동(CPM)의 출현을 위한 일관된 방식의 씨 뿌리기

비전 5:9는 팀의 사역 방향을 정립하는 훌륭한 출발점으로 이 정의를 채택했다. 이 기준은 팀이 접촉하고자 하는 종족과 함께 생활하고, 그들의 언어와 문화에 민감하게 반응하며, 그들 가운데 거주 공간을 마련함으로써 이러한 운동의 형성에 방해가 될 수 있는 장애물을 피할 것을 제안한다.

---

3   "What is an Unengaged People Group," IMB Global Research, http://peoplegroups.org/294.aspx#307을 보라.
4   Jeff Liverman, "What Does It Mean to Effectively 'Engage' a People?" *Mission Frontiers* (November-December 2006), 10-12.

또한 이 기준은 그리스도께서 세상에 처음 접촉하신 방식을 반영한다. 그분은 사람들과 함께 살기 위해 하나님의 보내심을 받았다. 그분은 우리의 언어를 사용하시며, 당시의 문화에 세심한 주의를 기울이셨다. 그분은 자신의 사역이 운동으로 확산되는 것을 목표로 하셨다. 또한 사랑하는 이들 사이에서 장기적으로 사역하셨다. 무엇보다 성령님의 임재를 통해 지금까지도 제자들을 신실하게 섬기고 계신다. 예수님은 우리 가운데서 살기 위해 오셨고, 각 종족을 향한 깊은 책임감과 사랑으로 다가가는 본을 보여주셨다.

평가

집요한 과부의 비유를 통해, 예수님은 하나님께서 그분의 택한 자들을 위해 밤낮으로 부르짖는 이들에게 공의를 실현하실 것이라고 확언하신다. 하나님은 도움을 지체하지 않으실 것이며, 오히려 그들에게 정의를 신속하게 가져다주실 것이라고 말씀하신다. 그러나 그 뒤에는 귓가에 맴도는 질문이 이어진다. "그러나 인자가 올 때 세상에서 믿음을 보겠느냐"(눅 18:7-8)

우리는 잃어버린 세상에 하나님 나라의 복음을 전해야 할 의무가 있다. 그래서 그리스도 없이 불의한 삶을 살아가는 이들에게 사랑으로 가득한 하나님 나라의 복음을 전하고, 십자가의 메시지로 모든 종족에게 다가갈 팀을 만들어야 한다. 우리는 깨어 있으라, 사역하라, 준비하라, 선포하라는 말씀을 받았다. 이는 하늘에서 이루어진 것처럼 땅에서도 하나님 나라가 이루어지기를 구하는 것이다. 인자가 이 땅에 오실 때, 우리는 그분이 전 세계 모든 종족 집단 가운데서 믿음을 보시기를 원한다.

우리는 그분의 사랑 메시지가 모든 언어와 종족, 부족, 나라에 전달되고 있는지 확인하기 위해서 평가를 수행한다. 평가 팀은 전 세계 모든 종족 가운데서 하나님 나라의 증거를 찾는다. 이는 우리가 종족 집단의 목록을 가지고 다니며 이들에 대한 보고서가 유효한지 지속적으로 확인하는 이유다. 또한 그리스도 없이 멸망하는 사람들을 권고하는 이유이기도 하다.

접촉 평가

접촉 평가는 팀들이 종족 집단으로의 진입을 평가하고, 실질적으로 종족 집단에 접촉하는 데 필수적인 요소를 확인하기 위해 수행된다.

1. 하나 이상의 종족 집단 또는 주민 일부에 대한 한 팀의 역사, 성격, 접촉 수준을 정확히 설명한다.
2. 하나 이상의 종족 집단 혹은 주민 일부에 대한 하나 이상의 팀이 접촉한 결과를 정확히 설명한다.
3. 실질적 및 비실질적 전략과 관행을 구분하고, 향후 종족 집단과의 접촉을 위해 제공될 기회와 장애물을 명확히 분석한다.
4. 하나 이상의 종족 집단 혹은 주민 일부와 실질적 접촉을 이룬 하나 이상의 팀이 어느 정도 이바지하는지 판단한다.

접촉 평가는 문화적으로 적합한 방식으로 팀에 의해 수행된다. 팀은 인터뷰 대상자의 이야기를 경청하며, 그들의 삶 속에서 그리스도께서 어떻게 일하시는지 깊이 이해하고자 노력한다. 이러한 평가는 정중하고 안전한 환경에서 대상자들이 편안하게 자신의 경험을 나눌 수 있는 방식으로 수행되어야 한다.

마지막으로, 평가 팀은 접촉된 것으로 보고된 각각의 종족 집단에 대해 다음 두 가지 질문에 답해야 한다.

---

1. 평가 팀은 하나 이상의 팀이 접촉한 증거를 발견했는가?
   ☐ 예   ☐ 아니오
2. 접촉은 얼마나 실질적인가?
   ☐ 매우 실질적   ☐ 실질적   ☐ 다소 실질적
   ☐ 비실질적   ☐ 매우 비실질적

이 질문에 답하기 위해 접촉 평가를 시행하려면, 우선 평가의 책임을 맡을 팀 대표를 선정하는 것이 중요하다. 팀 대표는 교회개척 경험이 풍부하고, 경청하는 자세를 갖추었으며, 접촉한 종족 집단의 상황을 깊이 이해하는 성숙한 신자들로 구성되어야 한다.

팀이 평가를 수행하기로 결정한 후에는 평가를 진행할 최적의 방법을 결정해야 한다. 이 방법론은 신자들과 리더들에게 이야기를 듣고 관련 데이터를 수집하는 가장 효과적인 방식을 고려해야 한다.

나는 신자들의 간증이 매우 의미 있다고 생각한다. 간증이 빠진 수치는 가치가 없다. 요한복음 2장에서 예수님께서 물을 포도주로 변화시킨 사건을 기억하는가? 예수님은 종들에게 6개의 큰 항아리에 물을 가득 채우라고 말씀하셨다. 이 물의 양은 약 600리터로 추정된다. 예수님은 그 물을 최고 품질의 포도주로 변화시키셨다. '6개의 큰 항아리'와 '최고 품질'의 조합이 가져온 즉각적인 결과는 매우 놀라웠다. 이처럼 수치와 이야기 사이의 관계는, 하나님의 활동이 한 종족 집단에서 어떻게 나타나는지 이해하는 데 중요한 맥락을 제공한다. 그러므로 평가의 가장 중요한 부분 중 하나는, 신자들과 교회 공동체 안에서 일어난 하나님의 놀라운 능력에 대한 증언을 듣는 것이다.

평가 팀은 접촉 팀뿐만 아니라 접촉 받은 종족 집단의 대표들, 이를테면 교회개척자, 목회자, 교회 성도, 장로, 남성, 여성 등도 인터뷰해야 한다. 모든 인터뷰를 마치면 평가 팀은 모여서 그들이 발견한 내용을 토론하며, 각자가 들은 정보를 바탕으로 합의에 이른다. 궁극적으로 평가 팀은 실질적인 전략과 비실질적인 전략이 포함된 발견 사항을 명확하게 문서화한다. 이렇게 정리된 자료는 접촉 팀과의 의사소통에 사용된다.

평가 팀은 방법론의 결정뿐만 아니라 작업 중 활용되는 다양한 정보의 신뢰성을 신중하게 고려해야 한다. 팀은 종종 상충되는 정보를 여러 출처에서 얻을 수 있다. 이러한 경우, 명백한 불일치가 해결될 때까지 계속 심도 있게 조사를 해야 한다. 최종 보고서에는 팀이 사용한 출처에 관한 간단한 설명과 신뢰성 평가가 포함되어야 한다. 접촉 팀이 사용하는 두 가지 주요 정보 출처는 접촉 팀의 구성원과 접촉을 받은 종족 집단의 신자들이다.

평가 팀은 평가를 수행할 때 대상자에게 피해를 주지 않도록 주의해야 하며, 평가가 이루어지는 과정에서 평가 팀의 존재나 조직의 정체성과 활동이 개인이나 사역의 안전을 위협하지 않도록 해야 한다. 예를 들어, 인터뷰 대상자가 자유롭게 이야기할 수 있도록 안전한 환경을 제공해야 한다.

한 예로, 남아시아에서 수행된 평가에서는 신자들이 자유롭게 이야기할 수 있는 가장 안전한 방법으로 그들을 대도시로 초대하는 방식이 사용되었다. 팀은 큰 방을 빌려 그곳에서 인터뷰를 진행하며 간단한 간식도 제공했다. 동아시아에서는 팀이 한 장소에서 한 시간 이상 머물지 않는 조건으로 지역교회에서 인터뷰를 진행하기로 했다. 또한 동아프리카에서는 비슷한 문화적 배경을 가진 교회개척자들에게 인터뷰 훈련을 시켜 그들이 직접 인터뷰를 진행하고, 그 결과를 보고하게 하는 방식을 사용했다.

평가 팀은 사람들이 그들의 삶에서 예수님께서 어떻게 일하고 계시는지 나눌 때 위협이나 두려움을 느끼지 않도록 가능한 모든 조치를 취해야 한다. 목표는 인터뷰 대상자가 하나님께서 자신의 삶에서 하신 일을 증언할 수 있는 안전한 환경을 제공하는 것이다. 평가 팀은 리더, 목회자, 교인, 남성, 여성 등을 분리하여 각 그룹을 개별적으로 인터뷰하며, 모든 인터뷰를 마친 후에는 그 결과를 비교 분석한다.

평가 팀은 질문 목록이 너무 길어지지 않도록 주의해야 한다. 인터뷰는 하나님과 관련된 자신의 이야기를 나누기 위해 멀리서 온 사람들부터 시작하는 것이 좋다. 예상할 수 있듯이 그들 중에는 새신자들도 있을 텐데, 이들은 예수님을 따르는 것에 대한 심오한 진리를 잘 설명하지 못할 수도 있다. 반면, 목회자나 교회개척자 같은 사람들은 더 성숙한 신앙을 가지고 주님에 대한 깊은 이해와 헌신을 보여주는 경우가 많다.

평가 팀은 대화를 이끌어갈 때 지나치게 날카롭거나 당혹스러운 질문을 피해야 한다. 사람들은 하나님께서 자신의 삶에서 행하신 일을 나누는 것에 대체로 긍정적이다. 그러나 대답하기 어려운 질문을 받으면, 평가 팀의 기대에 부응하기 위해 일관성 없는 수치를 들거나 억지스러운 답변을 할 수도 있다. 이러한 일은 특히 관계 중심적인 문화권에서 자주 일어난다.

하나님 나라 운동을 평가하는 과정은 신자들의 변화와 영적 전환을 확인하는 것이다. 하나님 나라의 복음이 선포되었음에도 삶의 변화가 보이지 않는다면, 하나님 나라가 가까이 왔을지언정 아직 온전히 임하지는 않은 것이다. 개척 팀은 종족 집단과 함께 살면서 그들의 언어와 문화에 맞는 방식으로 복음을 전하고, 하나님의 은혜가 그들의 마음과 의지, 애정, 감정, 목적, 관계 등을 변화시키는 열매가 맺힐 때까지 그곳에 머물러야 한다.

올바른 접촉 평가는 큰 기쁨을 가져다준다. 중요한 점은 우리가 하나님 나라의 복음에 영향을 받은 사람들의 이야기를 들을 때, 단순히 그들에게 얼마나 효과적으로 접촉했는지를 파악할 뿐만 아니라, 그들의 삶에서 하나님께서 어떻게 영광을 나타내셨는지 목도하게 된다는 것이다.

평가 팀은 하루를 마칠 때, 다음 두 가지 질문을 중심으로 논의를 해야 한다.

> 1. 평가 팀은 하나 이상의 팀이 접촉한 증거를 발견했는가?
>   □ 예   □ 아니오
> 2. 접촉은 얼마나 실질적인가?
>   □ 매우 실질적   □ 실질적   □ 다소 실질적
>   □ 비실질적   □ 매우 비실질적

평가 팀은 피드백을 뒷받침하는 메모를 전체 팀원과 공유할 수 있다. 하루 일정의 마무리로는 함께 나눈 내용에 대해 하나님께 감사드리고, 새롭게 발견된 필요들을 위해 중보기도하는 시간을 갖는 것이 바람직하다.

접촉 평가의 놀라운 측면은 하나님의 일하심을 발견하는 것이다. 이를 통해 우리는 하나님의 본성과 그분의 크신 사랑을 더욱 깊이 이해하게 된다. 평가 팀은 예수님께서 보내셨던 제자들이 돌아와 "귀신들도 우리에게 항복하더이다"(눅 10:17)라고 말했던 그 감격을 직접 느낄 수 있다.

하나님 나라의 복음을 전파하고 평가하는 과정에서 우리는 종족들과 접촉하며 장차 오실 신랑을 위해 신부를 준비시키는 특권을 누린다. 예수님은 정하신 때에 다시 오실 것이며, 우리의 사명은 그분의 신부인 교회를 준비시키는 것이다.

교회개척 운동 평가

우리는 하나님 나라의 복음을 전하는 신실한 팀을 통해 종족 집단에 어떻게 접촉할지 조정할 수 있지만, 썩지 않는 복음의 씨앗이 어디에 떨어져 열매를 맺을지는 예측할 수 없다. 때로는 풍성히 뿌려진 하나님 나라의 복음이 눈에 보이는 수확을 내지 않을 수도 있지만, 또 다른 경우에는 좋은 땅에 뿌려져 "어떤 것은 백 배, 어떤 것은 육십 배, 어떤 것은 삼십 배가" 되는 놀라운 열매를 맺기도 한다(마 13:23).

무슬림 세계에서 교회개척 운동(CPM, Church Planting Movements)은 여전히 드문 현상이다. 다시 강조하건대, 어떤 무슬림 종족 집단에서든 CPM의 열매는 예수 그리스도의 제자가 배가(multiplying)되는 이야기에서 분명히 볼 수 있는 변화다. CPM 평가는 접촉 평가의 측면과 마찬가지로 팀의 구성, 방법, 보안, 평가 목적 등 여러 요소를 고려해야 한다. 이러한 요소들이 신중하게 구비되었을 때, 평가 팀은 변화된 사람들의 이야기에 귀를 기울이게 될 것이다.

물론 변화에는 시간이 걸린다. 우리가 나누는 이야기들은 그리스도 안에 있는 모든 신자의 불완전함을 드러낸다. CPM 평가에 참여한 이들 중 일부는 성숙하고 아름다운 신앙의 이야기를 들려주지만, 또 다른 이들은 이제 막 그리스도와의 여정을 시작한 단계에 있다. CPM이 확산됨에 따라 하나님 나라의 복음은 영적 공격을 받게 된다. 사탄은 무슨 수를 동원해서라도 이 운동이 확산되지 않도록 방해할 것이다. 평가 팀은 신자들이 하나님 나라 운동 속에서 기회와 장애물을 식별하는 데 도움을 줄 수 있다. 이러한 발견들이 있을 때마다 우리는 추수하시는 주님을 전적으로 의지하며 찬양과 고백, 회개, 그리고 간구의 시간을 가져야 한다.

하나님 나라 운동을 평가하며 사람들이 자신들의 신앙 여정을 나눌 때, 그들의 이야기는 성경의 복음서, 사도행전, 또는 바울 서신의 내용과 상당히 유사할 수 있다. 왜 그렇지 않겠는가? 하나님은 오늘날에도 여전히 신자의 삶 속에서 일하고 계시기 때문이다. 동시에, 초대 교회가 겪었던 문제들이 현재의 평가 과정에서도 유사하게 드러날 수 있다. 우리가 초대 교회의 문제들을 통해 감사할 수 있는 이유는, 그 경험으로부터 배워 오늘날 우리의 삶과 사역에 적용할 수 있기 때문이다.

궁극적으로, 평가 팀은 제자들의 배가와 신약 교회의 본질적 요소들이 나타나는 것을 보며 하나님께 감사드린다. 동시에 이러한 요소들이 부족한 곳을 위해서는 하나님의 도우심을 간구한다. 성령님께서 이끄시는 운동은 성령님의 능력으로 확산된다. 그러나 진노, 분노, 비통함, 경쟁, 분열된 믿음, 시기, 그리고 육신의 것이 나타날 때, 즉 신자들이 주님께 온전히 순종하지 않을 때 운동은 쇠퇴한다.

우리는 하나님 나라의 복음이 모든 종족에게 증거되며 온 세상에 전파되기를 원한다. 그러나 안타깝게도 복음 대신 다른 것이 전해질 때, 해당 종족은 큰 피해를 입을 수 있다. 따라서 평가 팀은 사랑으로 이들의 목소리를 주의 깊게 경청하여, 애정과 인내를 통해 문제가 해결되도록 돕는 역할을 해야 한다.

토론과 적용

1. 하나님 나라 운동에서 신약성경의 본질적 요소는 무엇인가?
2. 당신이 알고 있는 MBB의 삶에서 나타나는 하나님 나라의 특징은 무엇인가? 그 안에서 변화된 제자의 증거를 볼 수 있는가? 건강한 교회의 증거가 보이는가?

* 접촉 평가 또는 하나님 나라 운동 평가에 대한 교육을 받거나, 평가 팀에서 봉사하거나, 평가가 필요한 곳을 추천하기를 원한다면 이메일로 연락하기 바란다. jimrayhaney@gmail.com

참고문헌

Garrison, David. *Church Planting Movements*. Monument, CO: WIGTake Resources, 2004; http://www.churchplantingmovements.com.

Haney, Jim. "Assessing Church Planting Movements." *Mission Frontiers*, March–April 2011, 14–16.

10 무슬림 세계에서 일하는 젊은 사역자의 희망, 꿈, 기도

마이클 카스파는 비전시너지(visionSynergy)의 글로벌 이니셔티브 책임자로, NGO 및 교회 지도자들과 긴밀하게 협력하고 있다. 이야기와 질문을 나누고 다른 이들의 선한 사역을 응원하는 그는 자신이 하는 모든 일에 하나님의 말씀을 결합하는 것을 중요하게 여긴다. 비전 5:9 네트워크와 로잔운동의 사역 협력 촉진자로 활동했으며, OM에서 10년 이상 지도자로 섬겼다.

핵심 포인트

- 다음 세대는 멘토 및 역할 모델과 함께 무슬림 세계에 대한 비전을 나눌 때, 다양한 수준에서 각자에게 필요한 기술을 배워야 한다.
- 젊은 리더들은 그리스도 안에 거하고, 성경을 나누며, 무슬림들 사이에서 돌파구를 위해 기도하는 성경적 방법을 사용하여 미전도 무슬림들 가운데서 제자삼기에 헌신해야 한다.

"다윗은 당시에 하나님의 뜻을 따라 섬기다가 잠들어"(행 13:36).

어린 시절을 돌이켜볼 때, 처음으로 무언가를 소망했던 순간은 언제였는가? 그것은 좋아하는 음식을 기다리는 순간이었는가, 아니면 소중한 사람을 만나길 바라는 순간이었는가? 무언가를 소망할 때, 우리 마음에는 미래의 현실에 대한 열망이 차오른다.

무슬림 종족 가운데서 그리스도를 따르는 젊은 세대들은, 때때로 매우 어렵고 위험한 지역에서 복음을 위해 자신의 삶을 바친다. 이들은 타문화 사역자, 근접문화 사역자, 그리고 MBB로 구성된다. 이 장에서는 그들의 소망과 그들이 직면한 문제를 돌파할 아이디어, 그리고 그들을 위한 기도에 대해 자세히 살펴보면서 40세 미만의 세대가 가진 마음을 느껴보고자 한다.

이 세대는 하나님의 사랑을 드러내고, 예수님 안에 거하는 삶을 살며, 하나님의 말씀을 즐거워한다. 또한 자신들이 미전도 무슬림과 미접촉 무슬림 사이에서 중요한 사역을 하고 있음을 확신한다. 이들은 무슬림에 대한 진정한 사랑과 기도와 금식이 인생에서 중요한 역할을 한다고 믿는다. 이들은 어려운 환경 속에서도 문제를 창의적이고 혁신적으로 해결하며, 협력의 가치를 소중히 여긴다. 무엇보다 자신들의 사역에 고난이 따를 것이라는 사실을 깊이 인식하고 있다.

이 세대가 이전 세대와 구별되는 점은, 이들이 기술을 자연스럽게 활용하는 타고난 능력과 협업을 통해 더 자연스럽게 업무를 수행하는 경향이 있고, 전 세계적인 연결을 지향하며, 일과 사역의 통합을 중요시한다는 것이다. 모든 세대가 그렇지만 무슬림 세계에서 그리스도를 따르는 이 세대 역시 이전 세대의 어깨 위에 서 있다. 과거의 선구자들이 쌓아놓은 노력을 바탕으로 혁신을 이루며, 여러 세대가 함께 협력하여 불가능해 보이는 일을 성취하고 그 기쁨을 함께 나눈다.

이 장에 담긴 내용이 기록되기 전부터 많은 소망과 꿈이 저널에 쓰였고 기도로 울려 퍼졌다. 이러한 소망은 실제 삶의 경험과 희생 속에서 시험을 받았으며, 오늘날 무슬림이 다수인 환경에서 살고 있는 이들의 의견에 따라 네 가지 범주로 나뉜다.

1. 하나님과 나의 관계와 동행에 대한 소망
2. 나의 지역에서 무슬림과의 관계에 대한 소망
3. 무슬림 세계 안의 글로벌 교회에 대한 소망
4. 무슬림 세계에서의 획기적인 아이디어에 대한 소망

이 의견은 비전 5:9 네트워크 내 다음 네 곳의 주요 출처에서 수집되고 해석된 것이다.

1. "거하라, 열매 맺으라" 컨설테이션의 젊은 세대(40세 이하)와 함께한 저녁 모임(많은 MBB를 포함해 70여 개국에서 온 121명이 참석했다)
2. 젊은 사역자 패널들의 토론(모든 대륙에서 온 20명이 참여했다)
3. 2018년 초에 두 차례 실시된 젊은 사역자 대상의 설문조사(약 100명이 응답했다)
4. 젊은 세대 사역자들과 리더들과의 다양한 대화

'우리'라는 관점은 무슬림 세계에 예수님의 나라가 임하기를 갈망하는 모든 그리스도 중심의 사람들을 대표하며, 그들은 제자를 삼거나 교회를 개척하려는 의도를 가진 이들이다.

최근 무슬림들 가운데서 25년 이상 사역해온 비전 5:9 네트워크의 한 원로 운영진은 이렇게 말했다. "이 [젊은 세대] 형제자매들은 우리의 동료입니다. 그들은 우리와 함께 자신의 삶을 바치고 있습니다." 그는 이어서, "이 젊은 세대의 사역자들은 수십 년간 일해온 사람들처럼 헌신적이고 열정적입니다. 우리는 한 몸, 즉 무슬림 세계에서 그리스도의 몸 된 지체입니다."

소망 1: 하나님과 나의 관계와 동행을 위해

우리는 우리 삶이 예수님 안에 거하며 열매를 맺는 것으로 표시되기를 원한다. 2017년 글로벌 컨설테이션의 주제는 요한복음 15장 5절의 "거하라, 열매 맺으라"였는데, 그 구절은 이렇게 말한다. "나는 포도나무요 너희는 가지라. 그가 내 안에, 내가 그 안에 거하면 사람이 열매를 많이 맺나니 나를 떠나서는 너희가 아무것도 할 수 없음이라." 어느 날 저녁, 121명의 젊은 세대 리더들이 큰 기대감을 안고 한 방에 모였다. 그들 중 일부는 이미 무슬림 가운데서 10년 이상 사역해왔고, 또 다른 이들은 겨우 몇 년의 경험을 가지고 있었다.

같은 연령대의 뜻을 함께하는 교회개척자들과 제자 삼는 이들이 모여 회의장은 활기를 띠었다. 그 속에는 앞으로 수년 동안 맞이할 기회와 도전에 대한 적절한 무게도 실려 있었다. 이 그룹이 어떻게 연합하여 서로에게 배우고, 향후 효과적인 사역을 위해 서로 도울 수 있을까?

우리는 이날로부터 수십 년 후에 다시 모여 하나님께서 우리 가운데서, 우리를 통해, 그리고 우리를 위해 무슬림 세계에서 이루신 일들을 기념하게 될까? 이 작은 모임에 참석한 이들의 대부분은 아마도 20대, 30대, 40대 연령대로, 학생자원운동(Student Volunteer Movement, 1886년)이나 로잔대회(Lausanne Congress, 1974년)에 참석했던 사람들의 연령대와 비슷했을 것이다.

우리는 서로를 알아가며 소그룹별로 함께 기도했고, 모든 무슬림 종족 가운데서 제자를 삼기 위해 젊은 세대가 고유하게 기여할 수 있는 부분은 무엇인지 논의했다. 이 모든 과정에서 우리는 예수님께 의지하기를 원했고, 그분 안에 머무는 것이 필수적이라는 사실을 다시 한번 확신했다.

우리는 우리 세대가 예수님 안에 거하며, 미래 세대를 위한 길을 준비하는 세대로 기억되기를 원한다. 그리스도를 중심에 둔 젊은 세대로서, 교회개척자와 제자 삼는 자, 그리고 무슬림 세계에 복음을 전하는 리더로서 우리의 삶이 "거하라, 열매 맺으라"의 헌신과 궤를 같이하기를 진심으로 다짐한다.

'거하고 열매 맺는다'는 것은 무엇을 의미하는가? 우리는 그것을 하나님과의 생동감 넘치는 동행과 친밀한 관계로 정의했다. 이 관계에는 하나님의 음성에 귀를 기울이고, 그분을 신뢰하며 즐거워하고, 그분께 응답하는 삶이 포함된다. 예수님 안에 거하는 것은 개인이 타고난 재능과 능력, 특기, 상황, 소명, 그리고 성격을 알고 활용할 수 있도록 이끈다. 우리의 삶은 마태복음 25장 14-30절에 등장하는 종의 비유와도 비슷하다. 우리는 하나님께서 맡기신 재능을 잘 관리하고 활용해야 할 책임이 있다.

우리는 예수님 안에 거하고 열매를 맺을 뿐 아니라, 우리의 삶이 하나님의 부르심을 수용하고 그분께 순종하는 것으로 특징지어지기를 원한다. 한 젊은 세대의 교회개척자는 "그리스도 안에 머무는 가운데 남아시아의 무슬림들을 향한 부르심을 지속하고 싶습니다"라고 말했다. 어떤 이들은 하나님의 부르심에 머뭇거림 없이 완전히 순종하고자 한다고 고백했다. 한 MBB는 "제 삶을 향한 하나님의 부르심에 발을 내딛으려 합니다"라고 밝혔다. 우리는 복음전도와 제자삼기에 우선순위를 두는 교회 성장의 맥락에서 제자도를 강조한다. 이는 믿음과 하나님의 말씀에 깊이 뿌리내리고, 하나님의 영 안에서 행하는 것을 포함한다. 한 젊은 세대 교회개척자는 "제자의 특성을 정하고, 그것을 실천합시다"라고 제안했다. 다른 참석자는 "우리는 그리스도 안에 깊이 뿌리내려야 하며, 그로 인해 교만하지 않고 하나님께서 부르신 존재로 맡겨진 일을 행하고 있다는 확신을 가져야 합니다"라고 말했다.

많은 사람들이 우리 자신이 아니라 하나님을 신뢰해야 한다고 생각했다. 한 제자 삼는 이는 "우리는 예수님을 누려야 합니다. 왜냐하면 그분이 이러한 신뢰 가운데 영광 받으시기 때문입니다. 이것은 그분의 선교이며, 우리는 그 특권에 참여하고 있습니다"라고 말했다.

구체적으로 우리는 고난의 신학을 받아들여야 한다. 고난 중에 하나님을 신뢰할 기회를 가지며, 하나님 안에서 우리의 가장 깊은 기쁨을 발견할 수 있다. 이 과정은 무슬림 세계에서 하나님께서 계획하신 사역의 일부가 될 것이다. 오늘날 역사상 어느 때보다 많은 사람들이 예수님을 믿는다는 이유로 고난을 겪고 있으며, 그들의 고통을 보여주는 사례도 많다. 고난의 신학이 요구되는 세부 사항은 아직 명확히 정의되지 않았으나, 고난 속에서도 예수님의 기쁨을 받아들이는 것이 핵심이 될 것임은 분명하다.

마지막으로 우리는 이 모든 소망이 현실이 되기 위해서는 그리스도 안에서 우리의 정체성을 찾아야 한다는 데 동의했다. 그리스도를 따르는 이 세대에 하나님의 뜻이 이루어지기를 간절히 바란다.

소망 2: 나의 지역에서 무슬림과의 관계를 위해

우리는 모두 무슬림들이 예수님을 알고 그분께 경배하기를 소망한다. 아직 복음을 접하지 못한 무슬림들도 예수님께서 약속하신 평화와 확신을 누리기를 바란다. 복음전도에는 여러 도구와 방법이 있지만, 한 사역자의 통찰력 있는 지적처럼 관계 형성이 그 핵심이다. 무슬림들이 예수님의 온전한 제자로 성장하는 데 있어 진정한 관계가 없다면, 어떤 도구나 방법도 실질적인 효과를 거두기 어렵다.

향후 사역을 위해 우리가 주목해야 할 몇 가지 영역이 있다. 첫째는 성육신적 삶의 실천이다. 예수님께서 마을에 들어가 사신 것처럼(요 1장), 우리도 무슬림들과 함께 살며 그들의 언어와 문화적 맥락을 배워야 한다. 예를 들어, 제자 삼는 일에서 영광과 수치의 역학관계를 이해하는 것이 중요하다. 또한 무슬림 종족과 개인의 특성에 세심한 주의를 기울여야 한다. 한 집단에 적용되는 원칙이 다른 집단에서는 적절하지 않을 수 있기 때문이다. 예를 들어, 서아프리카의 풀라니 종족은 폐쇄적인 문화를 가지고 있어 다른 무슬림 집단과는 다른 방식의 관계 형성이 필요하다.

둘째, 환대와 대면 관계는 현지 무슬림과 건강한 관계를 형성하는 데 매우 중요하다. 많은 무슬림 문화에서는 함께 식사하기 전까지 진정한 우정과 신뢰가 형성되지 않는다. 따라서 서로를 깊이 알아가기 위해서는 함께 식사하는 시간을 가져야 한다.

셋째, 우리에게는 멘토링을 받는 것과 다른 사람에게 멘토가 되려는 강한 욕구가 있다. 우리는 이것을 제자도에 유사하게 적용한다. 즉 다른 이로부터 예수님을 따르는 법에 대해 배우고, 또 다른 이가 예수님을 따르도록 돕는 것이다.

넷째, 담대함이 요구된다. 우리 세대는 새로운 시도를 두려워하지 않으며, 특히 그리스도를 따르는 이가 아직 없는 소외된 종족을 향해 나아가고자 한다. 이를 위해 부끄러움 없는 열정, 믿음, 용기, 그리고 하나님과의 관계에서 비롯된 능력을 갖추어야 한다.

소망 3: 무슬림 세계 안의 글로벌 교회를 위해

우리는 특히 무슬림 세계에서 교회의 의미 있는 성장을 보길 원한다. 아직 교회에 나오지 않는, 접촉하지 않은 수천 개의 무슬림 종족 집단과 그리스도를 따르는 사람을 단 한 명도 모르는 수백만의 무슬림들이 있다. 접촉하지 않은 미전도 종족으로부터 우리에게로 온 사람들의 이야기가 없는데, 그 이유는 그들 사이에 그리스도를 따르는 사람이 없기 때문이다. 무슬림 세계에서 변화를 이루고 건강한 교회를 세우기 위해서는 다음 사항이 포함되어야 한다.

- 더 많은 여성과 비서구 지도자들이 글로벌 교회에 영향을 미침
- MBB들이 리더십을 맡음
- 선교학의 핵심에 지역교회를 우선순위로 둠
- 오픈 소스 자료와 기술을 활용함
- 그리스도의 지체 안에서 일치와 협력
- 겸손과 사랑을 실천하며 모든 사람을 존중하는 삶
- 그리스도 중심의 사역과 삶의 지속

우리는 타문화에서 제자를 삼을 때, 현지 교회와 협력하며, 현지 상황을 염두에 둔다. 이 과정은 힘들고 더디지만, 더 오래 지속되며 다른 사람을 존중하는 사역을 가능케 한다.

소망 4: 무슬림 세계에서의 획기적인 아이디어를 위해

우리는 하나님 나라가 확장되는 과정을 지켜보며, 종족 집단에서 창의적이고 혁신적인 아이디어가 나올 것이라고 기대한다. 이 세상에서는 창의성과 함께 불가능해 보이는 도전을 수행하며 협력하는 운동이 일어나고 있는데, 이는 모두 하나님의 백성들이 함께 일한 결과다.

우리 세대가 하나님의 사랑을 전하고, 믿음을 선포하며, 그 믿음대로 살기를 바란다. 또한 예수님 안에서 믿음을 나누고, 겸손하고 진실한 관계를 맺으며, 고난을 견뎌내는 세대가 되기를 원한다. 우리는 우리 안에, 또 다른 이들 안에, 그리고 무슬림 문화 안에 있는 영적 장벽을 무너뜨리기 위해 기도하는 공동체가 되어야 한다. 회개와 화해, 그리

고 급진적인 관대함의 운동이 일어나기를 간절히 구해야 한다. 우리는 MBB들이 하나님 나라의 복음확장 운동에 참여하기를 기대하며, 새로운 이니셔티브가 나타날 때 그들을 지원하고, 새로운 사역을 통해 다른 이들을 섬기고자 한다.

우리는 삶과 복음 사역에 대한 총체적 접근 방식을 추구한다. 이는 더 이상 세속과 신성, 일과 사역, 전임 기독교 사역자와 그리스도의 다른 지체들을 구분하지 않는 방식이다. 예를 들어, 전 세계 기독교인의 99퍼센트는 전문 목회자나 선교사가 아닌 일반 신자들이다. 그렇다면 이 대다수의 신자들은 어떻게 복음이라는 좋은 소식을 전하고 제자 삼는 삶을 살아갈 수 있을까? 우리는 이러한 영역에서 변화를 목격하고 있다. 목회자뿐만 아니라 모든 믿는 자가 미접촉 무슬림 미전도 종족 가운데서 제자 삼는 책임이 있음을 깨닫도록 돕기를 원한다.

우리가 해결하고자 하는 또 다른 분열은 영적 필요와 육체적 필요를 충족시키는 일 사이의 긴장이다. 존 파이퍼는 2010년 남아프리카공화국 케이프타운에서 열린 로잔대회에서 이러한 긴장을 조종하기 위한 성명을 발표했다. "우리 기독교인들은 모든 고통, 특히 영원한 고통에 관심이 있습니다. 무슬림 세계에서 교회가 성장함에 따라 우리는 육체적 고통과 영적 고통 모두를 목격할 것입니다. 우리는 두 가지 모두에 주의를 기울이고 대응해야 합니다." 그는 이어서 "그렇지 않다면, 우리는 마음에 병이 있거나 지옥에 대한 시각에 결함이 있는 것입니다"라고 경고했다. 이러한 관점에서 우리는 교회개척과 제자삼기에 있어 영적 필요와 육체적 필요를 함께 다루는 총체적 접근법을 개발해야 한다.

기술은 수십 년 동안 복음전도를 형성해온 도구였으며, 이제 우리는 제자훈련에도 기술을 활용하길 희망한다. 예를 들어, 한 소말리아 교회는 주말마다 거의 매시간 온라인 모임을 통해 성도들 간에 교제를 나누고, 성경을 배우며, 수천 마일 떨어진 곳까지 연결되는 제자삼기 네트워크를 이루는 등 기술의 혜택을 누리고 있다.

현재 다양하고 혁신적인 사역 방안들이 제시되고 있다. 이를 실현하기 위해서는 전 세계의 지역적, 국가적 차원에서 소규모 팀들의 협력이 필요하다. 이를테면, 핵심 도시에서 예배와 찬양을 위한 워크숍 개최, 평화의 사역자 발굴을 위한 온라인 포럼, MBB들이 주요 리더십을 맡는 기도 운동, 관문 도시에서 기도의 바람 일으키기 등을 함께 하는 것이다. MBB 모임을 섬기며 그들이 선교사로 파송되도록 돕고, 스포츠, 기술, 예술, 비즈니스 등 공통의 '언어'를 활용하는 것도 여기에 포함된다.

우리는 디아스포라 사역에 투자하기를 소망한다. 과거에는 교회의 손길이 닿지 않았던 종족들이 이제 우리와 이웃이 되어 그들에게 접근할 수 있는 기회가 열렸다.

또한 우리는 세계 인구의 80퍼센트 이상이 스토리텔링과 같은 구전 커뮤니케이션을 선호한다는 사실에 주목한다.

우리는 지속적으로 평화의 남성과 여성을 찾고, 그들을 세우는 사역을 이어가고자 한다. 한 형제는 "거하라, 열매 맺으라" 행사를 마치고 고국으로 돌아가 평화의 사역자를 위해 기도했고, 더 많은 사람을 동원하는 한 사람을 찾아냈다. 그리고 그는 신자들과의 교제를 시작했다. 이러한 열매는 기도와 관계를 통한 의도적인 노력의 결과다.

우리는 더 많은 협업을 추구한다. 함께 일할 때 혼자서는 이루기 어려운 일들을 달성할 수 있다. 그리스도의 지체 안에서의 협력은 학습되고 발전되어야 하는 과정이자 역량이다. 이 협업이 잘 이루어질 때, 참여하는 모든 이에게 격려가 되며 무슬림 세계에서 복음의 진전이 크게 이루어질 것이다.

"성경에 충실해야 한다"는 한 교회개척자의 말은 새삼스러울 수 있지만 중요한 진리를 담고 있다. 이는 우리의 정체성이나 역할과 상관없이 하나님의 말씀을 매사의 중심에 두어야 한다는 의미다. 새로운 계획을 시작할 때 성경말씀이 부차적 요소가 되어서는 안 된다. 만약 그런 일이 일어난다면, 모든 계획을 재고하고 의식적으로 하나님의 말씀을 핵심에 다시 통합시켜야 한다.

소망 5: 무슬림 세계의 사역자들을 위한 성경 기도문

마지막으로, 다음 성경 기도문은 무슬림 세계에서 사역하는 40세 미만의 제자 삼는 이들이 엄선하여 제출한 성경 구절들을 각색한 것이다.

> 주님, 우리는 복음을 전하는 것을 목표로 삼습니다. 이미 그리스도의 이름이 전해진 곳이나 다른 이의 터 위에 건축하지 않게 하소서. 기록된 바와 같이, "그에 대해 한 번도 듣지 못한 자들이 볼 것이고, 들어본 적이 없는 자들이 깨달을 것입니다"(롬 15:20-21).

> 우리가 항상 성령님 안에서 기도할 수 있도록 주님의 도우심을 간구합니다. 우리가 입을 열어 복음의 비밀을 담대히 전할 수 있도록 말씀을 주소서. 이 일을 위해 우리가 쇠사슬에 매인 대사가 되었으니 그 말씀

을 담대히 선포할 수 있도록 도와주소서(엡 6:18-20).

우리 삶의 방식이 그리스도의 복음에 합당하게 되기를 원합니다. 우리가 한마음으로 서서 한 뜻으로 복음의 신앙을 위해 협력하고, 무슨 일에든지 대적하는 자들로 인해 두려워하지 않게 하소서. 우리가 그리스도를 믿을 뿐만 아니라 그분을 위해 고난받는 특권도 받았음을 알게 하소서(빌 1:27-30).

우리가 포도나무에 붙어 있어 많은 열매를 맺을 때 하늘에 계신 우리 아버지께서 영광 받으시기를 원합니다(요 15:4-8).

예수님, 감사합니다. 주님은 두루마리를 가지고 그 인봉을 떼기에 합당하신 분입니다. 주님의 십자가 보혈로 모든 족속과 방언과 백성과 나라 사람들을 대속하셨습니다(계 5:9). 이들 가운데서 이루 다 헤아릴 수 없이 큰 무리가 흰 옷을 입고 종려나무 가지를 손에 들고 보좌 앞과 어린 양 앞에 서기를 고대합니다(계 7:9).

"무슬림 세계에서 교회개척/제자삼기 하는 사역자를 위해 정기적으로 성경을 사용해 기도한다면 어떤 구절을 선택하겠는가?"라는 질문에 다음 구절들이 추가로 제시되었다.

구약	신약
창세기 12장, 17:18 역대하 7:14 시편 2:8 이사야 11:10, 64:4, 66:1-2 예레미야 20:9 말라기 1:11	마태복음 5:9, 6:33, 10:39, 28장 누가복음 10:10 요한복음 15장, 15:8, 17:11, 20-26 사도행전 4:20, 13장, 16:13 로마서 1:15, 15:20-21 고린도전서 15:58 고린도후서 6:2 에베소서 3:16-19, 6:18-20 빌립보서 1:27-30, 2:1-11, 3:8-11 데살로니가전서 2:1-12(특히 2:4) 디모데후서 2:2 베드로전서 4:11 요한계시록 5:9, 7:9

무슬림 세계에서 제자를 삼고 교회를 개척하며 그리스도를 따르는 무리로서, 우리는 우리를 가르치고 시간을 보내며 파송한 앞선 세대들에 대해 하나님께 깊이 감사드린다. 우리는 하나님께서 세계에서 계획하고 계시는 일을 기대하며 받아들인다.

토론과 적용

1. 무슬림 이웃과의 관계에서 당신의 삶과 사역이 어떤 모습이기를 바라는가?
2. 글로벌 교회에 대해 어떤 소망을 가지고 있는가? 하나님께서 주신 혁신적인 아이디어가 있다면, 그것을 어떻게 실행하며 그분의 명령에 순종할 것인가?

기도의 중요성

- 설교자: 데보라 리
- 본문: 에베소서 6장 18절

하나님은 모든 사람이 예수 그리스도를 아는 구원의 지식에 이르기를 원하십니다. 전능하신 하나님은 모든 성도가 영적으로 성숙하여 그리스도를 닮아가기를 원하십니다. 그러나 우리는 여전히 영적 전투 가운데 있습니다. 하나님의 계획이 우리와 우리 무슬림 친구들의 마음에서 이루어지지 않도록 원수 마귀가 끊임없이 방해하기 때문입니다. 마귀는 하나님께서 열방의 가족들 속에서 일하시는 것을 원치 않습니다. 이 전투에서 승리할 수 있는 방법은 성경에서 찾을 수 있으며, 그것이 바로 기도입니다.

기도를 통해 우리는 하나님을 더욱 깊이 알고 그분의 뜻을 깨닫게 됩니다. 기도의 중요성은 누구나 알고 있지만, 인생의 고난이 찾아올 때 우리는 종종 기도를 멈추곤 합니다. 그럴 때 믿음을 잃고, 하나님의 약속보다 눈앞의 문제에 집중하게 됩니다. 이것이 바로 우리가 매일 맞서 싸워야 하는 영적 전투입니다.

기도와 중보는 선교사의 삶에서 필수 요소입니다. 성경은 예수 그리스도께서 십자가에서 돌아가셨을 뿐만 아니라 부활하여 하나님 우편에 앉아 계시며, 우리를 위해 간구하신다고 말합니다(롬 8:34). 히브리서에서도 예수님의 중보자 역할을 강조하며, 하나님께 가까이 나아가는 자들을 온전히 구원하는 분이 바로 예수 그리스도이심을 밝힙니다. 예수님은 항상 살아 있어 그들을 위해 중보하고 계십니다(히 7:25).

인내하며 기도할 때, 우리는 사람들이 어둠의 권세에서 벗어나 하나님께서 사랑하시는 아들의 나라로 옮겨지는 역사를 보게 될 것입니다(골 1:13).

인내하며 기도하기 위해서는 하나님을 아는 지식이 자라나야 합니다. 하나님의 말씀으로 채울 때, 우리의 마음은 새로워지고 믿음이 자연스레 자라납니다. 그 결과 마음이 흐트러지거나 낙심하지 않고 인내하며 기도를 지속할 수 있습니다.

에베소서 6장의 앞부분은 믿는 자들이 영적 전투를 하기 위해서는 전신갑주를 갖추어야 한다고 가르칩니다. 이 점을 늘 기억해야 합니다. 또한 이 전투는 영적이기에 기도가 적에 맞서는 강력한 무기라는 사실을 이해해야 합니다. 에베소서 6장 18절에서 바울은 "모든 기도와 간구를 하되"라고 말합니다. 여기서 "모든 기도와 간구"란 하나님과의 모든 소통 방식을 통해 기도하는 것을 의미합니다. 우리가 열방을 위해 드리는 모든 기도는 곧 영적 전투에 참여하는 행위입니다.

한 영역에서 돌파구를 찾으면 다른 분야에서도 돌파구를 발견하게 될 가능성이 높습니다. 이는 우리가 싸우는 적이 동일하고, 그 적이 유사한 전략을 자주 사용하기 때문입니다. 그러므로 각각의 전투에서 경계를 늦추지 말고 인내하며 기도해야 합니다.

하나님 나라를 섬기고 그분의 일을 할 때, 우리는 많은 도전을 마주하게 될 것입니다. 만약 그 일을 오직 우리 자신의 힘으로 완수할 수 있다고 생각한다면, 분명히 우리는 무거운 짐에 눌려 쉽게 지치고 말 것입니다. 그러나 이사야 40장 31절은 하나님을 소망하라고 말합니다. "오직 여호와를 앙망하는 자는 새 힘을 얻으리니 … 피곤하지 아니하리로다."

다윗은 중요한 결정을 내리기 전에 항상 하나님의 임재 안에 머물며 하나님과 상의하기를 즐거워했습니다. 그는 하나님의 임재 속에서 시간을 보내는 것이 얼마나 중요한지 알았습니다. "주의 궁정에서의 한 날이 다른 곳에서의 천 날보다 나은즉"(시 84:10). 다윗을 보며 우리는 기도가 단순한 요청을 넘어 하나님과의 관계임을 배웁니다. 기도는 신자가 주님을 친밀하게 알아가고 그분의 길을 깨닫기 위한 매일의 영적 훈련입니다. 우리가 하나님의 임재 안에서 인내하며 그분의 뜻을 구할 때, 설령 어려운 상황에 직면하더라도 하나님은 우리의 삶을 통해 그분의 계획을 이루어가실 것입니다.

타락한 세상에서 우리의 전투는 혈과 육을 상대하는 것이 아니며, 통치자들, 권세자들, 이 어둠의 세상 주관자들, 그리고 하늘에 있는 악의 영들을 상대하는 것임을 항상 기억해야 합니다(엡 6:12). 그러므로 우리는 하나님의 전신갑주를 입고, 그분의 말씀으로 우리 자신을 채워야 합니다. 말씀 안에서 성장하고, 성령님 안에서 기도할 때, 우리는 계속해서 제자로 성숙해갈 것입니다.

삶의 폭풍 속에서도 우리는 믿음을 예배로 선포하며, 우리의 힘을 다름 아닌 하나님 안에서 찾기로 결단합니다. 기도를 통해 우리의 마음뿐만 아니라, 우리가 중보하는 이들의 마음속에서도 적의 견고한 요새를 무너뜨리시는 하나님의 능력을 목격하게 될 것입니다. 그러므로 기도하며 인내합시다. 하나님의 뜻이 하늘에서 이루어진 것처럼 이 땅에서도 이루어지는 그날을 보게 될 것입니다. 또한 열방 가운데 영혼의 영원한 열매가 수확되는 날을 맞이할 것입니다. †

섹션 2 ─── 추수밭

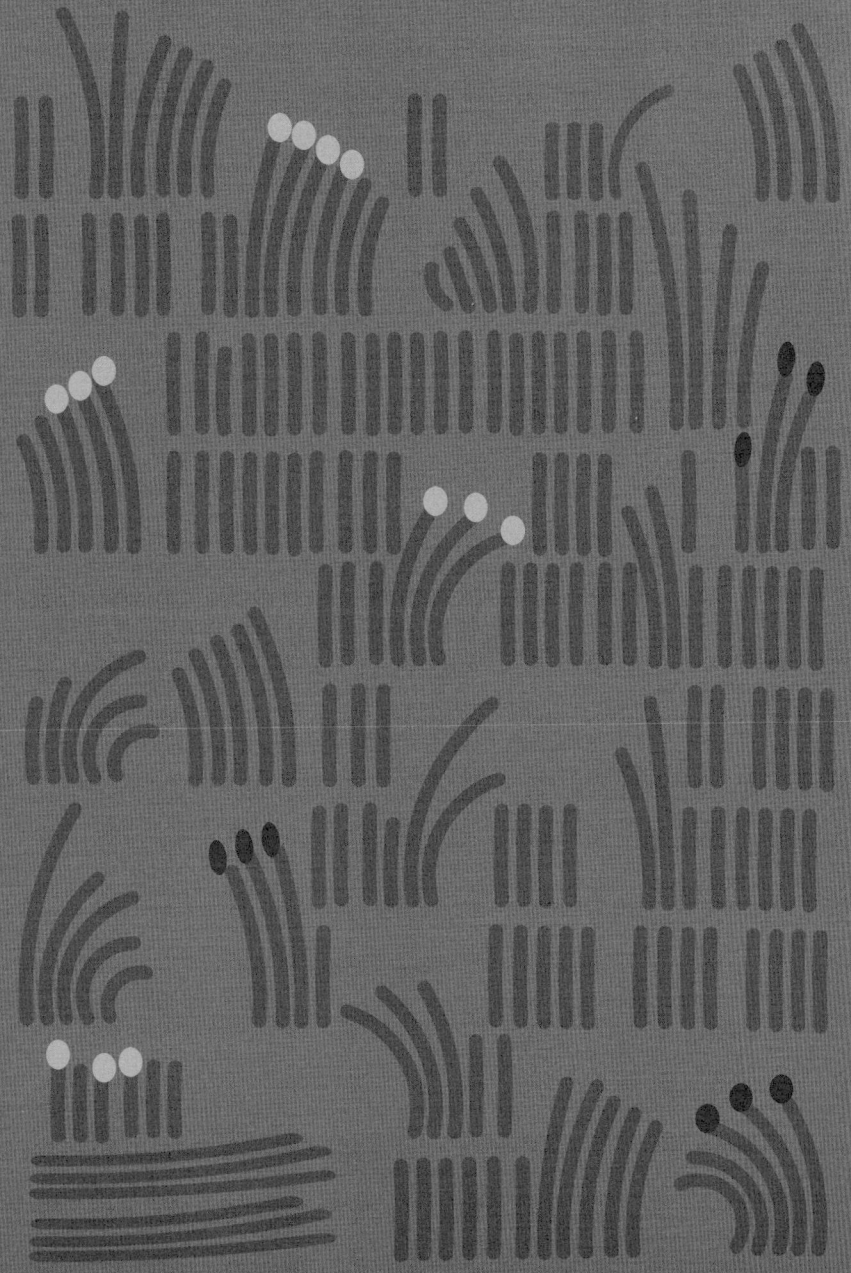

추수하는 일꾼으로서 우리는 추수를 준비하기 위해서는 먼저 밭을 갈아야 한다는 사실을 알고 있다(잠 20:4). 이 섹션에서는 추수의 다양한 측면을 강조하며, 전 세계 무슬림들이 현재 고민하는 정체성의 깊은 측면 중 일부를 들여다볼 것이다. 오늘날 많은 무슬림이 지구 자체가 변화하는 것처럼 전환과 변화를 겪고 있다. 많은 무슬림이 난민이 되었고, 새로운 삶을 시작하기 위해 새로운 땅으로 이주하면서 그들은 변화해야만 했다. 다른 무슬림, 특히 여성 무슬림의 삶도 미디어, 인터넷, 글로벌 비즈니스, 그리고 전 세계적인 사상의 흐름에 영향을 받고 있다.

   이 섹션에서는 난민, 새로운 땅에 정착한 이주자, 도시 거주자, 유목민, 여성, 그리고 예수님께 순종의 첫 걸음을 내딛는 무슬림처럼 과도기를 겪고 있는 무슬림들에 대해 살펴본다. 예수님을 사랑하는 이들과 무슬림들은 모두 각자의 시간과 장소에서 그분이 여시는 문을 통해 적응하며 변화를 경험하고 있다.

   이러한 변화는 당신이 속한 지역에서도 일어나고 있을 것이다. 각 글에서 영적 추수를 위해 무르익은 밭으로 새롭게 나아갈 수 있는 통찰과 영감을 얻기를 바란다(요 4:35). 추수의 때는 먼 미래의 어느 때가 아니라 바로 지금이다. 그러한 현실을 바라볼 수 있는 눈만 있다면, 지금이 바로 추수의 시기다.

― 팸 알룬드, 섹션 편집자

11 도시의 무슬림 종족: 최소 전도 종족의 이주와 새로운 민족의 흐름

사례 연구

민 하 응우옌은 IMB에서 세계화, 도시화, 이주에 초점을 둔 선교학 연구를 수행하고 있다. 2009년 버지니아 주 리치몬드에 아시아, 아프리카, 중동 출신의 다양한 종족 집단을 대상으로 하는 가정교회 네트워크 인터내셔널 커뮤니티 교회를 설립했으며, 현재는 사우스이스턴 신학교에서 박사 과정을 밟고 있다.
마르코 프레토리우스는 독일 함부르크에 위치한 올네이션스 허브의 운영 책임자로 활동 중이다. 아내 막시와 함께 2013년에 건축가로서 요르단-시리아 국경 지역에서 도움이 필요한 노동자들의 요청을 받고 올네이션스에 합류했다. 이들 부부는 도시와 도시가 제공하는 기회를 통해 미전도 종족에게 다가가고자 한다.

핵심 포인트

- 최근 일부 무슬림 국가들의 불안정으로 인해 무슬림 종족이 세계의 주요 도시들로 몰려들고 있다.
- 세계 도시들에 전례 없는 기회가 주어지고 있다. 도시에서 무슬림 종족들이 받아들여지고, 그들이 예수 중심의 공동체에 연결되고 있다.

도시화, 이주, 그리고 다양성은 21세기 삶의 여러 측면에 복합적인 영향을 미치고 있다. 현재 세계 인구의 절반이 도시에 거주하며, 2050년까지 이 수치는 3분의 2로 증가할 것으로 예상된다.[1] 국가 내 이주와 국경을 넘는 국가 간의 이주가 수치를 끌어올리는 큰 동력이 되고 있다. 국제 이주자의 수는 2억 5,800만 명에 이르고 있으며, 그중 95퍼센트는 도시로 이동했다. 난민 10명 중 6명은 도시 지역의 임시 보호소에 거주하며, 3분의 1은 하나의 도시와 다를 바 없는 대규모 난민 캠프에서 생활한다.[2] 예를 들어, 우간다의 비디비디와 케냐의 카쿠마와 다답 난민 캠프는 각각 수십만 명의 인구를 수용하고 있으며, 각 캠프마다 자체적으로 병원, 학교, 예배당을 갖추고 있다.[3]

도시화와 이주는 무슬림 종족 사이에서도 두드러진 현상이다. 시리아, 아프가니스탄, 수단은 모두 국민의 대부분이 무슬림인 국가들로서 전 세계에서 가장 많은 난민을 배출한 상위 3개국이다.[4] 전 세계 난민의 거의 절반과 국내 실향민 10명 중 6명이 무슬림 국가 출신이다.[5] 이러한 추세는 서유럽과 북미의 도시들에도 큰 영향을 미치고 있으며, 무슬림 이주민들이 이 지역을 지구상에서 가장 다채로운 지역으로 변화

---

1 United Nations, 2018 Revision of World Urbanization Prospects, 2.
2 International Organization for Migration, World Migration Report 2018, 32. Robert McKenzie: "Refugees don't just come to nations; they move to cities," Brookings Institution, https://www.brookings.edu/blog/metropolitan-revolution/2016/10/03/refugees-dont-just-come-to-nations-they-move-to-cities
3 United Nations High Commissioner for Refugees, Statistical Yearbook 2016, 102.
4 International Organization for Migration, World Migration Report 2018, 33-34.
5 Kirsten Zaat, "The Protection of Forced Migrants in Islamic Law," United Nations High Commissioner for Refugees, Research Paper 146, https://www.unhcr.org/research/RESEARCH/476852cb2.pdf.

시키고 있다. 예를 들어, 현재 런던에는 467개의 모스크가 있으며, 이는 50년 전 영국과 웨일스 전역에 불과 20개의 모스크만 있었던 것과 큰 차이를 보인다.[6]

이와 같이 이주는 단순히 도시적인 문제일 뿐만 아니라 종교적인 문제이기도 하다. 그러나 무슬림 도시에 대한 연구와 이주 무슬림들이 정착한 도시에서 이들과 어떻게 효과적으로 접촉할 수 있는지에 대한 연구는 상대적으로 부족한 형편이다. 이 장에서는 무슬림들이 새로운 도시의 중심지로 이주하는 복합적인 이유를 살펴보고, 그들에게 복음을 전할 때 상황적, 성경적으로 고려해야 할 사항에 주목하고자 한다.

이주 이야기: 다마스쿠스에서 베이루트로

시리아 전쟁으로 비데아는 가족과 함께 베이루트로 피난을 갔다. 그곳에서 그녀는 길거리에서 구걸하며 생계를 이어가던 중 예수님을 따르는 존과 메리를 만났다. 존과 메리는 비데아의 상황을 보고 그녀를 돕기 위해 사업을 시작했고, 그 과정에서 함께하는 시간을 가졌다. 그들은 비데아의 가족을 단순히 물질적으로 도울 뿐만 아니라, 그들의 언어와 문화를 깊이 이해하는 것이 필수적이라고 생각하고 여기에 많은 시간을 들였다. 다양한 종교와 민족이 공존하는 복잡한 사회 환경 속에서 '외부인들'은 비데아와 그녀의 가족과 접촉하고 더 깊은 관계를 맺을 수 있었다.

---

6   Muslims in Britain, "UK Mosque/Masjid Directory," http://mosques.muslimsinbritain.org/maps. php#/town/London.British Religion in Numbers, "Registered Mosques, 1915-1998," http://www.brin.ac.uk/figures/registered-mosques-1915-1998/

그 결과 비데아와 여동생이 기독교 신앙을 갖게 되었고, 마침내 세례를 받았다.

어느 날 아침, 비데아와 여동생은 아부 아흐메드라는 남성에게 세례를 주었다고 알려왔다. 아흐메드는 2012년 시리아 내전이 다마스쿠스 외곽으로 확산될 때 시리아 군에 입대했다. 전쟁 중 그는 끔찍한 일들을 목격하고, 2년간의 전투를 치른 후 심각한 기억상실증에 시달렸다. 결국 그는 가족과 함께 베이루트로 도피했고, 그곳에서 가난한 동네의 작은 아파트를 구해 수개월 동안 혼수상태로 지냈다.

아흐메드가 아팠을 때, 가족들은 최선을 다해 그를 돌보았다. 아흐메드는 수 세대에 이어지는 순니파 가문에서 태어났고, 그의 일상은 이른 아침 기도로 시작되었다. 금요일에는 지역 모스크에 가서 예배를 드렸다. 모스크는 그 지역의 사회적, 정신적, 정치적 활동의 중심지였다. 그의 가족은 비록 베이루트로 이주했지만, 고립된 단일 가정이 아니라 여전히 부족의 일원으로 다른 사람들과 연대하고 있다고 생각했다. 아흐메드가 처음 예수님을 따르기 시작했을 때, 그는 기억상실증으로 고통받고 있었다. 그러나 어느 날 아침, 예수님께서 기적적으로 그의 기억을 회복시켜주셨다.

아흐메드가 치유된 시점부터 존과 메리는 소규모 교회가 가족과 부족 내에서 성장하고, 삶을 나누고, 공동체를 형성하도록 격려했다. 궁극적으로 그 안에서 진정한 소속감을 경험할 수 있기 때문이었다.

이슬람과 도시화

이슬람은 도시에서 시작된 운동이었다. 메카와 메디나는 7세기 아라비아에서 가장 영향력 있는 무역 도시였다.[7] 더욱이 메카는 이슬람의 창시자 무함마드가 태어난 곳이자 장차 꾸란으로 기록될 환상과 계시를 받은 장소였다. 메카에서의 반발로 인해 초기 개종자들은 북쪽의 작은 도시 메디나로 이주를 했는데, 이를 히즈라(hijrah)라고 한다. 메디나에서 무함마드는 이슬람 신앙을 공유하는 사람들의 공동체인 움마를 세웠다. 그는 알라를 숭배하고 이슬람 율법(샤리아, shariah)을 적용하는 공동체 생활의 중심지로 도시를 조직하기 시작했다. 이슬람 도시 전문가인 히샴 모타다에 따르면, 메디나의 도시 구조는 이후 대부분의 전통 이슬람 도시들의 표준 계획이 되었다. 이러한 도시 모델은 무슬림, 유대인, 기독교인, 그리고 다른 종교인들이 같은 도시에 살되 동일한 구역을 공유하지 않고, 각 집단이 '킷따(khittahs)'로 알려진 구역으로 나뉘어 거주하는 구조가 특징이다.[8]

이슬람은 도시의 운동인 동시에 도시화 운동이기도 하다. 이슬람 시대의 중동 도시들은 본질적으로 이슬람의 종교적 이상에 기반한 사회적 구조의 산물이었다.[9] 도시사회학자 베넷은 이를 설명하며, "이슬람

---

7   Robert Bickert, "Evangelizing African Traditional Religion Migrants in Urban Contexts in West Africa: A Case Study of Freetown, Sierra Leone," *The Mediator* 8, no. 1 (April 2011): 58-63.

8   Hisham Mortada, *Traditional Islamic Principles of Built Environment* (London: Routledge Curson, 2003), 58.

9   Ahmad Bilal, "Urbanization and Urban Development in the Muslim World: From the

은 주로 도시 종교로서, 정복한 지역의 도시 구조를 근본적으로 변화시켰다"[10]고 말한다. 또한 이슬람은 지식을 중시하여 가는 곳마다 학문의 중심지를 세웠고, 대학이나 다른 학문 기관에 사람들이 많이 몰리면서 더욱 도시화가 촉진되었다.[11]

그렇다면 교회는 이러한 이슬람의 도시적, 도시화적 운동에 어떻게 대응해왔을까? 기독교도 처음에는 로마 제국의 그늘에서 도시 운동으로 시작되었다. 그러나 몇 세기 후, 기독교는 외곽으로 나가 고립적인 성향을 보였다.[12] 이는 부분적으로 5세기 야만인의 침입과 7세기 이슬람 정복으로 인해 일어난 변화였다. 군대가 도시로 들어오면서 많은 기독교인들이 시골로 피신했다. 이후 십자군 전쟁은 기독교와 이슬람의 관계를 더욱 갈라놓는 계기가 되었다.

무슬림 종족과 실질적으로 접촉하려면, 교회는 이슬람의 도시를 이해하고 그 도시와 그곳에서 사는 모든 사람을 사랑해야 한다. 이러한 이해와 사랑은 에덴 동산의 창조로부터(창 2:8) "거룩한 성, 새 예루살렘"(계 21:2-3)에 이르기까지, 하나님께서 그리스도 예수 안에서 그분의 백성을 만나시는 장소라는 성경 이야기의 기반 위에서 이

> 무슬림 종족과 실질적으로 접촉하려면, 교회는 이슬람의 도시를 이해하고, 그 도시와 그곳에서 사는 모든 사람을 사랑해야 한다.

Islamic City Model to Megacities," *GeoJournal* 37, no. 1: 113-123.

10   Mortada, *Traditional Islamic Principles*, 54.

11   Al-Hewar Center for Arab Culture and Dialogue, "Universal Islamic Declaration of Human Rights," http://www.alhewar.com/ISLAMDECL.html.

12   Bickert, *The Mediator*, 61.

루어져야 한다. 다른 한편으로, 이러한 도시에 대한 신학적 이해는 창조주께 영광을 돌리기보다는 자신의 이익을 지키고 타인을 억압하기 위해 도시를 건설하려는, 하나님을 거역하고 죄를 짓는 인류의 타락한 본성을 간과해서는 안 된다.

이주 이야기: 카불에서 함부르크로

아자드는 원래 질문하고, 배우며, 다른 사람을 가르치는 일을 좋아했다. 이러한 성향은 다른 많은 곳에서라면 높이 평가될 수 있었겠지만, 그는 불행히도 1980년대 소비에트-아프간 전쟁 시기 탈레반 통치하의 카불에서 자랐다. 아자드는 아랍어를 이해하지 못했지만, 꾸란의 일부를 아랍어로 암송하는 등 전통적인 이슬람 교육을 받았다. 그러나 탈레반 치하에서 그는 이슬람 율법을 어길 때마다 정기적으로 구타를 당했다.

어린 시절부터 아자드는 무엇이든 깊이 이해하려 했고, 이맘에게 질문을 던지며 생각을 말했지만, 호기심 많은 성격 때문에 자주 벌을 받았다. 결국 아자드는 이슬람을 통해서는 신을 알 수 없다고 결론 내리고 자신의 직업에만 집중하기로 결심했다. 그러나 지역사회의 권력 구조에 혼란을 주지 않기 위해 여전히 모스크에 가서 기도를 했다.

아자드는 동료 아프간 사람들을 교육하겠다는 열망으로 카불 시내에 교육기관을 설립했다. 이 기관은 빠르게 성공을 거두었고, 아자드는 그곳에서 직원들과 이슬람에 대해 토론할 기회를 얻기도 했다. 그러나 어느 날, 불만을 품은 전직 직원이 모스크에서 종교적 폭도들을 선동해 학교에 있는 아자드를 공격했다. 아자드는 머리를 여러 번 맞아 의식을 잃고 거의 죽을 뻔했다. 친구들과 가족은 그를 타지키스탄으로 밀입국시키고, 이후 우크라이나로 데려갔다. 우크라이나에서도 그의 생명을 노리는 또 다른 시도가 있었지만, 다행히 지역 사업가의 도움을 받아 그는 독일로 망명했다.

독일에서 아자드는 스콧을 만났다. "어느 날 한 외국인이 영어로 말하는 것을 들었습니다"라고 아자드는 회상한다. "저는 영어 연습을 하고 싶어 그에게 다가갔습니다."

스콧은 자신을 예수님의 제자라고 소개했다. "우리는 함께 커피를 마셨고, 그는 제 이야기를 들어주었습니다. 제가 그의 종교에 대해 질문해도 그는 기분 나빠하지 않았어요. 스콧은 제 질문에 답해주기도 했고, 어떤 질문에는 자신도 몰라 답해줄 수 없지만 예수님이 저를 사랑하신다고 말했습니다."

아자드는 스콧과 금세 친해졌고, 스콧은 아자드를 저녁 식사에 초대했다. 아자드는 그 자리에서 다른 난민들을 위해 예수님 이야기를 통역해주기도 했다. "그 후로 우리는 자주 어울렸습니다. 여전히 많은 질문이 있었지만, 스콧의 삶에서 주로 기쁨과 평화를 보았습니다. 그런 방식으로 사는 사람을 보면서 저는 큰 영향을 받았습니다."

결국 아자드는 복음에서 답을 찾았다. "저는 작은 플라스틱 욕조에서 세례를 받았고, 페르시아어를 사용하는 다른 난민들과 계속해서 복음을 나누고 있습니다. 더 많은 신자가 생겨났고, 우리는 계속 성장하고 있습니다. 이 큰 사랑을 자기 안에만 간직해두지 않은 스콧에게 정말 감사합니다."

이슬람과 이주

이슬람은 또한 이주 운동으로 탄생했다. 이슬람 달력의 시작은 이슬람의 창시자인 무함마드와 그의 추종자들이 메카에서 메디나로 이주한 히즈라에서 비롯되었다. 이는 무함마드의 생일이나 꾸란을 처음 계시받은 날이 아니라는 점에 주목해야 한다. 이슬람에서는 신앙을 전파하거나 박해를 피하기 위해, 혹은 무슬림 공동체에 합류하기 위해 이주하는 것을 장려한다. 무슬림들은 종종 자신의 거주지를 떠나 이슬람 신앙을 실천하기 좋은 환경을 찾아간다.

그렇다면 전통적으로 기독교 교회는 기독교 도시로 이주하는 무슬림 이주민들을 어떻게 대해 왔을까? 서구의 도시로 이주한 무슬림들은 종종 반이민 정서나, 많은 점에서 사실과는 다른 편견에 직면한다. 무슬림 이주민 중 소수는 이슬람 근본주의와 극단주의를 전파하려 하지만, 대부분은 자신과 자녀들을 위한 더 나은 삶을 찾아서 이주한다. 무슬림 종족에게 실질적으로 접촉하기 위해, 교회는 반드시 그들의 이주와 과도기에 주목하며 이주 원인과 동기를 충분히 이해하고, 정착민 보호주의 사고방식을 거부해야 한다.

교회는 무슬림 이민자들이 도시에서 다른 무슬림 이민자들을 제자로 삼고, 고국에 있는 가족과 친구들에게 복음을 전할 수 있도록 그들을 제자로 초청해야 한다. 기독교인은 환대와 희생적인 사랑을 이방인에게도 실천해야 한다. 흔히 말하는 "로마에 가면 로마법을 따르라"는 자민족 중심의 기대 때문에 국내에서 타문화 전도를 하기가 더 어려운 경우가 많다. 다시 말해, 무슬림 이주민들이 우리나라에 오면 우리의 언어를 배우고 우리의 생활 방식을 따르기를 기대한다는 것이다.

이러한 기대는 자연스러울 수 있으나 복음을 전하는 데는 비생산적이다. 이주민들이 복음을 듣기 위해 이주한 국가의 언어를 배워야 한다면 지나친 부담이 될 수 있다. 만약 새로운 언어를 배우는 것이 너무 어렵다고 생각된다면, 도시의 지역교회가 이미 이주한 기독교인들과 협력하여 무슬림 이주민들에게 다가가는 방법을 고려할 수 있다. 이 이주민 신자들은 이미 언어적, 문화적 경험이 풍부하고, 복음을 들어야 할 무슬림 이주민들 가까이서 생활하고 있기 때문이다. 이러한 협력을 통해 그리스도의 지체 안에서 다양한 배경을 가진 이들이 서로를 받아들이고 사랑하는 진정한 공동체를 만들어갈 수 있다.

이주 이야기: 누바 산맥에서 우간다로

마디나는 7남매를 비롯한 대가족과 함께 수단 북부의 누바 산맥에서 누비아 무슬림으로 자랐다. 1972년, 마디나와 그녀의 가족은 이디 아민 대통령이 통치하는 우간다로 이주하게 되었다. 이디 아민이 우간다 현지인들의 충성심을 믿지 못하고, 누비아 군대를 보충하기 위해 수단에서 누비아 남성들과 그 가족들을 데려오기로 했기 때문이었다.

독실한 무슬림인 마디나의 아버지는 두 아내와 결혼했고, 우간다로 이주하기 전에는 아랍어만 할 줄 알았다. 그러나 빈곤 때문에 그들은 '이교도'와 통합되고 혼합되며 현지 방언을 배우도록 강요당했다. 마디나는 이러한 변화가 가족에게 미치는 영향과 그들이 이슬람을 실천하는 방식을 목격할 수 있었다. 그들은 우간다인들과 관계를 맺으면서 그들의 가치관에 도전을 받았고, 이것이 마디나의 세계관에 영향을 미쳤다.

마디나는 열아홉 살에 우간다 출신의 무슬림 남성과 결혼했다. 그러나 그가 두 명의 아내를 더 맞이한 후 마디나를 학대하고, 그녀와 그녀의 여섯 자녀를 등한시하기 시작했다. 마디나는 혼란스럽고 두려웠지만, 이제껏 자라온 문화에서는 집안일에 대해 이야기하는 것이 허용되지 않았다.

이 시기에 예수님을 따르는 우간다인 매튜는 누가복음 10장에 설명된 대로 '평화의 사람'을 찾기 위해 마디나의 지역사회를 섬기기 시작했다. 마디나는 직물을 짜기 위해 다른 여성들과 함께 도시로 갔고, 그들을 통해 매튜를 만났다. 매튜는 지혜롭게 마디나에게 예수님을 소개하고, 그분만이 그녀를 도울 수 있다고 말했다.

매튜는 정기적으로 마디나와 그녀의 몇몇 친구들을 만나 예수님에 관한 이야기를 나누었다. 이러한 만남을 통해 마디나는 점차 예수님을 믿고 세례를 받게 되었으며, 현재 자신의 지역에서 여러 작은 교회를 이끌고 있다. 그녀는 많은 핍박 속에서도 계속 성장하고 있으며, 예수님 안에서 찾은 새 생명을 나누기 위해 공동체 안에 머물기로 했다.

이슬람과 공동체

움마는 이슬람 공동체 혹은 국가로서 종교적, 문화적 정체성일 뿐만 아니라 사회적, 정치적 권위의 통합된 원천이다.[13] 이슬람 움마는 단순히

---

13   Ahmad S. Dallal, Yoginder Sikand, and Abdul Rashid Moten, "Ummah," Oxford

종교적 명령이나 생활방식에 그치지 않고, 이슬람의 도시와 사회를 이루는 모든 요소를 포함한다. 일부 이슬람 학자들에 따르면, '메디나 헌법'은 최초의 이슬람 도시 메디나뿐만 아니라 다른 모든 이슬람 도시의 사회적, 정치적 생활을 규제하기 위해 설계되었다고 한다.[14]

'움마'는 문화적이고 종교적일 뿐만 아니라 사회적이고 정치적이기도 하다. 14세기 사회 사상가이자 무슬림 역사가 이븐 칼둔은 무슬림 도시화의 흥망성쇠를 설명하며, 가장 중요한 요인은 사회 조직의 근거로 삼았던 친족 관계를 종교 소속으로 대체한 데 있다고 주장했다. 이에 대해 리아즈 하산은 "종교에 기반을 둔 사회적 연대가 도시 중심의 문명화된 문화를 창조하는 가장 강력한 힘"[15]이라고 말한다.

> 무슬림 종족에게 실질적으로 접촉하기 위해, 교회는 반드시 그들의 이주와 과도기에 주목하며 이주 원인과 동기를 충분히 이해하고, 정착민 보호주의 사고방식을 거부해야 한다.

도시 지역 무슬림 종족 사이에서 사역하는 기독교 선교사들은 이슬람의 움마가 단순히 종교적인 개념을 넘어 다양한 성격을 지니고 있음을 이해해야 한다. 특히 서구 도시에서 무슬림이 소수일 경우, 모스크는 종종 종교적, 문화적, 사회적, 때로는 정치적 중심지 역할을 하게 된다.

모스크의 이러한 역할을 이해하면, 이슬람의 움마와 기독교 공동체

Islamic Studies Online, http://www.oxfordislamicstudies.com.

14 Ibid.
15 Riaz Hassan, "The Nature of Islamic Urbanization: A Historical Perspective," *Ekistics* 31, no. 182(1971): 61-63.

개념의 차이를 인식하는 데 도움이 된다. 예를 들어, 기독교 공동체는 조건 없는 관계를 가치 있게 여기지만, 무슬림 사회에서 이러한 무조건적인 관계는 일반적이지 않다. 또한 움마 개념에는 은총, 사랑, 그리고 개인의 자유를 포용하는 가치가 부족하다는 점에서 기독교의 공동체와 차이가 난다. 마지막으로, 이슬람의 움마와 꾸란은 인간에게 내재된 하나님의 형상에 대해 다루지 않는다. 즉 모든 개인이 본질적으로 지닌 가치와 존엄성, 심지어 창조주에게 반항할 자유도 인정하지 않는다.

선교학적으로 볼 때, 움마 개념은 교회가 무슬림 종족과 대화하고 관계를 형성하며, 더 완벽한 예수님의 제자 공동체를 소개할 수 있는 매우 중요한 기회를 제공한다. 사도행전 2장 42-47절에서 묘사된 것처럼, 이 공동체는 예수님의 가르침에 헌신하고, 그분을 사랑하고 그분의 사랑을 받으며, 그 은혜로운 사랑을 서로에게, 심지어 원수에게까지 베푸는 신자들의 교제다. 동시에 교회는 이슬람 움마의 다차원적인 측면을 온전히 이해하고, 정치적, 종교적, 문화적, 사회적 요소를 구별하는 지혜를 발휘해야 한다.

결론

무슬림 이주자들은 고국에 남아 있는 사람들과 달리, 대체로 새로운 아이디어에 더 개방적이며 변화에 더 유연한 태도를 보인다. 로버트 더글러스는 이와 관련해 다음과 같이 말한다.

하나님은 이주와 도시화의 발전, 그리고 이 두 가지를 연결하는 이슬람의 융합 속에서 어떻게든 하나님 나라를 확장시키는 풍성한 기회를 만들어가고 계신다. 무슬림 도시의 도전에 대응하기 위해, 하나님의 백성들은 협력의 의지를 더욱 키우고, 밀집된 거주 환경에서 비롯되는 다양한 문제에 세심하게 주의를 기울이며, 복잡한 사회적 구조 안에서 반응하는 다양한 인구 집단을 찾아야 한다.[16]

2천 년 전, 사도 바울은 디아스포라에 있던 헬라파 유대인들이 팔레스타인에 남아 있는 경건한 정통 유대인들보다 복음에 더 개방적이라는 사실을 발견했다.[17] 예수님의 제자가 된 이 헬라파 유대인들은 유대인들뿐만 아니라 이방인들에게도 복음을 전하기 시작했고(행 11:19-30), 바울이 이방인의 사도로 부르심 받았음을 깨닫는 데 도움을 주었다(행 13:1-3). 오늘날 서구 도시로 이주한 무슬림들은 21세기의 헬라파 유대인이라고 할 수 있다. 세계화, 도시화, 이민, 그리고 다양성은 교회가 해결해야 할 문제가 아니라, 하나님께서 계획하신 인간의 현실이며, 이를 통해 도시에서 복음 전파의 새로운 기회를 제공받고 있다. 교회(자국민 교회와 이주민 교회 모두)는 복음이 덜 전해진 종족들 사이에서 제자 삼는 기회를 잡아야 하며, 이들은 결국 하나님의 영광을 위해 복음을 더 널리 전하게 될 것이다.

---

16 Robert Douglas, "Some Major Challenges in Missions to the Muslims," *Leaven* 7, no. 1 (1999), http://digitalcommons.pepperdine.edu/leaven/voI7/iss1/8, 2019년 4월 19일 접속.

17 Arthur Darby Nock, *St. Paul* (Charleston, SC: Nabu Press, 2011), 121.

토론과 적용

1. 무슬림이 당신의 나라나 도시에 이주한 사례를 알고 있는가? 그렇지 않다면, 이 사실을 어떤 방법을 통해 알 수 있는가?
2. 당신이 거주하는 지역이나 나라의 기독교 공동체는 무슬림 이민에 어떻게 반응하는가? 당신은 어떻게 반응하는가? 이러한 반응은 그리스도께서 보여주신 반응과 일치하는가?
3. 무슬림을 개인적으로 알지 못하거나 지리적으로 멀리 떨어져 있어 직접 만날 수 없다 하더라도, 그들이 새로운 삶으로 옮겨갈 수 있도록 돕는 실질적인 방법은 무엇인가?

참고문헌

Al-Hewar Center for Arab Culture and Dialogue. "Universal Islamic Declaration of Human Rights." http://www.alhewar.com/ISLAMDECL.html.

Bickert, Robert. "Evangelizing African Traditional Religion Migrants in Urban Contexts in West Africa: A Case Study of Freetown, Sierra Leone." *The Mediator* 8, no. 1 (2011): 51–88.

Bilal, Ahmad. "Urbanization and Urban Development in the Muslim World: From the Islamic City Model to Megacities." *GeoJournal* 37, no. 1 (1995): 113–123.

Dallal, Ahmad S., Yoginder Sikand, and Abdul Rashid Moten. "Ummah." *Oxford Islamic Studies Online*. http://www.oxfordislamicstudies.com.

Douglas, Robert. "Some Major Challenges in Missions to the Muslims." *Leaven* 7, no. 1 (1999). http://digitalcommons.pepperdine.edu/leaven/vol7/iss1/8.

Hassan, Riaz. "The Nature of Islamic Urbanization: A Historical Perspective." *Ekistics* 31, no. 182 (1971): 61–63.

International Organization for Migration. *World Migration Report 2018*. United Nations Publications.

Mortada, Hisham. *Traditional Islamic Principles of Built Environment*. London: Routledge Curson, 2003.

Muslims in Britain. "UK Mosque/Masjid Directory." http://mosques.muslimsinbritain.org/maps.php#/town/London.

Nock, Arthur Darby. *St. Paul.* Charleston, SC: Nabu Press, 2011.

United Nations. *2018 Revision of World Urbanization Prospects.* United Nations Publications.

United Nations High Commissioner for Refugees. *Statistical Yearbook 2016.* United Nations Publications.

Zaat, Kirsten. "The Protection of Forced Migrants in Islamic Law," United Nations High Commissioner for Refugees, Research Paper 146, https://www.unhcr.org/research/RESEARCH/476652cb2.pdf.

12 무슬림 가운데 공동체와 정체성의 개념

사례 연구

조나단과 소피아 모건은 2016년 스웨덴 말뫼로 이주하기 전, 남아프리카공화국과 요르단에서 NGO와 함께 일했다. 조나단은 중동학 석사학위를 소지하고 있으며, 소피아는 난민 가족들과 함께 일한 경험이 있는 사회복지사다.

핵심 포인트
- 유럽으로 이주하는 무슬림 이민자들은 그들의 본국과 상당히 다르고 훨씬 더 개인주의적인 문화를 마주하게 된다.
- 무슬림 이민자들은 빈곤, 열악한 교육 환경, 도시 폭력과 같은 사회적 문제로 어려움을 겪는 복잡한 유럽 지역에 거주하는 경우가 많다.
- 이러한 강제적 상황은 기독교인이 무슬림 이민자에게 좋은 이웃이 되기 위한 도전과 기회를 모두 제공한다.

최근 몇 년 동안 유럽은 대규모의 중동 무슬림 난민들이 자국의 해안에 도착하는 것을 목격했다. 이러한 현상은 1948년 팔레스타인 합병 이후 시작되어 레바논과 이라크 전쟁으로 더욱 촉진되었다. 최근에는 2011년에 발발한 시리아 내전과 예멘에서의 지속적인 분쟁으로 인해 무슬림들의 유럽 이주가 가속화되고 있다. 스웨덴 역시 다른 유럽 국가들과 마찬가지로 수십만의 무슬림 가정과 개인들을 맞이했으며, 이들 모두가 낯선 환경에서 새로운 삶을 시작하고 있다. 2014년에서 2017년 사이에 스웨덴 이민국은 9만 명 이상의 시리아 난민들로부터 망명 신청서를 받았다.[1] 이 장에서는 유럽에서 무슬림으로 살아가는 것이 무엇을 의미하는지, 디아스포라 민족으로서 그들이 어떻게 공동체를 형성하고 있는지, 이러한 상황이 유럽 교회에 어떤 기회와 도전이 되는지 살펴보겠다.

무슬림이란 무엇인가?

신의 단일성에 대한 믿음, 꾸란을 통해 예언자 무함마드에게 계시된 신에 대한 이해, 그리고 규칙적인 기도 생활을 포함해 모든 무슬림에게는 공통되는 몇 가지 특징이 있다. 그러나 이러한 특징은 출발점일 뿐이고, 그로부터 시작되는 이슬람의 다양성은 자신을 무슬림이라고 부르는 집단만큼이나 폭넓다. 우리가 거주하며 활동하는 스웨덴 남부의

---

1 Statistics, Swedish Migration Agency, Migrationsverket website, https://www.migrationsverket.se/English/About-the-Migration-Agency/Facts-and-statistics-Statistics.html, 2018년 1월 15일 접속.

말뫼(Malmö)에는 다양한 무슬림 집단이 공존하며, 그들 사이의 차이를 쉽게 관찰할 수 있다.

사회학자들은 정체성 형성을 개인과 집단이 삶을 통해 지속적으로 협상하고 재협상하는 과정으로 보는 경향이 있다. 무슬림 개인 역시 삶의 어느 시점에서 신앙이 더욱 독실해지거나, 무슬림이 되는 것의 의미가 더 깊어짐을 경험할 수 있다. 아론 휴스는 이러한 정체성 형성이 7세기 이슬람의 출현 이후 전 세계 무슬림 공동체, 즉 움마 내에서 발생했다고 주장한다.[2]

그러나 유럽의 무슬림들은 더 이상 가족, 학교, 정부 등 사회적 환경 전체가 무슬림 공동체를 발전시키려는 목적을 중심으로 조직된 상황에서 살지 않는다. 올리비에 로이는 이슬람이 "본연의 사회적 권위를 잃었기" 때문에, 종교적 위계보다 개인의 경건이 더욱 중요해지고 있다고 설명한다.[3] 유럽에서 무슬림이 된다는 것의 의미는, 국적이나 가족 배경보다는 세대 간에 전통을 계승하는 개인들의 실천과 다원적인 상황에서 종교에 대한 새로운 접근 방식에 따라 결정되는 듯하다.

디아스포라 종족

유럽에 거주하는 많은 무슬림은 디아스포라 공동체에 속해 있다. 이들

---

[2] Aaron W. Hughes, *Muslim Identities: An Introduction to Islam* (New York: Columbia University Press, 2013).

[3] Olivier Roy, *Globalized Islam: The Search for a New Ummah* (New York: Columbia University Press, 2004).

> 그리스도의 몸으로 우리의 삶을 안내하는 은유 중 하나가 가족이다. 우리는 대가족으로 살아온 개념과 역사를 가지고 있으며, 이를 바탕으로 소속감을 갈망하는 사람들에게 환대를 제공함으로써 그 의미를 더욱 풍성하게 만들 수 있다.

은 두 곳 이상의 지역에 존재하며, 이주로 인한 트라우마 경험을 통해 연결된 공동체다.[4] 이러한 공동체들은 떠나온 지역의 문화를 반영하면서도 독특한 방식으로 발전하여 연구자들에게 큰 관심사가 된다. 팔레스타인 디아스포라는 이러한 디아스포라 공동체의 좋은 예다. 이들 중 다수는 팔레스타인에서 살아본 적이 없지만, 조상의 땅에 대한 강한 동경을 품고 있다. 그들은 디아스포라의 예술과 음악을 창조하면서 서로 소통하고 있다. 이러한 소통은 고국에서뿐만 아니라 세계 여러 디아스포라 집단 간에도 이루어지고 있다.

레바논 디아스포라에 대한 연구에서, 달리아 압델하디는 인터뷰한 사람들 사이에 소속감은 강하지만, 레바논 정체성에 대한 이해는 미흡하다는 점을 발견했다.[5] 많은 이들이 레바논에 대한 강한 유대감을 느꼈으나, 자신이 그곳으로 돌아갈 것이라고 생각하는 사람은 거의 없었다. 대부분이 새로운 고국에서의 삶에 감사하고 있었다.

---

4   Louise Cainkar, "Global Arab World Migrations and Diasporas," *Arab Studies Journal* 21, no. 1 (2013).

5   Dalia Abdelhady, *The Lebanese Diaspora: The Arab Immigrant Experience in Montreal, New York, and Paris*, 1st ed. (New York: New York University Press, 2011).

무슬림, 그 이상의 것

오늘날과 같이 극단적으로 양극화된 세상에서는 무슬림에 대한 오해와 편견이 널리 퍼져 있다. 이러한 왜곡된 시각의 핵심에는 무슬림들이 하나의 획일적인 집단이라는 잘못된 믿음이 자리하고 있다. 그러나 실제로는 자신을 무슬림이라고 자처하는 사람들만큼이나 무슬림으로 살아가는 방식과 의미에 대한 다양한 관점이 존재한다. 이는 지역과 하위문화에 따라 실천과 신앙, 그리고 가치가 매우 다르게 나타난다.

기독교인으로서 이를 이해하는 한 가지 방법은 전 세계의 다양한 기독교인들을 생각해보는 것이다. 그들 사이에 무엇이 공통점이며, 또 무엇이 그들을 다르게 만드는지를 살펴보는 것이다. 예를 들어, 필리핀의 가톨릭 신자나 애팔래치아에서 뱀을 다루는 오순절 교인이나 모두 자신이 기독교인임을 자처하지만, 그들을 일주일 동안 따라다니면서 일상을 지켜보고 그들이 믿는 바를 물어본다면, 기독교인으로 살아간다는 것의 의미에 대한 매우 상이한 시각을 얻을 수 있다.

이슬람에서도 마찬가지다. 모리타니의 시골 무슬림과 인도네시아 도심의 무슬림은 각각 무슬림으로 살아가는 것에 대해 두 가지 전혀 다른 관점을 가질 수 있다. 더 나아가, 누군가는 이 두 사람이 그 지역의 '전형적인' 무슬림을 대표한다고 오해할 수도 있다.

「디 애틀랜틱」지에 실린 기사는 이슬람 내의 다양성에 주목한다. 이 기사는 독일에 거주하는 시리아 여성들의 이야기를 다루는데, 이들은 독일에서 자신들이 편안함을 느낄 수 있는 모스크 공동체를 찾는 데 어려움을 겪었다. 한편에는 지나치게 보수적인 아랍 모스크가 있었고, 다른 한편에는 언어와 문화가 다른 튀르키예 모스크가 있었다. 기자가 인터뷰한 난민들은 자신들이 이 두 가지 모스크 유형 중 어느 곳에도 어울리지 않는다고 판단했다.[6]

이슬람은 총체적인 세계관으로 보일 수 있지만, 많은 이들이 중동 사람을 단지 종교로만 정의해서는 안 된다고 주장했다.[7] 이 장에서는 중동 출신의 사람들이 유럽, 특히 스웨덴에서 자신들의 삶을 어떻게 영위하는지에 대해, 그들의 정체성 형성에 영향을 미치는 다른 요소들에 대해 포괄적으로 짚어보고자 한다.

사회적 범주에서의 자비

유럽의 여러 지역에서 난민들은 도시 내에서 가장 원치 않는 지역에 배정되어 살게 되는 경우가 많다. 스웨덴의 말뫼에서도 같은 현상이 나타난다. 우리가 살고 있는 이 도시에는 시리아, 이라크, 레바논, 팔레스타인, 그리고 북아프리카 및 중동에서 온 난민들이 1970년대 주택난 해결을 위해 급하게 지어진 아파트 단지에 거주한다. 이 지역은 한때 스웨덴 노동계급과 주변국 출신 노동자들이 거주하던 곳이었지만, 현재는 그들의 부재로 인해 새로운 특징을 띠게 되었다. 이곳은 스웨덴의 다른 지역에 비해 실업률이 높고, 갱단 및 마약 관련 범죄가 빈번하며,

---

[6] Alice Su, "Why Germany's New Muslims Go to Mosque Less," *The Atlantic*, July 26, 2017, https://www.theatlantic.com/internationaI/archive/2017/07/muslim-syrian-refugees-germany/1534138/ 2019년 4월 19일 접속.

[7] Sami Zubaida, *Beyond Islam* (New York: I. B. Tauris & Co Ltd, 2011); Ahmed, *What Is Islam?*

주류 사회에서 소외된 사람들이 가시적으로 존재하는 지역이다.

이 지역 대다수 주민이 무슬림 배경을 가지고 있지만, 이 모든 문제가 종교에서 기인했다고 가정한다면 지나치게 단순한 생각일 수 있다. 가장 극단적인 급진화의 사례조차 종교보다는 사회적 소외와 더 밀접한 관련이 있다는 주장이 있다. 예를 들어, 토마스 피케티는 ISIS 대원 모집이 문명 간의 충돌 때문이라는 주장에 대해 비판적이며, 이 현상은 오히려 해당 국가들 내에 존재하는 불평등과 더 큰 관련이 있다고 본다.[8]

말뫼의 이 지역에서 학교는 낮은 성취도를 보이고 있다. 이곳 학생들은 스웨덴어나 자신들의 모국어 모두에서 고급 언어 능력을 제대로 발전시키지 못하는 경우가 많다. 이들은 스웨덴에서 태어나기는 했지만, 다른 지역에서 태어난 아이들과 경쟁하기 어려운 위치에 있다. 학교를 졸업한 후 취업 시장에 진출할 때, 그들은 구조적인 인종 차별을 마주하기도 전에 이미 불리한 출발점에서 시작한다. 이들은 무슬림일 뿐만 아니라 가난하고 실업 상태에 있으며, 편견의 대상이 되는 비주류에 속한다. 이러한 요인들은 자기 자신과 국가를 인식하는 방식에 영향을 미친다.

또한, 우리가 만나는 많은 난민들은 고국에 있는 가족에게 자신들의 어려움을 말하지 못한다고 털어놓는다. 그들은 이미 고국에 있는 가족들의 눈에는 성공한 사람들, 꿈을 이루고 있는 사람들로 비친다!

---

8 Tankersley, Jim. "'Inequality' Is Behind the Rise of Isis, Says Author Thomas Piketty." *The Independent*. November 30, 2015. https://www.independent.co.uk/news/world/middle~eastl

그러니 외로움이나 고립감을 느낀다고 어떻게 불평할 수 있겠는가? 그래서 많은 난민들이 자신의 문제를 혼자 간직하거나, 여기 유럽에서 이러한 고충을 나눌 상대를 찾는다.

북유럽의 환대

요르단에서 지낼 때, 우리는 매일같이 사람들에게 초대받아 그들의 집을 방문하고 음식을 나누며 새로운 우정을 쌓았다. 요르단 사람들은 외부인에게 호기심이 많았고, 요르단 외의 세계에 대한 모든 이야기를 듣고 싶어 했다.

여기 스웨덴에서 나(조나단)는 '스웨덴어를 제2외국어'로 배우는 수업을 듣고 있다. 이곳의 학생들은 대다수가 시리아 출신이다. 그들과 스웨덴에서의 삶에 대해 이야기를 나누면서, 대부분이 스웨덴 출신 사람들과 의미 있는 교류를 거의 나누지 못하고 있다는 사실을 알게 되었다. 이들은 매일 수업에 참석하지만, 스웨덴어를 모국어로 사용하는 사람들과 대화를 나눌 기회가 거의 없다.

중동 사람들과 달리 스웨덴 사람들은 새로운 사람을 집으로 초대하는 일이 많지 않다. 이는 그들이 비우호적이거나 다른 사람들과 교류하고 싶지 않아서가 아니라 그저 문화적 특징일 뿐이다. 그러나 중동 출신 사람들에게는 이와 같은 문화적 차이가 때로는 부정적으로 받아들여질 수 있다. 내가 대화를 나눈 몇몇 사람들은 스웨덴 사람들은 사교적이지 않다고 느끼고, 어떤 이들은 심지어 스웨덴 사람들이 아랍인을 싫어한다는 결론을 내리기도 했다.

> 유럽 교회가 직면한 도전 중 하나는 난민들이 주로 저소득, 고실업 지역에서 초기 정착 생활을 시작한다는 점이다.

이러한 문화적 차이는 스웨덴 사회에 도전이 될 수 있지만, 교회에는 큰 기회가 될 수 있다. 그리스도의 몸으로 우리의 삶을 안내하는 은유 중 하나가 가족이다. 우리는 대가족으로 살아온 개념과 역사를 가지고 있으며, 이를 바탕으로 소속감을 갈망하는 사람들에게 환대를 제공함으로써 그 의미를 더욱 풍성하게 만들 수 있다.

우리가 지금까지 중동 출신 사람들과 쌓아온 많은 우정은 시간을 내서 그들의 이야기를 듣고, 그들을 집으로 초대하여 함께 음식을 나누는 과정에서 이루어졌다. 이러한 환대는 간단해 보이지만, 이를 통해 우리는 그들이 하나님과 함께 걸어가는 여정을 이해하게 된다. 이 맥락에서 우리는 하나님의 사랑을 더 알고 싶어 하는 사람들에게 예수님을 중심에 두는 의미 있는 우정을 권면할 수 있다. 또한 그들의 질병이나 염려에 대해 기도하거나 간단한 축복 기도를 해줄 수 있다.

성육신의 삶을 사는 도전

유럽 교회가 직면한 도전 중 하나는 난민들이 주로 저소득, 고실업 지역에서 초기 정착 생활을 시작한다는 점이다. 이러한 지역들은 생활 환경이 열악하고, 삶의 어려움이 더욱 뚜렷하게 드러나는 곳이다. 앞서 설명했듯이 우리가 살고 있는 말뫼도 그러한 사례 중 하나다. 2016년, 리카드 라거발과 레이프 스텐버그가 말뫼 지역의 모스크 수를 조사했을 때, 이 지역에만 17개의 모스크 공동체가 존재한다는 사실을 발견했다.[9] 이는 다른 무슬림 사회를 포함하지 않은 수치이며, 대부분의 모스크는 우리가 살고 있는 지역에 자리하고 있다. 반면, 이 지역에 사는 주민들의 공동체와 능동적으로 소통하는 교회는 없었다.

우리는, 예수님의 사랑을 전하는 유일한 기회가 될 수 있다는 믿음으로 사람들이 선호하지 않는 이 지역에 들어가 살고자 하는 이들이 열매를 맺게 될 것이라고 굳게 믿는다. 이것이 바로 예수님을 따르는 길이 아니겠는가? 예수님은 자신의 권리와 특권을 붙잡지 않으시고, 우리 가운데서 살기 위해 모든 것을 내려놓으셨다(빌 2:7).

움마와 그것이 우리 사역에 미치는 영향

우리가 말뫼에서 관찰한 바로는, 무슬림 사이에는 출신 국가와 관계없이 공유되는 '존중'이 존재했다. 이러한 존중은 인사나 무슬림을 돕는 지역행사에 참석하려는 의지와 같은 작은 인정 행위에서 드러난다.

일상에서 나(소피아)는 서로 다른 배경을 가진 무슬림 여성들이 이슬람 의류나 음식을 어디서 구매하는지 서로 묻고 답하는 모습을 보았다. 또한 우리가 사는 아파트 단지에서 내가 요르단에서 처음 접했던 전통을 이어가는 여성들을 볼 수 있었다. 남편과 자녀가 직장이나 학교에 가 있는 동안, 여성들은 서로의 집을 방문해 차를 마시며 일상의 이

---

9   Rickard Lagervall and Leif Stenberg, Muslimska församlingar och föreningar i Malmö och Lund-enögonblicksbild Innehällsförteckning, Lund, 2016, http://www.cmes.lu.se/fileadmin/_migrated/content_uploads/Malmo_rapporten_20160415.pdf.

> 유럽에 온 난민들은 새로운 환경 속에서 자신의 정체성을 다시 묻게 된다.

야기를 나눈다. 그러나 이러한 만남은 주로 같은 지역과 종교적 배경을 공유하는 여성들 사이에서 이루어지는 것처럼 보인다. 우리 동네에서는 이라크 출신의 시아파 여성들이 이 같은 전통을 따른다.

이와 같은 지리적, 종파적 연대는 모스크에서도 뚜렷이 나타난다.[10] 몇몇 대형 모스크에서는 시아파와 다양한 지역 출신의 사람들을 모두 환영한다고 말하지만, 대부분의 소규모 공동체는 출신 국가별로 나뉘어 있다. 실제로 우리 무슬림 친구들은 모스크의 이름을 부르기보다는 그곳을 사용하는 사람들의 출신 국가로 모스크를 지칭하는 경향이 있다. 이를테면, "아, 보스니아 모스크 말하는 건가요?" 하는 식이다. 이론적으로는 모두가 같은 움마에 속해 있지만, 실제로는 예배 시간이 분리되어 있다.

함께 학교에 다니고 다양한 문화권에서 우정을 쌓은 젊은 세대에서는 이러한 분리가 덜 나타난다. 우리가 말뫼에서 만난 여러 친구 집단들은 가정 배경이 각기 달랐음에도 불구하고, 공통된 도심 문화를 공유하며, 모국어에서 유래한 단어가 섞인 스웨덴어 방언을 사용했다. 이 젊은이들은 무슬림 배경을 가지고 있지만, 스웨덴 문화와 모국 문화의 교차점에서 살아가고 있다. 이들 대부분은 스웨덴에서 태어났지만, 자신을 '스웨덴인'이라고 느끼지 않는다. 반면, 그들은 '고향 나라'를 방문

---

10   Ibid.

할 때 그곳에서도 이질감을 느낀다. 이 그룹의 정체성에 관한 질문들은 특히 민감한 주제가 될 수 있다.

여기 말뫼에서 종종 우리는 기독교인인지, 기독교인이라면 어떤 종류의 기독교인인지 질문을 받는다. 이 질문은 겉으로는 단순해 보이지만, 대화 상대에 따라 그 의미가 달라질 수 있다. 오래전부터 우리는 교회의 복잡한 역사를 옹호하기보다 예수님의 복음을 전하는 데 더 중점을 두기로 결정했다. 그 결과 우리는 '기독교인'이라는 개념보다 '예수님을 따르는 사람'이라는 개념에 더 공감하게 되었다. 그러나 이러한 구분은 높은 수준의 교육을 받은 사람들에게는 도움이 되고 이해하기 쉽지만, 그렇지 않은 사람들에게는 혼란스러울 수 있음을 알게 되었다.

내(조나단)가 여덟 살에 학교를 그만둔 시리아 농부와 이야기를 나눈 후, 그에게 나를 "예수님을 따르는 사람"이라고 소개하자, 그는 당황한 표정을 지으며 물었다. "그런데 당신은 기독교인인가요?"

얼마 후 나는 그가 스웨덴에 사는 많은 이들이 하나님을 전혀 믿지 않는다는 사실을 알고 있음을 발견했다. 그러니 그의 입장에서는 기독교인을 만난 것이 마치 동족을 만난 것처럼 긍정적으로 느껴진 것이다. 이 사실을 깨달은 후, 나는 그에게 "예, 나는 무슬림을 사랑하는 기독교인입니다"라고 대답했다. 그 후 우리는 예수님을 중심으로 많은 대화를 이어갔다.

중동의 문화는 유럽이나 북미의 문화보다 훨씬 덜 개인주의적이다. 중동인과 예수님 중심의 우정을 쌓을 때는 이 점을 염두에 두어야 한다. 우리는 종종 우리 문화에 뿌리를 둔 교회에서 신앙을 배웠기 때문에 신앙을 주로 개인적인 것으로 여기는 경향이 있다. 그러나 지나치게 개인의 자유에 치중하다 보면, 서로를 위해 목숨을 바치는 자기 희생적인 몸의 의미를 제대로 이해하지 못하는 교회가 될 수 있다.

움마의 개념과 중동 문화는 좀 더 공동체적인 믿음을 가능하게 한다. 이는 예수님께서 사역하셨던 고대 유대 문화와도 비슷하다.[11] 따라서 우리는 이 점을 고려해 제자도에 다가가는 방식을 조정해야 한다. 온 가족이 함께 예수님을 향한 여정을 시작할 수 있도록 격려하며, 한 개인을 영향력이 큰 가족 단위나 친구들의 교제 그룹에서 빼내기보다 처음부터 그룹 단위로 움직일 수 있는 환경을 조성해야 한다. 이는 예수님을 따르겠다는 개인의 결단이 중요하지 않다는 뜻이 아니다. 오히려 기존의 사회 구조 속에서 예수님을 함께 경험할 수 있는 상황을 만들려는 것이다.

"이로써 모든 사람이 너희가 내 제자인 줄 알리라"

무슬림 배경을 가진 사람들이 예수님을 경험하는 데 중요한 요소 중 하나를 요한복음 13장 35절에서 찾을 수 있다. 예수님은 제자들에게 "너희가 서로 사랑하면 이로써 모든 사람이 너희가 내 제자인 줄 알리라"고 말씀하셨다. 이 말씀은 오늘날에도 똑같이 적용된다.

요르단에 살았을 때, 우리는 예수님을 처음 접하는 시리아인들과 함께 시간을 보냈다. 우리의 사역은 현지 교회를 통해 이루어졌고, 이 교

---

[11] Kenneth Bailey, *Jesus Through Middle Eastern Eyes: Cultural Studies in the Gospels* (Downers Grove, IL: InterVarsity Press, 2008)을 보라.

회는 식량 배급과 기도, 경청, 그리고 나눔의 사역에 참여하는 사람들을 위한 활동의 허브로 운영되었다. 우리 모두는 이 사역에서 비롯된 각 개인의 변화를 반기고 축하했지만, 한편으로 나(조나단)는 우리가 전달한 단합과 사랑의 메시지가 다소 과소평가되었다고 느낀다. 우리가 만난 사람들은 교회가 그들을 사랑하는 방식에 큰 감명을 받았고, 그로 인해 복음에 대해 열린 마음을 가지게 되었다.

유럽에 온 난민들은 새로운 환경 속에서 자신의 정체성을 다시 묻게 된다. 그 과정에서 어떤 사람들은 더 보수적으로 변하거나 자신이 떠나온 제도에 환멸을 느끼기도 한다.[12] 그들은 평생을 살아온 권위 구조에 실망하고, 자신만의 세계관을 다시 정립하면서 진리를 찾는 대화에 참여하기를 열망한다. 이 얼마나 예수님의 삶과 가르침을 소개할 수 있는 좋은 기회인가!

결론

결론적으로, 유럽에 도착하는 많은 무슬림 배경의 이민자들은 교회에 매우 실질적인 섬김의 기회를 제공한다. 그들은 새로운 문화와 환경 속에서 자신이 누구인지 이해하는 과정에 있기 때문이다. 우리는 환대, 기도, 성육신적 삶과 같은 고대 기독교의 실천을 재발견함으로써, 타인

---

12 Kathryn Kraft, "Religious Exploration and Conversion in Forced Displacement: A Case Study of Syrian Muslim Refugees in Lebanon Receiving Assistance from Evangelical Christians," *Journal of Contemporary Religion* 32, no. 2 (2017), doi:10.1080/13537903.2017.1298904

을 위해 자신의 삶을 내어주는 공동체가 된다는 것의 의미와 다시 연결되는 소망과 능력을 제시할 수 있다. 먼저 인류애로 그들을 받아들이고, 무슬림들을 포용함으로써 선입견을 넘어 서로간의 공통점을 발견하며, 하나님께서 이미 그들의 삶 속에서 역사하시는 일들을 볼 수 있다. 그렇게 할 때, 우리는 그들을 통해 축복받고, 새로운 우정을 나누며, '중동의 눈으로' 예수님을 보기 시작하게 될 것이다.

토론과 적용

1. 당신의 지역사회에서 이민자들은 어떤 어려움을 겪고 있는가? 그들의 눈으로 본 지역사회는 어떤 모습인가?
2. 환대, 기도, 성육신적 삶과 같은 기본적인 기독교 실천을 어떻게 새롭게 발견하고 적용할 수 있는가?
3. 당신의 공동체는 비기독교인들과 어떤 공통점이나 관심사를 가지고 있는가?

참고문헌

Abdelhady, Dalia. *The Lebanese Diaspora: The Arab Immigrant Experience in Montreal, New York, and Paris.* 1st ed. New York: New York University Press, 2011.

Ahmed, Shahab. *What Is Islam?* Princeton, NJ: Princeton University Press, 2016.

Bailey, Kenneth. *Jesus Through Middle Eastern Eyes: Cultural Studies in the Gospels.* Downers Grove, IL: InterVarsity Press, 2008.

Cainkar, Louise. "Global Arab World Migrations and Diasporas." *Arab Studies Journal* 21, no. 1 (2013): 126–165.

Hughes, Aaron W. *Muslim Identities: An Introduction to Islam.* New York: Columbia University Press, 2013.

Kraft, Kathryn. "Religious Exploration and Conversion in Forced Displacement: A Case Study of Syrian Muslim Refugees in Lebanon Receiving Assistance from Evangelical Christians." *Journal of Contemporary Religion* 32, no. 2 (2017): 221–35. doi:10.1080/13537903.2017.1298904.

Lagervall, Rickard, and Leif Stenberg. *Muslimska församlingar och föreningar i Malmö och Lund—en ögonblicksbild Innehållsförteckning.* Lund, 2016. http://www.cmes.lu.se/fileadmin/_migrated/content_uploads/Malmo__rapporten_20160415.pdf.

Migrationsverket. Statistics, Swedish Migration Agency. Migrationsverket website. https://www.migrationsverket.se/English/About-the-Migration-Agency/Facts-and-statistics-/Statistics.html.

Roy, Olivier. *Globalized Islam: The Search for a New Ummah.* New York: Columbia University Press, 2004.

Su, Alice. "Why Germany's New Muslims Go to Mosque Less." *The Atlantic*, July 26, 2017. https://www.theatlantic.com/international/archive/2017/07/muslim-syrian-refugeesgermany/534138/.

Tankersley, Jim. "'Inequality' Is Behind the Rise of Isis, Says Author Thomas Piketty." *The Independent.* November 30, 2015. https://www.independent.co.uk/news/world/middleeast/inequality-is-behind-the-rise-of-isis-says-author-thomas-piketty-a6754786.html.

Zubaida, Sami. *Beyond Islam.* New York: I. B.Tauris & Co Ltd, 2011.

13 글로벌 사우스에서 난민의 제자화

존 이도코는 CAPRO 디아스포라 선교부의 코디네이터이자 남부 나이지리아 디아스포라의 리더다. 그와 아내 **오페예미** 박사는 다국적 기업을 경영하면서 15년 이상 아랍 공동체에서 교회 개척 사역을 해왔다.

윌슨 나무워자는 현재 5개국으로 확장된 교회 운동을 이끌고 있으며, 우간다 캄팔라에 위치한 올네이션스 허브의 사무총장직을 맡고 있다. 2015년 우간다에서 성장하는 교회와 선교사 운동을 지원하기 위해 은행 지점장직을 사임했다.

핵심 포인트

- 최근 아프리카 여러 지역에 많은 무슬림 난민이 유입되었다.
- 나이지리아와 우간다의 사례에서, 현지 아프리카 리더들이 무슬림 난민들과 소통하여 상당한 성과를 거두었다.
- 이 아프리카 리더들은 무슬림 디아스포라 사역에 대한 깊은 통찰을 가지고 있으며, 이를 다양한 무슬림 난민 사역에 적용할 수 있다.

전 세계적으로 전쟁과 테러로 인해 사람들이 삶의 터전을 잃는 사회적 격변이 일어나고 있다. 6,500만 명 이상이 폭력, 전쟁, 박해로 인해 고향을 떠났으며, 그중 약 3분의 1은 난민 신분으로 타국에 머물고 있다. 2016년 한 해에만 1천만 명 이상이 새로운 난민이 되었으며, 현재 전 세계 난민 인구는 2,250만 명에 달한다. 특히 그중 51퍼센트가 만 18세 미만의 아동이다.[1]

민족이 분산되는 고통스러운 상황 속에서도 희망적인 측면이 있다. 바로 많은 무슬림이 교회가 있는 지역으로 이주하고 있다는 점이다. 이로 인해 타문화권 선교의 양상이 변화하고 있으며, 선교학자들은 이를 '디아스포라 선교'라고 부른다.

유럽의 난민 위기가 뉴스 매체의 주목을 받는 가운데, 나이지리아 남부와 우간다 등 글로벌 사우스 지역에서도 대규모의 난민 이동이 일어나고 있다. 나이지리아에서는 보코 하람의 테러로 2014년부터 200만 명 이상이 무슬림 다수 지역인 북부에서 기독교 다수 지역인 남부로 피난했다.[2] 한편, 아프리카 대륙의 반대편에서는 2013년 이후 240만 명 이상의 남수단인들이 자국을 떠났으며, 그중 절반 가까이가 우간다로 피난했다.[3]

많은 아프리카 기독교인들은 이전에 접근하기 어려웠던 무슬림들이

---

[1] Global Trends: Forced Displacement in 2016, United Nations High Commissioner for Refugees, http://www.unhcr.org/5943e8a34.pdf.

[2] "Nigeria Emergency," United Nations High Commissioner for Refugees, http://www.unhcr.org/en-us/nigeria.emergency.html, 2019년 1월 21일 접속.

[3] "South Sudan Emergency," United Nations High Commissioner for Refugees http://www.unhcr.org/en-us/south-sudan-emergency.html, 2019년 1월 21일 접속.

가까이 오게 된 이 기회에 적극적으로 대응하고 있다. 선교학자 페인은 "주관자 되시는 주님은 전 세계적인 인구 이동을 계획하여 그분의 영광을 위해 그분의 나라를 앞으로 나아가게 하고 계신다… 글로벌 이주는 우리와 교회에 대위임령을 수행할 기회를 제공하고 있다"라고 강조한다."[4]

나이지리아에서 일하시는 하나님

아프리카 기독교인들이 난민 무슬림들을 만나는 곳이 나이지리아, 우간다, 혹은 그 밖의 어느 지역이든, 그들은 종종 이 난민들이 이미 초자연적으로 예수님을 만났다는 사실을 발견한다. 나이지리아의 젊은 무슬림 여성 자흐라의 이야기가 대표적인 사례다.

자흐라는 보코 하람 테러의 본거지였던 나이지리아 북동부의 매우 독실한 무슬림 가정에서 태어났다. 그녀는 이슬람 학교에 다녔고, 히잡(무슬림 여성이 공공장소에서 착용하는 머리 덮개)을 착용했으며, 기독교인을 증오하고 그들과 어떤 관계도 맺지 않았다. 이러한 환경이 그녀에게 폭력적인 지하드(jihad, 성전)에 대한 관심을 불러일으켰다.

그러던 중 어머니가 돌아가셨다. 어머니에 대한 사랑이 각별했던 자흐라는 이후로 어머니가 천국에 가셨는지, 아니면 지옥에 가셨는지 궁금해졌다. 어느 쪽으로도 확신이 들지 않는 가운데, 자흐라는 그해 라

---

4 J. D. Payne, *Strangers Next Door: Immigration, Migration and Mission* (Downers Grove, IL: InterVarsity Press, 2012), 22, 158.

> 아프리카 기독교인들이 난민 무슬림들을 만나는 곳이 나이지리아, 우간다, 혹은 그 밖의 어느 지역이든, 그들은 종종 이 난민들이 이미 초자연적으로 예수님을 만났다는 사실을 발견한다.

마단 기간 내내 어머니가 천국에 갈 수 있기를 알라에게 간절히 기도했다. 어느 날 밤, 그녀는 꿈을 꾸었다. 꿈에서 그녀는 모스크의 여성 구역에 서 있었는데, 갑자기 다른 여성들이 몰려와 그녀를 더 이상 자신들의 일원이 아니라며 모스크에서 쫓아냈다. 자흐라는 울며 서 있다가 모스크 근처 나무 아래에서 하얀 이슬람 옷을 입은 세 명의 남성들을 보았다. 그중 한 명이 그녀에게 "당신은 이제 구원받았고 기독교인이 되었습니다"라고 말했다. "기독교인이라고요?" 그녀는 의아해하며 반문했다. "저는 기독교인이 싫어요. 어떻게 제가 기독교인이 될 수 있다는 말이지요?"

이 꿈은 자흐라의 영적 여정의 출발점이 되었다. 천국에 대한 열망에 사로잡힌 그녀는 어떻게 하면 기독교인이 될 수 있는지 알아보기 시작했다. 그러나 보코 하람이 지배하는 환경에서 기독교인이 된다는 것은 현실적으로 불가능한 일임을 깨닫고, 그녀는 그리스도를 찾기 위해 남부로 도망쳤다. 그곳에서 기독교인들의 도움을 받아 그리스도를 영접하고, 그 도시에서 디아스포라 사역을 시작한 지 얼마 안 된 우리 부부(존과 오페예미)를 우연히 만나기까지 그녀의 제자훈련은 많은 길을 돌아가야 했다. 그녀는 또한 디아스포라 교회에서 MBB들을 만나보라는 권유도 받았다.

현재 자흐라는 주님 안에서 성장하며, 자신뿐만 아니라 다른 이들도 천국에 갈 수 있도록 열정적으로 노력하고 있다. 그녀는 그리스도의 생명을 내면에서부터 발산하며, 가는 곳마다 그리스도의 향기를 퍼뜨리고 있다.

보코 하람으로부터 피신한 국내 난민의 제자화

보코 하람의 반란, 사하라 사막의 확산, 그리고 나이지리아 북부의 다른 위기 상황들이 복합적으로 사헬 지역의 인구 동향에 큰 변화를 가져왔다. 이로 인해 무슬림 종족들이 상대적으로 평화롭고 번영하는 나이지리아 남부로 대거 이주하고 있다. 카누리족, 슈와 아랍족, 풀라니족, 하우사족 등 무슬림(및 비무슬림) 부족들이 이제 안정된 교회가 위치한 지역의 인근에 정착하고 있다.

북부의 주류 종교가 이슬람이기에,[5] 이 위기로 인해 수천 명의 북부 토착 기독교인들 또한 남부로 이주하고 있다. 이렇듯 복잡한 상황은 나이지리아의 교회와 선교기관에 새로운 선교 접근법을 요구한다.

북부에서의 폭력으로 추방된 선교사로서 우리 부부는 이 이주의 물결에서 새로운 기회를 발견했다. 얼마 지나지 않아 디아스포라에 초점을 둔 토착 선교회가 조직되었다. 이 선교회는 남부로 이주한 북부 이주민들 사이에서 *북부형제교회*(Ekklisiyar Yan Arewa)라는 새로운 이주민 교회개척을 담당할 팀을 구성했다. 이 이니셔티브를 통해 디아스포라 내 교회개척 운동[6]이 활발하게 일어나기 시작했다.

---

5   John Idoko, *Scattered to Be Gathered: Ministry to Migrants* (Lagos, Nigeria: CAPRO Media, 2017), xxiii.

6   데이비드 개리슨에 의하면, 교회개척 운동(때로는 제자삼기 운동이라고도 함)은 특정

북부 출신의 무슬림들은 '목자 없는 양'처럼 남부 전역에 흩어져 상업, 우물 파기, 벌목, 소몰이 등의 생계 활동을 하고 있다. 그들은 하우사, 사보, 하우사 쿼터 등 고향을 연상시키는 이름의 독특한 정착촌을 형성하고 있으며, 이곳에서 자체적인 종교적, 문화적, 전통적 지도 체계를 확립해가고 있다. 일부 정착촌에서는 주변 지역 공동체에 무슬림 신앙을 적극적으로 전파하고 있다.

기독교 사역자들은 창의적인 방법을 모색하며 누가복음 10장의 모델에 따라 이주민 정착촌에 두 명씩 나가 복음을 전하고 있다. 하우사 언어로 제작된 예수 영화와 *예수님과 함께 동행하기*(Tafiya Tare Da Ye) 상영, 하우사어 라디오 복음 방송, 전도지 및 기타 복음전도 자료 배포 등 다양한 활동을 활동을 펼치고 있다.

디아스포라 무슬림 정착촌에서 매춘은 심각한 문제다. 여성 교회개척자들은 해당 공동체에 들어가 성매매 여성들과 시간을 보내며, 그들이 복음을 듣고 그리스도께 나아올 수 있도록 돕고 있다. 북부에서 *마가지야*[7]에 의해 강제로 끌려온 어린 소녀들은 구출된 후 재활 지원을 통해 새로운 삶을 시작할 수 있도록 도움을 받고 있다. 이는 난민이 된 무슬림들이 복음에 감화되고 제자로 성장하는 다양한 경로 중 하나다.

종족이나 인구 집단을 휩쓸며 교회를 개척하는 토착 교회의 급속한 배가를 의미한다. David Garrison, *Church Planting Movements* (Midlothian, VA: WIGTake Resources, 2004), 21.

7 마가지야(*magajiya*)는 이주민 정착촌에서 식당을 운영하며, 어린 소녀들을 고용하여 접객이나 매춘 등 부적절한 방식으로 착취하는 관리자를 말한다.

이주한 기독교 배경의 신자를 준비시키기

> 대부분의 무슬림 이주민들이 문화적인 이유로 기존 교회에 출석하지 않을 것이므로, 남부의 교회들은 이주민들이 편안하게 예배를 드릴 수 있는 디아스포라 교회를 개척하여 전통적인 하우사 양식의 예배를 드리고 있다.

북부에서 추방된 사람들 중에는 무슬림뿐만 아니라 폭력을 피해 도망친 기독교인들도 있다. 이에 또 다른 전략은 이주민 커뮤니티 내 비무슬림에 집중하여 그들을 제자화하고, 역량을 강화하여 무슬림에게 복음을 전할 수 있도록 준비시키는 것이다. 북부 기독교인들은 문화적 유사성 덕분에 디아스포라 무슬림의 언어와 문화, 관습을 잘 이해한다. 따라서 그들은 무슬림에게 예수님을 전할 수 있는 그들만의 준비가 되어 있다. 모든 신자는 복음을 증거하고 제자들을 배가시키는 것이 그리스도 안에서 그들이 갖는 정체성의 핵심임을 배운다. 이러한 기독교 배경의 신자들(CBB, Christian Background Believers)은 같은 이주민 커뮤니티에 속해 있어, 일상 속에서 자연스럽게 디아스포라 무슬림과 교류하며 그들에게 복음을 증거할 수 있다.

디아스포라 무슬림은 이제 나이지리아 남부 교회, 사역, 신앙 공동체에서 '이웃에 사는 이방인'으로 인식된다. 그러나 대부분의 무슬림 이주민들이 문화적인 이유로 기존 교회에 출석하지 않을 것이므로, 남부의 교회들은 이주민들이 편안하게 예배를 드릴 수 있는 디아스포라 교회를 개척하여 전통적인 하우사 양식의 예배를 드리고 있다.

우간다: 전쟁 난민의 제자화

이도코 부부와 나이지리아에 있는 그들의 동료들뿐만 아니라, 아프리카 전역의 많은 기독교인이 하나님 나라가 난민들 사이에서 확장되는 모습을 목격하고 있다. 약 5천 킬로미터 남동쪽에 위치한 우간다 캄팔라에서도 하나님은 무력 분쟁과 국가 붕괴로 인해 발생한 난민들 가운데서 새로운 그리스도인 운동을 일으키고 계신다.

남수단의 전쟁으로 끔찍한 잔학 행위와 인권 침해가 초래되었으며, 약 200만 명의 국내 난민이 발생했고, 220만 명 이상이 인접 국가로 피난했다. 이들 중 약 100만 명은 2013년 이후 우간다로 피신하여, 우간다는 세계에서 난민을 가장 많이 수용한 국가 중 하나가 되었다.[8]

몇 년 전, 나(윌슨)는 교회개척 운동(CPM)에 대해 배우고, 이를 캄팔라의 빈민가에서 실행하기 시작했다. 그 결실로 불과 몇 년 만에 이 운동은 1천 개 이상의 가정교회로 성장했으며, 그중 약 20퍼센트는 무슬림 배경의 난민들로 이루어져 있다. 원래 무슬림에게 복음을 전하는 것이 계획된 일은 아니었지만, 하나님의 섭리로 이들이 우간다로 오게 되었고, 이에 운동의 리더들은 응답했다.

우간다의 무슬림 난민들 중에는 누비아인과 소말리아인도 있지만 대부분이 수단인들이다. 이 난민들은 교회개척 운동이 시작된 지역에서 멀리 떨어져 있어 매주 교회 모임에 참석하기가 어렵다.

이 난민 사역의 중심에는 전쟁 전부터 신자였던 수단인 가족이 있

---

8   "South Sudan Emergency," UNHCR.

> 교인들은 난민들을 위해 무릎 꿇고 기도할 수밖에 없다. 이는 오직 하나님만이 이들의 절박한 필요를 채워주실 수 있음을 알기 때문이다.

다. 사라와 남편 무나르는 이러한 난민들 중 하나다. 사라의 아버지는 무슬림이었다가 그리스도인이 되었으며, 성령님으로부터 직접 디스커버리성경공부(DBS)에 대한 가르침을 받았다. 사라는 자신의 가족들이 예수님을 따르다가 시시때때로 체포되는 모습을 보며 자랐다.

우간다 정부는 이 난민들에게 신체적, 정서적 피난처가 되어주고 있지만, 법적이나 경제적인 지위는 보장하지 않는다. 난민들은 대부분 입고 있는 옷 외에 아무런 소지품도 없이 우간다에 들어오며, 기본적인 주거 시설과 깨끗한 물조차 구하기 어려운 실정이다. 이 모든 어려움은 난민 가족들에게 감당하기 힘든 일들이다. 안타깝게도 대부분의 현지 신자들도 형편이 좋지 않아 물질적 지원을 제공하기도 어렵다. 그래서 교인들은 난민들을 위해 무릎 꿇고 기도할 수밖에 없다. 이는 오직 하나님만이 이들의 절박한 필요를 채워주실 수 있음을 알기 때문이다.

단순한 교회개척 과정

교회개척과 교회개척 운동의 시작은 본질적으로 단순하다. 모든 것은 기도로 시작된다. 교회개척 팀은 이주민들을 만날 때, 하나님께서 원하시는 시각으로 그들을 볼 수 있게 해달라고 기도한다. 그들의 신체적 필요뿐만 아니라 영적 필요도 볼 수 있게 해달라는 기도다. 이러한 분별력은 교회개척 운동의 모든 단계에서 중요하다.

> 교회개척과 교회개척 운동의 시작은 본질적으로 단순하다. 모든 것은 기도로 시작된다.

다음 단계는 잠재적 전도 대상자를 가능한 한 많이 *만나서 연결하는 것*이다. 예수님에 대해 이야기하기 전에, 팀은 먼저 그들과 깊은 교제를 나누고 친구 관계를 형성한다. 그들에게 받아들여졌다고 느낀 후에야 그들을 *제자 삼고* 예수님에 대해 *나누는* 단계로 나아갈 수 있다.

교회개척 팀은 '평화의 사람'을 찾아 복음을 전하려고 노력한다. 이는 누가복음 10장 5-7절에 나오는 예수님의 가르침에 근거한다. "어느 집에 들어가든지 먼저 말하되 이 집이 평안할지어다 하라. 만일 평안을 받을 사람이 거기 있으면 너희의 평안이 그에게 머물 것이요 그렇지 않으면 너희에게로 돌아오리라. 그 집에 유하며 주는 것을 먹고 마시라. 일꾼이 그 삯을 받는 것이 마땅하니라. 이 집에서 저 집으로 옮기지 말라."

평화의 사람은 팀과 개인적으로 연결되는 일에 열려 있을 뿐 아니라 이웃, 친구, 또래 등을 초대하여 예수님에 대해 더 많이 알고 함께 성경을 공부하도록 영향력을 끼칠 수 있는 사람들이다. 이들과 그리스도에 대해 나눈 새 친구들은 자신의 동료들을 *모아서* 그룹을 형성하게 된다. 리더는 이 그룹에서 상호대화 방식의 디스커버리 성경공부(DBS)로 성경을 가르친다. 새 제자들이나 예비 제자들은 DBS 방식으로 성경을 읽은 다음, 하나님과 인간에 대해 배운 점, 성경말씀에 어떻게 순종할지, 그리고 누구와 이것을 나눌 것인지에 대해 차례로 토론하게 된다.

DBS의 순종과 나눔의 요소는 처음부터 *배가되는* 가치를 기반으로 한다. 리더들은 함께 공부한 성경말씀을 바탕으로, 참석자들에게 그

말씀에 어떻게 순종할 것인지 과제를 부여한다. 또한 그룹 내에서 각자 배운 이야기나 영적 진리를 누구와 공유할지 묻는다. 후속 모임에서는 참석자들이 과제를 수행했는지 나누며 책임에 대해 이야기한다.

교회개척 운동의 리더들은 난민들과의 깊은 연결이 교회개척의 핵심이라고 믿는다. 그들과 더 깊이 연결될수록 향후 제자훈련 과정에서 더 풍성한 결실을 맺을 수 있기 때문이다. 이는 예수님께서 많은 시간을 들여 제자들과 소통하시고, 그들과 함께 다니며 본을 보이셨던 방식과 유사하다.

리더들은 난민 사역의 핵심이 그들의 현실적 필요에 있다는 중요한 사실을 깨달았다. 난민들이 겪는 극심한 어려움과 가난은 오히려 영적으로 마음을 더 열리게 하고, 자신들의 필요를 깊이 인식하게 만든다. "심령이 가난한 자는 복이 있나니"(마 5:3)라는 예수님의 말씀이 이러한 상황을 잘 설명해준다. 난민들은 가난과 고난을 통해 자연스럽게 겸손해지고, 이는 하나님을 찾고 그분과의 관계를 추구하게 한다. 이 운동의 리더들은 난민들과 많은 시간을 함께 보내면서 친밀한 관계를 형성하는데, 이는 난민들이 말씀을 듣고 예수님을 발견하는 계기가 된다. 특히 난민 가정교회들이 빠르게 배가되는 경향을 보인다. 난민들이 비교적 함께하는 시간이 많고, 다른 할 일이 많지 않기 때문이다.

이 운동은 이미 5개 국가에 여러 선교사를 파송했다. 그중 한 명인 남수단 출신의 네이트는 장애를 지니고 있지만, 그 덕분에 내전 중에 오히려 살아남을 수 있었다. 어느 진영에도 징집되지 않았기 때문이다. 네이트는 현지에서 모금한 자금만으로 고아원을 설립하여 운영하고 있다. 그는 옥수수를 수확기에 구매하여 되팔아 이윤을 내고, 그 수익으로 약 100명의 고아들을 먹여 살리고 있다. 또한 지역 여성들과 협력하여 고아 돌봄 체계를 만들었다. 네이트의 접근성, 그리고 주님께 순종하려는 의지는 세상에서 가장 절박한 지역 중 하나에서 하나님 나라를 확장시키고 있다.

전통적인 교회 패러다임의 재고

우간다에서의 경험을 통해 교회개척 팀은 중요한 통찰을 얻었다. 기존 전통교회들의 끌어들이고 더하는 전략이 디아스포라 종족 사이에서 항상 효과적이진 않다는 것이다. 전통교회들이 사람들을 교회 건물과 모임으로 유치하는 데 집중하는 반면, 예수님의 명령은 "가서 제자를 삼으라"는 것이었다. 따라서 팀은 우간다의 난민들과 소외된 이들을 직접 찾아가 복음을 전하고, 그들이 각자의 상황에서 가정교회를 배가시킬 수 있도록 역량을 강화시킨다.

이렇게 배가되는 패턴은 난민들의 문화를 무분별하게 변화시키려는 일부 전통교회의 방식과는 대조된다. 난민들은 자신의 정체성을 박탈하려는 시도에 저항하며, 그 결과 때때로 예수님을 따르는 것에 대해서도 저항하게 된다. 예수님을 따른다는 것은 자신의 부족이나 문화를 바꾸는 것을 의미하지 않는다. 이 운동은 무슬림 배경을 가진 제자들의 정체성을 박탈하지 않는다. 오히려 MBB들이 예수님을 따르는 가운데 성령님의 도움을 받아, 그들의 문화와 관습 중 어떤 부분을 수용하거나 거부해야 할지를 스스로 분별하도록 돕는다. 이 운동에 참여하는 난민들 중에 스스로를 무슬림이라고 부르는 신자는 없다. 그들은 예수님을 따르면서 기독교인이라고 불리는 것을 기쁘게 받아들이고, 이 부분에서는 자발적인 변화를 보여주는 듯하다.

마지막으로, '전문가'를 단상에 올려놓고 회중을 수동적인 청취자로 전락시키는 전통적인 접근방식은 많은 난민들에게 문제가 되고 있다. 난민들은 교회에서 수동적인 청취를 목격할 때, 즉 순종보다 지식에 초점을 맞추는 것을 볼 때, 이를 위선으로 해석한다. 게다가 예수님은 전문가가 아니라 평범한 어부들을 선택하셨다! 교회개척 팀은 전문가를 양성하기보다는 평범한 사람들이 단순히 예수님께 순종하기를 원한다. 필 파샬은 그의 저서『무슬림 전도의 새로운 방향』에서 이렇게 말한다. "예수 그리스도를 향한 믿음과 열정을 가진 평신도가 무슬림 전도의 열쇠가 될 것이다. 자원은 이러한 평신도 운동을 발전시키는 데 투자되어야 한다."[9]

결론

무슬림 디아스포라의 전 세계적인 확산 속에서, 기존의 많은 기독교 교단들은 이러한 하나님의 운동으로부터 배울 점이 있다. 아프리카의 용기 있는 지도자들은 자국 내 이방인과 망명자들을 찾아가 그리스도의 사랑을 실천하고, 그들을 제자로 훈련시켜 다시 제자를 삼도록 준비시킨다. 이러한 접근은 이슬람을 뿌리부터 흔들어 글로벌 사우스뿐

---

[9] Phil Parshall, *New Paths in Muslim Evangelism* (Grand Rapids: Baker, 1980), 174. 이 책은『무슬림 전도의 새로운 방향』(채슬기 옮김, 예루살렘, 2003)으로 번역, 출간되었다(역자 주).

만 아니라 전 세계적으로 예수님을 향한 운동에 불을 붙일 수 있다.

토론과 적용

1. 당신의 지역교회는 난민들 사이에서 하나님 나라를 확장하는 데 어떤 역할을 하고 있는가?
2. 난민들에게 물질적 도움 외에 어떤 방식으로 도움을 줄 수 있는가? 어떤 방식이 더 효과적인가?
3. 나이지리아와 우간다 신자들의 삶에서 본받을 점은 무엇인가?

참고문헌

Garrison, David. *Church Planting Movements*. Midlothian, VA: WIGTake Resources, 2004, 21.

"Global Trends: Forced Displacement in 2016," United Nations High Commissioner for Refugees, http://www.unhcr.org/5943e8a34.pdf.

Idoko, John. *Scattered to Be Gathered: Ministry to Migrants*. Lagos, Nigeria: CAPRO Media, 2017, xxiii.

"Nigeria Emergency," United Nations High Commissioner for Refugees, http://www.unhcr.org/en-us/nigeria-emergency.html.

Parshall, Phil. *New Paths in Muslim Evangelism*. Grand Rapids: Baker, 1980, 174.

Payne, J. D. *Strangers Next Door: Immigration, Migration and Mission*. Downers Grove, IL: IVP, 2012, 22, 158.

"South Sudan Emergency," United Nations High Commissioner for Refugees http://www.unhcr.org/en-us/south-sudan-emergency.html.

14 트라우마 상황에서 사역하기

사라 G.(가명)는 2006년부터 북아프리카에 거주하는 영국 출신 사역자다. 그녀는 인도주의 단체에서 수년간 일했으며, 현재는 MENA(중동과 북아프리카)에서 지역 단체들에 파트너십을 지원하고 자문하는 역할을 맡고 있다. 현지 출신 남성과 행복한 결혼생활을 하며, 가족과 친구들을 초대하고 방문하기를 즐긴다.

핵심 포인트
- 외국인 사역자들은 흔히 심한 스트레스를 받고 트라우마 상황에 놓이지만, 대개 그럴 때 도움을 받을 수 있는 지원 체계가 있다.
- 현지인 사역자들도 외국인 사역자들과 유사한 트라우마 상황에 처하지만, 이용 가능한 지원 방안이 상대적으로 부족하다.
- 약간의 선견지명과 의지만 있다면, 현지인 사역자를 위한 지원 네트워크를 구축할 수 있고, 반드시 구축해야 한다.

그레이스[1]는 10년간 북부 아프리카에서 개발 사역자로 일했다. 그녀는 유럽 기관의 국제 팀원으로 NGO와 협력하도록 파견되었다. 아랍의 봄 이후, 정권이 바뀌자 이 NGO는 더 '개방적'으로 보이는 인접 국가에서 활동하기로 결정했다.

그레이스와 남편, 그리고 동료들은 새로운 땅에 정착했다. 6개월 만에 그들은 인맥을 통해 잠재적인 현지 파트너와 프로젝트 목록을 만들고, 지사 설립을 위한 서류 작업을 완료했다. 이후 본부의 프로젝트 승인을 기다리는 시간이 이어졌다.

그레이스는 준비된 상태에서 행동하지 못한 채 마냥 기다리는 것이 힘들게 느껴졌다. 한편, 새로운 사역지의 치안이 급격히 악화되었다. 한밤중 한적한 곳에서 차량 강탈 사건이 발생하고, 도시의 일부 지역에서 무장 강도가 출몰하면서 그동안 개선된 치안이 붕괴되기 시작했다. 그레이스의 집 주변 거리에서 총격전이 벌어지는가 하면, 불타는 타이어로 인해 주요 도로의 교통이 막히기도 했다. 택시 강도 사건 소식도 들려왔다.

어느 날 밤, 그레이스는 전화 소리에 잠이 깼다. 창문에서 멀리 떨어져 있으라는 친구의 전화였다. 길거리에서 전투가 벌어지고 있었고, 심지어 RPG(로켓 추진 유탄 발사기)를 장착한 트럭이 지나다녔다. 전화를 건 친구는 이 와중에 그레이스 부부가 두 시간 동안 잠을 잤다는 사실에 충격을 받았지만, 애석하게도 총성은 그들에게 익숙해진 소리였다.

며칠 후, 그레이스는 집 근처 거리에서 한 남성에게 성추행을 당할

---

1 보안상의 이유로 가명을 사용함.

뻔했다. 다행히 재빠르게 집으로 도망쳤다. 그로부터 한 달 뒤, 그레이스의 남편이 점심 시간에 시내 중심가에서 운전하던 중에 총을 든 괴한에게 붙잡혔다는 전화가 걸려왔다. 그의 차량은 그날 아침 도난당한 150대 차량 중 하나였다.

이후 얼마 지나지 않아, 집 밖에서 또 다른 총격전이 벌어졌고, 그레이스와 남편은 이전 거주지로 돌아갈 때가 되었다고 판단했다. 동시에 그들이 소속된 NGO도 이 나라에서 더 이상 사업을 진행할 수 없다고 판단하고 철수를 결정했다.

이 기간 동안, 그레이스는 여러 방면에서 도움을 받았다고 느꼈다. 세 명의 팀원은 서로 쉽게 만날 수 있도록 가까운 거리에 살기로 했고, 함께 기도하고 성경공부를 하면서 비슷한 소명을 가진 다른 외국인들과도 교류하며 즐거운 시간을 보냈다. 그러나 치안 상황이 악화되면서 그들은 서로의 안부를 확인하고 최신 정보를 공유하기 시작했다. 본국의 NGO 직원들도 큰 지지가 되어주었고, 정기적으로 연락을 주고받았다. 최근의 치안 상황과 탈출 계획의 여부를 확인했지만, 동시에 현지 팀의 상황 판단을 존중하고 그들의 의견을 경청했다.

그들의 멤버케어 계획에는 몇 주마다 팀을 출국시켜 압박감을 덜어주는 방안이 포함되어 있었다. 또한 그레이스의 파견 그룹은 그녀와 동료들이 더 안전하게 이동할 수 있도록 정기적으로 연락을 주고받으며, 차량을 구매할 수 있도록 자금을 지원했다. 그레이스가 고국으로 돌아가 휴식을 취하는 동안에는 건강 검진과 디브리핑을 받게 해주었다. 필요한 경우에는 상담 서비스도 제공되었다. 단체는 직원들에게 정기적인 영성 수련회도 마련해주었다. 그레이스가 이웃 나라의 '집'으로 돌아갔을 때, 그 지역에서 활동하던 멤버케어 팀과 함께 모국어로 진행된 디브리핑 세션을 가질 수 있었다.

지속적인 트라우마 상황

> 현지인 사역자들의 목소리를 듣는 과정에서, 우리는 부름을 받았지만 '파송'되지 않은 이들, 자급자족하며 '여가 시간'에 사역을 하는 이들, 가족과 지역사회의 적대감을 감내하며 취약한 나라에서 살아가는 이들을 위한 지원 시스템을 어떻게 마련할 것인지 고민해야 한다.

그레이스는 사역 기간에 여러 트라우마를 겪었다. 트라우마는 "매우 극적인 경험으로 인한 심각한 정서적 충격과 고통"[2]으로 정의된다. 다이앤 랭버그는 트라우마가 전쟁이나 자연재해, 극심한 학대 외에도 어린 자녀의 실종, 살인, 교통사고, 불륜 등에서도 발생할 수 있다면서, "위기는 말 그대로 '분리되는 것'을 의미한다… 무언가가 표식이 되는 것이다. 당신은 삶을 위기 이전과 이후로 나누어 생각하게 된다"[3]고 말했다.

프라우케 쉐퍼의 연구에 따르면, 다문화 사역자는 스트레스를 일상생활의 일부로 받아들이고, 이를 자연스러운 일로 취급하는 법을 배우게 된다. 그녀는 많은 사역자들이 사역 중에 다양한 트라우마를 겪을

---

2   *Cambridge Dictionary Online*, s.v. "trauma," 2018년 10월 22일 접속. https://dictionary.cambridge.org/us/dictionary/english/trauma.

3   Diane Langberg. *Suffering and the Heart of God: How Trauma Destroys and Christ Restores* (Greensboro, NC: New Growth Press, 2015), 107

수 있으며, 이들 대부분이 일반 사람들보다 더 많은 트라우마에 노출될수록 더 높은 회복 탄력성을 보인다고 기록한다.[4]

최근 몇 년간 인도주의 사역자와 선교사를 위한 멤버케어가 더욱 강조되면서, 기독교 사역의 특수성과 그에 따른 압박을 이해하는 정신 건강 전문가들도 증가하고 있다. 『선교사 멤버케어(*Doing Member Care Well*)』[5] 같은 책에서는 다양한 차원에서 타문화 사역자들의 돌봄을 다루고 있다. 이를테면 파송 단체의 특성, 사역지 환경, 결혼 여부, 자녀 양육 상황 등을 묻는다. 다른 책과 논문에서는 부모의 출신 문화와 다른 문화에서 자라나는 자녀들의 문제, 현장에 체류하는 전략, 다문화 팀과의 협업과 리더십, 타문화 사역자를 지원하는 방안, 사역 종료 시 현장을 정리하고 본국에 정착하는 방법 등도 다룬다.

이러한 연구는 타문화 사역자들이 사역하는 동안 회복 탄력성을 유지하고, 사역을 지속하며, 앞으로 겪을지도 모르는 트라우마에 잘 대처하는 방법을 공통적으로 다룬다. 다음은 타문화 사역자에게 필요한 주요 지원 사항이다.

- 도착 전 충실한 오리엔테이션
- 하나님과 깊은 개인적 관계
- 분명한 소명감

---

[4] Frauke Schaefer and Charles Schaefer, eds., *Trauma and Resilience*, Kindle ed. (Condeo Press, 2012), Preface.

[5] 이 책은 『선교사 멤버케어』(켈리 오도넬 편집, 최형근 외 번역, CLC, 2004)로 번역, 출간되었다(역자 주).

- 현장 팀 또는 공동체의 지원
- 정기적인 휴식과 사역지 외 휴가
- 파송 기관과의 원활한 쌍방향 의사소통
- 적절한 음식, 운동, 수면, 휴식, 오락을 통한 건강 관리
- 디브리핑
- 트라우마와 셀프 케어에 대한 이해
- 영적 전쟁에 대한 준비
- 안전 절차
- 사역 지속 여부의 판단 시점 인지

이러한 지원은 사역자 개인뿐만 아니라 리더와 파송 단체에게도 제공되어야 한다. 이를 통해 직원 정책 수립, 디브리핑 방법 정립, 위기 관리 및 사후 지원을 효과적으로 제공할 수 있는 조직적 도움을 받을 수 있다.

트라우마는 많은 경우 일회성이 아니라 반복적이고 지속적인 경험으로 나타난다. 특히 전쟁 중이거나 기독교 신앙에 대한 적대감이 만연한 지역에서는 트라우마가 계속해서 발생한다. 안전한 상황에서는 대화와 상담, 눈물, 그리고 시간을 통해 회복에 힘쓸 수 있지만, 트라우마가 진행 중일 때는 그럴 여유가 없다. 이런 상황에 대해 랭버그는 다음과 같이 조언한다.

지속적인 트라우마 상황에서는 치유를 위해 [대화, 눈물, 그리고 시간이] 여전히 필요하지만, … 그 초점은 회복이나 치유보다는 관리, 억제,

협업, 존엄한 생존, 그리고 가치 있고 보호할 수 있는 것(예를 들어, 다음 세대에 주력)에 맞추는 것이 더 중요해집니다. 이는 대화와 눈물, 감정 표현이 주된 목표가 아니라, 오히려 그런 표현을 통해 주변에 만연한 죽음 속에서도 생명을 세우고 보호하며 키우는 활동으로 이어진다는 의미입니다. 이 과정은 선형적이지 않으며 … 모든 요소가 동시에 엮이고 강화되는 방식으로 진행됩니다.[6]

그레이스처럼 트라우마 속에서 활동하는 사역자들은 더 많은 지원과 조언이 필요하다. 다행히 최근에 이러한 사역자들과 그들과 함께 일하는 단체를 돕는 전문가가 점점 늘어나고 있다. 그러나 여전히 많은 사역자들이 회복에 도움이 되는 자원에 쉽게 접근할 수 없는 상황이다. 다른 사례를 살펴보자.

현지인 사역자들

레일라[7]는 북아프리카 출신으로, 봉사 활동과 취약 여성들과 함께하는 사역에 헌신하고 있다. 그녀는 지역교회에서 활발히 활동하며, 신앙을 나눌 기회를 최대한 활용하고, 다른 이들을 격려하며 하나님과 그분의 말씀에 대해 더 많이 배우고자 노력한다.

10년 전 레일라는 처음 신앙을 갖게 되면서 가족에게 복음을 전하

---

6 Langberg, *Suffering and the Heart of God*, 170-171.
7 레일라의 이야기는 실제 사건들을 바탕으로 재구성했다.

기로 결심했다. 그러나 가족들은 그녀의 결심에 경악하며 그녀를 구타하고, '정신을 차릴 때까지' 방에 가두어 마음을 돌리려 했다. 결국 레일라는 옷 한 벌과 동전 몇 개만 들고 집에서 쫓겨났다. 기독교인 친구들의 도움으로 지낼 수 있었지만, 이후 8년 동안 가족과 거의 연락이 끊어졌고, 연락을 시도해도 결국 눈물로 끝나곤 했다.

레일라는 정규직을 가지고 있으면서 지역 가정교회의 시도자로 활동했다. 그러나 사역을 시작한 지 2년 만에 교회 내에서 분열이 일어났다. 일부 사람들은 그녀가 서구 단체의 돈을 받아 가정교회를 개인 프로젝트로 이용한다는 소문을 퍼뜨렸다. 1년 후 회사가 문을 닫으면서 레일라는 갑작스럽게 일자리를 잃었고, 이 시기는 수년간의 독재 통치 후 혁명으로 인한 국가적 혼란기와 맞물렸다. 2년 전, 레일라는 회사를 그만두고 싶었지만 생계 때문에 그렇게 하지 못했다. 가족과 여러 차례 연락을 해보았지만, 그들의 목표가 오직 그녀의 신앙 포기에 있다는 사실만 확인하고 좌절했다. 그녀는 동료 신자들에게 또다시 배신감을 느끼며 점점 지쳐갔다.

레일라의 상황은 그레이스와는 매우 다르다. 개종 이후 그녀가 받은 대부분의 도의적 지원은 자국에서 사역하는 외국인 사역자들이 제공하는 것이었다. 현재 그녀의 나라에는 자격을 갖추고 현지어를 구사하는 기독교 상담사나 정신건강 전문가가 없으며, 일부 전문가들은 멀리서 유료로 출장 서비스만 제공한다. 레일라는 현지인이라는 이유로 파송 기관의 지원을 받지 못하며, 정기적인 유급 의료 서비스, 디브리핑, 수련회와 같은 혜택도 누리지 못한다. 휴식 시간이나 업무 관리, 스트레스 관리를 도와줄 인력관리 부서도 없다.

도전

2017년, 비전 5:9는 "거하라, 열매 맺으라" 컨설테이션을 개최했다. 이 모임의 목적은 하나님의 마음에 귀를 기울이고, 무슬림 세계에 대한 이해를 증진하며, MBB들이 자신들의 종족을 그리스도께 이끄는 방법을 학습하는 것이었다. 목표한 1,200명의 참석자 구성을 들여다보면, 비서구 세계 출신이 50퍼센트, MBB가 25퍼센트, 젊은 사역자가 25퍼센트, 그리고 여성이 25퍼센트였다. 다른 선교대회와 컨설테이션에서도 무슬림 사역을 논의할 때면 자국민, MBB, 해당 지역 거주자들의 참여를 독려하고 있다. 그러나 현지인 사역자들의 목소리를 듣는 과정에서, 우리는 부름을 받았지만 '파송'되지 않은 이들, 자급자족하며 '여가 시간'에 사역을 하는 이들, 가족과 지역사회의 적대감을 감내하며 취약한 나라에서 살아가는 이들을 위한 지원 시스템을 어떻게 마련할 것인지 고민해야 한다.

무슬림 세계에서 사역에 참여하는 많은 현지인은 사역의 규모와 긴급성을 깊이 인식하고 있다. 그들은 자신들이 교회를 세우는 데 있어 귀중하고 희귀한 자원임을 잘 알고 있다. 이러한 인식은 그들에게 다양한 책임을 부여하게 만들며, 그로 인해 좌절이나 트라우마를 겪은 후에도 이러한 책임을 거절하거나 휴식을 취하고 회복할 시간을 가질 수 없다고 느끼게 된다.

나지 아비하솀과 안네케 컴펜옌은 이렇게 강조한다.

실제로 사역하는 기독교 사역자들은 적절한 훈련과 지속적인 교육이 필요하며, 문제 해결, 위기 대응, 기본적인 상담 기술을 갖추어야 합니다. 또한 소속감과 진정한 동료애, 개인적 및 지적 성장의 기회, 그리고 그들을 점검하고 곁에서 격려해줄 누군가의 지원이 필요합니다.[8]

다행히 일부 자원은 이용할 수 있다. 현지어를 구사하고 상황을 이해하는 경험 많고 사려 깊은 외국인들이 현지인과 함께 사역할 수 있고, 비록 현지어 서비스가 상시적으로 제공되지는 않지만, 현지인을 대상으로도 서비스를 제공하는 멤버케어 팀이 있다. 또한 트라우마 치유 연구소(THI)에서는 치유 그룹을 시작하고 운영하기 위한 교육을 제공하고 있다.[9] THI 교육 자료는 비영어 사용자를 위해 각색되고 번역되어 있다. 그러나 현지인을 위해서는 보다 전문적인 자원과 수련회, 디브리핑, 의료 검진 등과 함께 사역 전 훈련 및 오리엔테이션에 상응하는 전문 자원이 더 많이 필요하다.

외국인 사역자들은 사역과 휴식을 균형 있게 유지하는 모습을 보여주고, 공유와 지원을 위한 현지 네트워크를 형성하며, 자기 관리와 한계 설정에 대한 조언을 제공하고, 스트레스 관리 및 회복 방법에 대해 대화함으로써 현지인 사역자들을 지원할 수 있다. 또한, 전문 팀의 방문을 장려하고 현지어로 제공되는 자원들을 안내할 수 있다.

존 포셋은 『선교사 멤버케어』에서 현지 직원에 초점을 맞춘 장을 통

---

8   Naji Abi-Hashem and Anneke Companjen, "Ministering Wisely in the Middle East: Christian Service Under Pressure," in *Doing Member Care Well*, ed. Kelly O'Donnell (Pasadena, CA: William Carey Library, 2002), 184-185

9   트라우마 치유 연구소(Trauma Healing Institute)는 미국성서공회에 의해 운영된다. http://thi.americanbible.org.

해, 현지인을 채용하는 인도주의 단체에 다음과 같은 사항을 정책에 포함시켜야 한다고 조언한다.

- 현지인과 외국인에 대한 유사한 고용 관행
- 현지 직원의 신체적, 정신적 건강에 관한 관심
- 기술 강화와 진로 계획에 대한 관심 [10]

다른 결말

레일라의 이야기는 다르게 전개될 수 있다. 비록 상황은 변하지 않을지라도 그 상황을 헤쳐 나가는 방식은 달라질 수 있다. 그녀의 이야기에서 도움이 추가된 부분을 이탤릭체로 표기했다.

레일라는 북아프리카 출신으로 봉사 활동과 취약 여성들과 함께하는 사역에 헌신하고 있다. 그녀는 지역교회에서 활발히 활동하며, 신앙을 나눌 기회를 최대한 활용하고, 다른 이들을 격려하며 하나님과 그분의 말씀에 대해 더 많이 배우고자 노력한다.

10년 전 레일라는 처음 신앙을 갖게 되면서 가족에게 복음을 전하기로 결심했다. 그러나 가족들은 그녀의 결심에 경악하며 그녀를 구타하고, '정신을 차릴 때까지' 방에 가두어 마음을 돌리려 했다. 결국 레일라는 옷 한 벌과 동전 몇 개만 들고 집에서 쫓겨났다. *기독교인 친구*

10　John Fawcett, "Care and Support of Local Staff in Christian Humanitarian Ministry," in *Doing Member Care Well*, ed. Kelly O'Donnell (Pasadena , CA: William Carey Library, 2002).

들이 레일라를 친딸처럼 돌보아주었고, 이후 8년 동안 가족과의 연락이 눈물로 끝날 때마다 그녀와 함께 눈물을 흘리며 위로해주었다. 그들은 레일라가 사용하는 언어를 구사하고 장거리에서 인터넷을 사용하여 상실감 문제를 기꺼이 상담해줄 상담사를 찾았다.

레일라는 정규직을 가지고 있으면서 지역 가정교회의 지도자로 활동했다. 그러나 사역을 시작한 지 2년 만에 교회 내에서 분열이 일어났고, 일부 사람들은 그녀가 서구 단체의 돈을 받아 가정교회를 개인 프로젝트로 이용한다는 소문을 퍼뜨렸다. 이 기간에 레일라는 지역 지도자 그룹과 자주 만났다. 현지인 사역자들이 상호 지원할 수 있는 장을 마련하기 위해 한 외국인 사역자가 만든 모임이었다.

1년 후, 회사가 문을 닫으면서 레일라는 갑작스럽게 일자리를 잃었고, 이 시기는 수년간의 독재 통치 후 혁명으로 인한 국가적 혼란기와 맞물렸다. 레일라의 대리 가족은 2년 전에 출국했지만, 그들은 그녀가 다른 현지 기독교인 여성과 이 집을 공유하면서 정착할 수 있도록 도와주었고, 전화와 스카이프를 통해 정기적으로 연락을 주고받았다. 그들은 최근에도 방문하여 레일라와 함께 시간을 보냈고, 그녀와 다른 현지인 사역자들을 위해 단기 수련회를 열어주었다.

레일라는 때때로 사역이 힘들다고 느꼈지만, 함께 지내는 여성들, 대리 가족, 상담사, 지역 리더 그룹과의 대화를 통해 용기를 얻고, 혼자가 아니라는 것을 확인할 수 있었다. 국제 컨퍼런스에서 다른 나라의 MBB들을 만남으로써, 그녀는 자신이 겪는 일이 드문 일이 아니라는 것도 깨달았다. 오히려 자신이 큰 운동의 일부라는 사실을 실감할 수 있었다. 이를 통해 그녀는 힘과 목적, 그리고 하나님의 도우심을 확신하게 되었다. 아랍 성경대학의 원격학습 과정을 통해서는 한층 더 성장하고, 현지 상황에 대한 통찰력을 키울 수 있었다.

토론과 적용

1. 외국인 타문화 사역자라면, 트라우마 상황에서 사역하는 현지인들을 어떻게 지원하고 격려할 수 있는가?
2. 현지인 사역자라면, 자신과 함께 사역하는 다른 자국민들의 역량을 강화하기 위해 어떤 노력을 할 수 있는가?

참고문헌

Abi-Hashem, Naji, and Anneke Companjen, "Ministering Wisely in the Middle East: Christian Service Under Pressure," in *Doing Member Care Well*, ed. Kelly O'Donnell. Pasadena, CA: William Carey Library, 2002, 184–185.

Cambridge Dictionary Online, s.v. "trauma," https://dictionary.cambridge.org/us/dictionary/english/trauma.

Fawcett, John. "Care and Support of Local Staff in Christian Humanitarian Ministry." In *Doing Member Care Well,* ed. Kelly O'Donnell. Pasadena, CA: William Carey Library, 2002.

Langberg, Diane. *Suffering and the Heart of God: How Trauma Destroys and Christ Restores.* Greensboro, NC: New Growth Press, 2015, 107 and 170–171.

Schaefer, Frauke, and Charles Schaefer, eds., *Trauma and Resilience*, Kindle ed. Condeo Press, 2012, Preface.

현지인 사역자를 위한 참고자료

Barnabas International, Care for Global Workers, https://www.barnabas.org/member-care/care-for-global-workers

Cornerstone Counseling in Chiang Mai, Thailand, for Christian workers in Asia (ccfthailand. org)

Olive Tree Counseling Center (olivetreecounseling.org), Antalya, Turkey; can help national workers, but currently only in English

Globalmembercare.org gmcn.globalmembercare.com—links to some resources in languages other than English

https://sites.google.com/site/arabicmembercare/—translation of Doing Member Care Well

Sharpening Your Interpersonal Skills courses—material and facilitators possible in several languages—e.g., www.itpartners.org

Trauma Healing Institute http://thi.americanbible.org resources, training, and setting up of healing groups

15 목자가 필요한 양

갈렙 롬(가명)은 북아프리카에서 사역자들을 이끌고 있다. 12년 동안 아프리카 대륙의 북동부(아프리카의 뿔 지역)에서 유목민을 위한 교회개척 사역을 했다.

핵심 포인트
- 유목민들은 단순히 가난한 농부나 목축업자가 아니며, 생존을 위한 그들만의 독특한 생활 방식을 가지고 있다.
- 유목민은 절대 다수가 무슬림이고, 다른 무슬림 종족과 비교해 예수님의 복음을 접할 기회가 훨씬 적다.
- 유목민 무슬림들에게 복음을 전하는 것이 불가능하지는 않지만, 선교사들은 그들을 섬기고 존중하는 방식에서 근본적인 전제와 실천을 바꾸어야 한다.

1916년, 롤랜드 빙엄은 나이지리아 북부의 풀라니 유목민을 처음으로 관찰했다. 그리고 그들의 상황을 이렇게 묘사했다. "풀라니족은 가축들보다 더 열악한 처지에 놓여 있습니다. 소 떼는 안내하는 목소리와 보호하는 손길이 있지만, 풀라니족은 그들을 지키고 이끌어줄 목자가 없습니다."

빙엄은 계속해서 말했다. "이 부족의 선교사에게는 쉬운 일이 전혀 없습니다 … 그는 몇 안 되는 마을 중 한 곳에 거점을 마련하고 … 목자 없이 방황하는 양 떼를 따라 말 안장 위에서 주어진 시간의 절반을 보내야 할 것입니다."[1]

이 장의 목표는 오늘날에도 여전히 이동 생활을 하는 300여 유목민 종족들 가운데서 그리스도에 대한 깊고 지속적인 필요성을 겸손히 보여주는 것이다.[2] 많은 사역자들이 가장 저항이 강한 정착민 집단에 집중하는 동안 유목민들은 소외되고 있다. 유목민에게 파송되는 사역자 수는 턱없이 부족한 실정이며, 이미 현장에 파송된 사역자들 역시 한 세기 전 빙엄이 지적했던 것과 같은 엄청난 어려움에 직면해 있다.

---

1   *The Evangelical Christian*, vol. XII, no. 5, May 1916, Toronto, 145.
2   "List of Nomadic Peoples," Wikipedia, last modified January 14, 2019, https://en.wikipedia.org/wiki/Lis_of_nomadic_peoples를 보라. 유목 민족에 대한 정확한 목록은 찾아보기 어렵다. 노마드 피플 네트워크(NPN)는 현재 IMB와 협력해 모든 유목민 그룹을 확인하고 있다. 아직 해야 할 일이 있지만, 그들은 이미 250개 이상의 그룹을 식별했다.

유목민이란 무엇인가?

> 유목민은 생존주의자다. 생존을 위해 이동하는 유목민은 정착민들이 살 수 없는 지역에서 살 수 있고, 심지어 번성할 수도 있다.

사람들은 보통 유목민과 이주민을 혼동한다. 선교 세계에서 이러한 오류는 때때로 아브라함을 이해하는 사람들의 사고를 반영한다. 어떤 이들은 아브라함이 우르에서 하란을 거쳐 가나안으로 이동했다는 이유로 그를 유목민으로 간주하지만, 이는 그가 이주민이었음을 보여줄 뿐이다. 실제로 아브라함은 유목민이었다. 이는 단지 그가 장거리를 이동했기 때문이 아니라, 계절에 따라 가축들을 잘 먹이기 위해 이동했기 때문이다. 그는 우르에서, 하란에서, 그리고 가나안에서 유목민으로 살았다.

유목민은 세 가지 유형으로 나눌 수 있다. 대부분은 풀라니족과 같이 물과 비를 따라 매년 정해진 주기로 소, 양, 염소, 낙타 무리를 지정된 목초지로 이동시켜 생계를 유지하는 유목 목축업자들이다. 많은 목축업자들은 사막에서 먼 거리를 이동하며, 수직 유목민들은 겨울에는 계곡에서, 여름에는 높은 산악 목초지로 염소, 말, 야크를 방목하며 이동한다.

전 세계에는 로마의 (집시) 종족처럼 서비스와 상업에 종사하는 유목민들도 있다. 이들은 매년 주기로 이동하거나 아니면 지속적으로 이동하면서 무역, 공연, 혹은 간단한 서비스를 제공할 기회가 있는 도시를 찾아다닌다.

과거 수 세기 동안 대부분의 유목민은 수렵 채집인으로 숲과 정글에 살거나 넓은 경작지를 가로질러 이동했다. 그러나 수 세기에 걸친 식민지화, 인구 증가, 개발로 인해 오늘날에는 (당신과 나와 같은) 정착민이 미처 침투하지 않은 그들의 땅에서 소수 집단으로 살아남았다.

모든 유목민은 다음 네 가지 특징을 공유하며, 이 특징은 NOMAD(유목민)라는 약어를 형성한다.

1. **비개인주의적 (Not Individualistic)** – 유목민의 정체성, 안전, 충성심, 도덕적 규범은 씨족이나 부족에서 비롯된다. 그들은 세상에서 개인으로 존재하지 않는다.
2. **자원으로서 이동성 (Mobility as a Resource)** – 유목민은 이동을 생존 전략으로 활용한다. 모든 구성원이 항상 이동하는 것은 아니다. 일부는 집단의 이익을 위해 정착하기도 한다. 요점은 현재 이동의 여부와 관계 없이 그들이 이동을 조상 때부터 이어온 전통적인 생존 방식으로 인식한다는 것이다.
3. **자율 (Autonomous)** – 유목민은 자기 결정권을 중요하게 여기며, 거주 국가나 인근 공동체에 대한 충성심이 상대적으로 약하다. 이로 인해 목축업 유목민은 농업 공동체와, 서비스 유목민은 마을 공동체와 갈등이 발생할 수 있다. 일부 유목민은 자율성 유지를 위해 이동 생활을 고수한다.
4. **구별되는 정체성 (Distinct Identity)** – 유목민은 자신을 비유목민이나 정착민과 구별되는 존재로 인식한다. 정착 사회 내에서 생활하더

라도 자신이 기존의 사회 체계 밖에 있다고 생각한다.[3]

생존주의자로서 유목민

유목민은 생존주의자다. 생존을 위해 이동하는 유목민은 정착민들이 살 수 없는 지역에서 살 수 있고, 심지어 번성할 수도 있다. 그들은 가축들과 함께 이동함으로써 가축의 수를 늘리고, 다른 사람들은 엄두도 못내는 곳에서도 생활한다. 아마도 빙엄은 이러한 현실 때문에 사역자들이 유목민에게 접근하기가 쉽지 않다는 결론을 내렸을 것이다.

지난 세기 동안 지구의 인구는 네 배로 증가했다. 이로 인해 유목민 지역에는 큰 압력이 가해졌다. 정부는 경제 성장을 위해 유목민의 땅을 노리고, 토지 사용권을 대가로 돈을 제안한다. 유목민이 이를 거부할 경우에는 무력을 사용한다. 그 결과는 항상 동일하다. 유목민은 좋은 땅에서 밀려나 더 열악한 지역에서 생활하게 되거나 해결책이라는 이름의 책략에 몰린다. 한때 유목민이 이용할 수 있었던 땅은 이제 도시 거주민으로 가득 차고, 그들은 이동의 자유와 자율성을 누릴 수 있는 유일한 장소인 가장 열악한 환경으로 내몰리면서도 생존을 이어가고 있다.

---

[3] James Morris, "What Is a Nomad?," *Mission Frontiers*, January-February 2017, http://www.missionfrontiers.org/issue/article/what-is-a-nomad, 2019년 4월 19일 접속.

하나님은 왜 유목민을 택하셨는가?

아담과 하와가 동산에서 쫓겨난 후, 유목 목축과 농경이 삶의 방식으로 등장했다. 사회가 발전하면서 많은 농부들이 안전과 농산물 시장을 보장해줄 수 있는 도시 국가의 보호를 선택했다. 반면, 유목민들은 국외자로 남는 편을 택했다. 그들은 농작물을 키우면서 도시에서 구할 수 있는 물품과 동물을 교환했지만, 도시로부터 자신을 보호하며 독립적이고 자율적인 삶을 유지했다.[4]

만약 하나님께서 권력을 추구하셨다면, 주목할 만한 도시 국가의 사람들을 그분의 백성으로 선택하셨을 것이다. 그러나 그분은 메소포타미아에서 이주해온 소수의 유목민 무리 중 한 사람인 아브라함을 선택된 백성의 조상으로 삼으셨다. 250여 년이 지난 후에도 야곱의 가족은 겨우 75명 정도에 불과했다.[5] 그들의 자율성, 생존 본능, 그리고 뚜렷한 정체성은 여전히 하나님께서 준비 중이신 땅에서 그분의 백성을 세우려는 계획에 완벽하게 부합했다.

야곱이 애굽에 도착했을 때, 요셉은 그에게 다른 목자들이 살고 있던 고센 지역에 정착하라고 권유했다. 비록 이집트인들이 양치기들을 혐오스럽게 여겼지만, 그들이 목자로 남는 것이 중요했다.[6] 하나님은 400년 후 그분의 백성이 한꺼번에 애굽을 떠나야 한다는 것을 알고 계셨기 때문이다. 유목의 역사와 이동성에 대한 지속적인 가치를 가진

---

4   창세기 14장 8-24절에서 아브람이 롯을 구출하는 부분을 보라.
5   창세기 46장 26절, 사도행전 7장 14절.
6   창세기 46장 34절.

사람들만이 그런 엄청난 구상을 할 수 있었다.

데이비드 필립스는 이렇게 말한다. "유목민의 목축은 하나님의 방법이었음이 분명하다. 이것은 당시의 이웃 이교도 세력으로부터 족장들의 독립성을 보호하여 그분의 목적을 이루기 위해서였다."[7] 다른 종족과의 혼합과 혼인을 삼가는 하나님의 지시를 따르는 데 유목민보다 더 잘 순종할 수 있는 사람이 누가 있을까? 이미 유목민은 독립성, 독특한 정체성, 그리고 자급자족에 대한 경향이 강했다.

아브라함의 하나님에 대한 이해에 대해서도 생각해보자. 아브라함은 자신을 미지의 땅으로 인도하시는, 신뢰할 수 있는 분으로 하나님을 경험했다.[8] 그의 유목민적 세계관은 하나님의 언약을 따르는 데 적합했으며, 그는 믿음으로 순종하며 살았다. 하나님은 이러한 아브라함의 믿음을 보시고 그를 의롭다고 여기셨다.[9] 반면, 귀족적 배경과 권력을 가진 정착민이 아브라함처럼 하나님의 인도하심에 열린 자세를 갖기는 쉽지 않았을 것이다.

야곱은 하나님을 그의 조상 아브라함과 이삭의 하나님이자 자신의 목자로 인식했다.[10] 하나님은 만왕의 왕과 만유의 주로 알려지기 훨씬 전부터 소수의 유목민에게 선한 목자로 경험되고 있었다. 예수님을 온전히 이해하기 위해서는 이 두 가지 개념이 모두 필요하다. 하나님께서 유목민들이 그분을 더 쉽게 따를 수 있다고 보시고 그들에게 자신을

---

7 David J. Phillips, *Peoples on the Move* (Carlisle, UK: Piquant, 2001), 57.
8 히브리서 11장 8절.
9 창세기 15장 6절.
10 창세기 48장 15절.

나타내기로 선택하셨다면, 오늘날 정착한 교회는 왜 하나님의 영광을 위해 그토록 유목민에게 다가가지 못하는 것인가?

유목민 선교 통계 살펴보기

비록 유목민은 전체 종족 집단의 2.5퍼센트 미만을 차지하지만(300개 이하), 그중에서 전도된 비율은 7퍼센트에 불과하다. 이는 정착 부족 그룹의 40퍼센트 이상이 전도된 것과 비교되는 수치다.[11]

무슬림 세계로 시선을 돌리면, 우리는 전 세계 유목민의 절반 이상을 만날 수 있다. 이들은 161개 종족 집단에 걸쳐 1억 4,700만 명에 달한다.[12] 무슬림 인구 집단의 약 7퍼센트가 유목민이다. 이는 나머지 전 세계의 다른 집단에 비교했을 때 거의 3배에 해당한다. 이 집단의 절반 이상은 인구가 10만 명이 넘는다. 이들의 영적 상태를 살펴보면 다음과 같다.

- 모든 미접촉 유목민 종족 중 85퍼센트가 무슬림이다(인구 대비 95퍼센트).
- 현재 77개의 미접촉 무슬림 유목민 집단이 있으며, 이 집단의 평균 인구는 35만 명 이상이다. 무슬림 미접촉 그룹의 5분의 1이 유목민에 해당한다(2,840만 명).

---

11   IMB(International Mission Board)가 발간한 종족 집단의 목록, http://grd.imb.org/research-data/

12   Ibid.

- 무슬림 유목민 집단의 95퍼센트가 접촉이 미진한 상태다(상주하는 사역자가 충분하지 않다). 반면, 정착 무슬림 종족 중 87퍼센트가 접촉이 미진한 상태다.
- 인구 대비, 무슬림 유목민의 74퍼센트가 미접촉 상태다. 반면, 정착 무슬림 중 60퍼센트가 미접촉 상태다.
- 미접촉 무슬림 유목민 종족 집단은 0.6퍼센트가 전도되었다. 비교하면, 정착 무슬림 종족 중 9.4퍼센트가 전도되었다.

정착한 무슬림에게는 전례 없는 속도로 복음이 전해지지만, 유목 생활을 하는 무슬림에게는 그렇지 않다. 현재 정착한 무슬림 종족 집단은 유목민 그룹보다 전도될 가능성이 15배나 더 높다.

추수의 나머지 부분으로 유목민이 전도되지 않는 이유는?

<u>1. 유목민은 정착민이 살 수 없는 곳에 산다</u>

빙엄은 유목민 가운데서 사역할 때 가장 큰 도전이 어디에서 어떻게 살지 정하는 것임을 인정했다. 우리는 보통 유목민 지역을 아무도 살고 싶어 하지 않는 황량한 곳으로 여긴다. 그래서 교회는 누군가를 유목민 지역으로 파송하는 것을 상상조차 하지 못하고, 자원하는 사람도 찾기 어렵다.

성령님의 인도하심으로 유목민 지역에 가는 사람들은 끊임없이 이동하는 사람들 사이에서 어떻게든 살아갈 방법을 찾아야 한다는 부담을 느낄 수 있다. 이는 유목민을 위해 부름받은 거의 모든 사람에게 불가능한 일처럼 여겨지며, 결과적으로 유목민 사역을 지속하는 사람이 매우 드물다.

2. 유목민은 정착민과 분명히 다르다

유목민에게 복음을 전하고자 하는 기독교인 대부분은 유목민을 정착민과 구별되는 존재로 인식하지 못한다. 유목민 목축업자는 농부나 축산업자가 아니며, 그들의 토지, 소유권, 부, 가족, 축복, 저주 등에 대한 이해는 판이하다. 대부분의 유목민 목축업자가 공유하는 몇 가지 가치관을 살펴보면 다음과 같다.

- 땅은 관리해야 할 주요 자원이다.
- 돈과 재산보다 동물이 안전 자산이다.
- 가축은 씨족이 돌보고 소유한다.
- 매일 최고의 우선순위는 생존이므로 건강 관리가 중요하다.
- 정의는 실용적이고, 용서는 신속하게 이루어지며, 보상은 개인이 아닌 씨족에게 지급된다.
- 씨족의 안전을 위해 신뢰할 수 있는 소식에 의존하며 험담을 혐오한다.
- 이동할 수 있는 주택이 가장 유용한 구조물이다.
- 씨족은 가족이며, 그 외 사람은 외부인 또는 적으로 간주한다.

유목민들의 고유한 종족적 정체성을 이해하지 못하면, 우리는 그들을 세상에서 가장 불행하고 성공하지 못한 농부로, 동정의 대상으로만

> 유목민을 뛰어난 생존주의자로 보기 시작할 때, 비로소 그들을 향한 문이 열리기 시작할 것이다.

볼 위험이 있다. 이런 편견은 유목민과의 깊은 관계 형성을 방해하고 비효율적인 사역으로 이어질 수 있다. 사실 유목민들은 세상에서 가장 성공적이고 회복력이 강한 사람들이다. 우리는 그들을 예수님의 눈으로 바라볼 필요가 있다.[13]

내가 만난 이브라함은 1천 마리의 야크를 소유하고 있으며, 대학 교수로 일하면서 자동차 수입업도 하는 사업가다. 또한 모하메드는 수백 마리의 가축을 키우며 여덟 번에서 열 번의 기근을 견뎌낸 사람이다. 그런데 내 마음에 가장 남는 사람은 사막에 사는 세 여성이다. 그들은 300달러의 대출금으로 창고 사업을 성공시키고, 그 수익으로 협동조합원 모두를 위한 의료보험 제도로 활용했다. 우리가 유목민을 뛰어난 생존주의자로 보기 시작할 때, 비로소 그들을 향한 문이 열리기 시작할 것이다.[14]

유목민들이 예수님께 나아갈 수 있도록 그들을 고통에서 구해내야 한다고 단정한다면, 우리는 그들의 정체성을 무시하고 그들의 마음에 상처를 줄 수 있다. 예수님은 유목민들을 있는 그대로 받아들이고, 그들의 삶의 자리에서 관계를 맺으며, 그들을 사랑하고 존중하라고 우리를 부르신다. 이것이 바로 하나님께서 아브라함을 만나 축복하신 방식이다.

---

13 Caleb Rome, "Why Focus on Nomads?," *Mission Frontiers*, January-February 2017, http://www.missionfrontiers.org/issue/article/what-is-a-nomad
14 Ibid.

3. 출판된 선교 방법론은 정착한 종족을 위해 작성되었다

유목민 선교에 관한 자료는 거의 없다. 현재 출판된 선교 방법론들은 대부분 정착한 종족을 대상으로 작성되었기 때문에, 유목민 사역자들은 자체적으로 전략을 개발하고 적용해야 하는 어려움을 겪고 있다.

얼마 전 DMM(Disciple Making Movement, 제자삼기 운동) 세미나에서, 여러 유목민 사역자들이 저명한 발표자에게 질문했다. "매주 시골 곳곳에 흩어져 사는 사람들을 어떻게 모아서 그룹으로 제자화할 수 있을까요?" 발표자는 DMM을 유목민 환경에 적용하는 방안을 고려해본 적이 없음을 인정할 수밖에 없었다.

유목민에게 다가가기 위한 적응의 필요

언젠가는 수백만의 유목민들이 하나님의 보좌 주위에 모일 것이다. 우리는 유목민들에게 돌파구가 열릴 날이 다가오고 있다고 믿는다. 주님은 신실하신 분이다. 그분이 유목민 가운데 열매를 맺게 하실 한 가지 방법은, 우리가 유목민들에게 적응하는 법을 배우도록 가르치시는 것이다. 우리는 유목민으로부터 배우고, 하나님께서 그들과 어떻게 관계를 맺기 원하시는지 경청해야 한다.

1. 유목민에게 다가가려면 그들과 함께 살아야 하는가?

모든 사역자가 사역 대상자들 가운데 거주해야 한다는 원칙을 유목민에게 적용하면 어떻게 될까? 유목민들 가운데서 상주하는 대신 정기적으로 방문하는 방식은 어떠한가? 1세기 전, 롤랜드 빙엄은 그러한 접

근이 가능하다고 보았고, 많은 사역자들이 그의 생각이 옳았음을 입증했다. 그들은 계곡 정착지나 산 중턱에 집을 짓고 머무는 방식으로, 계절에 따라 산을 오르내리는 유목민들과 성공적으로 관계를 맺었다.

또한 사막 유목민과 함께 이주를 시도했던 한 가족의 경험에서 우리는 교훈을 얻었다. 어느 날 그들은 자녀들의 학용품을 구하러 도시에 갔다 와야 했다. 그런데 돌아와보니 유목민들은 새로운 목초지를 찾아 이동해버렸고, 황량한 캠프 한가운데는 그들의 네모난 집만 홀로 서 있었다. 족장들이 정상적인 일정을 미루며 가족이 떠날 때까지 기다려 주었지만, 이 가족은 고민과 기도 끝에 자신들이 유목 생활에 적응하기 어렵다는 것을 깨달았다. 그들은 도시로 돌아온 후에도 유목민과의 교류를 최대한 유지하며 열매 맺는 사역을 이어가고 있다.

유목민의 관점에서 보면, 그들은 정착민이 유목민이 될 수 없다는 것을 잘 알고 있다. 유목민들과 함께 지내겠다고 고집하면 오히려 우리는 그들에게 성가진 존재로 느껴질 수 있다. 그러나 정기적인 방문을 통해 우리는 몇 주간 떠났다가 돌아오는 목동처럼 자연스러운 이웃이 되었다. 실제로 만날 때마다 서로 묻는 질문도 같다. "무슨 소식이 있나요?" 그들은 우리를 자신들의 씨족과 교차하는 또 다른 형태의 유목민으로 보는 듯하다.

2. 유목민에 대한 높은 가치는 전략적 적응에 동기를 부여한다

유목민에 대해 열심히 배우고, 그들의 세계관 속 신성한 가치를 인정할 때, 우리는 정착을 원하지 않는 유목민을 정착시키려는 외부의 압력에 저항할 수 있게 된다. 하나님께서 유목민을 만나신 방식을 성경적인 관

> "당신의 믿음을 내 낙타 등에 싣는다면, 내가 그것을 받아들이겠습니다."

점에서 살펴보고, 기존의 전략과 방법론을 모범 사례로 적용하는 법을 익힐 수 있다.

한 유목민의 조언에 따라, 우리는 그들에게 필요한 것이 무엇인지 직접 묻지 않고, 대신 그들의 도전 과제가 무엇인지 물어보는 방식으로 접촉하기로 했다. 이는 인지적 요구(felt-need) 접근법으로, 생존 본능이 강하고 자급자족 경향이 높으며 자존심이 센 유목민들에게 잘 맞을 것이라 예상했다. 그들의 도전 과제를 함께 해결하자고 제안함으로써 우리는 학습자의 위치에 서고, 그들은 조언자 역할을 맡는 파트너십을 형성할 수 있었다.

우리가 사역했던 유목민 공동체의 문맹률은 거의 100퍼센트에 달했다. 그들은 자녀들이 읽고 쓰는 법을 배우기를 원했다. 이러한 요구는 사역자들에게 분명한 청신호였다. 당시 이 지역에는 학교가 있었지만, 주로 정착민의 자녀들을 위한 학교로 운영되어 이들에게 별 소용이 없었다. 따라서 새로운 방식의 접근과 적응이 필요했다. 사역자들은 유목민 위원회를 구성하여 유목민의 자녀들을 위한 학교를 설계하기로 했다. 그들은 유목 생활의 특성에 가장 적절한 수업 시간을 고려한 후, 두 개의 동일한 캠퍼스를 갖춘 이동식 학교를 고안했다. 그 결과, 오늘날 이 학교의 학생들 중 절반이 졸업했고, 사람들의 바람대로 몇몇 젊은 이들이 대학에 진학했으며, 덕분에 다른 학교들도 유목민 훈련에 문을 열었다.

유목민들 가운데서 교회는 어떤 모습이어야 할까? 아마도 그것은 정착민들이 익숙하게 알고 있는 교회에서 변형된 형태일 것이다. 그러나 단순한 변형을 넘어 유목민 스스로가 진리의 말씀 아래에서 개발해나가야 한다. 한 소말리아인이 노마드 피플 네트워크(NPN)의 창립자 말콤 헌터 박사에게 한 말이 이러한 상황에 정확히 들어맞는다. "당신의 믿음을 내 낙타 등에 싣는다면, 내가 그것을 받아들이겠습니다."

이는 하나님께서 과거에 아브라함과 그의 가족과 함께하신 방식과도 유사하다. 하나님은 목자처럼 아브라함을 이곳저곳으로 인도하셨고, 그를 축복하시며, 그의 자손을 번성하게 하셨다. 그 과정에서 아브라함을 만나셨고, 약속대로 그를 통해 모든 민족을 축복하셨다. 이제는 선한 목자이신 예수 그리스도의 복음을 통해 유목민들을 축복할 시기다.

토론과 적용

1. 당신 또는 당신의 그룹은 유목민과 접촉하고 있는가? 유목민과 효과적으로 소통하기 위해서는 어떤 방법이 필요한가?
2. 유목민에 대한 우리의 태도나 생각에서 바로잡아야 할 부분은 무엇인가?
3. 유목민 무슬림에게 예수님을 전하기 위해 무엇을 준비해야 하는가? 어떤 것이 필요하며, 이는 어떤 장벽을 제거하는 데 도움이 되는가?

참고문헌

Listing of People Groups, published by International Mission Board, http://grd.imb.org/research-data/.

Morris, James. "What Is a Nomad?" *Mission Frontiers*, January-February 2017, http://www.missionfrontiers.org/issue/article/what-is-a-nomad

Phillips, David J. *Peoples on the Move*. Carlisle, UK: Piquant, 2001, 57.

The Evangelical Christian, vol. XII, no. 5, May 1916, Toronto, 145.

16 무슬림 여성을 위한 생명수

모이라 데일은 중동에서 20년 이상 근무하며 성인 문해력과 여성 모스크 운동에 관한 민족 지리학적 연구를 주도했다. 현재 이슬람과 문화인류학 분야에서 저술 활동과 강의를 하고 있으며, 교육학과 심리학 박사학위가 있다.

케이시 하인은 남아시아와 중동에서 30년 가까이 교육과 지역사회 개발, 교회 사역에 종사했다. 9년간 인터서브의 국제 리더십 팀에서 활동했으며, 파키스탄의 여성 운동 연구로 박사학위를 받았다.

하지노로 라자는 남아프리카공화국에서 30년 이상 무슬림을 위해 사역해왔다. 현재 이슬람, 전도, 무슬림 사역을 위한 기독교인의 준비와 훈련에 대해 연구 중이며, 신학 석사학위가 있다.

핵심 포인트
- 무슬림 여성은 매우 다양하며, 각기 다른 문화적, 사회적 배경을 지니고 있다.
- 전 세계 무슬림 여성들은 사회와 가족, 그리고 이슬람을 대하는 방식이 크게 다르지만, 이를 몇 가지 큰 범주로 이해하는 것이 유용하다.
- 그리스도는 현재 그분과의 관계가 어떠하든 모든 무슬림 여성을 향해 소망을 품고 계신다.

퓨리서치센터의 조사에 따르면, 2009년 무슬림 여성은 전 세계 인구의 약 12퍼센트를 차지했다.[1] 이들은 다양한 지리적, 문화적 배경을 가지고 있으며, 사용하는 언어와 착용하는 의상도 매우 다양하다. 이슬람 관련 문헌의 대부분이 남성에 의해 작성된 상황에서, 우리는 무슬림 여성들의 질문에 어떻게 답하고, 그들의 갈망을 들을 수 있을까?[2]

전 세계 여러 지역에서 우리는 이슬람의 서로 다른 표현과 함께 무슬림 여성의 다양한 모습을 발견한다. 다른 모든 여성과 마찬가지로 무슬림 여성도 개별적인 아름다움을 지니고 있다. 따라서 이들을 분류하는 것은 무슬림 여성을 제한된 범주에 가두기 위함이 아니다. 각 여성은 고유한 개인으로서 존중받아야 한다. 그럼에도 무슬림 여성들 간의 차이점 *그리고* 유사점을 살펴보는 것은 여전히 유용한 접근 방식이다.

이 장에서는 무슬림 여성의 '다섯에 하나를 더한' 범주를 살펴보고자 한다. 이는 이슬람의 '다섯에 하나를 더한' 기둥들[3]과 고전적 신앙[4]을 반영한 것이다. 우리는 존 아주마의 논문 "이슬람의 다섯 가지 측면"을 무슬림 여성의 맥락에 맞게 재구성했다.[5] 아주마의 분류에 따라 전

---

1 Pew Research Center, The Future of the Global Muslim Population, January 2011, http://www.pewforum.org/2011/01/27/the-future-of-the-global-muslim-population/, 2019년 4월 19일 접속.

2 최근 상을 받은 에블린 라이사커(Evelyne Reisacher)의 『무슬림 세계에서의 즐거운 증인(*Joyful Witness in the Muslim World*)』과 "여성이 말할 때(When Women Speak)" 네트워크를 통해 더 많은 여성들의 목소리가 드러나고 있는 것은 고무적인 현상이다(www.whenwomenspeak.net).

3 1. 신앙고백, 2. 매일 다섯 번 기도, 3. 라마단 기간에 금식, 4. 자선, 5. 메카 순례, 추가: 지하드(성스러운 투쟁).

4 1. 알라, 2. 그의 천사, 3. 그의 경전, 4. 그의 예언자, 5. 최후 심판, 추가: 예정이나 운명에 대한 믿음.

5 John Azumah, "Five Faces of Islam," 2016, http://www.scholarleaders.org/insights-

> 다른 모든 여성과 마찬가지로 무슬림 여성도 개별적인 아름다움을 지니고 있다.

세계 무슬림 여성의 모습은 *다와*(da'wa) 무슬림, 체험적 혹은 민속적 무슬림, 전투적 무슬림, 근대주의 무슬림, 비종교적 혹은 세속적 무슬림으로 구분할 수 있다. 여기에 우리는 난민과 실향민을 '하나 더'의 범주로 추가했다. 이 장에서는 무슬림 여성들을 어떻게 만나고, 예수님의 이름으로 사랑할 수 있는지 제안하고자 한다.

포교사/다와 무슬림

최근 몇 년간 전 세계적으로 여성의 교육 수준이 급격히 향상되었으며,[6] 이는 이슬람주의의 성장과 맞물려 있다. 이슬람 교육 자료의 접근성이 팜플렛에서 위성 방송에 이르기까지 높아져 이슬람주의가 확산되고 있다. 이로 인해 더 많은 여성들이 다와 운동에 참여하게 되었다. 다와 운동은 무슬림에게 이슬람의 올바른 실천을 촉구하고, 비무슬림에게는 이슬람으로의 개종을 권유하는 활동이다.

무슬림 세계 전역에서 더 많은 여성들이 모스크와 가정에서 꾸란을 암송하고 해석하기 위해 수업에 참여하고 있다. 가장 빠르게 성장하는 현대 이슬람 여성 운동으로는 인도네시아의 프산트렌(*pesantren*, 기숙학

---

essay-archives/five-faces-islam/, 2018년 5월 1일 접속.

6   United Nations Statistics Division, *The World's Women* 2015, https://unstats.un.org/unsd/gender/chapter3/chapter3.html, 2019년 4월 19일 접속.

> 다와 혹은 포교사라고 불리는 무슬림 여성은 복음적인 기독교 여성과 여러 면에서 가장 유사하다. 그들 모두 신앙을 바탕으로 삶의 모든 영역에서 명예를 중시하며, 가족과의 관계에서도 이를 실천하고, 다른 이들과 나누려 하는 공통점이 있다.

교), 중국 회족[7]의 여성 모스크, 그리고 방글라데시에서 시작되어 전 세계로 확산된 타블리기 자마앗(Tablighi Jama'at, 이슬람 포교단체) 등이 있다. 다와 운동은 여성의 일상생활과 관련된 질문에 초점을 맞추고 꾸란과 꾸란의 해석을 배우는 조직화된 수업이 그 특징이다. 무슬림 여성은 생일, 결혼식, 장례식 등의 통과 의례를 통해 동료와 가족에게 이슬람 규율의 엄격한 준수를 촉구하도록 훈련받는다.

이 운동에 참여하는 여성들은 가족보다 모스크 문화와 이슬람에 우선적 충성을 바치도록 권장받으며,[8] 복장과 일상생활에서 보수적 종교 관습을 따른다. 이들은 꾸란과 이슬람 전통에 대한 교육이 깊어질수록 가족 규범과 법적, 문화적 관습에 도전할 수 있게 된다. 이러한 도전은 사회적 기준을 넘어 더 높은 도덕적 기준이 담긴 이슬람 문헌을 근거로 이루어진다. 또한 이들은 여성 관련 이슈에 집중함으로써 이슬람 내 여성의 역할을 개혁해나가고 있다.

다와 혹은 포교사라고 불리는 무슬림 여성은 복음적인 기독교 여성

---

7   Maria Jaschok and Shui Jingjun, *The History of Women's Mosques in Chinese Islam* (Richmond, UK: Curzon Press, 2000).

8   Moyra Dale, *Shifting Allegiances: Networks of Kinship and of Faith: The Women's Program in a Syrian Mosque* (Eugene, OR: Wipf and Stock, 2016).

과 여러 면에서 가장 유사하다. 그들 모두 신앙을 바탕으로 삶의 모든 영역에서 명예를 중시하며, 가족과의 관계에서도 이를 실천하고, 다른 이들과 나누려 하는 공통점이 있다. 우리는 이들과 신앙적 헌신 및 영향에 대해 대화를 나누고, 그들이 그리스도를 통해 진정한 영광을 찾을 수 있도록 도울 수 있다. 이를 위해 먼저 우리의 신앙에 대해 잘 알아야 하며, 그들의 반론에 대응할 수 있는 변론 능력을 갖추어야 한다. 우리는 하나님께 영광을 돌리고자 하는 그들의 열정이 예수 그리스도를 통해 하나님의 신실하신 마음으로 인도되기를 기도한다.

체험적 혹은 민속적 무슬림

이슬람은 공식적으로 알라에 대한 복종을 의미하지만, 현실에서 일반 무슬림들은 자신의 운명을 바꾸기 위해 상당한 시간과 자원을 들여 다양한 인간적 염려(관심사)를 해결하려 든다. 민속 혹은 대중 이슬람은 전통 이슬람 관습과 정령 숭배가 혼합된 형태로, 빌 머스크는 민속 이슬람이 신자들의 "마음의 갈망을 배반하고," 정통 이슬람의 신앙 규율과 의식 수행이 충족시키지 못하는 "그들의 내면적 욕구"를 드러낸다고 지적한다.[9]

필 파샬에 따르면, 전체 무슬림의 약 70퍼센트가 민속 이슬람을 따르는 것으로 추정된다.[10] 더들리 우드베리도 이 수치에 동의하는데, 릭

---

[9] Bill A. Musk, "Popular Islam: The Hunger of the Heart," in *The Gospel and Islam: A 1978 Compendium*, ed. Don McCurry (Monrovia, CA: MARC, 1979), 213.

[10] Phil Parshall, *Bridges to Islam: A Christian Perspective on Folk Islam* (Grand Rapids:

> 무슬림 여성들은 직접적인 신과의 소통이 제한되어 영적 경험, 가정 화목, 일상 문제 해결, 내세를 위한 공덕 쌓기 등에 도움을 구한다

러브스는 이 비율을 75퍼센트까지 더 높게 잡는다.[11] 선교학자들은 민속적 무슬림의 대다수가 여성이라는 데 동의한다. 이들은 직접적인 신과의 소통이 제한되어 영적 경험, 가정 화목, 일상 문제 해결, 내세를 위한 공덕 쌓기 등에 도움을 구한다.[12]

이슬람 여성들의 경험과 실천은 그들의 사회문화적 맥락에 따라 다양하게 나타난다.[13] 그들에게 이슬람은 단순한 신앙이나 이념을 넘어 사회적 관계, 문화, 환경에 내재된 본질적인 실천과 담론의 총체다. 능력, 균형, 초자연적 존재에 대한 관심은 그들의 세계관을 구성하는 중요한 요소이며, 이는 경험 중심의 현실 인식 속에서 작동한다.

이러한 여성들을 대할 때, 우리는 예수님 안에 있는 권세를 바라본다. 예수님은 아픈 자를 치유하시고, 귀신을 쫓아내시고, 폭풍을 잔잔하게 하시며, 수천 명을 먹이시고, 죽은 자들을 살리시고, 사망과 죄를 이기시고, 우리 모두에게 자유의 길을 열어주셨다. 우리는 예수님께서 우리 삶의 세세한 부분까지 관심을 갖고 동행하시며, 모든 권세와 수치

Baker, 1983), 16.

11　Rick Love, *Muslims, Magic and the Kingdom of God* (Pasadena, CA: William Carey Library, 2000), 2.

12　Musk, *Popular Islam*, 223-224.

13　Baudouin Dupret, Thomas Pierret, Paulo G. Pinto, and Kathryn Spellman-Poots, eds., *Ethnographies of Islam: Ritual Performances and Everyday Practices* (Edinburgh: Edinburgh University Press, 2013), 2.

를 이기고 궁극적으로 승리하신 분임을 알려줌으로써 그들에게 소망을 전할 수 있다.

무장 무슬림

많은 무슬림 여성들이 정치적 목적을 위해 폭력과 전쟁을 적극적으로 수용한다는 사실은 놀라운 일이다. 이에 못지 않게 놀라운 것은 그들이 이를 자유 의지로 선택하고, 급진적 이념을 받아들이며 무장단체에 가입한다는 점이다. 추정에 따르면 ISIS 관련 운동에 가담한 외국인 신병 중 약 10퍼센트가 유럽, 미국, 호주 등 출신의 여성들이다.[14] 이 여성들이 무엇에 매력을 느끼는지 여성 ISIS 블로거 움므 라이스는 다음과 같이 간단히 설명한다.

> 이슬람에서 여성인 우리의 역할은 더욱 중요합니다. 올바른 교리(아끼다, *aqeedah*)와 이해를 가진 자매들이 이주(히즈라, *hijrah*)하고, 알라를 기쁘시게 하기 위해 모든 욕망을 희생하고 서방에서 가족과 함께하는 삶을 포기할 수 없다면, 누가 다음 세대의 사자(lion)를 키운단 말입니까?[15]

전투적 성향의 여성은 지하드에 참여하도록 권장받는다. 쿠르드 지

14　Rafia Zakaria, "Women and Islamic Militancy," Dissent, Winter 2015, https://www.dissentmagazine.org/article/why-women-choose-isis-islamic-militancy. 2019년 4월 19일 접속.

15　Ibid.

> 무장 무슬림들을 사랑으로 대응하는 것이 그 어느 때보다 중요하다.

역, 시리아 락까 등에서 여성 전용 부대가 활동하며, 이를 통해 여성들은 엄격한 성별 분리를 유지하면서 대의에 동참할 수 있다.

전투적 이슬람을 실천하는 여성들은 이슬람 황금시대에 대한 유토피아적 비전을 가지고 있다. 그들은 자신이 이해하는 진리에 충실하며, 어떤 대가를 치르더라도 더 나은 세상을 추구하려 한다. 이들은 과거의 소외, 배제, 억압 경험에 반응하며, 종교적 유토피아의 실현을 통해 새로운 생활 질서를 만들고자 한다.

무장 무슬림은 이슬람에서 다수를 차지하지 않지만 언론의 주목을 받는 경향이 있다. 그들을 사랑으로 대응하는 것이 그 어느 때보다 중요하다. 우리는 그들이 명예를 찾고자 하는 마음과 국가 간 불의에 대한 분노를 이해할 수 있다. 세상의 불의에 대한 그들의 감정에 일부 공감할 수 있지만, 그리스도 안에서는 해결 방식이 다르고 분노 자리에 소망이 대신한다. 예수님은 작은 주변국 출신이었지만, 군사적 전쟁이 아닌 자기희생을 통해 제국과 세계 역사의 흐름을 변화시키셨다.

근대주의자/진보적 무슬림

근대주의 또는 진보적 무슬림 여성들은 이슬람의 정통적 해석이 유일하게 올바른 해석이라는 주장에 공개적으로 도전하고 있다. 작가이자 성평등 운동가인 아얀 히르시 알리는 "여성의 권리를 이슬람보다 더 희생시키는 문화는 없다"[16]고 지적한다. 자이나 안와르 같은 여성 활동가들은 종교의 이름으로 행해지는 여성 차별을 철폐해야 한다고 주장한다. 앤워는 "오늘날 여성들은 권력과 권위가 배우자, 아버지, 형제에게 독점되고, 아내, 딸, 자매는 복종해야 한다는 가부장적 사회 가치에 도전하고 있다"[17]고 강조한다.

20세기 후반부터 아미나 와두드 무흐신, 아스마 바를라스, 케시아 알리, 칼레드 아부 엘파디, 오미드 사피 등 진보적 학자들이 이슬람 내 여성 문제에 대한 논의를 주도하고 있다. 이들은 이슬람 정통주의의 가부장적 유산을 거부하고, 경전에 대한 새로운 해석을 제시하며, 보편적 가치와 상황 특정적 요소를 구분한다. 예를 들어, 와두드 무흐신은 페미니스트적인 꾸란 해석의 선구자로, '젠더 지하드(gender jihad)' 분야의 선두 주자다. 그녀는 성스러운 꾸란 구절을 여성 해방의 관점에서 재해석했다.[18] 바를라스 역시 "남성들이 꾸란을 독점할 수 없다. 꾸란은 항상 여성들에게 열려 있었고, 그 이해에 대한 책임은 오직 여성들만이 '심판의 날'에 답할 수 있다"[19]고 주장한다.

앤워는 무슬림으로 남으면서도 현대 사회에서 살고 싶어 하는 여성들의 열망을 다음과 같이 표현한다.

---

[16] Phyllis Chesler, *Islamic Gender Apartheid: Exposing a Veiled War against Women* (Nashville and London: New English Review Press, 2017), 6.

[17] Kari Vogt, Lena Larsen, and Christian Moe, eds., *New Directions in Islamic Thought* (London and NewYork: I. B. Tauris, 2009), 176.

[18] Wadud-Mushin, *Qur'an and Woman* (Kuala Lumpur, Malaysia: Penerbit Fajar Bakati Sdn. Bhd, 1992).

[19] Vogt, Larsen, and Moe, *New Directions*, 21.

대부분의 무슬림 여성에게 종교 거부는 선택지가 아니다. 우리는 신자다. 신자로서 우리는 신앙 안에서 해방과 진리, 정의를 찾고자 한다. 우리는 현대 여성의 삶의 현실과 경험을 반영하는 방식으로 우리의 종교를 되찾고 재정의하며, 이에 참여하고, 이슬람이 무엇이며 어떻게 체계화되고 실행되는지에 대한 이해에 기여할 권리가 있다고 강하게 느낀다.[20]

근대주의 무슬림들은 서로 경청하는 대화에 참여할 준비가 되어 있다. 그들의 다원주의적 태도는 다양한 의견을 경청할 수 있게 하지만, 예수님을 메시아로 주장하는 배타적 관점은 받아들이기 어려워한다. 우리는 억압받은 사람들을 위한 그들의 헌신에 감사하며, 우리 역시 명예와 존엄을 추구하는 여성으로서 우리의 상황에서 겪은 경험을 공유할 수 있다.

비종교적 혹은 세속적 무슬림(사회활동가)

권리와 평등에 대한 담론은 무슬림 여성이 세상에서 자신의 위치를 정립하는 데 중요한 역할을 한다. 이는 MLUML(Muslim Living Under Muslim Law), 말레이시아의 "이슬람의 자매들(Sisters in Islam)", 파키스탄의 "여성행동포럼(Women's Action Forum)", 그리고 아프가니스탄의 RAWA(Revolutionary Association of the Women of Afghanistan)와 같은 주요 국제 네트워크에서 활동하는 무슬림 여성 운동가들에 의해 더욱

---

20   Ibid., 176.

확산되고 있다. 또한 카이로의 APE(Association for the Protection of the Environment)나 인도네시아의 라히마(Rahima)와 같은 풀뿌리 프로젝트도 많이 있다. 덧붙여 말하자면, 파키스탄의 히나 질라니와 파리다 샤히드, 예멘의 타우와쿨 카르만, 시리아의 라잔 가자위, 사우디아라비아의 마날 알샤리프와 같은 개인 여성들도 다수가 활동하고 있다.

이슬람의 여성 중 일부는 세속주의를 택하여 종교적 신념을 완전히 거부하기도 한다. 그러나 대다수는 특히 여성에게 영향을 미치는 문제들에 대한 사회적 불평등 해결에 실패한 종교와 사회 내 여성의 지위 및 역할에 대한 개인적 비전 사이에서 갈등을 겪고 있다. 이들은 종교가 사회와 정부의 구조를 형성하는 지역 공동체 내에서 이 문제를 해결해야 한다고 생각하며, 이를 위해 페미니즘, 인권, 국제 협약, 법률, 종교적 이데올로기 등 다양한 담론을 활용한다. 이 과정에서 이들은 변화를 위한 종교적 이데올로기 담론에 참여하게 되면서 '무슬림'이라는 정체성의 의미도 재구성하고 있다. 비종교적이거나 세속적인 무슬림 여성은 이슬람의 신념과 관습, 양쪽에 도전하고 있다. 비종교적이거나 세속적이라는 꼬리표가 붙은 많은 여성이 여성 운동에 참여하고, 국제 무대에서 인정받는 것을 통해 전 세계에 영향을 미치고 있다.

'무슬림'이라는 단어가 민족성을 나타내는 경우, 종교적 신념이나 관습을 전제해서는 안 된다. 이들은 전통 종교에 대한 충성을 넘어 자신들만의 문화와 역사를 존중받을 권리가 있다. 우리는 이들이 자신의 사회와 공동체를 변화시키기 위해 헌신하는 모습에 주목하며 이들과 협력해야 한다. 일부 여성들은 예수님을 믿는 데 시간이 걸릴 수 있지만, 그럼에도 예수님의 삶과 사역, 그리고 가르침은 여전히 매우 매력적이다. 예수님은 이 여성들의 명예와 존엄성을 세우셨듯이, 인권과 법치 실현을 위해 노력하는 오늘날 여성들의 명예와 존엄성도 동일하게 세우실 수 있다.

난민과 이주민들

현재 전 세계적으로 강제 난민 수가 제2차 세계대전 이후 최고치를 기록하고 있다.[21] 무슬림 국가가 난민 발생국과 수용국 모두에서 높은 비중을 차지하고 있다. 주요 난민 수용국으로는 튀르키예, 파키스탄, 레바논, 이란, 에티오피아, 요르단, 차드가 있다. 주요 난민 발생국에는 시리아, 아프가니스탄, 이라크, 리비아, 소말리아, 수단, 예멘, 미얀마(로힝야족) 등이 포함된다.[22]

세계 각지의 무슬림 여성들과 유대를 갖는다는 것은 곧 트라우마와 실향의 경험을 지닌 난민 여성과 소녀들과의 만남을 의미한다. 이들은 가족, 고향, 공동체, 그리고 자신들의 역사를 잃었다. 전통적인 지원 체계가 없는 상황에서 새로운 삶을 개척하고 가족을 돌보려는 이들의 노력은 끝이 없다. 때로는 수용국의 공동체에서 적대적이거나 차별적인 대우를 받기도 한다. 상담, 의료 서비스, 법률 자문, 직업 훈련과 같은 자원은 트라우마를 극복한 여성 생존자들에게 큰 힘이 될 수 있다.

그러나 이러한 여성들을 동정이나 도움이 필요한 피해자로만 보아서

---

21 United Nations High Commissioner for Refugees, "Data," http://www.unhcr.org/enus/data.html, 2018년 10월 23일.
22 Ibid.

는 안 된다. 오히려 어려운 상황에서도 주도적이고 창의적으로 대응하는 변화의 주체로 인식해야 한다. 새로운 공동체는 이들이 직면한 도전과 책임을 협의할 수 있도록 돕는 중요한 역할을 한다. 전 세계 곳곳에서 실향민과 난민들은 어려움을 극복하고 희망과 명예를 찾으며 새로운 정체성을 발견해가고 있다. 특히 이들은 기독교인들의 사랑과 보살핌 속에서, 그리고 하나님의 말씀을 통해 메시아 되시는 예수님과 그분의 백성 안에서 새로운 희망과 정체성을 발견할 수 있다. 이러한 공동체를 통해 우리는 오늘날 그리스도에 대한 가장 큰 응답들 중 일부를 목격하고 있다.

결론

무슬림 여성들의 다양한 '얼굴'은 서로 겹치고 영향을 주고받는 유동적인 범주다. 우리는 이들을 만날 때면 그들이 직면한 어려움과 마음의 갈망을 이해하려고 노력한다. 그리고 예수님께서 어떻게 그들의 명예와 존엄성을 회복시키시고, 마침내 그들의 갈망을 채우실 수 있는지 나누고자 한다.

각 여성은 고유한 개인이지만, 모두가 예수님과 관계를 맺고 그분을 경배하도록 창조되었다. 그들의 배경과 관점을 이해함으로써, 우리는 의미 있고 강력한 방식으로 예수님을 소개하고, 예수 그리스도의 생명수를 전할 수 있다. 많은 지역 공동체에서 무슬림 여성들은 요한복음 4장의 사마리아 여인처럼 사회의 변방에 있다고 느낀다. 우리는 이들이 예수 그리스도 안에서 존엄과 명예, 해방, 그리고 생명수를 찾도록 도울 수 있다. 이를 위해 우리는 예수님처럼 관습을 벗어나 남다른 길을 가거나, 그들과 함께하기 위해 익숙한 길에서 벗어날 수도 있다. 이 생명수는 모든 곳의 모든 여성에게 힘이 된다. 우리는 이 생명수가 그들이 받아들일 수 있는 방식으로 제공되기를 기도한다.

토론과 적용

1. 우리는 현재 무슬림 여성을 어떻게 바라보고 있는가? 우리의 관점에서 바로잡아야 할 부분은 무엇인가?
2. 무슬림 여성들을 위해 어떻게 기도하고, 그들을 만나며, 그들을 위해 사역할 수 있는가?
3. 무슬림 여성들의 다양성을 이해한다면, 무슬림 세계의 뉴스를 어떻게 다르게 받아들일 수 있는가?

참고문헌

Azumah, John. "Five Faces of Islam." 2016. Available at http://www.scholarleaders.org/wpcontent/uploads/2016/10/Five-Faces-of-Islam-Azumah.pdf.

Chesler, Phyllis. *Islamic Gender Apartheid: Exposing a Veiled War against Women*. Nashville and London: New English Review Press, 2017.

Dale, Moyra. *Shifting Allegiances: Networks of Kinship and of Faith: The Women's Program in a Syrian Mosque*. Eugene, OR: Wipf and Stock, 2016.

Dupret, Baudouin, Thomas Pierret, Paulo G. Pinto, and Kathryn Spellman-Poots, eds. *Ethnographies of Islam: Ritual Performances and Everyday Practices*. Edinburgh: Edinburgh University Press, 2013.

Jaschok, Maria, and Shui Jingjun. *The History of Women's Mosques in Chinese Islam*. Richmond, UK: Curzon Press, 2000.

17 무슬림 사회에서 명예는 어떤 역할을 하는가?

오드리 프랭크는 『감추어진 영광: 무슬림 세계에서 명예와 수치의 얼굴』의 저자다. 남편과 함께 20년 넘게 전 세계 무슬림에게 복음의 기쁜 소식을 전하고 있다.

자이로 드 올리베이라는 브라질 태생이며, 현재 PMI(Pueblos Musulmanes Internacional)에서 무슬림 종족을 위해 사역하고 있다. 콜럼비아 인터내셔널 대학에서 교차문화 박사 과정에 있으며, 『지금 교회는 어디에 있는가』의 저자다.

핵심 포인트

- 성경에서 명예의 핵심적 역할은 흔히 놓치거나 간과되지만, 성경 전체에 걸쳐 널리 퍼져 있다.
- 명예 개념은 무슬림 친구들의 사고방식과 마음을 이해하는 데 매우 중요한 요소다.
- 성경에 나오는 수치와 명예의 주제를 발견하는 새로운 방법을 배움으로써, 이런 방식으로 성경을 읽는 데 익숙하지 않은 이들이 성경을 보는 시각을 다시 훈련하고 무슬림에게 예수님을 전할 수 있는 능력을 강화할 수 있다.

모함메드는 미국인 친구 사무엘의 집 붉은 대문을 두드렸다. 그는 사업 조언이 필요했고, 도시에서 성공적으로 사업체를 운영 중인 사무엘의 풍부한 경험을 빌리고 싶었다. 두 가족은 그동안 자주 식사를 하며 친분을 쌓았고, 가끔 근교 산으로 가서 아이들이 함께 노는 동안 양고기 바비큐를 즐기곤 했다. 지난해 모함메드의 아버지가 별세했을 때, 사무엘은 그의 곁을 지키며 기도하고 위로했다. 사무엘은 성경을 읽고 예수님을 따르는 사람이었다. 그의 기도는 모함메드에게 깊은 위안을 주었다. 사무엘은 진정한 친구였고, 모함메드는 그가 반드시 도움을 줄 것이라고 믿었다.

문이 열리자 사무엘이 활짝 웃으며 모함메드를 맞이했다. 그는 양볼에 입맞춤을 하며 반갑게 인사한 뒤, 모함메드를 응접실로 안내하며 아내에게 귀한 친구를 위해 차를 끓여달라고 부탁했다.

그 후 한 시간 동안 모함메드는 아버지가 남긴 유산에 대해 이야기했다. 그는 사업을 시작하고 싶어 했고 아이디어가 넘쳤다. 사무엘의 인맥을 활용하면 관광 사업을 시작하는 데 도움이 될 것 같았다. 모함메드는 어릴 적 삼촌네 농장에서 사촌들과 낡은 오토바이를 타던 추억을 떠올렸다. 그때부터 오토바이를 갖는 것이 꿈이었다. 가끔 외국인 관광객들이 사륜구동 트럭에 형형색색의 오토바이를 싣고 사막으로 향하는 모습을 보곤 했다. 그는 관광객들에게 사막 모험용 오토바이를 대여하는 사업을 구상했다. 그가 보기에는 이윤이 나고 시장성도 있을 것 같았다.

사무엘과 모함메드는 함께 사업 계획을 신중하게 세웠다. 몇 주 동안 진한 커피를 마시며 마음에 들 때까지 계획을 다듬고 수정했다. 마침내 그들은 성공 가능성이 높은 견고한 비즈니스 모델을 완성했다. 이제 모함메드가 관계 공무원을 만나 인허가를 받기만 하면 되었다. 한편 사무엘과 그의 가족은 여동생의 결혼식에 참석하기 위해 2주 동안 미국에 다녀올 채비를 하고 있었다. 모함메드는 사업의 공식화를 위한 마지막 단계를 밟기로 했다. 사무엘이 돌아올 때쯤이면 오토바이 구매 준비도 끝날 터였다. 모든 준비를 마친 두 사람은 모함메드의 꿈이 이루어지기를 바라며 작별 인사를 나누었다.

3주 후 사무엘이 돌아왔을 때, 그는 얼른 친구를 만나고 싶었다. 둘이 자주 가던 카페에 앉아 사무엘이 물었다. "사업은 어떻게 됐어? 허가는 받았어? 이제 오토바이를 보러 가면 되는 거야?" 그러나 그는 "오토바이 대신 과수원을 샀어"라는 모함메드의 답변에 깜짝 놀랐다.

사무엘은 혼란스러웠다. '우리가 세워온 멋진 계획은 어떻게 된 거지? 그 모든 준비 시간은? 어릴 적 꿈은?' 그는 자신이 놓친 문화적 차이가 있을 것이라고 짐작했다. 그의 마음속에 두 문화 간의 간극이 느껴졌다.

친구가 혼란스러워하는 것을 알아차린 듯, 모함메드가 말했다. "오토바이 사업이 실패하면 나 혼자 실패하는 거야. 하지만 기후 때문에 과수원이 망하면 모두의 실패가 되지."

사무엘은 그제서야 이해가 되었다. 모함메드는 많은 무슬림 남성이 그러하듯 수치를 피하려 했던 것이다. 자연재해 같은 통제 불가능한 이유로 실패하는 것은 다른 농부들과 함께 겪는 일이니 가문의 수치가 되지 않는다. 반면, 오토바이 사업을 하다가 실패하면, 그것은 온전히 그의 책임이 되고, 그는 수치를 혼자 짊어져야 한다.

세계관 안에서 명예의 역할

사무엘의 세계관에서 잘 짠 계획은 신중하고 올바르게 수립되었기에 의미를 갖는다. 서구 문화는 대체로 개인의 권리를 집단보다 우선시한다. 성공에 대한 책임도 개인에게 있다. 서구의 세계관에서 보면, 충분히 열심히 일하고 올바르게 일한다면 모함메드는 성공할 것이다. 집난 내에서의 명예를 지키기 위해 공들여 짠 계획을 포기한다는 것은 사무엘에게는 말 그대로 낯선 개념이었다.

그러나 이것은 실제로 무슬림 사회에서 명예의 역할을 이해하는 열쇠다. *명예는 어떤 대가를 치르더라도 유지해야 하는 지위다.* 사무엘이 속한 개인주의 사회와 달리 무슬림 사회의 문화는 집단주의적이다. 개인보다 집단을 중시하는 집단주의 사회에서 명예는 실제적인 지위다. 명예와 수치는 항상 개인이 아닌 집단에 부여되며, 그 집단은 부족, 공동체, 국가 등 다양한 형태로 존재한다. 명예와 수치의 세계관을 가진 사람은 항상 자신의 행동을 집단의 맥락에서 고려한다. 따라서 규정된 집단의 규율과 관습을 벗어나면 지위를 잃을 수 있고, 그 결과는 수치로 돌아온다. 이는 사회적 추방으로 이어질 수 있으므로 피해야 하는 결과다.

무슬림과 그들을 위해 사역하는 사람 사이에는 종종 세계관의 차이로 인해 오해가 발생한다. 서구인이 보기에는 개인보다 집단을 선택하는 그들의 모습이 이해되지 않을 수 있다. 반대로 명예와 수

> 이것은 실제로 무슬림 사회에서 명예의 역할을 이해하는 열쇠다. *명예는 어떤 대가를 치르더라도 유지해야 하는 지위다.*

치를 중시하는 문화권에서는 서구의 개인주의가 이기적이고 무례하게 보일 수 있다. 이렇게 상반된 세계관이 충돌할 때 관계는 교착 상태에 빠지기 쉽다.

명예와 수치의 렌즈로 본 복음의 이해

오해의 교차점은 오히려 더 큰 효율성과 우정을 쌓는 통로가 될 수 있다. 우리는 다음과 같은 질문들부터 시작해볼 수 있다. 무슬림 전도에서 명예의 역할은 무엇인가? 명예와 수치라는 렌즈는 무슬림이 복음을 보는 관점에 어떤 영향을 미치는가?

복음은 하나님께서 예수 그리스도를 통해 죄를 용서해주실 뿐만 아니라 수치심을 없애고 두려움을 이길 수 있는 힘을 주신다는 메시지를 담고 있다. 이 메시지에서 수치심의 요소를 이해하려면, 그것이 두려움이나 죄책감과 함께 어떻게 시작되었는지 생각해보라. 수치심, 두려움, 죄책감은 모두 에덴 동산의 원죄에 대한 반응이었으며, 모두 복음을 통해 해결된다.

처음 창조될 당시, 남자와 여자는 하나님과 완벽한 관계에 있었다. 그들은 하나님과 함께 거닐고 대화하며 온전한 교제를 누렸다. 하나님의 걸작인 아담과 하와는 하나님께 속했고, 하나님도 그들에게 속하셨다. 수치심, 두려움, 죄책감은 존재하지 않았다. 성경은 아담과 하와가 순수한 상태로 걸었으며 수치와 관련된 염려가 없었음을 확증한다. "두 사람이 벌거벗었으나 부끄러워하지 아니하니라"(창 2:25). 그들은 하나님께서 의도하신 그대로의 관계 모델이었다.

그러나 이후에 일어난 일로 인류 역사의 흐름이 바뀌었다. 하나님의 대적 뱀이 남자와 여자의 마음에 거짓말을 속삭였고, 그 결과는 파괴적이었다. 최초의 거짓말을 믿은 아담과 하와는 하나님과의 친밀하고 지속적인 교제에서 멀어져 그분 앞에서 쫓겨났다.

성경에 따르면, 아담과 하와는 죄를 지은 후 벌거벗은 수치심을 감추기 위해 애썼고, 두려워서 숨었으며, 서로에게 죄책감을 전가했다.

- **벌거벗은 수치심을 덮으려는 시도:** "그들이 그날 바람이 불 때 동산에 거니시는 여호와 하나님의 소리를 듣고 아담과 그의 아내가 여호와 하나님의 낯을 피하여 동산 나무 사이에 숨은지라"(창 3:8).
- **두려움에 효과적으로 대처하기 위한 노력:** "내가 동산에서 하나님의 소리를 듣고 내가 벗었으므로 두려워하여 숨었나이다"(창 3:10).
- **죄책감에서 벗어나기 위한 노력:** "아담이 이르되 하나님이 주셔서 나와 함께 있게 하신 여자 그가 그 나무 열매를 내게 주므로 내가 먹었나이다 … 여자가 이르되 뱀이 나를 꾀므로 내가 먹었나이다"(창 3:12-13).

죄책감, 수치심, 두려움이 아담과 하와의 영혼을 어둡고 위협적인 구름처럼 뒤덮으며 다가올 폭풍을 예고했다. 외로움, 배고픔, 고통과 같은 새로운 감정이 이들의 존재를 상징하게 되었다. 한때 누렸던 하나님과의 흠 없는 관계는 이제 죄로 인해 훼손되었다. 후대의 인류는 그 짐을 짊어지고 수고해야 했다. 인류는 죄에 대한 성향과 타락한 본성을 물려받았고, 수치심, 두려움, 죄책감이 새로운 인류의 본성적 특징이 되었다.

이해하기

서구에서는 이 중요한 순간을 주로 죄와 무죄의 틀을 통해 바라본다. 아담과 하와는 죄와 불순종으로 인해 유죄를 선고받았다. 반면, 비서구 세계의 어떤 지역에서는 이 사건을 인류의 마음에 두려움이 들어온 순간으로 인식했고, 사람들은 두려움을 극복하기 위해 악령을 달래고 신을 회유하기 시작했다. 두려움으로 인해 인간은 신으로부터 더욱 멀어졌고, 정령 숭배가 탄생했다.

비서구 세계의 어떤 이들에게, 아담과 하와가 금지된 열매를 먹은 선택은 인류가 처음으로 수치와 맞닥뜨린 순간을 상징한다. 그로 인해 생긴 하나님과의 분리는 남자와 여자가 처음으로 지위와 소속감을 상실하는 것이었다. 그들은 더 이상 하나님께 속하지 않았고, 하나님께 속한 영광을 잃어버렸다. 그들은 외부인이 되었고 수치심을 느꼈다.

롤랜드 뮬러는 죄책감, 두려움, 수치심을 세계관의 구성 요소로 꼽는다.[1] 모든 문화에는 이 세 가지 요소가 모두 존재하지만, 역사적으로 특정한 시기에는 이 중 한 가지가 지배적이었다고 한다.[2] 학자들은 죄책감, 두려움, 수치심의 영향은 모든 문화에 존재하지만, 일반적으로 이 중 하나가 한 문화에서 주된 영향을 미친다는 데 동의한다.

역사적으로 로마법이 초대 교회와 초기 신학자들에게 미친 영향으

---

1   Roland Muller, *Honor and Shame: Unlocking the Door* (Los Gatos, CA: Smashwords Edition, 2013), 13.
2   Moyra Dale, *Shifting Allegiances: Networks of Kinship and of Faith: The Women's Program in a Syrian Mosque* (Eugene, OR: Wipf and Stock, 2016).

로, 기독교인들은 죄를 죄책감의 관점에서 설명하는 경향이 생겼다. 이로 인해 죄인의 죄책감과 그리스도의 사역을 통한 용서와 칭의의 필요성을 강조하게 되었다. 그러나 이 과정에서 수치심과 두려움의 현실은 종종 잊혀지고 무시되었다고 로빈 스토킷은 그의 저서 『수치심 회복하기: 수치심의 신학을 향하여』[3]에서 지적한다.

이러한 접근 방식은 현실을 한정적으로 다루어 그리스도의 사역 전체를 부적절하게 전달할 위험이 있다. 모이라 데일은 『충성심의 변화』에서, 특히 죄책감에만 초점을 맞추는 것은 하나님의 주권적 용서가 필요 없다고 믿는 문화에서는 효과가 없을 수 있다고 설명한다.

> 전지전능한 하나님께는 용서가 쉽다. 그분은 죄를 짓지 않으셨기에 (죄는 하나님이 아닌 죄인에게 상처를 주므로) 치러야 할 죄의 대가가 없기 때문이다. 이러한 이해에 따르면, 용서하는 자에게는 용서할 의무도, 그로 인해 지불할 대가도 없다.[4]

죄책감에 기초한 복음적 호소는 애초에 하나님께 죄를 짓지 않았다고 믿는 사람들에게는 별 의미를 갖지 못한다. 신학적, 선교학적 관점에서 수치심, 두려움, 죄책감이라는 세 가지 현실은 죄에 대한 성경적 접근을 적절하게 고려해야 한다. 무슬림 사이에서 사역하는 사람들에게는, 복음이 수치심을 어떻게 다루는지를 이해하는 것이 복음의 메시

---

3 Robin Stockitt, *Restoring the Shamed: Towards a Theology of Shame* (Eugene, OR: Cascade Books, 2012), 23.

4 Dale, *Shifting Allegiances*, 187.

지를 효과적으로 전달하는 데 있어 중요하다.

복음을 나눌 때 명예의 역할

사무엘은 구불구불한 자갈길을 따라 알 누르 카페로 향하며, 램프 가게의 친구들에게 미소로 인사했다. 오늘 오후에 모함메드를 만나 과수원에 대해 상의할 예정이었지만, 그의 마음속에는 레몬이나 오렌지보다 더 많은 생각으로 가득했다. 모함메드와 마지막으로 대화를 나눈 이후로, 사무엘은 그의 깜짝 결정에 대해 깊이 고민하며, 명예와 수치에 관한 자료를 찾아서 모두 읽었다. 사무엘과 그의 아내는 하나님께서 모함메드의 명예에 대한 열망을, 명예를 가져다주시는 그리스도의 복음 안에서 어떻게 충족시킬 수 있는지 보게 해달라고 기도했다.

한편, 모함메드는 미국인 친구가 자신의 결정을 쉽게 받아들인 것에 안도했다. 보통 미국인들은 정교한 계획과 집중력에 매달려 융통성이 부족한 경우가 많기 때문이다. 어쩌면 사무엘의 사고방식이 점점 중동 사람들과 비슷해지고 있는지도 모르겠다. 사무엘은 오토바이 사업 실패가 가져올 수 있는 수치심을 피하고 싶어 하는 모함메드의 마음을 이해했다. 이제 그들은 만나서 커피를 마시기로 했고, 모함메드는 풍성한 대화를 기대했다. 주말에는 가족들과 함께 과수원으로 소풍을 갈 계획도 세웠다. 친구에게 튼튼한 과수 묘목들이 줄지어 늘어선 아름다운 부지를 보여줄 수 있다는 생각에 더없이 기뻤다.

몇 주 동안, 사무엘은 모함메드에게 성경 이야기를 들려주며 하나님께서 명예와 수치를 얼마나 중요하게 여기시는지 설명했다. 모함메드는 기독교 경전에 이런 주제가 가득하다는 사실에 놀라움을 금치 못했다. 그 이야기들은 그가 알고 있던 서구 문화보다 오히려 자신의 문화와 더 닮아 있는 것 같았다. 이따금씩 나누던 그들의 대화는 어느새 정기적인 성경공부로 발전했다. 모함메드가 복음의 능력을 통해 수치심을 극복하고 명예를 회복하는 법을 배우는 동안, 사무엘 역시 무슬림의 세계관을 통해 성경을 새롭게 읽는 법을 익혔다. 이렇게 서로 다른 문화적 배경을 가진 두 친구는 함께 공부하며 축복을 받았고, 둘 다 긍정적인 변화를 경험했다.

모함메드가 복음의 메시지를 자신의 것으로 받아들인 그날, 사무엘은 두 세계관 사이에 견고한 다리가 놓였음을 느꼈다. 모함메드의 집에서 양고기, 쌀, 야채로 푸짐한 식사를 마친 후, 그들은 밝은색 소파에 편안히 앉았다. 모함메드는 친구인 사이드에게 열정적으로 기독교에 대해 설명하기 시작했다.

"메시아 예수님은 우리 인간을 다시 하나님께로 이끄셨어. 이제 더 이상 하나님 앞에서 얼굴을 숨길 필요가 없어. 우리는 하나님을 바라볼 수 있고, 그분도 우리를 바라보시지. 부끄러움은 이제 없어!"

사무엘은 눈에 맺힌 기쁨의 눈물을 친구에게 들키지 않기 위해 고개를 돌려 먼 곳을 바라보았다. 조용한 믿음의 자리에서 혹시 모함메드는 예수님의 손을 잡았던 것일까?

성경의 명예와 수치심 분별하기

명예와 수치의 세계관을 기본적으로 이해한 후, 이 관점으로 성경 읽는 법을 배운다면 무슬림들에게 복음을 전하는 데 매우 효과적이다. 흥미롭게도 성경은 명예와 수치 중심의 세계관을 가진 사람들에 의해, 그리고 그들을 위해 기록되었다. 따라서 별도의 상황화는 필요치 않다. 성경 속 명예와 수치의 주제를 인식하면 하나님의 영광과 복음을 새로운 시각에서 이해할 수 있다.

성경에 나타난 명예와 수치의 주제를 인식하는 데 도움이 되는 다음의 몇 가지 질문들이 있다. 이 주제에 대해 더 상세히 다루고 있는 『감추어진 영광(Covered Glory)』에서 발췌했다.

수치심은 감춘다

진실을 감추는 것은 수치심의 본능적 반응이다. 수치심은 그 감정을 느끼는 이들로 하여금 스스로를 숨기게 만든다. 아담과 하와가 수치심을 느껴서 숨었던 것처럼, 성경의 놀라운 이야기 속에서 우리는 종종 자신의 가치와 정체성에 관한 진실을 감춘 채 수치심을 짊어진 인물들을 만난다.

성경 속에서 명예와 수치를 분별하는 첫 번째 단계는 *"수치심이 무엇을 감추고 있는가?"* 라고 질문하는 것이다. 한 예로, 마가복음 5장 24-34절에 기록된 혈루증 여인의 이야기를 이 질문에 적용해보면, 수치심은 하나님께서 보시는 그녀의 가치를 가렸다. 그것은 희망을 감추었다. 또한 그녀가 스스로 어찌할 수 없는 문제로 인해 그녀를 거부했던 구경꾼들

> 명예와 수치의 세계관을 기본적으로 이해한 후, 이 관점으로 성경 읽는 법을 배운다면 무슬림들에게 복음을 전하는 데 매우 효과적이다.

의 자만심을 감추었다.

명예는 드러낸다

수치심의 감추려는 속성과는 달리 명예는 드러내고 보여주려는 속성을 지닌다. 명예는 한 사람의 진실한 모습을 조명한다. 성경 속에서 명예와 수치를 분별하는 두 번째 단계는 *"명예가 무엇을 드러내고 있는가?"* 라고 질문하는 것이다.

마가복음 5장의 이야기에서, 우리는 예수님께서 병든 여인을 존중하며 그녀의 가치를 드러내시는 모습을 볼 수 있다. 예수님은 그때까지 감추어져 있던 진리를 선포하신다. 명예는 희망과 치유, 그리고 미래를 드러낸다. 명예는 그 여인을 선생이신 예수님의 시간과 사역을 받기에 합당한 위치로 회복시킨다. 그리하여 그녀는 외부인에서 내부인으로 지위가 달라지고, 다시금 공동체에 속하게 된다. 그녀는 깨끗해진 것이다.

복음의 호소

수치심이 무엇을 감추고, 명예가 무엇을 드러내는지 살펴보았다면, 이제 복음의 매력에 대해 질문할 준비가 되었다. 마가복음 5장에서 예수님의 옷자락을 만진 여인에게 복음의 매력은, 자신이 다시 깨끗해질 수 있다는 확신이었다. 아이러니하면서도 멋진 반전은, 구세주의 보혈이 피 때문에 생긴 그녀의 육체적 문제와 수치심을 깨끗이 씻어주었다는 점이다. 이 여인은 육체적, 정신적, 정서적, 그리고 영적으로 회복되었다. 예수님은 34절에서 그녀에게 마지막으로 이렇게 말씀하셨다. "딸아, 네 믿음이 너를 구원했으니 평안히 가라. 네 병에서 놓여 건강할지어다."

성경 속 여인의 명예를 회복시킨 이 메시지는 오늘날 무슬림 여성들에게도 적절하며 강력한 메시지로 다가온다.

결론

무슬림에게 복음이란, 예수 그리스도께서 수치를 없애셨고, 그분을 통해 인류에게 명예가 회복되었다는 것이다. 더 이상 하나님과의 관계는 단절되지 않았고, 우리는 다시 그분과의 관계에서 내부인이 되었다. 예수 그리스도를 통해 우리가 하나님 앞에 설 영광의 자리가 안전해졌다.

사무엘의 친구 모함메드는 삶의 모든 측면을 명예와 수치의 틀로 바라보았다. 그의 세계관과 모든 결정은 가족과 공동체의 맥락에서 저울질되었으며, 그에게 가장 중요한 것은 자신이 속한 그룹 내에서 명예를 지키는 것이었다.

구약과 신약 성경에는 사랑 많고 자비로우신 창조주 하나님께서 백성들의 수치를 없애고 그들을 명예롭게 하신 아름다운 사례들이 가득하다. 이러한 구속의 메시지는 무슬림 친구들이 기꺼이 듣고 싶어 하는 내용이기도 하다. 결국 무슬림 사회에서 명예의 역할은 그리스도의 복음으로 가는 관문이 될 수 있다.

토론과 적용

1. 성경에서 명예와 수치의 주제를 발견한 적이 있는가? 성경에서 가장 좋아하는 구절을 읽고, 그 구절에서 명예의 주제를 찾아보라.

2. 무슬림과 혼란스러운 상호작용을 한 적이 있는가? 그 상호작용을 명예의 관점에서 다시 생각해보면 어떤 통찰을 얻을 수 있는가?
3. 명예 문화의 관점으로 볼 때, 무슬림과의 우정에서 어떤 특별한 행동 양식이 기대되는가? 이러한 이해를 바탕으로 보았을 때, 당신의 대인관계 방식에 변화가 필요한가?

참고문헌

Dale, Moyra. *Shifting Allegiances: Networks of Kinship and of Faith: The Women's Program in a Syrian Mosque*. Eugene, OR: Wipf and Stock, 2016.
Frank, Audrey. *Covered Glory: The Face of Honor and Shame in the Muslim World*. 1st ed. Eugene, OR: Harvest House Publishers, 2019.
Muller, Roland. *Honor and Shame: Unlocking the Door*. Los Gatos, CA: Smashwords Edition, 2013.
Stockitt, Robin. *Restoring the Shamed: Towards a Theology of Shame*. Eugene, OR: Cascade Books, 2012.

명예-수치에 관한 추가 목록

<책>

Honor and Shame: Unlocking the Door, by Roland Muller (Xlibris, 2001)
The 3D Gospel: Ministry in Guilt, Shame, and Fear Cultures, by Jayson Georges (Tim& 275; Press, 2014)
Ministering in Honor-Shame Cultures, by Jayson Georges and Mark Baker (InterVarsity, 2016)
The Global Gospel, by Werner Mischke (Misson ONE, 2015)
Shame and Honor in the Book of Esther, by Timothy Laniak (Society of Biblical Literature, 1998)
Honor, Patronage, Kinship and Purity, by David deSilva (InterVarsity, 2000)
Restoring the Shamed: Towards a Theology of Shame, by Robin Stockitt (Cascade Books, 2012)
Shame and Grace: Healing the Shame We Don't Deserve, by Lewis Smedes (HarperOne, 2009)

Shame Interrupted: How God Lifts the Pain of Worthlessness and Rejection, by Edward T. Welch (New Growth Press, 2012)

Without Shame or Fear: From Adam to Christ, by A. Robert Hirschfeld (Church Publishing, 2017)

Misreading Scripture with Western Eyes: Removing Cultural Blinders to Better Understand the Bible, by E. Randolph Richards and Brandon J. O'Brien (InterVarsity, 2012)

Saving God's Face: A Chinese Contextualization of Salvation through Honor and Shame, by Jackson Wu (William Carey International University Press, 2012)

Covered Glory: The Face of Honor and Shame in the Muslim World, by Audrey Frank (Harvest House Publishers, 2019)

<소논문>

"Disgraced Yet Graced: The Gospel According to 1 Peter in the Key of Honor and Shame," by John Elliott, in *Journal of Bible and Culture*, November 1995

"Does the 'Plan of Salvation' Make Disciples? Why Honor and Shame Are Essential for Christian Ministry," by Jackson Wu, in *Leadership Development for the 21st Century Asian Mission*

"From Shame to Honor: A Theological Reading of Romans for Honor-Shame Contexts," by Jayson Georges

"Honor and Shame in God's Mission," by Jayson Georges

"Human Identity in Shame-Based Cultures of the Far East," by Timothy Tennent

"The Eight Guidelines for Relationships in Honor-Shame Cultures," by Jayson Georges and Mark Baker

"The Saving Significance of the Cross in a Honduran Barrio," by Mark Baker

<웹사이트>

HonorShame.com

JacksonWu.org

18 예수님은 어떻게 MBB의 마음을 목양하셨을까?

데이비드 F. 아르조우니는 세네갈 출신의 레바논 MBB로, 아내 린다와 함께 42년간 아프리카에서 사역해왔다. 성서학 석사학위가 있으며, 현재 성경 상담학 박사과정 중에 있다.

핵심 포인트
- MBB의 마음을 진정으로 목양하기 위해서는 먼저 예수님께서 제자들의 마음을 어떻게 목양하셨는지 알아야 한다.
- 예수님은 MBB에게 중요한 사안을 다루셨지만, 서구인들은 그분의 가르침에 담긴 깊은 의미를 종종 놓치고, 너무 빨리 다른 제자훈련 방법으로 전환해 결국 효과가 떨어지는 방법을 사용하게 된다.
- MBB들은 자신을 목양하는 이들이 함께 동행하며 삶의 모든 영역에서 이끌어주기를 기대한다. 그러나 일반적인 서구인들은 이러한 방식을 불편하게 여길 수 있다.

"모든 *지킬 만한 것* 중에 더욱 네 마음을 지키라. 생명의 근원이 이에서 남이니라"(잠 4:23). 이 구절에서 '모든'이라는 단어는 매우 광범위한 의미를 지니며, 인간의 마음속 깊은 곳에 있는 것을 지키고 형성하는 것에 대해 많은 논의가 있어왔다. MBB 청년인 알리를 예를 들어보자. 알리의 마음속에는 어떤 일이 일어나고 있을까? 그의 마음은 다른 제자들과 어떻게 다를까?

인생의 많은 면에서 그렇듯이, 이 질문에 대한 답변은 '그럴 수도, 아닐 수도 있다'는 것이다. 일반적으로 MBB도 다른 이들과 같은 영적 필요를 가진다. 그러나 MBB의 삶의 경험은, 예를 들어 '기독교' 문화에서 자란 이들의 경험과는 *매우* 다르다. 더 중요한 것은, 그들을 제자화하려는 이들이 이러한 차이에 특별히 주의를 기울여야 한다는 점이다. 나는 알리의 마음이 특정 경향에 더 취약하다고 말하는 데 성경적 근거가 있다고 믿으며, 이 장에서 바로 그 점을 다루고자 한다.

이 논의를 이끄는 다섯 가지 중요한 전제가 있다. 이 다섯 가지 전제를 이 책에서 완전히 다룰 수는 없지만, 이어지는 내용 전반에 스며들어 있으므로 독자는 적어도 이 부분을 인지하고 있어야 한다.

전제 1

예수님은 바리새파 유대인이 형성된 시기에 이 땅에 오셨다. 이 시기는 나중에 무함마드가 구성한 종교와 문화, 사회와 놀랍도록 유사한 측면이 있다. 지난 수십 년 동안 할랜드, 뉴스너, 손과 같은 유대교 및 기독교 역사 분야의 학자들은 바리새인과 무함마드 사이에서 예식, 율법, 순결, 명예 코드 등을 비교하며 주목해왔다. 그러므로 감히 말하건대,

어떤 면에서 예수님은 기본적으로 1세기 버전의 무슬림들에게 사역하셨다고 할 수 있다.

성경은 "때가 차매 하나님이 그 아들을 보내사 여자에게서 나게 하시고 율법 아래에 나게 하신 것은 율법 아래에 있는 자들을 속량하시고 우리로 아들의 명분을 얻게 하려 하심이라"(갈 4:4-5)고 말한다. 이는 그리스도의 출현 시기에 대해 언급한 많은 구절 중 하나다. 무슬림 가운데 사역하는 우리는 이 한 가지 사실을 확신할 수 있다. 하나님은 이슬람을 예견하셨고, 비슷한 사고방식을 가진 현장에 아들을 보내셨다는 것이다. 이에 대한 신학적 증거는 구약성경과 초기 랍비 문헌에서도 찾을 수 있다.[1]

전제 2

예수님께서 당시 유대교와 상호작용하신 부분을 살펴보면, 이슬람 신학과 문화에서 예수님께 나아오는 이들과 어떻게 상호작용을 할지 매우 구체적인 아이디어를 얻을 수 있다. 이러한 관점에서 그리스도의 사역은 무슬림의 마음 깊은 곳에 대한 통찰을 구체적으로 제공하며, 현대 무슬림을 어떻게 목양할지 방향을 제시해준다.

---

[1] 사실, 하나님은 이미 모든 종교적, 문화적, 철학적 범주들이 세상에 나타났을 때 예수님을 보내어 앞으로 세상에 다시 등장할 모든 범주들을 예상하셨다. 하지만 여기서는 1세기경의 이스라엘이 본질적으로 이슬람의 모든 특징을 지니고 있었다는 개념에 초점을 맞추고 이를 바탕으로 논의를 진행한다. 이 전제와 여기서 제시된 다른 내용들의 성서적, 신학적 근거에 대해서는 저자에게 dlarzouni@gmail.com으로 요청하면 저작권이 있는 논문을 받아볼 수 있다.

전제 3

제자도는 일반적으로 그리스도와의 완전한 동일시가 이루어지기 전에 시작되는 것으로 이해된다. MBB의 영적 여정에서 초기 1년 정도는 흔히 '기독교인이 되어가는' 과정에 있던 예수님의 제자들과 유사한 면이 많다. 나는 예수님의 제자들과 내가 제자화하고 있는 무슬림들 사이에 놀라운 유사점이 있음을 발견한다. 그들은 도전을 받고, 변화하며, 능력을 받아 사역 현장으로 보냄을 받아야 한다. 동시에 이전에 종교 생활에서 알고 있던 대부분을 떠나야 한다.

전제 4

신약성경은 유대인과 이방인 모두를 위한 오직 하나의 복음을 제시하지만, 이는 제자도에 대한 최선의 접근 방식이 모두에게 동일하다는 의미는 아니다. 물론 제자도의 결과는 오직 하나, 즉 예수님을 닮아가는 것이다. 그러나 이를 달성하기 위한 접근 방식은 여러 가지일 수 있다. 예수님은 초기 사역에서 오늘날 무슬림의 삶과 매우 유사한 상황에서 살아가던 열두 명의 유대인 남성에게 초점을 맞추셨다. 따라서 나는 MBB들을 돌보고 제자화하는 방식을 예수님께서 열두 제자를 매우 직접적으로 돌보신 방식과 유사하게 구조화해야 한다고 믿는다.

전제 5

만약 사역자가 MBB를 목양하고 있다면, 그들과 이미 몇 가지 중요한 내용을 다루었을 것으로 가정할 수 있다. 즉 MBB가 핵심적인 성경 진리들을 어느 정도 이해했을 것이라고 본다. 구체적으로 그들은 예수님이 단순한 선지자를 넘어서는 분이라는 것, 우리의 구원자시라는 것, 하나님께서 그분의 이름으로 우리 죄를 용서하신다는 것, 그리고 그분이 우리가 따라야 할 주님이심을 알았을 것이다.

이런 전제가 알리의 마음을 목양하는 데 미치는 영향

예수님께서 그의 제자들을 대하신 방식을 기반으로, 이슬람에서 개종한 이들에게 특별히 적합한 '목양 커리큘럼'을 어떻게 구성할 수 있을까? 이 질문에 답하기 위해 일부 학자들이 수행한 것과 같은 광범위한 연구를 진행할 수 있으며, 실제로 그들의 연구에서 우리가 배울 점이 많다.[2] 그러나 다음 사실을 기억하는 것이 무엇보다 중요하다. 예수님 당시에도 그들은 현대 무슬림과 매우 유사한 세계관을 가진 이들이었다는 것이다.

이 점을 간과하면, 바울 문헌에 더 초점을 맞춘 목양/제자화 모델을 성급하게 개발하고, 그 결과 바울이 부름받은 이방 사역에 더 초점을 맞추게 된다(갈 2:8 참조). 모든 제자도 모델이 결국에는 바울의 가르침을 통합하고 받아들이게 되겠지만, MBB와 함께 사역하는 초기 단계에서는 예수님의 접근 방식으로만 제한하는 것이 현명하다고 본다.

따라서 우리 친구 알리의 마음을 목양하는 일은 주로 예수님의 사역에서 영감을 얻어야 한다. 이를 염두에 두고, 주님이 제자들을 양육

---

[2] 돈 리틀(Don Little)은 *Effective Discipling in Muslim Communities: Scripture, History and Seasoned Practices* (Downers Grove, IL: InterVarsity, 2015)에서 이러한 문제를 탁월하고 간결하게 다룬다. 이 책은 MBB를 목양하려는 사람들이 꼭 읽어야 할 책이다.

하면서 무엇에 초점을 맞추셨는지, 또 무엇을 의도적으로 배제하셨는지 스스로에게 물어보아야 한다. MBB를 제자화할 때, 우리의 첫 번째 과제는 그리스도의 사역에서 '무슬림에게 특화된' 특징이 있는지 주의 깊게 연구하고 분별하는 것이다. 두 번째 과제는 바울의 가르침 중 특별히 유대적(따라서 이슬람적)인 문제를 다룬 부분을 수집하는 것이다. 다시 한번 강조하지만, 예수님과 바울의 가르침 모두 MBB들을 목양할 때 필요하다. 그러나 예수님의 가르침으로 시작하여 점차 바울의 가르침으로 넘어가는 것이 더 적절하다.

나의 관점은 MBB로서 40년 넘게 다른 MBB를 목양하기 위해 노력해온 경험에서 비롯된다. 이를 바탕으로, 그리고 그리스도와 당시 유대교의 상호작용에 관한 나의 연구를 통해 우리가 집중해야 할 주요 문제들을 일부 정리해보았다.

실례 중심의 목양

요한복음 21장에서, 예수님이 베드로에게 "네가 나를 사랑하느냐"고 세 번이나 물으시고, "내 양을 먹이라"는 명령을 세 번이나 반복하셨을 때, 베드로는 반복되는 질문 때문에 괴로워한 것이 아니라 자신이 목자로 부르심을 받았다는 사실에 더 괴로워했다. 이후에 베드로가 그 부르심을 어떻게 이해할 것인지, 목자로서의 합당한 모습이 어떠해야 하는지에 대한 후속 질문을 하지 않았다는 점에 주목하라. 사실, 그는 그리스도께서 보여주신 본을 3년 동안 경험했기 때문에 이미 알고 있었던 것이다.

> 핵심은 MBB에게 그리스도를 따르는 방법을 단순히 알려주는 것이 아니라 실례를 보이는 것이다.

마찬가지로 우리는 베드로가 베드로전서와 베드로후서에서 목양의 주제를 강조한 것과 더불어, 예수님의 *실례*를 통해 많은 것을 배울 수 있다. 핵심은 MBB에게 그리스도를 따르는 방법을 단순히 알려주는 것이 아니라 실례를 보이는 것이다.

실례 중심의 목양/제자도는 모든 현장에서 요구되지만, 특히 무슬림 상황에서 더욱 그러하다. 개종하기 전과 후를 포함한 무슬림 사역의 모든 단계에서 사역자가 상당한 시간을 투자해야 한다. 어떤 이들은 이를 '함께 증인이 되는 것(withnessing)'[3]이라 표현하기도 한다. 이처럼 우리는 전도 및/혹은 제자도가 '관계적'이라는 생각에서 벗어나 모든 단계가 '목회적'이라는 관점으로 전환해야 한다. 영적 목양은 예수님께서 제자들과 함께 군중에게 행하신 모든 사역의 핵심이었으며(마 9:36, 18:12-14, 요 10:16), 이것이 바로 우리가 추구해야 할 모델이다.

실례 중심의 목양/제자도는 시간이 많이 소요되므로, 아무리 많은 MBB가 당신의 영향권 안에 있더라도 주님께 지혜를 구하여 인원을 소수로 제한하는 것이 바람직하다. 예수님은 적어도 70명의 추종자와 교류하셨지만 특별히 열두 제자를 목양하셨다. 따라서 한 사람이 모든

---

3   이 개념은 수십 년간 무슬림 사이에서 우리의 사역을 이끌어왔지만, 최근 몇 년 사이에 다음 두 책을 통해 그 표현이 널리 퍼졌다. Joel Butz in his book, *Bent but Not Broken: A Journal of Devotional Theology* (CreateSpace: Amazon Digital Services, 2014), David E. Fitch, *Faithful Presence: Seven Disciplines That Shape the Church for Mission* (Downers Grove, IL: InterVarsity, 2016).

MBB를 돌보도록 강요하기보다 목양의 책임을 나누어 질 수 있도록 팀을 구성하는 것도 효과적인 방법이다.[4]

이슬람의 짐 다루기

모든 개종자는 출신 배경에 관계없이 그리스도와 동행할 때 문화적 짐을 지게 되며, 이는 우리의 친구 알리도 예외는 아니다. 우리는 성령님께서 모든 문화에 침투하여 변화를 일으키시지만, 동시에 신앙의 특성을 고유한 정체성의 일부로 보존하신다는 사실을 안다. 알리의 문화적 짐도 이와 같은 과정을 거쳐야 한다. 무슬림 문화의 특징은 유대 문화와 마찬가지로 전통과 가치에 종교적 차원을 부여하여 다양한 충성을 요구한다는 것이다. MBB들은 예수님과 제자들에게 들었던 것과 같은 비난을 듣게 될 것이다. "당신의 제자들이 어찌하여 장로들의 전통을 범하나이까"(마 15:2).

알리는 아마도 기독교인으로 살면서도 과거의 종교 문화적 틀 안에서 형성된 관점으로 거의 모든 행동을 할 것이다. MBB는 종종 샤리아(이슬람 율법)가 여전히 자신의 삶에 스며들어 있다는 사실을 인식하지 못하는 경우가 많다. 이는 이슬람의 명백한 율법주의 측면에서 구원받은 것을 축하할 때도 마찬가지다. 이 때문에 MBB들의 영적 성장이 방해받는 경우를 나는 너무나 많이 목격했다. 그들은 하나님의 축복을

---

[4] 그렉 리빙스턴(Greg Livingstone)의 중요한 저술인 *Planting Churches in Muslim Cities: A Team Approach* (Grand Rapids: Baker, 1993)를 보라.

받기 위해 여전히 샤리아에서 말하는 마프루드(mafrud, 의무)를 따라 살고자 노력한다.[5]

이러한 노력은 쉽게 바리새주의로 이어질 수 있다. MBB들은 성경의 가르침을 흔히 무스타합(mustahab, 선호되고 장려되는 것) 혹은 마크루흐(makruh, 신이 싫어하는 것), 특히 할랄(halal, 덕이 있고 허용되는 것)이나 하람(haram, 수치스럽고 금지된 것) 등 이슬람의 관점으로 이해한다. 문제는 샤리아가 특정 문제를 명시적으로 규정하지 않더라도 여전히 MBB들의 삶에 영향을 미친다는 점이다. 따라서 예수님께서 유대 상황에서 하셨던 것처럼, 이러한 문제들을 재정의하는 것이 MBB들의 마음을 돌보는 데 핵심이 된다.

특히 마태가 산상수훈 직후 이러한 문제를 다루기 위해 예수님의 메시지를 어떻게 구성했는지 주목하라. 예수님은 당시 마크루흐와 하람의 상황을 뛰어넘어 나병환자에게 손을 내밀어 그의 몸에 대셨다(마 8:1-4). 그다음 카피르(kafir, 신을 믿지 않는 자)이자 하람으로 여겨지던 로마 백부장을 간청을 들어주셨다(마 8:5-13). 또한 당시 율법의 관점에서 금기시되던 혈족이 아닌 아픈 여성(베드로의 장모의 손)을 만지셨다(마 8:14-15). 심지어 적국인 로마를 위해 일하던 마크루흐인 레위(마태)를 제자로 부르셨다(마 9:9-13). 예수님은 이 모든 금기와 부정, 배척받는 상황을 할랄과 무스타합으로 변화시키셨다. 그리스도의 사역 안에 있는 이러한 무슬림 관련 문제에 주의를 기울이면, MBB를 더 잘 목양하는

---

5 샤리아가 무슬림의 삶 전체에 미치는 영향에 대해 Alexander Pierce's *Facing Islam, Engaging Muslims* (Enumclaw, WA: Redemption Press, 2012), Kindle edition, chap. 5, location 1024가 잘 요약해놓았다.

방법을 아는 데 도움이 된다.

무슬림의 특별한 취약점

나는 항상 노련한 사역자들이 MBB의 영적 성장을 가로막는 장애물 목록에서 성적 문제, 부부 갈등, 그리스도를 통한 하나님과의 친밀감 부족, 일만 악의 뿌리인 돈을 사랑하는 마음, 종교적 이념과 율법주의, 정직성 결핍, 분노와 복수심, 지속적인 악마의 영향력을 제대로 강조하지 않는다는 데 적잖이 놀란다.[6] 이러한 문제들은 예수님께서 산상수훈에서 특별히 강조하여 다루신 내용들이다.

반면, MBB의 더딘 성장의 원인으로 가족의 압력과 박해를 가장 많이 거론한다. 그러나 박해에 대한 그리스도의 가르침을 자세히 살펴보면, 세상 일에 대한 염려로 인한 영적 미성숙이 이슬람으로 다시 돌아가는 주된 이유일 가능성이 가장 높다. 이는 예수님께서 씨 뿌리는 비유에서 길가, 얕은 돌밭, 가시떨기를 이탈의 주요 원인으로 지적하신 것과 같다(마 13:5-7, 20-22).

건설적 해체

예수님 사역의 핵심 중 하나는 바리새주의를 물리치신 것이다.[7] 그분은

---

[6] 리틀의 장애물 표를 보라. *Effective Discipling in Muslim Communities*, 172-173.

[7] Gary Tyra, *Defeating Pharisaism: Recovering Jesus' Disciple-Making Method* (Downers Grove, IL: InterVarsity, 2009)를 보라. 이 책은 서구의 상황에 맞추어 쓰였지만, 흔히 간

유대인 전체를 비난하신 것이 아니라(일부 무슬림 친구들의 주장과 달리), 바리새인의 가르침에서 비롯된 오류를 지적하는 데 집중하셨다. 마찬가지로, 우리는 알리를 목양할 때 그의 마음속에 남아 있을지도 모르는 이슬람의 이상과 비성경적인 문화 가치를 현명하게 해체해야 한다는 점을 인식해야 한다. 예를 들어, 이슬람의 창시자 무함마드는 오랜 기간 깊은 존경의 대상이었기에 MBB는 자신의 삶에서 그 영향력을 놓아내기가 어렵다. 따라서 MBB 스스로 무함마드의 실체를 발견하도록 돕고, 삶에서 무함마드의 위치를 해체하도록 돕는 것이 우리의 임무다.

이 과정에서 성경적 상담과 영적 멘토링에서 규범적 태도를 취하기를 주저하지 말아야 한다. MBB인 알리가 영적으로 성숙해지는 과정은 보통 사람들과 다소 다를 수 있다. 그의 삶에서 모든 세세한 부분이, 심지어 화장실에 가는 등의 가장 일상적인 일조차 이슬람 전통에 깊이 영향을 받았기 때문이다. 이슬람은 생활의 모든 영역에 대한 구체적인 지침을 제공하는 종교로, 알리에게는 이러한 포괄적 지침이 매우 소중하다. 따라서 많은 MBB들은 자신의 목자가 서구적 제자도 방식보다 훨씬 더 명확하고 자세하며 철저한 규범적 지도를 제공해주기를 기대한다.

우리는 MBB가 성경을 개인적으로 읽으며 하나님의 인도하심을 간절히 소망하지만, 이런 일이 금세 이루어질 것이라고 기대해서는 안 된다. 사실 많은 MBB들은 과거에 꾸란을 읽었을 때보다 성경을 읽는 데 더 소극적일 수 있다. MBB들이 신앙 초기에 가졌던 성경에 대한 열정

과되는 예수님 사역의 필수적 측면을 깨닫게 해준다.

> 우리는 알리를 목양할 때 그의 마음속에 남아 있을지도 모르는 이슬람의 이상과 비성경적인 문화 가치를 현명하게 해체해야 한다는 점을 인식해야 한다.

이 지속되지 않는 경우가 흔한데, 이는 그들이 텍스트보다 전통에서 지침을 얻는 데 익숙하기 때문이다. 따라서 알리와 같은 MBB에게 매일 성경 읽기 과제를 낼 때는 다소 규범적일 필요가 있다.

그러나 *교리*를 다루는 예수님의 방법(구전 가르침의 10퍼센트 미만)을 연구해보면, 규범적 접근이 최선은 아님을 알 수 있다. 예를 들어, 알리는 *당신에게* 성경의 단어, 사건, 개념, 그리고 교리를 정의하고 싶어 할 것이다. 우리는 예수님께서 그러한 문제에 어떻게 대응하셨는지, 어떻게 질문하고 토론을 이끌어 제자들이 올바른 결론에 이르게 하셨는지 깊이 연구해야 한다. 비유를 사용하면 청중은 전달된 내용을 이해하기 위해 집중하고 깊이 고민하게 된다. 청중이 옳은 결론에 도달하고, 명예와 수치의 가치가 지배적인 문화 속에서도 믿음을 잃지 않고 반응하도록 하는 것이 매우 중요하다.

MBB를 목양할 때는 모든 질문에 즉각 답하기보다는, 제자들이 경험한 여정과 같은 과정을 통해 인내심을 가지고 회심자들을 이끌어 갈 필요가 있다. MBB가 질문과 씨름하도록 허용하고, 때로는 답을 찾지 못하더라도 인내하며 기다려야 한다. 예를 들어, MBB가 '하나님의 아들'의 의미나 그 의미가 그리스도의 신성과 어떻게 연결되는지를 저절로 이해하게 될 것이라고 기대하면 오산이다. 예수님과 함께 지냈던 열두 제자조차 이러한 문제를 이해하는 데 얼마나 오랜 시간이 걸렸는지 생각해보라. 많은 이들이 진정으로 거듭나고 영적으로 성장하고 있지만, 여전히 그리스도의 신성에 의문을 갖고 고군분투하는 MBB를 볼 때마다 놀라게 된다. 마치 우리가 올바른 신학을 이해했기 때문에 구원받기라도 한 것처럼 말이다.

결론

아프리카 속담에 따르면, 밀짚 돗자리는 처음에 모서리를 짠 방식에 따라 최종적인 모양이 결정된다고 한다. 시작점이 중요하다는 뜻이다. 마찬가지로 우리는 시작점부터 하나님 아버지께서 어떻게 그리스도를 통해 이슬람의 사고방식에 완벽하게 들어맞는 목자 모델을 은혜롭게 제공하셨는지 살펴보아야 한다. 예수님께서 1세기 유대인들을 대하셨던 목양 방식을 기반으로 한다면, 우리는 오늘날 MBB의 필요를 충족시키는 데 적합한 이슈를 보다 쉽게 분류할 수 있을 것이다.

이 장은 이러한 문제들에 대한 간단한 입문서에 불과하다. MBB인 알리의 마음을 목양하는 것과 관련된 표면적인 사항만 다루었을 뿐이다. 모든 문제를 다룰 수 없었기에 몇 가지 필수적인 주제만 간략하게 살펴보았다. 예를 들어, 가장 정통적인 무슬림조차 민간 이슬람 관습에 의존하게 되는 경우와 같은 중요한 취약점들을 자세히 설명하는 것은 불가능했다. 그러나 우리가 기억해야 할 점은 이러한 취약점을 이해하고, 그것이 나타내는 도전에 적극적으로 대처하는 것이 우리의 과제라는 사실이다. 이러한 생각과 제안들이 위대한 목자께서 직접 보여주신 실례에서 강력하고 적절한 목양의 원칙을 재발견하는 데 도움이 되기를 바란다. 이는 교회가 오랫동안 간과해온 부분이다. 우리는 예수님 당시의 유대교에 비추어 이슬람과 복음서를 다시 읽어보아야 한다. 이러한 과정이 알리와 같은 MBB 친구들을 목회적으로 돌보는 데 있어 새롭고 실질적인 방법을 제공해줄 것이라고 믿는다.

토론과 적용

1. 특히 마태복음을 다시 살펴보면서, 예수님께서 정결과 불결 문제를 어떻게 다루셨는지, 유대교의 패러다임 안에서 이러한 개념에 어떻게 도전하셨는지 찾아보라. 이와 같은 문제에 관심이 있는 MBB를 목양하는 방법에 관한 통찰을 발견할 수 있는가?
2. MBB를 제자화할 때 율법, 정결, 샤리아의 역할을 어떻게 고려하고 있는가? 무슬림과의 대화에서 이러한 문제들을 인식하고 있는가? 예수님의 접근 방식을 바탕으로 어떻게 그들을 도울 수 있는가?
3. 현재 무슬림 친구들과 교제를 나누고 있는가? 당신이 어떻게 그리스도와 같은 삶을 살아가는지 실례를 보여주기 위해 더 많은 시간을 보낼 필요가 있는가?

참고문헌

Butz, Joel. *Bent but Not Broken: A Journal of Devotional Theology*. CreateSpace: Amazon Digital Services, 2014.

Fitch, David E. *Faithful Presence: Seven Disciplines That Shape the Church for Mission*. Downers Grove, IL: InterVarsity, 2016.

Little, Don. *Effective Discipling in Muslim Communities: Scripture, History and Seasoned Practices*. Downers Grove, IL: InterVarsity, 2015.

Livingstone, Greg. *Planting Churches in Muslim Cities: A Team Approach*. Grand Rapids:

Baker, 1993.

Neusner, Jacob, and Tamara Sonn. *Comparing Religions through Law: Judaism and Islam.* New York: Routledge, 1999.

Pierce, Alexander. *Facing Islam, Engaging Muslims.* Enumclaw, WA: Redemption Press, 2012.

Tyra, Gary. *Defeating Pharisaism: Recovering Jesus' Disciple-Making Method.* Downers Grove, IL: InterVarsity, 2009.

삶의 변화를 가져온 만남

SERMON No.3

- 설교자: 로야, 자베드
- 본문: 누가복음 9장 23절

저(로야)는 무슬림 국가에서 태어났습니다. 아버지는 정부를 위해 일하셨던 훌륭한 분이었습니다. 그는 저의 영웅이었습니다. 그러나 고등학교를 졸업하기 전에 무자히딘(아프가니스탄의 무장 게릴라 조직)이 우리 집에 들이닥쳐 아버지를 잡아갔고, 팔을 부러뜨리는 등 고문한 뒤 살해했습니다. 하루아침에 제 인생의 모든 것이 바뀌었습니다. 저는 영웅을 잃었습니다.

몇 년 후, 결혼하고 나서 제 인생은 또 한 번 큰 변화를 겪었습니다. 어느 날, 남편에게 심한 구타를 당했습니다. 그 일로 저는 신과 싸우기 시작했습니다. 제 방으로 가서 신에게 항의하듯 물었습니다. "당신은 어떤 신입니까? 정말로 존재하세요? 존재한다면 나타나보세요. 왜 숨어 계시나요? 도대체 어디 계세요?"

그날 밤, 저는 꿈을 꾸었습니다. 천사들이 저를 천국으로 데려가는 장면을 보았습니다. 저는 아름답고 큰 방으로 들어갔고, 방 중앙에는 한 남자가 의자에 앉아 있었습니다. 그는 너무나 눈부시게 빛나고 있어 얼굴을 자세히 볼 수 없었습니다. 저는 그 방을 돌아다니며 "내가 왜 여기 있지?"라고 자문했습니다. 그때 제 곁에 서 있던 천사가 가브리엘임을 알아차렸습니다. 그는 저에게 "이분은 살아 계신 하나님이시니 경배하라"고 명령했습니다. 저는 엎드려 절하고 보좌에 앉아 계신 분을 경배하기 시작했습니다.

아침에 일어나 남편에게 꿈 이야기를 했습니다. 꿈 때문에 너무나 흥분해서 전날 밤 남편에게 구타당했다는 사실조차 잊어버렸습니다. 저는 남편에게 "내가 하나님을 봤어요. 나는 특별한 사람이에요. 하나님께서 내게 직접 모습을 보여주셨으니까요."

기억을 더듬어보니 친척 중에 기독교인이 있었습니다. 그래서 그 친척을 찾아가 저를 교회에 데리고 가줄 수 있는지 물어보았습니다. 대화 끝에 그녀는 그러겠다고 대답해주었습니다. 저는 차를 마시러 오라고 그녀를 집으로 초대했고, 그런 다음 남편 앞에서 같은 요청을 하게 할 계획이었습니다. 그래야 남편의 허락을 받을 수 있을 것 같았기 때문입니다.

그녀는 우리 집에 와서 교회 방문에 대해 이야기했습니다. 그러고 나서 제 남편을 바라보며 저를 교회에 데려가도 되는지 물었습니다. 우리 문화는 명예와 수치에 기반을 두고 있기에 남편은 면전에서 "안 된다"고 말하기 어려웠고, 결국 제가 교회에 가는 것을 허락했습니다. 저는 너무나 기뻤습니다.

다음날 우리는 함께 교회에 갔습니다. 사람들이 모국어로 예배 찬양을 부르고 있는 모습이 가장 먼저 눈에 들어왔습니다. 정말 아름다웠습니다. 성경공부 시간에는 성경말씀을 한 구절 외우라는 요청을 받았습니다. 예수님께서 말씀하신 요한복음 14장 6절, "내가 곧 길이요 진리요 생명이니 나로 말미암지 않고는 아버지께로 올 자가 없느니라"였습니다. 그 구절이 마음에 와 닿았고, 저는 그것을 외웠습니다.

그런 다음 교회 본당에 들어갔습니다. 큰 방에 300여 명의 사람들이 모여 있었습니다. 그들은 저를 환영하며 안아주었습니다. 설교는 요한복음 3장 16절에 나오는 하나님의 사랑에 대한 내용이었습니다. 저는 하나님의 사랑을 받아들이고 싶다고 말했습니다. 하나님께서 저를 무조건 사랑하시고, 이 세상의 모든 사람을 사랑하신다고 말씀하셨기 때문입니다. 그날 저는 제 삶을 그리스도께 드리기로 결심했습니다. 남편에게 살해될지도 모른다는 것을 알았지만 그조차 감수할 각오였습니다.

집에 돌아와 보니, 남편은 정말 화가 나 있었습니다. 집안을 서성거리며 금방이라도 저를 때릴 것 같았습니다. 저는 그를 바라보며 "오늘 나는 예수님을 영접했어요. 그리스도를 받아들였어요. 당신은 나를 살려둘 건가요, 아니면 죽일 건가요? 나는 이제 기독교인이에요. 예수님을 영접했다고요"라고 말했습니다.

남편이 저를 죽이려고 달려들지 않는 것을 보고 제 삶이 하나님의 손에 있음을 확신했습니다. 더 이상 두렵지 않았습니다. 그래서 저는 모두에게 복음을 전했습니다. 삼촌, 어머니, 자매, 모든 친척, 그리고 당시 파키스탄에 살던 모든 사람들에게요. 그들은 모두 충격을 받고 이렇게 말했습니다. "당신 미쳤군요."

언제부터인가 남편도 저와 함께 교회에 다니게 되었습니다. 그도 하나님의 음성을 듣고 예수님께 자신의 삶을 드렸습니다. 남편의 삶도 변화되었고, 이제 우리는 함께 복음을 전하고 있습니다. 우리는 사람들에게 맞아죽을지도 모를 장소에도 갔지만, 그들은 우리를 해치지 못했습니다. 아직 우리가 죽을 때가 아니었기 때문입니다. 우리의 삶은 하나님의 손에 달려 있습니다.

우리는 담대하게 복음을 전해야 합니다. 무슬림은 담대함을 가진 이들을 보면서 그 사람들이 옳은 일을 하고 있음을 알게 될 것입니다. 두려워하지 마십시오. 겁쟁이는 매일 죽지만, 담대한 사람은 단 한 번만 죽습니다. †

섹션 3 —— 추수 일꾼

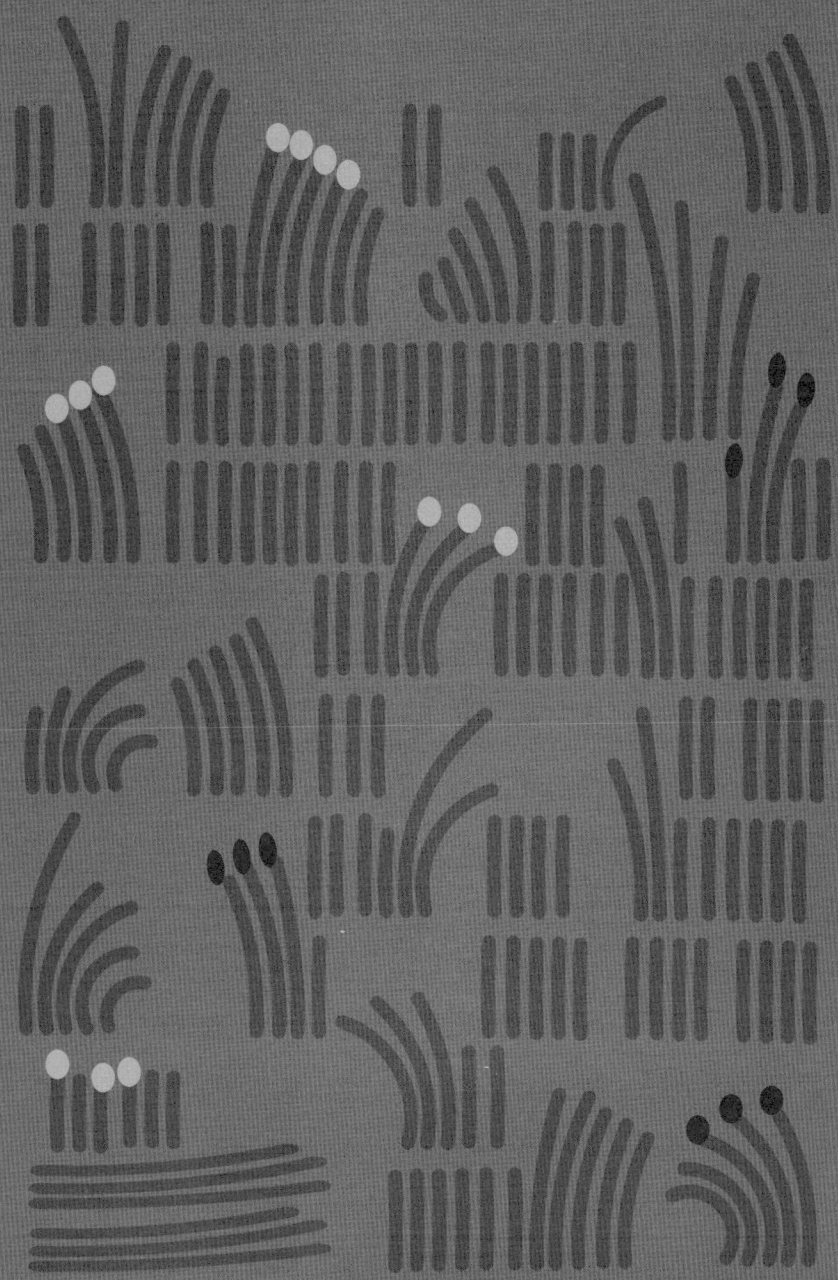

21세기가 시작될 무렵, 인터넷이나 휴대폰이 널리 보급되기 전에는 무슬림이 자신의 삶을 예수님께 드리기로 결심하는 경우가 거의 없었다. 많은 무슬림 사역자들은 평생을 헌신해도 열매가 거의 없거나, 아예 없을 수 있다는 현실을 받아들였다. 그러나 2007년, 비전 5:9 컨설테이션을 통해 소수지만 하나님 나라에 영향을 미치고 있는 결실을 발견할 수 있었다. 이후 지난 10년간 이러한 통찰력을 적용하며 순회사역을 한 결과, 상황은 크게 변화되었다. 이전에는 대부분의 타문화 사역자들이 예수님을 믿는 MBB를 만나는 일이 드물었으나, 이제는 MBB와 함께 사역하는 경우가 많아졌다. 기쁘게도 200명 이상의 MBB가 "거하라, 열매 맺으라" 컨설테이션에 참석했다.

예수님의 제자들이 또 다른 제자를 세우면서 선교현장은 언제나 선교의 힘으로 변화해왔다. 이제 새로운 시대가 열렸다. 많은 MBB가 성숙하고 성장하면서 자신만의 선교학적 사고방식을 발전시키고 있다. 19장 "외국인에서 현지인에게로 옮겨가는 리더십"에서는 글로벌 사우스의 선교 리더십이 어떻게 변화하고 있는지 살펴보겠다.

이제 서구 교회, 핍박받는 국가의 교회, 그리고 성장하는 MBB 공동체라는 세 공동체가 하나님의 가족 안에서 함께 춤추고 공존하는 법을 배우고 있다. 이들은 어쩌면 하나로 합쳐질 수도 있다. 정통적 신앙 표현의 신중한 보존과 잃어버린 양을 위한 담대한 시도 사이에는 하나님께서 정하신 균형이 있다. 20장 "추수의 기쁨"에서는 사도행전 15장에 기록된 예루살렘 공의회의 용기 있고 포용적인 결정을 상기하며, 글로벌 교회가 통합과 일치를 이루어가고자 할 때 마주하게 되는 유사한 도전에 대해 다룬다. 21장 "고난을 축복으로"에서는 예수님을 따르는 이들이 주변 이슬람 국가의 반대 속에서 직면한 시련을 직접 엿볼 수 있다. 일부는 파송받으며 더 큰 위험을 감수하고 있다. 또한 경제적으로 취약한 나라에서 종의 신분으로 이주한 기독교인들이 하나님 나라에 가져오는 변화를 22장 "가정의 빛: 자유를 가져오는 종"에서 다룬다.

— 네이트 숄츠, 섹션 편집자

19 외국인에서 현지인에게로 옮겨가는 리더십

진 다니엘스(가명)는 선교사이자 연구자, 작가이며, 비전 5:9의 일환인 "열매 맺는 실천 연구팀"의 책임자다. 1997년부터 무슬림 사역에 참여해왔으며, 종교학 박사학위가 있다.

핵심 포인트
- 최근 *선교현장*에 참여한 많은 이들의 글로벌 리더십이 선교의 강력한 *선교동력*이 되고 있다.
- 서구 사역자들은 현지 지도자들이 문화적으로 혁신적인 아이디어를 구상할 때, 전략적인 적응을 위한 공간을 존중해야 한다.
- 복음의 다양한 측면은 타문화 수용자의 관점에 따라 '더 좋은' 소식으로 다가올 수 있다.

나의 친구 조나스(가명)와 소피아(가명)는 다국적 부부다. 조나스는 중부 유럽 출신이고, 소피아는 북부 아프리카 출신이다. 이들은 글로벌 경제 환경 속에서 성장하여 세계 각지에서 벌어지는 일들에 대해 잘 알고 있다. 이들은 '가상' 친구들과의 관계에 익숙하며, '기술'을 마치 모국어처럼 능숙하게 사용한다. 그들은 캐나다, 싱가포르, 인도 등지의 기독교 배경의 신자(CBB)들과 많은 공통점을 가지고 있다. 이들을 포함해 많은 밀레니엄 세대는 9.11 테러, 시리아 난민 위기, 그 외 이슬람 관련 사건들에 깊은 영향을 받았다. 그들은 자신의 삶에 대한 강한 소명을 느끼며, 수백만의 무슬림들이 그리스도를 알지 못한 채 죽어가는 것을 생각할 때마다

> 참석한 MBB 가운데 74퍼센트가 성공적인 교회개척자로 나타났다.

눈물을 흘린다. 이들은 더 많은 무슬림이 하나님의 용서와 축복을 알고, 자신들처럼 그 진리를 공동체 가운데서 경험하기를 간절히 바란다.

다시 말해, 조나스와 소피아는 무슬림 세계에서 차세대 교회개척자들의 일부를 대표한다. 그들을 보면 30년 전의 내 모습이 떠오른다. 그동안 세상은 극적으로 크게 변했지만, 선교사로서의 부르심과 그 고통은 여전히 변하지 않았다. 그 극적인 변화의 한 측면이 이번 "거하라, 열매 맺으라" 컨설테이션에서 나타났다. 10년 전인 2007년, 비전 5:9는 『씨앗에서 열매로』라는 책을 출간하게 된 한 컨설테이션을 주최했다. 그 모임에서 우리는 무슬림 세계에서의 교회개척이 흥미로운 단계에 이르렀다고 느꼈지만, 그때까지만 해도 이는 주로 축복받은 몇몇 해외 선교사들의 사역에 국한된 것이었다. 그러나 이번 태국 모임에서 우

리는 그 흐름이 분명히 변화했음을 확인했다. 이제 무슬림 배경의 교회와 선교 지도자들이 대거 참석하여 많은 사람이 하나님께서 만들어가시는 새로운 채널, 즉 다음 세대의 교회개척자들을 목격할 수 있었다.

오늘날 우리는 거의 모든 무슬림 세계의 지역에 교회가 세워지고 있다는 사실에 기뻐한다. 더 중요한 점은 이 새로운 교회들 중 상당수가 MBB에 의해 시작되고 있다는 것이다. "거하라, 열매 맺으라" 컨설테이션에서 교회개척 현황에 대한 구체적인 통계는 제시되지 않았지만, 회의 중 보고된 인구 통계 데이터는 흥미로운 통찰을 제공한다. 참석한 MBB 가운데 74퍼센트가 성공적인 교회개척자로 나타났으나, 나머지 그룹에서는 그 비율이 33퍼센트에 불과했다. MBB에 의해 얼마나 많은 교회가 개척되고 있는지 정확히 알 수는 없지만, 이는 그 추세를 보여주는 중요한 지표다.

우리의 통제를 벗어난 성장

이러한 변화의 배경에는 여러 이유가 있지만, 그중 가장 중요한 이유는 단순하면서도 논리적이다. MBB의 수가 느리지만 꾸준히 증가하면서 그들 중 성숙하고 재능 있는 리더들의 수도 자연스럽게 증가하고 있다. 이로 인해 시간이 흐르면서 잠재적인 교회개척자들이 지속적으로 나타나고 있다. 또한, 배가에 초점을 맞춘 선교 전략이 확대되면서, MBB가 개척한 교회들이 빠르게 성장할 수 있는 환경이 조성되었다.

과거 무슬림 세계의 교회들은 마치 지도에서 떨어져 있는 점과 같았다. 여기 하나, 저기 하나 식으로 흩어져 있어 교회 간의 연결이 거의

> "작은 새들이 우리가 뿌린 씨앗을 멀리 가져갔어요. 지금은 그 새들을 볼 수 없지만, 멀리서 그들의 지저귀는 소리를 들을 수 있습니다."

이루어지지 않았고, 설령 연결이 된다 해도 교회를 개척한 사람들에 의해서만 이루어졌다. 그러나 이제는 단일한 나무가 이 도시 혹은 저 도시에서 열매를 맺기보다는, 이전에 심어진 나무들의 열매가 배가되어 과수원으로 변모해가고 있다.

중앙아시아 남부의 한 젊은 무슬림 남성, 마흐무드는 감옥에 수감되었을 때 그리스도를 영접했다. 출소 후, 그는 수도에 거주하던 외국인 선교사들에게 제자훈련을 받았다. 나중에는 도시로 쫓겨난 다른 마을 청년들 몇 명도 믿음을 갖게 되었고, 이들은 성경공부와 예배, 기도를 위한 소그룹을 결성했다. 시간이 지나면서 이들은 고향에 있는 친척들과 접촉해 복음을 전하기 시작했고, 다른 마을들까지 가서 복음을 전했다. 사역이 성장하면서 이들의 성경 지식과 리더십도 함께 향상되었다. 또한 더 많은 농촌 지역으로 확장되면서 마흐무드 팀과 선교사들 사이에 지리적, 감정적 거리가 생겼다. 결국 이들은 서로 헤어졌지만 사역은 계속되었다.

이 단순한 시작 이후로 10년 동안, 이 형제들은 여러 외딴 마을에서 무슬림들이 기쁨으로 복음을 받아들이는 모습을 목격했다. 얼마 전, 마흐무드는 이렇게 말했다. "작은 새들이 우리가 뿌린 씨앗을 멀리 가져갔어요. 지금은 그 새들을 볼 수 없지만, 멀리서 그들의 지저귀는 소리를 들을 수 있습니다."

MBB가 교회개척을 이끌어가는 자리로 이동하는 이 새로운 현실은 크게 기뻐할 일이다. 지난 수십 년간 전 세계의 수많은 기독교인들이 주님께서 무슬림 세계로 더 많은 사역자를 보내주시길 기도해왔고, 이제 MBB 교회개척자들이 그 기도의 응답으로 나타났다. 그러나 하나님께 감사하는 데서 그치지 않고, 이러한 경향이 앞으로 몇 년 동안 선교 전체에 상당한 영향을 미칠 것이라는 점을 인식해야 한다. 다시 나의 친구 조나스와 소피아를 떠올려 보면, 그들이 우리 세대의 교회개척자들이 경험했던 것과는 다른 분야, 즉 MBB와 선교를 공유하는 새로운 영역으로 진입하고 있다고 자신 있게 말할 수 있다.

"거하라, 열매 맺으라" 컨설테이션 이후로 몇 주, 몇 달 동안 나는 깊이 고민했다. 그러던 중 내 마음속에 일련의 질문들이 떠올랐다. 그 질문들은 다음과 같다.

- 이것이 조나스와 소피아, 그리고 그들 세대에게 정확히 어떤 의미를 갖는가?
- 이러한 변화가 그들의 사역에 어떤 영향을 미치는가?
- 그들과 MBB 간의 관계는 내가 경험한 MBB와의 관계와 어떻게 다른가?

이러한 질문에 답하기 위해 이 변화가 다음 세대 선교사들에게 미치는 영향에 대해 이야기해보자. 이들은 한국, 멕시코, 케냐와 같이 다양한 지역에서 올 것이다.

MBB 리더십을 따르는 사역으로 전환

> MBB가 이끄는 교회가 점점 더 많아지면서, 미래에는 해외 선교사들이 동등한 파트너로서 협력할 뿐만 아니라 그들의 리더십 아래에서 사역에 참여하는 일도 더욱 늘어날 것이다.

선교역사에서 이러한 놀라운 순간에 도달하게 된 이유 중 하나는 선교기관들이 협력에 큰 노력을 기울인 덕분이다. 비전 5:9 네트워크가 그 좋은 예다. 오늘날 많은 해외 선교사들은 논리적인 다음 단계로 나아가 무슬림 배경의 지역 지도자들과 교육, 훈련, 그리고 교회개척의 여러 분야에서 협력하고 있다. MBB가 이끄는 교회가 점점 더 많아지면서, 미래에는 해외 선교사들이 동등한 파트너로서 협력할 뿐만 아니라 그들의 리더십 아래에서 사역에 참여하는 일도 더욱 늘어날 것이다.

"거하라, 열매 맺으라"에서 몇몇 무슬림 배경을 가진 교회개척자들은 서구인들과의 협력에서 자체적으로 선교계획과 전략을 주도하는 이러한 변화에 대해 이야기했다. 중앙아시아 출신의 한 MBB는 이를 다음과 같이 설명했다.

> 우리는 처음 유럽에서 온 그룹과 함께 일했습니다. 이후에는 한국인들이 와서 도움을 주었습니다. 시간이 흐르면서 우리는 외국의 교회개척 방식이 우리 문화에 잘 맞지 않는다는 사실을 깨닫게 되었습니다. 그래서 우리는 연구를 시작하고 다양한 자료를 검토했습니다. 여러 해에 걸쳐 중앙아시아에 적합한 교회개척 방식을 개발해왔습니다. 이제 우리

가 협력하는 유일한 그룹은 우리나라 현지의 MBB 교회들입니다. 이웃 나라의 기독교 종족 집단의 몇몇 교회 지도자들이 우리를 돕기는 하지만, 그들은 우리의 계획을 실행하는 데 필요한 지원을 제공하는 역할만 하고 있습니다.

MBB 리더들이 사역을 이끌고 있다는 사실에 주목하라. 때로는 외부인들이 이 계획에 참여할 수 있지만, 그러한 일이 반드시 동등한 위치에서 이루어지는 것은 아니다. 일부 지역에서는 여전히 MBB 교회개척자들이 외국인들과의 '동등한 협력' 모델을 따르고 있다. 그러나 이러한 협력 프로젝트조차 현지의 지역 리더들이 구상하고 설계하며 주도한다.

동등한 협력을 넘어서는 여정은 일부 해외 선교사들이 현지 선교사들에게 가지고 있는 편견도 드러낼 것이다. 예를 들어, 중앙아시아의 한 MBB는 현지인이자 여성 리더로서 직면하는 이중적 편견에 분노를 표출했다.

저는 고국에서 15년 이상 사역을 해왔습니다. 그럼에도 여전히 사람들은 젊은 미국인이나 호주인이 선교현장에 나타나면, 특히 그들이 남성인 경우, 저보다 교회개척에 대해 더 잘 알 것이라고 생각합니다.

이전에는 이러한 편견에서 비롯된 태도가 너무나 흔했다. 조나스와 소피아로 대표되는 새로운 세대의 교회개척자들은 이전 세대의 선교사들보다 더 겸손한 태도를 갖추기를 기도한다.

과제를 이해하는 다른 방법들

무슬림 세계에서 교회개척의 리더십과 방향이 무슬림 배경을 가진 사람들에게 점차 이양됨에 따라, 선교에 대한 인식과 실천 방식도 변화할 것이다. 외국인들은 주로 *에틱(etic)* 관점, 즉 외부 관찰자의 시각으로 특정 국가나 민족을 바라본다. 그들은 자신의 이성과 논리를 적용하여 관찰한 것을 묘사하고 정리하며 분류한다. 이러한 접근법이 반드시 잘못된 것은 아니지만, 내부자의 시각인 *에믹(emic)* 관점과는 상당한 차이가 날 수 있다. 이러한 잠재적 차이는 선교 수행에 중대한 영향을 미칠 수 있으며, 특히 현지의 인식에 맞추어 선교를 수행할 때 더욱 그러하다. 이를 몇 가지 예를 통해 살펴보겠다.

> 현지 MBB와 함께 교회를 개척하고자 하는 이들은 자신의 뿌리 깊은 선교 논리를 재검토해야 할 필요가 있다.

중동 지역에서는 MBB 리더들로 구성된 집단이 가정교회 네트워크를 주도하고 있다. 이들은 사역의 범위와 한계를 설명할 때, 일반적으로 생각하는 민족이나 언어의 경계를 기준으로 삼지 않는다. 대신 이슬람 종파의 구분을 '종족 집단'의 기준으로 삼는다. 이들의 관점에서 이슬람 종교적 담론에 따른 경계는 언어나 방언의 차이보다 훨씬 더 엄격하다. 따라서 그들은 민족-언어학의 범주에 기반한 교회개척 전략에 상당한 이질감을 느낀다. 그들의 시각에서 미접촉 혹은 미전도 종족의 정의와 범위는 우리가 일반적으로 인식하는 국가 위치, 민족성, 언어 구분과는 크게 다를 수 있다. 외부인과 MBB 사이에 존재하는 사역에 대한 이해 차이를 고려할 때, 현지 MBB와 함께 교회를 개척하고자 하는 이들은 자신의 뿌리 깊은 선교 논리를 재검토해야 할 필요가 있다.

또 다른 예로는 무슬림 세계에 세워지는 다양한 '교회들'의 구조와 관련된 내용을 들 수 있다. 오늘날 대부분의 해외 선교사들은 적어도 회중교회, 셀교회, 가정교회와 같은 여러 형태의 교회 모델에 대해 들어보았을 것이다. 그러나 선교사들이 한 번도 고려해본 적이 없는 새로운 방식의 교회, 즉 '부름 받은 교회(the called-out ones)'는 어떤 모습일까? 특정 상황에서는 에믹, 즉 현지인의 관점과 외국인이 교회를 이해하는 방식 사이에 공통점이 거의 없을 수 있다. MBB 리더들은 단순한 모임(gatherings)보다는 '이싸의 움마(Ummah of Isa)'와 같은 공동체(communities)에 대해 이야기한다. 여기서 강조되는 것은 신앙을 공유하고 일반적인 삶의 방식을 중시하는 것으로, 이 공동체는 서구 교회에서 흔히 볼 수 있는 멤버십이나 모임(meetings)의 개념이 아니다.

물론 선교의 막중한 짐을 담당하고 있는 사람들이 그 용어를 정의하는 것이 옳다. 그러나 외국인 선교사들에게 에믹 또는 내부자 관점이 자신들의 관점보다 우선시되는 상황은 불편하게 느껴질 수 있다.

글로컬 예배가 토착 예배로 자리 잡다

옥스포드 온라인 영어사전은 글로컬(glocal)을 "지역적이고 전 세계적인 고려를 모두 반영하거나 특징짓는 것"이라고 정의한다. 많은 MBB 현장에서 우리는 타문화 시대를 반영하는 새로운 예배 표현에 대한 이야기를 듣고 있다. 세계화로 인해 선교의 세계가 작아지면서 현지

MBB 리더들이 부각되고 있다. 이들은 유튜브와 다양한 글로벌 음악 현상을 통해 여러 음악 문화를 접할 수 있게 되었다.

예를 들어, 한 지역 리더는 음악의 세계화가 그가 지도하는 척박한 남아시아의 상황에서 작은 MBB 운동에 어떤 영향을 미치고 있는지 설명했다.

[보안상의 이유로] 우리는 모였을 때 대개 악기 없이 노래를 부릅니다. 그러나 서구 형태의 음악이 우리 신자들 사이에서 점차 퍼져 갔습니다. 특히 해외로 이주한 신자들 사이에서 더욱 그러합니다. 예배는 하나의 방법입니다. TV와 라디오 프로그램은 심지어 국내 신자들에게도 영향을 미칩니다.

그렇다고 해서 그들의 예배가 힐송(Hillsong)이나 맷 레드먼의 스타일을 그저 모방하는 것은 아니다. '아시아 퓨전' 레스토랑이 많은 도시에서 실질적이고 맛있는 외식의 선택지로 자리 잡았듯이, 전통 음악과 글로벌 기독교 예배가 선교현장의 곳곳에서 자리를 잡고 있다. 때로는 가장 오지에서 그런 일이 일어나기도 한다. 예를 들어, 중앙아시아의 한 MBB 교회는 목회자 이임식에서 유목민의 전통적 노래에 맞추어 아름다운 비단 깃발 춤을 예배에 접목시켰고, 유대인의 숫양 뿔 나팔 소리로 예배를 마무리지었다. 이는 그 교회에 의미 있는 요소들을 융합시킨 진정한 글로컬의 조화였다.

순수주의자들에게 이러한 글로컬화 움직임은 때로 실망스러울 수 있다. 토착적인 것이 '전통적인 것'을 의미한다고 종종 생각하기 때문이다. 그러나 토착은 '어떤 장소에 속하는 것'으로 생각하는 것이 더 나을 수 있다. 따라서 이미 현지인들이 음악 스타일을 혼합하고 있다면, 아마도 가장 토착적인 것은 그들에게 예배도 그와 같은 방식으로 해보라고 격려하는 것일 수 있다. 조나스와 소피아도 내가 그랬던 것처럼 이 문제로 고민할 수 있다. 반대로, 그들은 무심코 고향의 스타일을 모방하는 예배를 장려할 수도 있다. 어떤 경우든 교회개척을 주도하는 MBB가 있으므로 외국인 선교사들은 자신의 의견을 강요하지 않는 지혜를 배워야 할 것이다.

신학에 관한 양보 혹은 논쟁

무슬림 세계에서 점점 더 많은 교회개척자가 그리스도를 처음으로 따르는 자로서, 성경이 신자들의 삶에 어떻게 관련되고 적용되는지 다시 생각해보게 될 것이다. 성경을 해석하고 적용하는 과정은 실천신학이며, 이 과정에 참여하는 사람들은 자신들의 영적, 지적, 문화적 유산을 형성하게 된다. 동아프리카 출신인 이슬람 배경의 리더는 이를 다음과 같이 설명한다.

> 오늘날 복음적인 교회에서 우리가 찾아볼 수 있는 대부분의 신학은 헬라어를 사용하던 초대 교회 교부들에게서 전해져 옵니다. 그들은 자신들만의 문화적 배경에 의해 형성된 사고 체계 안에서 생각하고 글을 썼습니다. 그러나 우리는 셈족으로서, 언어와 사고, 신학적 실천이 다양한 범주에서 이루어집니다. 오래된 신학이 잘못되었다고 할 수는 없지만,

그것들은 우리와는 매우 다른 문화적 배경을 가진 신자들을 위해 개발된 것입니다.

> 성경을 해석하고 적용하는 과정은 실천신학이며, 이 과정에 참여하는 사람들은 자신들의 영적, 지적, 문화적 유산을 형성하게 된다.

조나스와 소피아를 포함한 이 세대에게 이것은 어려운 문제일 수 있다. 복음주의자인 그들의 신학이 근본적으로 고국의 교회 환경에 뿌리를 두고 있기 때문이다. 그들보다 앞선 모든 해외 선교사들과 마찬가지로, 조나스와 소피아도 선교현장에 도착했을 때, 필연적으로 자신들의 정신적 수화물 안에 신학적 관점을 담고 있었을 것이다. 그러나 만약 하나님께서 그들을 MBB 교회개척자들과 함께 사역하도록 축복하신다면, 그들은 신학적 입장을 언제 고수하고, 언제 내려놓아야 할지 고민하게 될 것이다. 심지어 중요한 문제에서도 성령님의 인도하심을 신뢰하는 가운데 다른 입장을 수용해야 할 때도 있을 것이다.

타문화권에서 실천신학을 수행하기는 어려운 일이지만, 개척 선교 환경에서는 훨씬 더 까다롭다. 한편으로 조나스와 소피아는 MBB 리더들이 성경을 바라보는 '신선한 시선'에 감사하면서도, 때로는 그들의 관점이 혼합주의적이지는 않은지 고민하고 의문을 품게 될 것이다. 게다가 본국 후원자들이 문제의 복잡성을 이해하지 못하거나, 조나스와 소피아만큼 현지의 MBB 리더들을 잘 알거나 신뢰하지 못할 때, 그들은 두 사람이 '지나치게 무슬림 친화적'이라고 비난할 수도 있다.

예를 들어, 서구 복음주의자들은 예수님을 지혜로운 스승이나 고난받는 구세주로 묘사하는 경향이 있다. 그런 장면에는 으레 어린이들이 등장한다. 그러나 MBB 친구들은 성전에서 상인들을 내쫓는 예언자 예수님(마 21:12-13)이나 계시록에서 피로 물든 왕으로 재림하는 예수님(계 19:11-16)과 같은 더 강렬한 이미지를 강조할 수 있다. 이러한 이미지 변화는 우리에게 익숙하지 않은 더 엄숙한 분위기를 만들어낼 것이다. 이것은 무함마드의 투쟁적 이미지와 매우 유사하다는 '느낌'을 주어 조나스와 소피아가 이에 반발할 수도 있다. 많은 복음주의자들이 불편함을 느낄 것이 분명하다. 그런데 과연 이러한 반응이 잘못된 것일까?

결론

"여호와께서 이르시되 너희는 여러 나라를 보고 또 보고 놀라고 또 놀랄지어다. 너희의 생전에 내가 한 가지 일을 행할 것이라. 누가 너희에게 말할지라도 너희가 믿지 아니하리라"(합 1:5).

하나님은 종종 우리가 깜짝 놀랄 일을 행하신다. 아무리 지혜롭고 학식이 많은 사람도, 추수의 주님께서 열방 가운데서 행하시는 일을 들여다볼 때마다 그분의 역사에 경탄하게 된다. 오늘날 우리가 무슬림 세계라고 부르는 그분의 추수밭에서 일어나는 변화들을 보면 더욱 그렇다. 비전 5:9 네트워크는 모든 무슬림 종족들 가운데 효과적인 교회개척을 이루기 위한 목적으로 존재하는데, 최근 더 많은 교회들이 개척되고 있다는 사실은 주목할 만한 변화 중 하나다. 따라서 교회개척 기관에서 이러한 변화를 알 뿐만 아니라, 그 의미를 신중하게 고려하는 것이 중요하다.

첫째, 해외 선교사들은 '파트너십' 패러다임을 극복하기 위해 노력해야 한다. MBB 리더들에 의해 점점 더 많은 교회가 시작되는 상황에서, 해외 선교사들은 동등한 지위의 파트너로서 협력할 뿐만 아니라 하급자로서 참여하는 법을 배워야 한다. 여기에는 해외 선교사들이 자신의 우월한 깨달음에 대한 가정들을 직면하게 되는 과정이 포함된다.

둘째, MBB 교회개척자들은 선교 과제를 바라보는 관점과 이를 세워가는 방식이 다를 수 있다는 점을 알아야 한다. 그 차이는 '종족 집단'을 이해하는 방식에서부터 개척하는 교회의 구조와 본질에 이르기까지 다양할 수 있다.

셋째, 세계화는 선교의 세계를 작게 만들면서 '토착' 예배의 의미에도 영향을 미치고 있다. 외국인 선교사들은 한발 물러서서, 현지 MBB 리더들이 그들의 민족이 마음으로부터 그리스도에 대한 헌신을 표현하는 방법을 찾도록 이 과정을 용인하고, 나아가 장려해야 한다.

마지막으로, 진정으로 토착적 색채가 강한 교회라면 지역 주민들의 문제와 관심사와 깊이 관련된 신학을 가지고 있어야 한다. 이는 교회 안에서 가장 논쟁적인 주제 중 하나이므로 매우 도전적인 과제가 될 것이다.

이 장에서는 조나스와 소피아를 비롯한 전 세계의 해외 선교사와 교회개척자들이 직면한 변화와 그 의미에 대해 고민해보았다. 이 글이 친구에게 보내는 진심 어린 편지처럼 느껴지기를 바란다. 그리고 무슬림 세계에서 사역하는 다음 세대 교회개척자들이 풍성한 열매를 맺기를 진심으로 기원한다.

토론과 적용

1. 글로벌 사우스에서 독립적으로 선교사를 파송할 수 있다는 전망이 흥미로운가, 아니면 우려되는가? 이러한 전망의 장점과 위험성에 대해 논의해보라.
2. 하나의 공통된 복음이 다른 문화에서 보다 더 적절하게 해석되는 문화적 뉘앙스를 가질 수 있다는 주장을 어떻게 생각하는가?

추가 문헌

Sanneh, Lamin. *Whose Religion Is Christianity?* Eerdmans, 2003.
Walls, Andrew F. *The Cross-Cultural Process in Christian History*. Orbis, 2015.

20 추수의 기쁨

레이나 E.(가명)는 그리스도를 따르는 아랍인으로, 아라비아 반도에서 온 신자들을 격려하고, 그들이 그리스도를 위해 지역사회에 영향을 미칠 수 있도록 돕는 데 열정을 쏟고 있다. 20년 이상 TV, 영화, 라디오 프로그램을 제작하기도 했다.

핵심 포인트
- 우리는 정통적인 신앙 표현을 신중하게 보존하는 동시에 과감히 내려놓음으로써 잃어버린 양을 되찾기 위한 하나님의 섭리 사이에서 균형을 추구한다.
- 전 세계 여러 지역에는 주변의 무슬림 공동체로부터 심한 박해를 받으며 오랜 세월 시험을 견뎌온 교회들이 있다.
- 새로운 MBB를 기존의 신앙 공동체에 통합하는 일은 어렵지만 동시에 큰 기쁨을 가져다주는 과정이다.

> 하나님은 우리에게 그분과 함께 물위를 걷는 믿음을 요구하셨다. 모든 위험을 무릅쓰고 무슬림에게 다가가는 엄청난 폭풍 속에서….

칼다는 눈물을 흘리며 말했다. "지난 2년 동안 계속해서 답을 찾아다녔어요. 이전의 신앙을 거부했지만, 종교 없이 살아갈 수 없다는 것을 깨달았지요. 기독교를 고려해보고 교회에도 가봤지만 아무도 도와줄 수 없다고 했어요. 보안 문제를 이해하지만, 나는 정말 도움이 필요해요."

이러한 상황은 흔히 벌어진다. 중동에 사는 기독교인으로서 나는 많은 교회가 보안에 대한 두려움 때문에 그리스도를 찾는 무슬림을 돕기 위해 나서지 않는 현실을 알고 있다.

어느 날 아침, 남편이 전화를 걸어 말했다. "오늘 내 약속들을 모두 취소해줄래요? 오늘 아주 늦을 것 같아요. 사실 언제 집에 돌아갈 수 있을지도 모르겠어요. 어쩌면 못 들어갈 수도 있고…." 남편은 그 말만 하고 전화를 끊었고 휴대폰 전원을 꺼버렸다.

남편의 일정에 대해 아무것도 몰랐던 나는 남편이 왜 이런 요청을 했는지, 정말로 하고 싶었던 말이 무엇인지 알 수 없었다. 이후로는 연락이 되지 않아 그저 기도 말고는 할 수 없었다.

밤 10시가 되어 마침내 남편이 집으로 돌아와 설명했다. "그리스도를 찾는 한 무슬림이 내게 연락해서 만나자고 했어요. 그런데 그게 진짜인지 함정인지 몰라 만약의 사태를 대비한 거였어요. 전화로는 이런 상황을 설명할 수 없었어요."

그날 밤, 남편과 나는 무릎을 꿇고 무슬림과의 관계에서 하나님의 뜻을 보여달라고 기도했다. 우리는 무슬림 세계의 한복판에 살고 있지만, 그동안의 사역은 항상 기독교 배경의 사람들(CBB)들과 함께였다. 그러나 이제 하나님은 우리에게 안전한 배에서 뛰어내리라고 분명히 요구하시는 것 같았다. 마치 예수님께서 풍랑 속에서 베드로에게 "안심하라. 나니 두려워하지 말라"(마 14:27)고 말씀하신 것처럼, 하나님은 우리에게 그분과 함께 물위를 걷는 믿음을 요구하셨다. 모든 위험을 무릅쓰고 무슬림에게 다가가는 엄청난 폭풍 속에서…. 우리는 전지전능한 하나님께서 모든 것을 알고 계시며, 모든 것이 그분의 주권 아래에 있음을 배우게 된다.

사역의 기쁨과 도전은 늘 함께한다. 이 지역에는 풍성한 수확이 준비되어 있으며, 기꺼이 대가를 치르고자 하는 추수꾼들을 통해 더 많은 열매가 맺힐 것이라고 믿는다. 60년 넘게 이 지역에 사역과 기도가 투입되었지만, 초기 선교사들이 본 열매는 매우 제한적이었다. 그러나 이제 하나님은 그동안 쌓인 기도와 수고, 그리고 앞서간 이들이 뿌린 씨앗을 통해 배가되는 열매를 우리에게 보여주고 계신다.

무슬림의 삶을 만지는 기쁨

우리는 다만 하나님의 빛으로서 무슬림을 향한 여정을 시작할 뿐이다. 내 친구 파티마는 나와 포옹하는 것을 좋아한다. 마치 예수님의 옷자락을 만진 여인처럼 주님의 손길로 만져지길 원한다. 주님은 우리의 순수한 포옹을 통해 그녀를 만져주신다. 파티마와 같은 여성들이 우리와 함께 가장 깊은 상처를 나눌 수 있는 것은 그만큼 우리를 신뢰한다는 뜻이다. 자신들과 다른 사람, 특히 기독교인에게 쉽게 마음을 열지 않는 폐쇄적인 공동체에서 환영받는 것은 큰 영광이다.

무슬림을 사랑하는 사역에서 그들이 우리를 통해 그리스도께 나아가는 것을 목격할 때 얼마나 놀랍고 기쁜지 모른다. 그들이 우리에게 기도를 요청할 때마다 큰 영광을 느낀다. 우리의 기도 생활은 그들이 멀리 있는 신을 경험하는 것과 대조된다. 그들은 우리를 통해 하나님이 실제로 기도에 응답하시는 분임을 점차 믿게 된다.

또한 구원이 우리에게서 오는 것이 아님을 그들이 깨달을 때 안도감을 느낀다. 우리는 항상 성육신하신 그리스도께서 사랑하시고, 가르치시고, 치유하시며, 구원하셨음을 기억해야 한다. 그러나 그분은 강요하지 않으셨다. 우리도 그리스도를 전하되 그들이 자유롭게 선택할 수 있도록 해야 한다.

우리는 진정으로 그들에게 이렇게 말할 수 있어야 한다. "나는 하나님의 창조물이며 그리스도의 피로 구속받은 사람으로서 당신을 사랑합니다. 당신이 영생을 얻기를 기도합니다. 내가 그리스도를 선택할 기회를 가졌던 것처럼 당신도 같은 자유를 누릴 자격이 있습니다. 어떤 결정을 내리든 나는 여전히 당신을 사랑합니다." 이러한 접근은 상대의 마음을 열게 하지만, 그 안에 숨겨진 의도가 있으면 오히려 마음의 문을 닫게 만든다. 그들은 진정으로 자신을 사랑해주는 사람이 누구인지 느낄 수 있다. 이러한 사랑은 영원한 유익을 위한 것이며, 무언가를 기대하거나 바라는 마음으로 다가가는 사람들과는 다르다.

무슬림 미디어에서 기독교인은 종종 술을 마시고 돼지고기를 먹으며 간음하는 사람으로 소개된다. 이러한 고정관념을 깨뜨리기는 매우 어렵다. 그러나 하나님은 항상 문을 여신다. 무슬림들은 우리의 삶을 지켜보며 그동안 자라면서 받아들였던 기독교인에 대한 왜곡된 이미지를 의심하기 시작한다. 우리는 하나님을 변호할 필요가 없다. 하나님은 스스로를 변호하실 수 있기 때문이다.

새롭게 믿음을 받아들이는 MBB들을 보는 것은 놀라운 일이다. 그들은 정직하고 순수한 마음으로 하나님의 사랑을 깨닫고, 그분의 은혜로 인해 과거의 무의미함과 외로움, 고통, 처벌에 대한 두려움에서 치유된다. 그들이 하나님의 말씀을 갈망하며 이슬람으로부터 그리스도께로 돌아서는 모습을 볼 때면 자연스레 격려를 받는다. 그들의 갈망과 질문은 주님과 그분의 길을 깨닫고자 하는 바람을 드러낸다.

많은 경우 나는 MBB들이 하나님과 소통하는 방식에 감탄하고, 때로는 부러움을 느낀다. 그들은 우리가 당연하게 여기는 것들에 새로운 도전을 던지며, 하나님과 그분의 말씀을 완전히 다른 시각에서 바라볼 수 있도록 돕는다. 나 또한 그들과 같은 열정과 경외로 사랑하는 주님과 그분의 말씀을 대하고 싶다.

공동체가 되어간다는 것

MBB들이 자신들보다 먼저 그리스도를 따르게 된 사람들을 만났을 때 짓는 표정을 보는 것 또한 무척 즐거운 일이다. 그들은 더 이상 혼자가 아니라는 사실을 깨닫고 큰 위로를 얻는다. 그리스도를 위해 견뎌야 할 고난을 나누며 그들은 서로에게서 힘을 얻는다. 다른 신자들과 교제하는 가운데 사도행전의 교회처럼 진정한 공동체로 살아가기 시작한다. 그들이 우리를 그 순수하고 진실한 교회의 일부로 받아들인다는 것은 엄청난 축복이다.

새로운 MBB들이 자신들의 공동체에 손을 내미는 모습을 볼 때 더욱 큰 기쁨이 있다. 그들은 하나님께서 자신들을 위해 행하신 일에 감사하며, 그 은혜를 결코 당연시하지 않는다. 그들은 서로를 위해, 그리고 아직 구원받지 못한 가족들을 위해 진심으로 기도한다. 눈물로 기도할 때, 그들의 마음속에는 자신의 종족을 향한 뜨거운 열정이 가득하다. 그들은 새로운 공동체로서, 때로는 CBB들이 한 번도 생각해 보지 못했던 창의적이고 안전한 방법을 찾아 자신의 종족에게 복음을 전하고자 한다.

> 눈물로 기도할 때, 그들의 마음속에는 자신의 종족을 향한 뜨거운 열정이 가득하다.

기쁨이 큰 만큼 도전도 많다. 새로운 신자들은 자신의 종족에게 복음이 전해지기를 간절히 바라면서도 보안 문제로 인해 행동을 주저하기도 한다. 이들과 함께 걸으며 언제 위험을 감수해야 할지, 언제 기다려야 할지 판단하는 것은 가슴 아픈 과정이다. 그들은 신앙이 성숙해지고 견고한 성경적 기초를 쌓아야 하며, 말뿐만 아니라 행동으로도 믿음을 실천해야 한다. 그러나 우리는 그들이 신중하게 행동할 수 있도록 도와야 한다. 때로는 가족을 생각하는 마음이 너무 커서 새로운 신앙을 성급하게 전하려다가 목숨을 잃는 경우도 있기 때문이다.

우리 친구들은 무슬림과 기독교인이라는 혼합된 정체성으로 살아가는 어려움을 겪는다. 어떻게 해야 그들이 안전을 유지하기 위해 여전히 모스크에 출석하면서도 그리스도 안에서 자신의 정체성을 확립할 수 있을까? 과거의 가치관을 버리고 새로운 삶을 살아가는 방법은 무엇일까? 매일 다섯 번의 이슬람 기도를 드리면서도 어떻게 그리스도 안에서 진정한 기도를 드릴 수 있을까? 이러한 행위는 그들의 새로운 신앙을 배반하는 일일까? 그 외에도 가슴 아픈 많은 문제들이 새신자뿐만 아니라 우리에게도 도전이 되고 있다.

어려운 현실

하나님의 은혜로 MBB가 계속해서 가족과 함께 살 수 있다 하더라도, 그들은 종종 가족들에게 부정한 존재로 간주되곤 한다. MBB는 같은 식탁에 앉아 식사하지 못하고 아이들과 놀 수도 없다. 가족들이 그를 불명예로 여기는 경우에는 상황이 더욱 심각해진다. 어떤 부모는 자녀를 정신병원이나 감옥에 보내고, 또 다른 부모는 신분증이나 학력 증명서도 없이 집에서 쫓아내 생계가 불가능하게 만들기도 한다. 경우에 따라서는 MBB가 배우자와 강제로 이혼당하거나 자녀의 친권을 박탈당하기도 한다.

이런 일이 벌어지면 그들은 오랫동안 우울증에 시달리며 우리와의 연락조차 끊어버릴 수 있다. 이는 매우 고통스러운 일이다. 그러다가 신앙을 포기하거나 심지어 자살을 시도할 위험이 있기 때문이다. 그럴 때 우리는 그들을 위해 기도하지 않을 수 없다. 그들과 다시 연락이 닿았을 때, 우리는 진심으로 "당신은 결코 혼자가 아닙니다"라는 말을 전해야 한다. 이는 단순히 하는 말이 아니라 그들이 진심으로 느껴야 하는 위로다.

또한 MBB의 가족들이 그들을 미워해서가 아니라 오히려 사랑하기 때문에 가혹하게 대한다는 사실을 이해하는 것도 중요하다. 오히려 그들을 사랑하고, 자신이 올바른 길이라고 믿는 이슬람으로 그들이 다시 돌아오기를 바라기 때문에 그렇게 대하는 것이다. 가족들은 MBB들이 이슬람으로부터 완전히 다른 종교로 개종하기 전에 아직 천국에 갈 수 있다는 실낱같은 희망으로 그들을 성화시키려고 노력한다.

때로는 죽음조차 MBB가 감당해야 할 대가일 수 있다. 이것이 자신의 운명이 될 수 있음을 아는 것은 새신자들에게 무척 고통스러운 일이다. 우리는 그들과 함께 눈물을 흘리면서도 죽음 이후에 더 나은 삶이 있음을 깨닫도록 도와야 한다. 이는 끔찍할 정도로 고통스러운 과정이지만 소망을 전하는 것이 우리의 역할이다.

> 안타깝게도 서구에서 개발된 상담 기법이나 치료법은 명예와 수치를 중시하는 이들의 문화적 배경을 충분히 반영하지 못하는 경우가 많다.

많은 신자들이 주술적 경험과 연관된 심리적 문제를 안고 찾아오기도 한다. 안타깝게도 서구에서 개발된 상담 기법이나 치료법은 명예와 수치를 중시하는 이들의 문화적 배경을 충분히 반영하지 못하는 경우가 많다. 이곳의 상담은 아직 초기 단계에 머물러 있다. MBB 출신의 전문 상담사를 찾기 어려울 뿐만 아니라 MBB들을 깊이 이해하는 전문가들도 거의 없다. 이는 매우 심각한 문제로, 적절한 심리 치료를 받지 못한 MBB들은 정신적 고통이 깊어지면서 신앙생활마저 위협받으며 악순환에 빠질 수 있다. 이에 대한 신속한 대응이 필요하다.

알다시피 옛 자아는 여전히 신자들의 겉으로 드러나는 삶에 영향을 미친다. 그들이 얼마나 오랫동안 기독교인이었는지는 상관없다. 결혼과 이혼을 대하는 이전의 방식과 태도는 종종 결혼 생활을 파경 직전으로 몰고 가는 원인이 된다. 제자도는 성경에서 말하는 결혼의 언약에 대해 가르치지만, MBB가 이런 패러다임의 변화를 겪도록 돕기란 결코 쉽지 않다. 처음부터 완전히 새롭게 기초를 세우는 것이 썩은 뿌리를 뽑아내고 땅을 개간하여 이전에 존재하지 않았던 새로운 씨앗을 심는 것보다 쉽다.

MBB들이 기독교인 배우자를 찾지 못해 무슬림과 결혼하는 상황에서 우리는 어떻게 우려를 잠재울 수 있을까? 그들이 여러 교단을 찾아다니며 자신들에게 맞추어 성경의 진리를 재정의하는 것을 어떻게 막을 수 있을까? MBB들이 "우리는 억압적인 종교에 있다가 나왔고, 이제야말로 자유를 원한다"라고 말할 때, 은혜와 율법 사이에서 어떻게 균형을 찾을 수 있을까? 그들은 때로 의문을 제기하거나 반항하기도 한다. 그들이 다시 돌아왔을 때 두 팔 벌려 따뜻하게 맞이하기란 쉽지 않다. 그럼에도 불구하고 우리는 그들이 돌아올 때마다 판단하거나 "봐, 내가 이미 말하지 않았느냐"라고 비판하는 대신 사랑으로 그들을 맞아들이고, 하나님과 함께 걸어갈 남은 여정을 기대하며 나아가야 한다. 이는 우리에게 큰 겸손을 요구하는 경험이다.

MBB들이 우리와 연락을 중단하면, 우리는 자연스레 그들의 안전을 염려하게 된다. 가족의 감시를 받고 있는 것은 아닌지, 우리에게 무언가를 숨기는 것은 아닌지, 감옥이나 가정에 감금된 것은 아닌지, 심지어 살해당한 것은 아닌지 걱정하게 된다. 하나님께서 모든 것을 주관하신다는 믿음이 조금이라도 흔들린다면 우리 가운데 누구도 이러한 상황을 다루기 어려울 것이다.

MBB를 존중하기

이 모든 어려움에 때때로 CBB들이 어려움을 더하기도 한다. MBB가 기독교인의 고정관념에 완전히 부합할 때까지 그들을 함께할 자격이 없는 2등 신자로 여기는 것이다. 또는 자신들과 동일하게 행동하는 법을 익힌 MBB의 요구만 쉽게 들어주는 것이다. 더구나 많은 교회가 정부의 탄압으로 폐쇄될까 두려워하여 MBB를 환영하지 않거나, 가정 모임에서도 그들을 배제하는 경우가 많다. 그 결과, MBB들은 한 몸을 이루는 교회 공동체의 일원으로 받아들여지지 못하고 있다. 이러한 현실을 보며 때로는 과연 누가 교회를 보호한다고 생각하는 것인지 궁금해진다. 하나님인가, 아니면 우리 자신인가?

MBB들을 받아들일 때, 우리는 그들이 우리가 알고 있는 것을 모두 알고, 우리가 사용하는 기독교화된 언어를 구사하기를 기대한다. 만약 과거에 쓰던 단어나 표현을 사용하면 그들을 불신자로 판단한다. 우리는 MBB들을 받아들이더라도 그들 가운데 성숙한 신앙을 가진 이들조차 가르치거나, 제자를 삼거나, 지도자 자리에 서는 것을 허락하지 않는다. 그리고 그들이 기독교 신앙에 대해 깊은 질문을 던지면 위협을 느끼기도 하는데, 이는 CBB들이 종종 성경 지식이 부족하거나 영적으로 깊지 않다는 사실을 반영한다.

많은 경우 MBB들은 자신이 단순히 통계 숫자로 취급되는 듯한 느낌을 받는다. "기도하고 구원받기를 구했나요? 세례를 받았나요? 좋습니다. 제 역할은 여기까지입니다. 이제는 다른 사람들에게 가봐야겠어요." 이런 상황에서 MBB는 의문을 품게 된다. "이 선교사가 진정으로 나를 사랑했을까? 하나님은 정말 나를 사랑하시는 걸까? 만약 그렇다면 왜 나는 소모품처럼 버려진 기분이 드는 걸까? 하나님께서 나를 그리스도의 보혈만큼 귀하게 여기신다면서 왜 나를 이렇게 하찮게 대하는 걸까?"

더 심각한 경우, MBB들은 때때로 자랑거리로 여겨지거나 여기저기 불려다니며 전시되기도 한다. 이런 환경에서 그들은 진정한 신앙적 성장을 경험하지 못하고, 오히려 교만해지며 다른 이들의 섬김을 당연시하게 된다. 그들은 주변에서 모든 것을 해주기를 바라며, 한 선교사의 지원이 끊기면 다른 선교사를 찾아가 의지하는 방법을 터득한다. 이렇게 된 MBB들을 탓할 수는 없다. 우리가 그들에게 그런 문화를 가르쳤기 때문이다. 우리는 그들을 *우리가* 믿음으로 인도한 사람이 아니라 우리와 동등한 인격체로 대하는 법을 배워야 한다.

한 MBB가 "이후에 우리는 어떻게 되는 거죠?"라고 물은 적이 있었다. 이는 가슴 아픈 질문이 아닐 수 없다.

비판적인 종교 환경에서 자란 MBB들은 순진하게도 기독교의 미덕이 교회 전체에 충만할 것이라고 기대할 수 있다. 그러나 그들은 CBB들을 만나면서 냉혹한 현실을 마주하게 된다. 안타깝게도 CBB들이 종종 사랑의 하나님과 주님의 선한 대사 역할을 하지 못하는 경우가 있다. 우리의 MBB 형제자매들에게 전통적인 기독교인들이 항상 그들을 환영하지는 않는다는 사실을 어떻게 설명해야 할까? 또한 그들이 그리스도 몸 된 교회의 지체가 되는 권리를 위해 사랑으로 맞설 수 있도록 어떻게 도울 수 있을까?

MBB들이 단순히 구원받은 동료 신자인 기독교인들에게 비현실적인 기대를 하는 대신, 어떻게 하면 하나님을 바라볼 수 있도록(시 121:1-2) 도울 수 있을까? 우리는 MBB들을 신뢰하고, 그들이 자신의 종족에게 다가갈 수 있도록 준비시켜야 한다. 기존의 교회에 순응하기를 기대한다면, 그들이 각자의 상황에서 빛과 소금의 역할을 할 수 있는 잠재력을 제한할 수 있다.

하나님을 주인으로 모시며 함께 섬길 수 있는 사역의 동역자들이 있다는 것은 참으로 기쁜 일이다. 이러한 협력은 우리가 함께 기도하고, 하나님의 비전을 나누며, 그분의 음성을 듣고 인도하심에 순종할 때, 우리를 그분의 사랑 안에서 하나로 묶어준다. 우리는 일상의 어려움 속에서 서로를 지지하고, 고난 가운데서 서로를 붙들며, 깊어가는 교제 안에서 충만함을 경험한다. 우리는 서로를 세워주는 다양한 임무를 수행하면서 그리스도의 몸 된 교회의 상호의존성을 경험한다. 또한 다양한 국적, 연령, 배경, 언어의 풍성한 조합과 하나님께서 각자에게 주신 고유한 은사를 감사히 여기게 된다. 주 예수님을 우리의 공통된 연결고리로 삼을 때, 이러한 다양성은 우리에게 큰 기쁨을 가져다 줄 수 있다.

그러나 이 세상에는 우리의 죄성으로 인한 불완전함이 여전히 존재한다. 각 신자가 개인적인 목표를 추구할 때 우리는 일치를 이루는 데 어려움을 겪는다. 하나님의 더 큰 계획에 집중해야 할 때, 우리는 종종 개인이나 조직의 목표에 매몰되곤 한다. 때로는 겸손히 배우는 자세를 갖추기보다 모든 것을 안다고 자만할 수 있다. 다국적 사역 환경에서는 때때로 다른 국적 사람들을 경시하는 태도를 보일 수 있다. 하나님의 빛 아래서 정기적으로 자신을 돌아보며 그분의 교정을 겸손히 받아들이는 것이 이 사역을 시작부터 끝까지 잘 감당할 수 있는 확실한 기반이 된다.

새신자에게 사역의 기회를 제공하는 문화는 기쁨을 가져오지만, 이를 제한하는 문화는 많은 어려움을 초래한다. 자유롭게 놓아주는 문화는 우리가 아닌 하나님께서 열매를 맺게 하신다는 깨달음에서 비롯된다. 우리가 누군가를 그리스도께로 인도할 때, 그 사람은 우리의 소유물이 아니다. 만약 그가 다른 공동체에서 제자도의 필요를 채울 수 있다면, 우리는 그를 축복하며 보내야 한다. 우리에게는 오직 하나의 몸, 곧 그리스도의 몸만이 있을 뿐이다.

통제하고자 하는 욕구는 매혹적이며, 때로는 새신자를 보호하려는 선한 의도에서 비롯될 수 있다. 그러나 그것이 인간의 기준으로 좋게 보이느냐 나쁘게 보이느냐는 중요하지 않다. 우리는 자유롭게 놓아주는 문화를 선택할지, 아니면 통제하는 문화를 선택할지 의식적으로 결정해야 한다. 우리의 선택은 MBB의 영적 성숙에 긍정적 또는 부정적인 영향을 미칠 것이다.

결론

하나님은 지금도 일하고 계시며 그 수확은 참으로 풍성하다. 그분은 단순히 "네가 나를 사랑하느냐? 그렇다면 나의 양을 돌보라"고 요청하신다. 우리도 그분을 사랑하고, 그분이 우리를 사랑하신 것처럼 서로 사랑하자. MBB 형제자매를 동등하게 여기고, 그들을 준비시키며 지원하여 그들의 민족에게 복음을 전할 수 있게 되기를 기도한다.

무슬림 구도자와 MBB 사이에 오간 대화를 우연히 듣고 감동받은 적이 있다. 그들은 마치 순식간에 A지점에서 B지점으로 이동하는 것 같았다. 내가 그런 과정을 거치려면 훨씬 더 많은 시간이 걸렸을 것이다. 그들은 단순히 같은 언어를 사용하는 것을 넘어 마음 깊은 곳에서 우러나오는 대화를 나누었다. 이 나라에서 MBB 출신의 목회자, 리더, 상담가들이 자신의 민족을 섬기는 날을 고대한다. 아직은 볼 수 없는 장면일지 모르지만 우리의 확신은 이 일을 이루실 수 있는 하나님께 있다. 이러한 확신은 우리에게 기쁨과 평안을 가져다준다. 하나님은 우리의 시각을 새롭게 하여 도전이라는 벽돌로 장벽을 쌓기보다 다리를 놓는 길을 보게 하신다. 상황이 아무리 불가능해 보일지라도, 그곳이야 야말로 하나님께서 일하실 자리임이 분명해진다. 그래서 우리는 그분의 임재 속에 깊이 잠기며 그분의 성품과 능력을 기대하게 된다. 이 얼마나 기쁜 일인가!

토론과 적용

1. 보안에 대한 우려는 당신의 사역 방식에 어떤 부정적인 영향을 미치는가?
2. 현재 사역 활동 중에 MBB에게 의도치 않게 부적절한 메시지를 전달하고 있는 부분은 없는가?
3. MBB 친구들이 박해를 받으면 당신도 정서적으로 영향을 받게 된다. 이러한 상황에 어떻게 대처하겠는가?

추가 문헌

Reisacher, Evelyne A. *Joyful Witness in the Muslim World: Sharing the Gospel in Everyday Encounters*. Baker Academic, 2016.

21 고난을 축복으로

B. 오스만(가명)은 중앙아시아 출신의 MBB로, 풍부한 경험을 가진 교회개척자이자 복음전도자다. 그와 그의 가족은 20년 이상 무슬림이 다수인 여러 아시아 국가에서 주님을 섬겨왔다.

핵심 포인트
- 고통의 근원과 원인은 종종 분명히 구분하기 어려워 의심과 고립감을 불러일으킬 수 있다.
- 고난의 여정에 있는 이들을 상담할 때는 신중한 분별력과 기도가 필요하다.
- 우리는 신앙의 시련을 겪으며 고난받으신 구세주와 깊은 공감대를 형성하게 된다.

> 박해를 받고 생명의 위협을 느꼈을 때, 나는 전에 없이 강력한 하나님의 사랑과 능력을 체험했다.

예수 그리스도를 믿게 된 모든 무슬림과 마찬가지로 내 삶은 예수님과 동행하는 특별한 여정을 보여준다. 예수님을 믿는 기독교인이 되었을 때, 나는 모든 친척들에게 외면을 당했다. 그들과 일상적인 관계를 유지하고 싶었지만, 동시에 언젠가 이 반대가 멈추고 하나님의 은혜와 승리가 임하기를 간절히 소망했다.

가족과 자신의 종족에게 거부당하는 것은 고통스러운 경험이다. 하나님께서 이 상황을 어떻게 긍정적인 방향으로 바꾸실지 가늠하기 어려울 때가 있다. 시간이 지나면서 친척들이 하나님을 알게 될 것이라는 희망과 기대가 사라질 수도 있다. 결국 자신의 처지에 대해, 심지어 하나님에 대해서도 많은 의문을 품게 될 수 있다. 포기하지 않으려면 하나님께서 모든 것을 주관하고 계심을 깨달아야 한다. 이해하는 과정은 서서히 이루어지므로 매일 하나님께 의지해야 한다.

박해를 받고 생명의 위협을 느꼈을 때, 나는 전에 없이 강력한 하나님의 사랑과 능력을 체험했다. 하나님 아버지와의 관계는 점진적으로 발전해갔다. 그분의 음성을 더 분명히 들을 수 있게 되었고, 그분이 나를 위한 선한 계획을 가지고 계심을 이해하게 되었다. 이러한 경험을 하고 하나님 말씀을 묵상하면서 나는 비슷한 상황에 처한 다른 이들을 격려하는 데 도움이 되는 원칙들을 배웠다.

고난당하는 자를 돕는 일

우리는 고난의 불가피성과 유익함을 설명하면서 신앙인들(그리고 우리 자신)이 고통에 대비하도록 도울 수 있다. 사도 바울은 이러한 준비의 중요성을 완벽하게 이해했다(살전 3:3-4). 이러한 고난은 하나님 뜻의 일부로 계획된 것일 때도 있지만, 많은 경우 우리의 잘못된 행동과 결정으로 인해 찾아오기도 한다. 후자의 고난은 설명이 가능하므로 견디기가 쉽지만, 전자의 고난은 어떤 상황에서도 하나님을 신뢰하기가 매우 어렵다.

우리가 겪는 고난의 정도와 기간은 다양한 요인에 의해 영향을 받는다. 이에 대비하고 이미 고난 가운데 있는 사람들을 이해하는 데 도움이 되는 세 가지 요인을 살펴보겠다.

우리는 편안함을 기대한다. 신실한 사람들은 대체로 자신에게 고난이 닥칠 가능성이 적다고 생각한다. 그러다가 예상치 못한 고난이 닥쳤을 때, 그 고통을 온전히 체험하게 된다.

우리는 비현실적으로 높은 기대치를 가지고 있다. 자신, 다른 신앙인, 심지어 하나님에 대한 기대가 높을수록, 그 기대가 충족되지 않을 때 더 큰 좌절과 고통을 겪게 된다.

고난의 역할을 잘못 이해하고 있다. 고난의 원인을 정확히 이해할수록 고난에 대처하기가 쉬워진다. 그러나 고난을 겪고 있는 사람에게 '모든 것을 설명하려는' 서툰 시도는 고통만 악화시킬 뿐이다. 이는 위로하는 사람이 일관성이 없고, 고난에 대한 이해가 피상적임을 드러낼 뿐이다.

고난은 변화하며, 변화는 대응을 불러온다

고난은 정적인 상태가 아니라 동적인 과정이다. 고난은 언제나 동일하지 않으며, 그 형태와 강도가 달라질 수 있다. 이 사실의 몰이해야말로 고난 중에 있는 사람들을 돕는 일에 실패하는 주된 이유 중 하나다. 우리는 고난을 겪는 사람이 오늘 하나님의 사랑에 대해 의문을 제기하면, 그 의문이 내일도, 모레도 계속될 것이라고 생각한다. 그러나 고난은 동적이며, 점진적으로 믿음의 위기를 극복하는 과정을 포함할 수 있다. 이런 변화를 시편에서 자주 찾아볼 수 있으며, 대표적인 예가 시편 42편에 나온다. 이 시편은 의심과 절망에서 희망으로의 뚜렷한 전환을 담고 있다.

고난의 과정에는 고통을 겪는 여러 단계가 있으며, 이를 설명하는 방식도 다양하다. 설명은 논란의 여지가 있고 보편적이지는 않지만, 상담사의 기본 원칙은 변하지 않는다. 그것은 바로 목적을 달성하기 위해 적절한 치료를 제공해야 한다는 것이다. 때로는 조용히 경청해야 하고, 때로는 조언도 해야 한다. 훈계를 해야 할 때도 있으며, 직접 개입하여 다른 사람의 삶에 영향을 미쳐야 할 때도 있다. 이때 하나님의 능력과 지혜, 그리고 영적 통찰력이 중요하다.

고난과 믿음의 위기

고난은 때로 믿음의 위기로 이어질 수 있으며, 이러한 위기는 질병과도 같아 치료하려면 시간이 걸린다. 질병은 점점 심해지면서 신앙인의 영적 삶에 치명적인 영향을 미칠 수 있지만, 믿음의 회복과 갱신을 통해 안전하게 극복될 수도 있다. 안타깝게도, 고난을 겪는 이들을 돕고자 하는 신앙인들의 대부분은 "회개하고 더 이상 '질병'에 시달리지 말라"고 요구할 뿐, 인내심을 가지고 그들에게 귀를 기울이고 격려하는 데는 소홀한 경우가 많다.

믿음의 위기를 맞은 사람에게 어떤 일이 일어날까? 이를 세 가지 측면에서 살펴보자.

하나님과의 관계

믿음이 시험받을 때, 우리는 하나님에게 분노를 느끼거나 그분의 사랑을 의심하게 된다. 부정적인 감정을 억누르려 하지만 점점 더 혼란과 우울에 빠질 수 있다. 하나님 앞에서 우리는 분노와 고통, 실망을 느낀 나머지 원망의 목소리를 높이게 된다.

자기 자신과의 관계

다른 한편으로, 우리는 자신의 과거 실패와 결점 때문에 이런 어려움을 겪고 있다고 생각하면서 자책과 비난에 빠지기도 한다. 이런 경우 하나님께 버림받았다고 여기며 자존감이 급격히 떨어진다.

다른 사람과의 관계

고난 중에 있는 사람들은 타인과의 접촉을 피하는 경향이 있다. 자의식이 강해지고, 타인의 비난이나 공공장소에서 자신의 약점이 드러나는 것을 두려워하게 된다. 친구나 가족의 위로조차 불편하게 느껴지며,

그들의 조언이 충분한 위로가 되지 못할 때 짜증이 나기도 한다. 그래서 고립을 택하며 외로움 속에 스스로를 가둔다. 겉으로는 괜찮은 척하며 하나님께 순종하는 모습을 보이지만, 내면 깊숙한 곳에서는 불만과 반항의 감정이 자라난다.

> 겉으로는 괜찮은 척하며 하나님께 순종하는 모습을 보이지만, 내면 깊숙한 곳에서는 불만과 반항의 감정이 자라난다.

이처럼 고난 때문에 믿음의 위기를 겪는 사람의 상태를 제대로 이해하는 것이 중요하다. 예를 들어, 그들이 하나님에 대해 굴욕감을 느끼고 있다면, 하나님의 사랑에 관한 말씀을 받아들이기 어려울 것이다. 욥이 "전능자의 화살이 내게 박히매 나의 영이 그 독을 마셨나니 하나님의 두려움이 나를 엄습하여 치는구나"(욥 6:4)라고 외쳤던 상황을 떠올려보라. 고통 중에 있는 이들을 오히려 '공격'하는 인간의 성향 때문에, 고난을 겪는 이들은 욥처럼 하나님과 사람이라는 '두 개의 전선'에서 싸워야 할지도 모른다.

고난: 죄악의 표시?

기독교인들은 고통을 금기시하는 경향이 있다. 마치 고통이 죄악의 증거나 영적 연약함의 표시인 것처럼 여긴다. 그러나 이러한 관점을 거부해야 하는 여러 이유가 있다. 첫째, 성경에는 신앙심 깊은 인물들도 때로는 고난을 겪은 많은 사례가 있다. 그들은 하나님께 불평하거나 심지어 그분을 책망하기도 했다. 둘째, 많은 위대한 선교사와 설교자들도

'영혼의 어두운 밤'을 경험했다. 그들은 이러한 시기에 하나님이 멀리 계신 듯 느껴지고, 응답하지 않으시거나 사랑을 표현하지 않으시는 것 같다고 느끼며 자존감의 상실과 신앙의 위기, 실망을 경험했다. 셋째, 예수 그리스도도 고난을 인내하셨다. 겟세마네 동산에서 "이 잔을 내게서 지나가게 하옵소서"라고 기도하신 것은 그분이 겪은 고난의 깊이를 보여준다.

어떤 사람들은 고난의 경험은 구약성경에만 해당되며 신약성경에서는 "항상 기뻐하라"고 명령한다고 주장할지도 모른다. 그러나 바울은 다음과 같이 썼다.

> 다만 이뿐 아니라 우리가 환난 중에도 즐거워하나니 이는 환난은 인내를, 인내는 연단을, 연단은 소망을 이루는 줄 앎이로다. 소망이 우리를 부끄럽게 하지 아니함은 우리에게 주신 성령으로 말미암아 하나님의 사랑이 우리 마음에 부은 바 됨이니(롬 5:3-5).

크리소스톰은 이 말씀의 첫 부분이 고난의 경험 그 자체가 아니라 고난을 이겨낸 후의 회고적 반응을 설명한다고 말했다. 믿음의 위기를 넘긴 후, 즉 의심과 불평을 견뎌낸 후 비로소 우리는 그 경험을 자랑스럽게 여길 수 있다. 그의 두 번째 주장은 그리스도를 위해 겪는 고난에 관한 것이다. 이러한 고난을 경험하면서 하나님께 실망하는 사람은 거의 없다.

결론

대부분의 무슬림은 공동체를 중요시하는 사회에서 자랐다. 예수 그리스도를 따르게 된 많은 MBB는 가족에게 수치심을 안겨주었다는 이유로, 혹은 더 심한 비난을 받으며 무슬림 공동체와의 관계가 끊어지는 아픔을 겪는다. 동시에, 기독교 공동체에서도 MBB들은 두려움과 여러 장벽들로 인해 피상적으로 받아들여지는 경우가 많다. 한 남아시아 출신의 예수님을 따르는 이는 자신과 몇몇 친구들이 진정한 공동체를 갈망하지만, 움마와 교회 사이에서 어느 쪽에도 온전히 환영받지 못한다고 털어놓았다.

우리가 고난의 길을 걸을 때, 다른 이들에게 고난이 축복일 수 있으며 하나님은 그런 상황 속에서 결코 우리를 버리지 않으신다고 가르칠 수 있다. 하나님은 신실하시며 우리의 삶에서 일어나는 모든 일을 정확히 알고 계신다. 따라서 깊은 교제를 나누고 이해하며 사랑으로 다가간다면, 예수 그리스도를 따르는 무슬림들이 고난과 수치의 짐을 덜어내는 데 큰 도움이 될 것이다.

간증

제 이름은 안드리입니다. 동남아시아 출신으로 한때 무슬림이었지만, 지금은 복음전도자로 살아가고 있습니다. 얼마 전까지 예수님의 복음을 전파했다는 이유로 3년간 수감생활을 했습니다. 그 기간 동안, 하나님은 제 아버지가 속한 무슬림 공동체의 수감자들에게 예수님을 전할 기회를 주셨습니다. 감옥에서는 제가 예수 그리스도의 전도자라는 사실이 알려져 심한 핍박을 받았지만, 그중 저를 고문했던 몇몇 사람에게도 구원의 복음을 전할 기회를 주신 하나님께 감사드립니다. 또한 그 시기에 36명의 다른 수감자들이 예수님을 영접하고 세례를 받기를 희망했습니다.

3년 만에 출소했을 때, 새롭게 믿음을 갖게 된 죄수들을 다시 찾아가기가 부담스러웠습니다. 저는 하나님께 기도드렸고, 놀랍게도 하나님께서 저를 그들에게로 인도하셨습니다. 그들을 제자로 양육하고자 했으나 많은 이들이 떠나갔습니다. 저는 하나님을 기쁘게 해드리기를 바라며 눈물로 기도했습니다. 5년이 지난 후 세 명만 남았지만, 이들은 진정으로 다른 사람들을 사랑하며 아직 예수님을 알지 못하는 이들을 돕고자 했습니다.

저는 하나님께 이 세 사람을 어떻게 도울 수 있을지 인도하심을 구했고 응답을 받았습니다. 우리는 한때 함께했던 이들을 찾아가 다시 함께하기를 청했습니다. 그중 12명이 그리스도께 돌아왔습니다. 현재 그들은 지도자와 교사가 되어 하나님께 크게 쓰임 받고 있습니다. 각자 100-200명의 신자들을 섬기고 있으며, 복음이 미치지 못한 다른 미전도 섬의 무슬림도 복음에 반응하고 있습니다.

토론과 적용

1. 신앙인이 겪는 고난의 본질을 어떻게 분별할 수 있는가? 그것이 복음을 위한 하나님의 뜻인지, 영적 성숙을 위한 훈련인지, 혹은 영적

원수의 공격인지 구별하는 기준은 무엇인가?
2. 영적 고립으로 인한 치명적인 위험을 방지하기 위해, 고난 중에 있는 신앙인들을 어떻게 효과적으로 상담할 수 있는가?
3. 우리는 하나님의 최우선 관심사가 우리의 치유와 안전이라고 전제하며 기도하는 경향이 있다. 이에 대한 성경적인 근거가 있는가?

추가 문헌

Harrigan, John. *The Gospel of Christ Crucified: A Theology of Suffering before Glory*. Paroikos, 2016.

Ripken, Nik. *The Insanity of God: A True Story of Faith Resurrected*. B&H Publishing Group, 2013.

22 가정의 빛: 자유를 가져오는 종

진 다니엘스(가명)는 선교사이자 연구자, 작가이며, 비전 5:9의 일환인 "열매 맺는 실천 연구팀"의 책임자다. 1997년부터 무슬림 사역에 참여해왔으며, 종교학 박사학위가 있다.

바나바 형제(가명)는 동아프리카 출신으로, 무슬림에 대한 개인적인 사역 외에도 지난 10년간 다른 아프리카인들이 중동의 무슬림에게 복음을 전할 수 있도록 훈련하고 멘토링해왔다.

핵심 포인트
- 복음은 창의적이고 자발적인 풀뿌리 방식으로 전파되고 있으며, 이는 선진국에서 후진국으로 향하는 일반적 흐름을 거스른다.
- 타문화의 불신자 가정에서 일하는 기독교인 가사 도우미들은 신앙을 나누는 과정에서 여러 장애물을 만난다.
- 경제적 제약으로 후원자와 근로자 간의 파트너십이 어려운 지역에서는 글로벌 선교 재정을 위해 지속 가능한 새로운 전략이 채택되고 있다.

열왕기하 5장의 시리아 나아만 장군 이야기는 구약성경에서 잘 알려진 기적의 서사다. 그러나 우리는 종종 이 놀라운 하나님의 역사가 한 어린 종의 헌신에서 시작되었다는 사실을 잊곤 한다. "전에 아람 사람이 떼를 지어 나가서 이스라엘 땅에서 어린 소녀 하나를 사로잡으매 그가 나아만의 아내에게 수종들더니"(왕하 5:2).

우리는 이 작은 여종의 존재를 가볍게 여기며, 2절 속에 암시된 그녀의 고통스러운 삶의 이야기에 대해 깊이 생각하지 않는다. 문자 그대로 번역하면 '노예'가 맞지만, 번역자들은 독자의 감성을 고려해 대부분의 성경 번역본에서 그녀를 '종'이라 칭한다. 사실 이 둘의 차이를 명확히 구분하기는 어렵다. 분명한 것은 이 단순한 가사 노동자의 증언이 강력한 시리아 장군의 회심을 이끄는 촉매제가 되었다는 점이다.

이 이야기가 놀랍지 않은 이유는, 역사 속에서 노예 제도라는 가혹한 현실이 오히려 복음 전파의 도구로 사용된 적이 여러 번 있었기 때문이다. 예를 들어, 스칸디나비아의 야만인들이 그리스도를 어떻게 받아들였는지 생각해보라. 바이킹 해적들이 스코틀랜드 해안의 마을과 수도원을 약탈할 때, 노예는 그들의 전리품 중 하나였다. 그중에는 수도사들도 있었으며, 이들은 명상과 기도의 삶에서 벗어나 북유럽의 주인을 위해 고된 노동을 해야 했다. 시간이 지나면서, 그 집안의 하인들이 보여준 굳건한 신앙 덕분에 많은 이교도 바이킹들이 기독교로 개종하게 되었다.

그러므로 오늘날 하나님께서 가사 도우미를 복음 전파의 도구로 사용하시는 것은 전혀 놀라운 일이 아니다. 세계화로 이들 경제 이민자들에게 다양한 취업의 기회가 열렸으며, 이들 중 상당수가 기독교 신앙을

> 일반적으로 선교는 기독교인들이 상대적으로 가난하고 저개발된 국가의 사람들에게 다가가는 형태였다.

가지고 있다. 특히 중동은 이들의 주요 목적지가 되었으며, 에티오피아에서 필리핀에 이르기까지 다양한 국가에서 온 가사 도우미들이 일하고 있다. 이들은 각기 다른 배경을 가지고 있으며, 어떤 이는 고등교육을 받았고, 어떤 이는 그렇지 않다. 그러나 이들 모두가 고국에서는 경제적 기회를 잡지 못해 외국에서 일자리를 찾게 되었다. 이들의 공통된 또 다른 특징은, 이슬람권 고용주들에게 정직함과 성실한 직업 윤리로 좋은 평가를 받고 있다는 점이다.

서구의 관점으로는, 하나님께서 이런 방식으로 일하신다는 것을 상상하기 어려울 수 있다. 일반적으로 선교는 기독교인들이 상대적으로 가난하고 저개발된 국가의 사람들에게 다가가는 형태였기 때문이다. 약 250년 전 윌리엄 캐리가 인도로 떠난 이래로 이것이 선교의 전형적인 모습이었다. 그러나 시대가 달라졌다! 교회의 무게 중심이 이동하면서 선교 인력의 흐름도 변화하고 있다. 이는 "거하라, 열매 맺으라" 컨설테이션 참석자의 절반 이상이 글로벌 사우스 출신이라는 사실에서 분명히 드러났다.

이러한 교회 구성의 대대적인 변화는 하나님께서 상대적으로 어려운 처지에 있는 많은 이들을 부유한 무슬림들에게 복음을 전하도록 부르심을 의미한다. 이는 선교사들에게 패러다임의 전환을 요구한다. 과연 사회적으로 약한 자가 강한 자에게 다가갈 수 있을까? 성경은 이에 대해 어떻게 말하고 있는가?

> 형제들아 너희를 부르심을 보라. 육체를 따라 지혜로운 자가 많지 아니하며 능한 자가 많지 아니하며 문벌 좋은 자가 많지 아니하도다. 그러나 하나님께서…세상의 미련한 것들을 택하사 강한 것들을 부끄럽게 하려 하시며(고전 1:26-27).

이 구절은 모든 영광이 오직 하나님께만 있음을 보여주기 위해, 세상이 기대하지 않았던 사람들을 하나님께서 사용하며 기뻐하심을 보여준다. 성경과 역사적 사례들을 볼 때, 하나님께서 부유한 무슬림들에게도 복음을 전할 수 있도록 겸손한 기독교인들에게 은사를 주시고 부르시며 보내신다는 사실을 믿기는 어렵지 않다. 따라서 현대의 나아만의 어린 종과 같은 이들을 훈련하고 준비시키며 멘토링하는 사람들이 글로벌 사우스 출신인 것은 자연스러운 일이다. 우리가 동아프리카에서 만난, 복음에 대한 열정으로 '하나님 나라에서 가장 작은 자'의 삶을 통해 빛을 발하는 겸손한 형제의 모습이 바로 그러했다.

하나님 가정의 빛

나(바나바)는 처음 고국에서 미전도 무슬림 가운데서 사역을 시작했으나, 곧 지역 당국의 눈밖에 났고 인근 국가로 이주해 다시 사역을 시작해야 했다. 새로운 곳에서 사역의 열매를 맺기 시작하자 또다시 핍박을 받았고, 이번에는 감옥에 수감되기에 이르렀다. 이처럼 하나님의 부르심에 순종하는 대가는 매우 크다.

출소 후 나는 중동으로 거처를 옮겼다. 소외된 아프리카 지역 출신의 외국인으로서, 나는 곧 그 나라에 체류하며 일하는 동아프리카 출신의 기독교 외국인 노동자들과 친분을 쌓게 되었다. 이 시기에 '가정의 빛(house light)' 사역에 대한 구상이 싹텄고, 그 목표가 명확해졌다. 즉 한 개인이 얼마나 많은 무슬림에게 복음을 전하느냐가 아니라, 어떻게 하면 가장 많은 무슬림이 성경 속 살아 계신 주님을 만날 수 있도록 하느냐에 초점을 맞추었다. 이 사역의 영감은 열왕기하 5장에 나오는 시리아 사람 나아만의 집에서 일하는 어린 여종에 관한 이야기에서 비롯되었다.

하나님은 그분을 사랑하는 사람들의 걸음을 인도하신다. 그러니 기독교 신자들을 무슬림 가정의 가사 도우미로 일하게 하신 분은 바로 하나님이시다. 하나님께서 이들을 무슬림 가정으로 *보내셨다면*, 이들은 원칙적으로 다른 선교사들과 다를 바가 없다. 다만 이들이 번성하여 열매를 맺기 위해서는 격려와 훈련이 필요했다. 이러한 인식을 바탕으로, 가사 도우미들을 그들이 섬기는 무슬림 종족 가운데서 자비량 선교사가 되도록 준비시키는 비전이 탄생했다.

이 특정 국가에서는 충분한 자유가 허용되어 실험적인 시도가 가능했다. 이윽고 하나님께서 축복하시는 증거가 나타났다. 소규모로 시작된 '가정의 빛' 사역은 점차 가정교회로 성장하기 시작했다. 이 중 일부는 가사 노동자들 사이에서, 또 다른 일부는 무슬림 가정 내에서 형성되었다. 7년간의 결실 끝에 이 운동은 정부의 주목을 받을 만큼 중요한 위치에 올랐다. 결과적으로 나와 동역자들은 구금되었다가 결국 추방당하게 되었다.

이러한 경험을 토대로 우리는 무슬림 세계의 다른 지역으로 이동하여 사역을 재개했다. 그리고 다시 한번 '가정의 빛' 사역이 성장세를 보이고 있다. 나는 주로 나와 같은 아프리카 출신들에 초점을 맞추고 있는데, 이들 대부분은 가사 도우미, 육아 도우미, 운전기사, 정원사 등 가정 내에서 일하는 사람들이다. 하지만 이런 이중 직업을 가진 선교사 중에는 개인 간호사, 개인 주치의, 가정교사와 같은 전문직 종사자들도 있다. 주목할 만한 것은 이들의 상황이 1세기 로마 세계와 매우 유사하다는 점이다. 가정에서 일하는 이들은 고용주의 '오이코스(*oikos*)' 혹은 가정의 일원이 되어 자신이 섬기는 무슬림 가정에서 고유한 방식으로 사역할 수 있는 위치에 서게 된다.

가능한 경우 이들 노동자들은 중동으로 오기 전에 본국에서 사전 훈련을 받지만, 대부분의 훈련은 말 그대로 '실전에서' 이루어진다. 그러자면 우리의 사역은 매우 창의적이어야 했다. 이상적으로는 훈련 강사들이 노동자들과 직접 대면하는 시간을 가지는데, 나는 남성들을, 아내는 여성들을 담당한다. 각 노동자는 휴일에 모이는 소그룹에 소속되어 있다. 가사 노동자의 삶은 대체로 고단하다. 때로는 그들에게 CD나 책을 전달하고, 추후에 후속 조치를 취하기도 한다. 또 다른 경우, 가정의 빛 회원과 연락할 수 있는 유일한 수단이 전화밖에 없을 때도 있다. 비록 최선의 방법은 아닐지라도 우리는 전화상으로도 훈련하고 가르치는 방법을 터득했다.

이러한 접근 전략은 대학 교수나 엔지니어와 같은 전문직으로 무슬림 세계에 들어가 무슬림과 대등한 위치에서 교류하는 대다수의 외국인 전문가들의 전략과는 확연히 다르다.[1] 가정의 빛 사역자들의 상황은 전혀 다르기 때문이다. 그들은 사회 경제적으로 낮은 지위에서 어떻게 자신보다 '위에' 있는 무슬림들에게 자신의 신앙을 매력적으로 보여줄 수 있을지 고민해야 한다. 유창한 언변이나 인간의 지혜로운 명언을 활용할 수 없는 이들에게는 전혀 다른 차원의 '변증'이 필요하다.

기도의 능력

가정의 빛 사역을 수행하는 주요 방법 중 하나는 초자연적 기도의 능력을 활용하는 것이다. 가정의 빛 사역자들은 일상의 업무를 수행하면서 고용주를 위해 끊임없이 기도하는 법을 배운다. 그들은 고용주 가족의 구원을 위해 기도하는 유일한 기독교인일 수 있다. 또한 가족 구성원과 물리적으로 가까이 있어 병자를 위해 기도하고, 주술 행위를 꾸짖으며, 예수님의 이름으로 악령을 쫓아내는 기도를 할 기회를 갖기도 한다.

한 자매의 경험이 이를 잘 보여준다. 그녀는 9년간 한 무슬림 가정에서 가사 도우미로 일하고 있었는데, 그 집의 딸이 위중한 상태로 병원에 입원하게 되었다. 아이 엄마는 아이가 곧 죽게 될 것이라는 의사의 말을 듣고 울면서 집으로 돌아왔다. 이 소식을 들은 가사 도우미는 휴일이었지만 즉시 그 집으로 가서 아이 엄마에게 "걱정하지 마세요. 제

---

[1] 많은 무슬림이 기독교인을 자신과 '동등하다'고 생각지 않는 것이 사실이다. 이슬람 세계의 일부 지역에 거주하는 외국인 전문가들은 실제로 현지 국가의 많은 이웃들과 친구, 고용주의 사회 경제적 수준에 미치지 못한다.

하나님께서 아이를 치유해주실 거예요"라고 말했다. 아이 엄마는 이를 어떤 주술적 행위로 오해했다. 그러나 가사 도우미는 "제게는 아무 능력이 없어요. 하지만 제가 아는 하나님을 믿어요"라고 설명했다. 그 후 7일 동안 그녀는 물만 마시며 금식기도를 했고, 다른 이들에게도 기도를 요청했다. 그녀는 아이에게 기름을 바르고 안수하며 매일, 젖병을 물릴 때마다 기도했다. 7일 후, 부모는 아이를 병원에 데려갔고 아이가 완치된 것을 확인했다. 이 일로 그들은 가사 도우미의 믿음에 대해 더 알고 싶어 하게 되었다.

이러한 영적 권위가 전도의 문을 여는 사례는 쉽게 찾아볼 수 있다. 가정의 빛 사역자들은 응답받은 기도에 대한 후속 조치로 다양한 방법을 사용한다. 구두 증언, 성경 나누기, 예수 영화 제공 등이 그 예다. 이러한 일들은 꽤 일반적인 선교 활동으로 보일 수 있으나, 여기에는 불균형한 권력 구조로 인해 복잡한 문제들이 많이 내재되어 있다. 바나바 형제의 사역은 바로 이 지점에서 영적 영향력을 발휘한다. 그리스도의 종들을 훈련하고 격려하는 데 시간을 투자함으로써, 영적으로 가장 큰 영향을 미칠 수 있는 핵심 영역에 집중하는 것이다.

가정의 빛 사역의 또 다른 중요한 접근 방식은 부유한 무슬림 가정의 자녀들과 관련이 있다. 이 일은 때로는 가사 도우미의 업무 중 하나로, 또 다른 경우에는 전담 보모를 고용하는 형태로 이루어진다. 어떤 방식이든 이러한 상호작용은 가정의 빛 사역자가 무슬림 세계의 다음 세대에 씨를 뿌리고 물을 주는 많은 기회를 제공한다.

한 예로, 어린 무슬림 소년을 돌보기 위해 보모가 고용된 경우가 있었다. 시간이 지나면서 아이에게 발달 지연이 있음이 분명해졌다. 그

아이는 또래에 비해 걷거나 말하는 능력이 현저히 뒤처졌다. 보모는 어린 소년을 위해 금식하며 기도하기 시작했다. 어느 날 소년은 갑자기 상태가 호전되었고 정상적인 발달 단계에 도달했다. 그러자 무슬림 아버지는 너무나 기뻐하며 즉시 그리스도를 믿고, 위성 방송으로 기독교 프로그램을 시청하기 시작했다.

또 다른 사례로, 한 저명한 이슬람 지도자의 열두 살 아들이 악령에 사로잡힌 경우가 있었다. 가사 도우미가 이 문제를 알아차리고 소년의 아버지에게 알렸다. 부모는 여러 이슬람식 치료법을 시도했으나 6개월이 지나도록 효과가 없었다. 그들은 가사 도우미의 말을 떠올리고 그녀에게 연락해 조언을 구했다. 그녀는 사역 본부에 도움을 요청하고 싶었지만, 그들을 '목사님'이라 부를 수 없는 상황이었기에 소년을 위해 '이슬람 지도자'가 와서 기도해도 되는지 물었다. 우리가 그 집을 찾아가 기도하자 소년은 즉시 악령에서 해방되었다. 우리가 설명을 마친 후, 소년의 부모는 이 힘이 주술이 아니라 이싸라는 이름을 믿는 믿음에서 나온다는 것을 이해했다.

이와 같은 수많은 사례들을 보면 가정의 빛 사역에 대해 기뻐할 이유는 많다. 그러나 우리는 이 헌신적인 그리스도의 종들을 고용한 이들이 본질적으로 무슬림이라는 사실을 명심해야 한다. 그러다보니 그들은 외국인 전문가들은 상상하기 힘든 위험과 어려움을 종종 만난다. 과도한 노동에 시달리거나 폭행을 당할 때도 있다. 전 세계의 이주 노동자들과 마찬가지로 고용주들은 쉽게 그들을 기만할 수 있지만, 이들을 위한 법적 보호 장치는 미비한 형편이다. 때로는 여권을 압수당해 귀국조차 할 수 없는 상황에 처한다. 많은 경우 고용주들이 이들에게 무슬림이 되라고 강요하는 예도 많다. 이러한 환경에서 특히 젊은 여성들이 취약한 상황에 놓이며, 일부는 성추행을 당하기도 한다. 안타깝게도 이들 중 몇몇은 순교자의 면류관을 받는 것으로 신앙에 대한 대가를 치른다.

결론

오늘날 기독교 선교의 가장 큰 힘 중 하나는, 글로벌 사우스로부터 (from) 점점 더 많은 은사와 기름 부음을 받은 사람들이 주님의 추수밭으로 들어오고 있다는 점이다. 특히 사회적, 경제적 지위가 낮은 배경을 가진 이들의 참여가 점점 늘어나고 있다. 아프리카 출신 가정의 빛 사역자의 이야기는 이러한 새로운 선교 패러다임을 보여주는 한 예에 불과하다.

우리는 이 글을 시작하며 이국 땅의 권력자 집에 끌려가 일하던 어린 소녀의 간증이 미친 영향을 살펴보았다. 그녀의 소박한 증언은 초자연적 치유와 맞물려 중동의 한 잃어버린 가정에 진리를 전하는 계기가 되었다. 열왕기하 5장의 이야기는 수천 년 전의 일이지만, 하나님은 그 이야기의 본질을 오늘날에도 새롭게 적용하고 계신다.

간증

롤라는 중동의 부유한 무슬림 가정에서 보모로 일하게 되었다. 그녀는 다섯 명의 아이들과 하루 12-14시간을 보내며 주 양육자 역할을 했다.

그녀는 아이들을 돌보는 일상적인 업무 외에도 자신이 어린 시절에 배운 이야기와 노래를 아이들에게 가르쳤다.

어느 날, 아이들이 다니는 사립학교에서 재능 발표회가 열렸다. 어린 형제 중 한 명이 그 자리에서 자신이 가장 좋아하는 노래를 부르게 되었다. 이 어린 무슬림 소년은 자랑스럽게 "예수 사랑하심은"이라는 기독교의 찬송가를 불렀다.

다음날, 롤라는 아이의 아버지에게 호된 질책을 받고 즉시 해고되어 본국으로 추방될 위기에 처했다. 그러나 아이들은 롤라와의 이별을 받아들이지 못하고 '단체 행동'에 나섰다. 그들은 학업이나 목욕 같은 일상생활을 일체 거부하며 롤라를 데려오라고 요구했다. 다른 보모가 들어왔지만 아이들은 여전히 거절했다. 결국 아버지는 사촌을 필리핀으로 보내 "아이들이 아파요. 롤라만이 아이들을 보살펴줄 수 있어요"라고 사정하며 롤라를 다시 데려오게 했다.

토론과 적용

1. 가사 도우미나 가정 근로자의 위치에서 복음을 효과적으로 전할 수 있는 새로운 전략은 무엇인가?
2. 근로자를 파견하는 기관의 입장에서, 이 장을 읽고 근로자의 안전에 대한 윤리적 책임을 어떻게 새로 인식하게 되었는가?
3. 특정 국가에서 외국인 전문직 종사자와 가정 근로자들은 각자의 위치에서 하나님 나라의 창의적 확장을 위해 어떻게 협력할 수 있는가?

추가 문헌

Adeney, Miriam, and Sadiri Joy Tira. *Weallth, Women and God: How to Flourish Spiritually and Economically in Tough PIaces*. William Carey, 2016.

Pantoja, Luis L., Jr., Sadiri Joy Tira, and Enoch Wan, eds. *Scattered: The Filipino Global Presence*. LifeChange, 2004.

Thomas, T. V. "South Asian Diaspora Christianity in the Persian Gulf." In Global *Diasporas and Mission*, edited by Chandler H. Im and Amos Yong, Regnum Edinburgh Centenary Series, Vol. 23, 2014.

끝까지 말씀을 전파하라

- 설교자: 야시르 에릭
- 본문: 디모데후서 4장 1-5절

본문 말씀에서 사도 바울은 자신의 삶과 사역을 잠시 들여다볼 수 있는 기회를 우리에게 제공합니다. 이 글은 그가 믿음의 아들 디모데에게 마지막으로 남긴 말이었다는 점을 기억해야 합니다. 바울은 그에게 목회적 조언을 하기 위해 편지를 썼습니다. 풍부한 경험을 가진 사도가 젊은 목회자에게 자신의 본을 따르라고 권면하면서, 자신이 사역을 완수하고 선한 싸움을 싸워왔으며 마무리하고 있음을 강조합니다. 바울은 끝으로 디모데에게 포기하지 말고 설교자로서 사역을 완수하라고 당부합니다.

바울은 이 구절에서 예수 그리스도를 살아 있는 자와 죽은 자를 심판하실 분으로 소개합니다. 예수님에 대해 수많은 방식으로 말할 수 있었음에도, 바울은 그분을 심판자로 묘사합니다. 사실 복음의 결과는 삶과 죽음과 연관되어 있습니다. 복음 선포는 영원한 영향력을 갖습니다. 바울은 이것을 "그리스도 예수 앞에서 그가 나타나실 것과 그의 나라를 두고"(딤후 4:1)라고 설명합니다.

우리는 말씀을 선포하고, 복음을 알리며, 그리스도께서 십자가에 못 박히셨음을 전합니다. 이것이 바로 우리의 메시지이며, 성경은 이것을 "유대인에게는 거리끼는 것이요 이방인에게는 미련한 것"(고전 1:23), "구원을 받는 우리에게는 하나님의 능력"(고전 1:18)이라고 묘사합니다.

그리스도의 십자가는 본질적으로 공격적이며 사람들에게 불편함을 줄 수 있습니다. 십자가의 메시지는 인류가 스스로 구원받을 자격이 없음을 내포하고 있기 때문입니다. 구원은 오직 예수 그리스도의 역사하심을 믿음으로만 얻을 수 있습니다. 설령 십자가의 메시지가 사람들에게 불편함을 주더라도 우리는 그 중요성을 축소할 수 없습니다. 우리는 바울의 본을 따라 그리스도의 십자가를 전할 기회를 놓치지 말아야 합니다.

우리가 가진 권위와 능력은 하나님의 말씀에서 나옵니다. 우리의 가장 중요한 전도 도구는 꿈이 아니라 하나님의 말씀이며, 우리의 이야기가 아니라 예수 그리스도의 복음입니다. 종종 간증을 요청받을 때가 있지만, 우리는 구원이 간증이 아닌 하나님의 말씀에서 온다는 사실을 기억해야 합니다. 따라서 간증을 할 때도 그 중심에는 십자가의 메시지가 있어야 합니다.

바울은 디모데에게 복음을 선포하라고 당부합니다. 선포한다는 것은 가능한 많은 사람에게 분명하게 큰 소리로 말하는 것을 의미합니다. 그는 디모데에게 모든 사람이 들을 수 있을 만큼 분명하게 복음을 전하라고 권면합니다.

그러므로 우리는 복음을 부끄러워하지 말고, 하나님께서 기회를 주실 때마다 은혜와 자비를 선포해야 합니다. 성경은 "때를 얻든지 못 얻든지"(딤후 4:2) 예수 그리스도에 대해 말하라고 가르칩니다.

바울이 우리에게 말씀을 전하라고 가르치는 것은 무엇을 의미할까요? 우리는 혹시 메시지의 특정 부분에만 집중하고 나머지는 간과하고 있지 않은지 돌아보아야 합니다. 바울은 우리가 하나님의 말씀 전체를 온전히 선포해야 한다는 점을 분명히 했습니다. "모든 성경은 하나님의 감동으로 된 것으로 교훈과 책망과 바르게 함과 의로 교육하기에 유익하니 이는 하나님의 사람으로 온전하게 하며 모든 선한 일을 행할 능력을 갖추게 하려 함이라"(딤후 3:16-17).

바울이 디모데에게 설교자가 되라고 명령하면서 하나님의 임재를 언급한 것은 그분의 말씀을 전하는 것이 매우 중대한 과업임을 보여줍니다. 그러므로 우리는 성경의 특정 부분만 선택적으로 설교할 수 없으며 모든 성경말씀을 전해야 합니다.

또한 바울은 사람들이 진리를 외면하고 거짓 가르침을 찾기 시작하더라도 말씀을 가르치는 일을 멈추지 말라고 명령합니다. 그는 "때가 이르리니 사람이 바른 교훈을 받지 아니하며 귀가 가려워서 자기의 사욕을 따를 스승을 많이 두고 또 그 귀를 진리에서 돌이켜 허탄한 이야기를 따르리라"(딤후 4:3-4)고 경고합니다.

따라서 우리는 바울이 디모데에게 준 동일한 가르침을 따르며 계속 전진해야 합니다. "너는 말씀을 전파하라. 때를 얻든지 못 얻든지 항상 힘쓰라. 범사에 오래 참음과 가르침으로 경책하며 경계하며 권하라"(딤후 4:2).

혹시 수많은 사람에게 상처를 받았거나, 오랜 수고 끝에 아무 결실을 보지 못했거나, 섬겨온 친구에게 배신을 당했습니까? 그러나 낙심하지 마십시오. 포기하지 말고 계속 나아갑시다. "너는 말씀을 전파하라… 전도자의 일을 하며 네 직무를 다하라"(딤후 4:2, 5). †

섹션 4 ——— 추수 통로

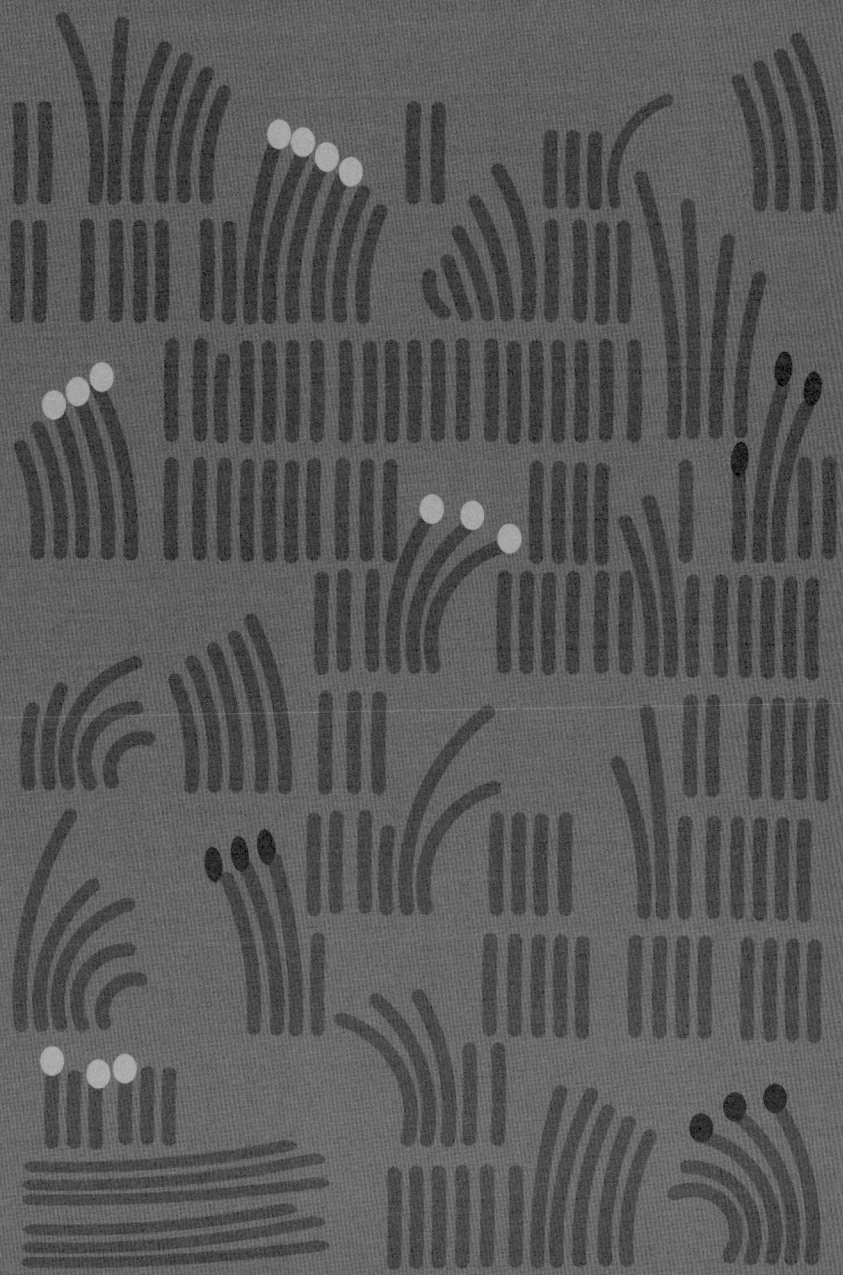

과거에 무슬림 세계의 추수를 위해 사역자들이 걸어온 길은 비록 어렵지만 대체로 일관된 경로를 따랐다. 서구에서 온 외국인 사역자들은 상대적으로 더 많은 경제적 여유와 정치적 권력을 바탕으로 현지에 머무르며 하나님께서 부르신 이들에게 다가갈 수 있었다. 그러나 앞서 살펴본 것처럼, 시대가 변하면서 사역의 환경도 변화했고, 이에 따라 새로운 접근 방식이 필요하게 되었다.

  이 섹션에서는 비전 5:9 네트워크의 사역자들이 무슬림 세계와 소통하는 창의적이고 새로운 방법을 만나게 될 것이다. 이 섹션의 필자들은 기도와 혁신을 통해 다른 사역자들이 따라야 할 새로운 가능성을 열어가고 있다. 이들과 함께 새로운 길을 탐험해보자.

— 진 다니엘스, 섹션 편집자

23 실현되는 파종 구조: 글로벌 사우스 일으키기

FD는 20년 넘게 무슬림 사이에서 사역한 경험을 가진 필리핀 출신의 선교사다. 그는 세 나라에서 살면서 무슬림에게 다가갔고, 글로벌 사우스 파송 구조를 촉진시키는 활동을 했다. 현재 아내와 두 자녀와 함께 유럽에 거주하고 있다.

JS는 북아프리카에서 19년간 사역하며 B4T(Business for Transformation)를 운영하고, 글로벌 사우스 선교사 파송 구조를 구축하는 데 협력하고 있다. 그의 꿈은 온 교회가 전 세계 미접촉·미전도 종족에게 복음을 전하는 데 동참하는 것이다. 그는 현재도 아내와 네 자녀와 함께 북아프리카에서 살고 있다.

핵심 포인트
- 글로벌 사우스에서 부상하는 선교에는 각 현장에 맞는 파송 구조가 필요하다.
- 일반적으로 타문화권 선교의 첫 단계는 근접 파송이다.
- 전 세계적인 노동력 이동은 이중 직업 모델이 선교의 미래에서 핵심 요소임을 시사한다.

오랜 세월 동안 글로벌 사우스의 교회들은 기독교 선교사들의 수혜자였다. 그러나 복음과 단절되었던 국가들에서도 교회가 증가하면서 이제는 글로벌 사우스 출신의 사역자들도 점차 증가하고 있다. 하나님의 글로벌 선교에 동참하고자 하는 이 새로운 사역자들은 여러 도전에 직면하는데, 가장 큰 두 가지 문제는 적절한 파송 구조의 부재와 재정의 부족이다. 이 장에서는 글로벌 사우스 출신의 신자들이 이러한 어려움을 어떻게 극복하는지 살펴보겠다.

아델과 니빈은 북아프리카 출신으로, 하나님의 부르심을 따라 가장 어려운 지역으로 가야 한다는 강한 소명을 느꼈다. 하지만 그들에게는 파송 구조가 없었고, 길을 찾는 데 많은 어려움을 겪었다. 결국 그들은 미전도 지역으로 이주해 작은 사업체를 운영하며 가족을 부양하기로 결정했다. 비록 아랍의 봄 동안 사업체가 강제로 폐쇄되었지만, 그들은 그곳에 머무르기를 선택했다. 재정 부족으로 인해 전기와 물과 같은 공공 서비스가 끊겼고, 배고픔과 목마름을 견디며 인내해야 했다. 이후 그들은 자급자족할 수 있는 일자리를 구했지만, 대부분 고립된 상태에서 외로움과 싸워야 했다.

> 전통적인 파송 구조는 글로벌 사우스가 대위임령에 참여하는 것을 오히려 방해할 수 있다. 더 간단하고 그들에게 맞는 구조가 필요하다.

글로벌 사우스 출신의 신자들은 무슬림에게 다가갈 수 있는 그들만의 고유한 기회를 얻고 있다. 아델과 니빈처럼, 이들의 대부분은 비전통적인 경로를 통해 선교지로 들어간다. 만약 그들에게 잘 마련된 파송 구조가 있었다면 그 여정이 얼마나 더 용이했을까? 골리앗과의 싸움을 앞두고, 사울은 다윗에게 자신의 갑옷을 입히려 했지만(삼상 17:38-40), 그 갑옷은 맞지 않아 도움이 되기보다 오히려 방해가 되었을 것이다. 이와 유사하게 전통적인 파송 구조는 글로벌 사우스가 대위임령에 참여하는 것을 오히려 방해할 수 있다. 더 간단하고 그들에게 맞는 구조가 필요하다.

글로벌 사우스의 선교는 일반적으로 사역자들이 이미 있는 지역에서 그들을 선교지로 파송하는 방식으로 시작된다. 그러나 지리적, 정치적 경계를 넘어서면 더 많은 도전에 직면하게 된다. 해외 파송은 그들에게 극복하기 힘든 도전이 될 수 있으며, 따라서 글로벌 사우스의 사역자들을 먼 나라로 파송하기 위해서는 기존의 것보다 더 역량 있는 파송 구조가 필요하다.

문화적으로 가까운 사람에게 보내기

코피는 동아프리카의 한 도시에 있는 활기찬 교회의 일원으로, 그곳에는 많은 기독교 인구와 함께 강력한 무슬림 공동체가 공존하고 있다. 몇 년 전 코피는 한 유럽인 신자를 만났는데, 그는 코피의 나라에 살고 있는 무슬림에게 복음을 전하고 다른 이들도 이렇게 할 수 있도록 훈련하고 있었다. 이 만남을 통해 코피는 자신이 살고 있는 도시의 무슬림들에게 복음을 전해야 한다는 강한 소명을 느꼈고, 그때부터 전도를 시작했다. 현재 이 지역의 MBB 중 코피의 도움을 받지 않은 사람은 거의 없다. 그는 새신자들을 제자로 삼고 지도하며, 그들이 박해받을 때 은신처를 제공하고, 비밀리에 믿음을 지키는 이들을 지역교회와 연결해주며, 교회가 주변 무슬림을 위한 비전을 품도록 돕고 있다.

아프리카와 아시아의 많은 국가에는 무슬림 공동체 한가운데 강력한 교회들이 존재한다. 얼마 전까지만 해도 교회 신자들이 무슬림 이웃에게 복음을 전하는 일은 드물었지만 지금은 상황이 바뀌고 있다. 비자가 필요하지 않고, 현지 언어를 사용하며, 동일하거나 유사한 문화를 공유하는 이들 주변의 신자들은 무슬림에게 다가갈 수 있는 큰 잠재력을 가지고 있다.[1]

문화적으로 가까운 신자들은 흔히 자신들의 무슬림 이웃과 자연스럽게 관계를 맺는데, 특히 무슬림과 기독교인이 공존하는 도심에서 이런 일이 이루어진다. 이러한 사례는 자카르타, 델리, 카이로와 같은 도시뿐만 아니라 다양한 국가에서 온 기독교인과 무슬림 이주 노동자들이 많이 모여 사는 아라비아 반도의 대도시들에서도 찾아볼 수 있다. 무슬림과 기독교인은 같은 동네에 살고, 같은 학교에 다니며, 직장이나 상점에서 자주 마주치고, 지역사회 활동도 함께 한다. 이와 같은 일상의 다양한 상호작용은 복음이 자연스럽게 전해질 수 있는 연결고리를 만들어낸다.

---

[1] Ben Naja, *Releasing the Workers of the Eleventh Hour: The Global South and the Task Remaining* (Pasadena, CA: William Carey Library, 2007), 4장.

이중직 모델

아시아의 무슬림이 다수를 차지하는 한 특정 국가에서는 대학생과 전문인들에게 의도적으로 복음을 전하려는 노력이 이루어지고 있다. 카이로스(Kairos), 퍼스펙티브스(Perspectives), 엑스플로어(Xplore)와 같은 교육 프로그램이 학생들의 인식을 높이고, 복음전도에 참여할 기회를 촉진하는 데 유용하게 활용되고 있다. 학생들은 나가고, 기부하고, 보내고, 기도하고, 동원하는 일에 적극적으로 참여하고 있다.[2] 장기적으로 파송받기를 원하는 학생들은 자신의 직업을 활용해 복음이 절실히 필요한 지역에서 일자리를 찾고 있다. 이 나라에서 복음을 접하지 못한 많은 사람들은 외딴 지역에 거주하고 있어 외국인 사역자가 장기적으로 머무르기가 어렵다. 이러한 지역에서 사역하려는 전문인은 드물지만, 국내 신자들은 직업을 구하기가 비교적 용이하다. 특히 의사, 치과 의사, 교사와 같은 직업을 가진 이들은 더욱 그렇다. 젊은 전문인들 다수가 이러한 방식으로 미전도 종족에 배치되고 있다.

> 우리는 이러한 이중직 사역자들을 의도적으로 모집하고 돌보는 파송 구조를 만들어야 한다.

이중직 사역은 글로벌 사우스 사역자들 사이에서 흔히 볼 수 있는 사역 방식이다. 특히 중동 지역에 있는 수천 개의 필리핀 디아스포라

---

2   *Kairos*, www.kairoscourse.org; *Perspectives*, www.perspectives.org; *Xplore*, www.mobilization.org/resources/live-missionally/xplore.

교회에서는 극소수의 목회자와 사역자만이 월급을 받는 전임 교역자로 활동하고 있다. 영원의 가치를 고려할 때, 점점 더 많은 필리핀 신자들이 해외에서 일하는 것이 곧 그들이 복음을 증거하는 방식이며, 직장은 그 사역의 장이라고 믿는다.[3] 이집트 출신의 아랍어 교사, 남미 출신의 축구 코치, 필리핀 출신의 영어 교사, 그리고 세계 각지에서 온 기업가들은 글로벌 사우스 출신의 노동자들을 파송하며 재정적인 어려움을 극복하고 있다. 그러나 이를 지속적으로 실현하기 위해서는 이러한 이중직 사역자들을 의도적으로 모집하고 돌보는 파송 구조를 만들어야 한다.

무슬림 사이에서 수행하는 이중직 사역은 전략적이고 지속 가능하다. 무슬림과 가까이 있는 신자들에게 직업이나 비즈니스는 단지 가족을 부양하는 소득원이 아니라 무슬림과 자연스럽게 만날 수 있는 중요한 수단이다. 무엇보다도 이 신자들은 이미 직업에 필요한 기술을 갖추고 있다. 이제 필요한 것은 패러다임의 전환이다. 우리는 이중직 사역자들을 준비시키고, 그들이 일터에서 효과적으로 증인의 역할을 할 수 있도록 돕는 파송 구조를 개발해야 한다.

이주 노동

중동에서 일했던 사라는 동남아시아 출신의 예수님을 따르는 신자였

---

[3] Jojo Manzano and Joy Solina, eds., *Worker to Witness* (Makati, Philippines: Church Strengthening Ministry, 2007).

다. 어느 날 그녀는 사업 차 이주한 무슬림 사업가 압둘을 만나게 되었고, 두 사람은 결혼했다. 얼마 지나지 않아 압둘은 주님을 영접했고, 지역 교제 모임의 활발한 회원이 되었다. 2년도 채 되지 않아 그들은 압둘의 고국으로 돌아갔다. 비록 그곳은 제약이 매우 많은 지역이었지만, 그들은 의식적으로 소금과 빛의 역할을 하며 살았다. 그 후 7년 동안 압둘의 가족 중 많은 이들이 예수님을 따르기로 결심했고, 결과적으로 300명 이상의 무슬림이 그리스도를 영접했다.

국제적인 이주 노동은 글로벌 사우스 사역자를 동원하고 파송하는 전략적 수단이 되고 있다. 예를 들어, GLMM(Gulf Labour Markets and Migration)에 따르면, 걸프협력국가(GCC)[4]에 거주하는 5,150만 명의 인구 중 거의 절반이 외국인이다.[5] 이 이주 노동자들의 대부분은 인도, 이집트, 파키스탄, 방글라데시, 필리핀, 그리고 스리랑카 출신이다. 걸프 국가에는 약 30만 명의 필리핀 복음전도자가 사역하는 것으로 추정된다.[6] 이는 이미 글로벌 사우스 출신 근로자들이 중동의 중심부에 전략적으로 배치되어 있음을 의미한다. 이들 중 다수는 경제적 이유로 그

---

4 GCC는 이라크를 제외한 페르시아만 지역의 모든 아랍 국가로 구성된 정치와 경제 협의회다.
5 GLMM, "Total Population and Percentage of Nationals and Foreign Nationals in GCC Countries, 2010-2016," http://gulfmigration.eu/gcc-total-population-percentage-nationals-foreign-nationals-gcc-countries-national-statistics-2010-2016-numbers/.
6 Commission on Filipinos Overseas, "Yearly Stock Estimation of Overseas Filipinos, 2013," http://www.cfo.gov.ph/program-and-services/yearly-stock-estimation-of-overseas-filipinos.html; JasonMandryk, Operation World, 7th ed. (Colorado Springs: Biblica, 2010).

곳에 있지만, 만일 자신을 주님의 대사로 인식하게 된다면, GCC에서의 복음전도에 큰 영향을 미칠 수 있을 것이다.

더 나아가 대규모 이주로 점점 더 많은 무슬림이 복음을 접할 수 있는 지역으로 이동하고 있다. 이들 중 상당수는 복음전도자가 없는 마을이나 소도시 출신이다. 그들이 충만한 신앙을 가지고 고향 집으로 돌아간다고 상상해보라.

BAM(Business As Mission)과 B4T(Business For Transformation)

외국인이 현지에서 자주 받는 질문 중 하나는 "당신은 왜 여기 오셨나요?"다. 이 질문에 성실하게 답하는 것은 장기적 사역에 매우 중요하다. 최근에는 이 질문에 대한 답변으로, 동시에 일반적으로 진입이 불가능한 폐쇄적 공동체에 들어가는 수단으로 비즈니스 모델이 점점 더 많이 활용되고 있다.

한 남미 국가에서는 젊은이들이 "나를 보내소서"라는 열망을 품고 합심하여 기도하기 시작했다. 그러나 그들의 마음속에 울려 퍼지는 이 외침에도 불구하고, 그들이 사역의 꿈을 실현할 수 있는 구조는 존재하지 않았다. 마침내 일부 선구자들이 전통적인 선교사 파송 구조를 만들었지만, 지원자는 너무 많고 재정은 부족했다. 이에 따라 개인이 후원금을 모금하고 선교지로 파송받는 동시에 비즈니스를 운영할 수 있는 새로운 모델이 등장하게 되었다. 현재 남미 출신의 여러 팀이 이 모델을 따라 북아프리카에서 활동 중이다. 이들은 비즈니스를 통해 복음이 필요한 사람들에게 다가가며 등대와 같은 역할을 하고 있다.

물론 이 모델에도 여러 난관이 있지만, 하나님의 백성은 창의적으로 어려움을 극복하기 위한 방법을 찾아가고 있다. 예를 들어, 한 단체는 세계 각지에서 온 사역자들이 비즈니스 변혁을 위한 B4T 아이디어를 현실로 구현할 수 있도록,[7] 아시아에서 비즈니스 인큐베이터를 시작했다. 중요한 교훈 중 하나는, 대부분의 B4T 모델 운영자들이 지속적인 지원을 필요로 한다는 점이다. 그렇지 않으면 비즈니스에 과도한 시간을 투자하게 되어 사역 효과가 떨어질 수 있다.

성공 요인

무슬림 사이에서 사역을 하다보면 종종 외롭고, 낙심되며, 때로는 적대감을 마주하기도 한다. 연구에 따르면, 소규모 신생 파송 기관에서는 개인을 홀로 파송하거나 지원 부족으로 인력 이탈률이 높을 수 있다. 이러한 어려움을 극복하고 사역자들이 현장에서 지속적으로 사역할 수 있도록 최선을 다해야 한다. 또한 타 파송 단체 및 팀과의 협력이 사역자 유지율을 높인다는 연구 결과가 있다.[8] 따라서 새로운 파송 구조는 경험이 풍부하고 안정된 기관과 협력하여 사역자의 성공 가능성을 높여야 한다.

사역의 비전에 대한 주인의식을 갖는 것도 매우 중요하다. 국내 지도자들은 복음이 닿지 않은 지역에 일꾼을 보내는 것이 하나님의 부르심

---

7   더 자세한 내용을 위해서는 incubator@rannetwork.com로 연락하라.
8   Robert Hay et al., eds., *Worth Keeping: Global Perspectives on Best Practice in Missionary Retention* (Pasadena, CA: William Carey Library, 2007).

이자 교회 전체의 책무임을 인식해야 한다. 교회와 단체의 리더들은 이 부르심에 순종하는 이들에게 믿음으로 나아갈 기회를 제공해야 한다. 그러나 파송 구조를 처음부터 구축하기란 쉬운 일이 아니다. 동원, 훈련, 파송, 멤버케어, 재정, 물류, 행정 지원 등 많은 사항을 고려해야 한다. 이는 단순히 우려의 대상이 아니라, 새로운 국내 시스템을 구축하는 과정에서 협력 관계를 모색할 수 있는 좋은 기회다.

약 10년 전, 한나는 아시아의 한 무슬림 미전도 종족 선교의 어려움을 알게 되었다. 그녀는 선교사 파송의 비전을 품었지만, 어떻게 시작할지 몰라 기도부터 하기 시작했다. 한나는 교회 리더와 친구, 중보기도자, 캠퍼스 사역 리더, 학생, 사업가 등 다양한 이들과 비전을 나누었고, 많은 이들이 이 비전에 동참했다. 7년 전, 그들은 이 비전을 실현하기 위해 지역 단체를 설립했고, 기존의 캠퍼스 사역 및 국제기관과 협력하여 학생들과 전문가들을 선교에 동원했다.

지역 신자들의 자발적 기부로 재정이 마련되었고, 지역 사업가들은 고용의 기회가 부족한 미전도 지역으로 이주해야 하는 선교사들을 위해 일자리 창출에 도움을 주었다. 또한 무슬림 사역 경험이 풍부한 현지인과 외국인 사역자들을 초청해 사전 현장 교육을 실시했으며, 현지 멤버케어 팀이 정기적으로 사역자들을 방문하여 지원했다.

한나의 이야기는 작은 시작이 어떻게 큰 비전으로 성장할 수 있는지 보여주는 모범적인 사례이자 하나님 나라를 위한 협력의 결실이다. 그들의 토착 파송 구조는 7년도 되지 않아 여러 팀을 자국 내 미전도 종족에게 파송했다. 그들은 외국인 사역자가 장기 체류하기 어려운 지역에 현지인 사역자들을 집중적으로 파송했으며, 더 나아가 해외 팀을 파견하기 시작했다.

글로벌 과제를 위한 글로벌 교회: 함께 운동을 추구하다

요나스는 사하라 사막 이남 아프리카의 대형 교단을 이끄는 지도자다. 30년 전 그는 자국의 사역자들을 무슬림 세계로 파송하라는 비전을 받았다. 그는 이 비전을 이루기 위해 인내심을 가지고 꾸준히 기도하며 준비했다. 20년이 흐른 후 요나스는 때가 무르익었다고 판단했고, 직장을 그만두고 복음이 가장 닿지 않은 지역에 사역자를 파송하는 일에 전념하기로 결심했다. 이 과정에서 요나스는 오랫동안 동아프리카에서 무슬림 선교에 헌신해온 글로벌 노스 출신의 친구 제임스와 협력하게 되었다. 제임스의 선교단체는 무슬림들에게 직접 접근하기 위한 훈련뿐만 아니라, 같은 비전을 가진 인근 지역의 신자들과 협력하는 방법도 교육하고 있었다. 현재 요나스의 단체는 자국뿐만 아니라 서구인의 접근이 사실상 제한된 북아프리카와 중동 지역에도 수백 명의 사역자를 훈련하여 파송하고 있다.

어디서부터 시작할 것인가?

리더들은 새로운 파송 구조를 시작할 때 다양한 장애물을 만나는데, 그중 가장 큰 과제가 재정 문제다. 그러나 많은 국가에서 성공적으로 파송 구조를 구축한 사례를 보면, 그 시작은 잃어버린 영혼들을 위한 집중적인 기도였음을 기억해야 한다. 남미 교회들은 중동과 북아프리카의 무슬림들을 위해 간절히 기도했다. 이러한 기도는 열정을 낳았고, 선교사의 소명을 느끼는 사람들과 재정 후원자들을 일으켰다.

전액 지원금을 받는 글로벌 사우스 사역자들이 자국과 해외로 파송되는 사례가 증가하고 있지만, 아직은 그 잠재력에 비하면 미미한 수준이다. 비전 5:9 네트워크가 2025년까지 모든 무슬림 종족에게 효과적으로 복음을 전하려는 목표를 달성하기 위해서는 아시아와 아프리카 교회들의 잠재력이 충분히 발휘되어야 한다.

인접 지역의 무슬림들에게 현지인을 파송함으로써 수백만 명의 근접 지역 신자들이 가진 관계적, 지리적, 언어적, 문화적 이점을 극대화하고, 글로벌 사우스의 파송 잠재력을 최대한 활용할 수 있다. 아라비아 반도의 디아스포라 교회를 포함한 아시아와 아프리카의 모든 지역 교회들은 무슬림 이웃에게 다가가기 위해 자체적으로 팀을 구성할 수 있는 잠재력을 지니고 있다. 인접 지역에서 시작하여 점차 땅 끝까지 나아가는 것은 선교 참여의 자연스러운 과정이다. 이러한 비전을 실현하는 핵심은 파트너십을 통해 시작하고 이를 지속적으로 발전시키는 데 있다.

결론

전통적으로 선교사를 받아들이던 아프리카, 아시아, 라틴아메리카 국가들의 역할이 점차 변화하고 있다. 비록 글로벌 사우스의 많은 교회들이 선교 경험과 재정 면에서 부족할 수 있지만, 이제는 이들 교회에서 사역자를 파송하기 시작했다. 선교역사의 제십일시에 글로벌 사우스와 글로벌 노스의 일꾼들이 함께 일하고 있다.[9] 이는 전 세계적 과제를 완수하기 위해 교회가 글로벌 차원에서 협력하는 좋은 예다.

요나스와 같은 현지 교회 지도자들, 그리고 아델, 니빈, 코피, 사라, 한나와 같은 평범한 신자들이 무슬림 선교에 적극적으로 참여할 수 있었던 것은 글로벌 노스 협력자들의 지원 덕분이었다. 아시아와 아프리카 인접 교회의 잠재력은 꾸준히 성장하고 있으며, 이를 더욱 발전시키기 위해서는 자신의 선교단체 성장보다는 토착민 파송을 촉진하고 지원하며, 그들을 지도하고 배가시킬 수 있는 더 많은 '동역자들(alongsiders)'이 필요하다.

각 선교현장은 고유한 도전 과제와 그 위에 구축할 수 있는 강점을 가지고 있다. 미래(그리고 현재) 사역자들의 잠재력을 온전히 실현하기 위해서는 외국 선교단체가 직면한 문제들, 이민 현상, 그리고 성장하는 글로벌 사우스 교회의 강점을 고려한 창의적이고 실험적인 접근이 필수적이다. 근접 선교, 학생 선교, B4T 혹은 전통적 선교 방식 등 다양한 방법들이 모든 언어와 족속에게 그리스도의 메시지를 전달하는 무궁무진한 모델로 활용될 수 있다.

---

9 마태복음 20장 6-7절에 나오는 비유다. "제십일시에도 나가 보니 서 있는 사람들이 또 있는지라. 이르되 너희는 어찌하여 종일토록 놀고 여기 서 있느냐. 이르되 우리를 품꾼으로 쓰는 이가 없음이니이다. 이르되 너희도 포도원에 들어가라 하니라." (역자 주)

토론과 적용

1. 현대 글로벌 선교의 동향은 당신과 당신의 팀에 어떤 의미가 있는가?
2. 이 장에서 가장 인상 깊은 이야기는 무엇이며, 그 이유는 무엇인가?
3. 이 장에서 배운 내용을 어떻게 실제로 적용하겠는가?

참고문헌

Goldman, Bob. "Saul's Armor and David's Sling: Innovative Sending in the Global South." *Mission Frontiers*, May/June 2007. http://www.missionfrontiers.org/issue/article/saulsarmor-and-davids-sling.

Naja, Ben. *Releasing the Workers of the Eleventh Hour: The Global South and the Task Remaining*. Pasadena, CA: William Carey Library, 2007.

24 디아스포라 사역과 미접촉 종족을 위한 동원

브라이언 히버트는 텍사스 주 휴스턴의 윌크레스트 침례교회의 부목사이자 풀러 신학교의 교차문화 부교수, 그리고 휴스턴 침례대학교의 교차문화 강사로 활동 중이다. 10년 이상 휴스턴에서 디아스포라 사역을 주도해왔다.

핵심 포인트
- 전통적 선교동원 전략은 미전도 종족 선교에 적합하지 않다.
- 서구 사회에서 중요한 무슬림 디아스포라는 새로운 형태의 선교동원의 장을 열었다.

"2025년까지 약 400개의 미접촉 종족 집단을 접촉하려면 어떤 노력이 필요할까요?" 내 친구의 이 질문은 미접촉 종족을 접촉한다는 추상적인 목표와 비전을 구체적인 질문으로 압축했다. 이에 대한 간단한 답변은, 이 목표를 달성하기 위해서는 글로벌 선교 공동체가 매달 5개의 종족 집단을 접촉해야 한다는 것이다.

그는 이어서 말했다. "한 종족 집단을 접촉했다고 간주하려면 세 가족 단위로 구성된 팀이 필요합니다. 또한 선교단체 지원자 10명 중 한 명만 실제로 선교현장에 도착한다고 가정한다면, 글로벌 선교 공동체는 2만 4천 명을 동원해야 합니다."[1]

이러한 규모의 필요를 충족하기 위해서는 다음 세대의 선교사를 발굴하고 훈련하며 동원하는 새로운 전략이 필수적이다. 이 장의 요점은 두 가지다. 첫째, 디아스포라에 접촉하기 위한 교회 동원은 고국의 미접촉 종족을 위한 선교 동원 문제를 해결할 수 있는 방안이다. 둘째, 디아스포라 사역을 통해 새로운 형태의 선교사 훈련, 파송, 그리고 파트너십 구축이 가능해진다.

기회: 글로벌 무슬림 디아스포라

예를 들어, 시리아와 로힝야 난민 위기와 같은 현대 디아스포라 이동은 무슬림 디아스포라 인구 증가를 밀고 당기는 요인을 잘 보여준다. 이

---

1 이 숫자는 예시 역할을 하는 순전한 가정이며 어떤 기관의 정보에 기초한 것이 아니다. 모든 UUPG를 포함하도록 이 논리를 확장하면 6만 명이 양성되어야 한다.

이민자들은 난민, 학생, 기업인, 심지어 의료 관광객에 이르기까지 다양한 범주에 속한다. 디아스포라 신학은 아직 태동 단계지만, 무슬림 디아스포라는 이미 상당한 의미를 가지고 있다. 만약 모든 디아스포라 무슬림이 한 곳에 모인다면, 그들은 세계에서 여섯 번째로 큰 무슬림 국가를 형성하게 되며 튀르키예와 이란 바로 앞의 순위가 될 것이다.

전 세계적으로 무슬림은 전체 이민자의 25퍼센트를 차지한다.[2] 이들은 북아프리카에서 환태평양에 이르는 다양한 지역 출신으로, 대부분 서구 국가로 이주했다. 이 무슬림들은 68개국에서 왔다.[3] 미국에 무슬림이 거주한 것은 식민지 시대부터지만, 대다수는 비교적 최근에 이주했다. 미국 무슬림의 84퍼센트가 1980년 이후에 도착했으며, 이 중 65퍼센트는 해외에서 가족 유대가 강한 1세대 이민자다.[4] 이 디아스포라에 참여하는 선교사들은 많은 무슬림과 직접 접촉할 수 있다. 이들은 무슬림 세계 각지에서 온 1세대 또는 2세대 이민자들로, 고국의 가족, 친구, 네트워크와 여전히 유대 관계를 유지하고 있다. 이처럼 다양한 무슬림 집단의 최근 증가와 신규 유입은 무슬림을 이웃으로 사랑하기 시작할 수 있는 좋은 기회를 제공한다.

---

2 Pew Forum, "Faith on the Move: The Religious Affiliation of the International Migrants", March 2.
3 Ibid.
4 Ibid., 10.

세계를 연결하는 다리 - 디아스포라 사역

이론

이전 장에서는 필리핀, 나이지리아, 대한민국과 같이 (일반적으로) 기독교 디아스포라 내 인적 자원에 초점을 맞추었다. 이 장에서는 초청 국가 사람들에게 주목한다. 이들은 *자국 내 디아스포라에 다가갈 수 있으며, 이를 통해 전 세계적인 영향력을 행사할 수 있다.*

가교 선교사

'가교 선교사(bridger missionary, 혹은 bridger)'는 초청 국가의 시민이면서 의도적으로 무슬림 디아스포라와 연결을 시도하는 선교사를 지칭한다.[5] '친족 다리 놓기'는 가교 선교사가 디아스포라 선교를 기반으로 다른 국가, 가족, 사회적 네트워크에 접근하려는 노력을 의미한다. 이는 시간과 장소를 정하시는 하나님의 주권(행 17:26)을 실제로 구현하는 것이다. 친족 다리 놓기는 먼저 디아스포라에 접촉하고, 그 후 디아스포라 구성원과의 교류를 통해 전 세계적으로 연결된 가족과 네트워크를 연결하는 방식으로 이루어진다. 간단히 말해, 이는 하나님께서 보내신 사람과 협력하여 세계 어느 곳으로 갈지 선택하는 것을 의미한다.

---

5   이 아이디어를 공식화한 원본 자료에서, 나는 그룹 외부에 있는 사람을 나타내기 위해 "외부자(exogenous)"라는 용어를 사용했다. Brian Hiebert, "The 'with' of Diaspora Missiology: The Impact of Kinship, Honor, and Hospitality on the Future of Missionary Training, Sending, and Partnership," in *Diaspora Missiology: Reflections on Reaching the Scattered Peoples of the World*, EMS no. 23 (Pasadena, CA: William Carey Library, 2015).

친족 다리 놓기에는 다양한 배경을 가진 사람들이 문화적, 언어적, 민족적, 종교적, 지리적 차이를 극복하는 데 도움이 되는 여러 방법이 있다. 다음의 표는 디아스포라 그룹을 연결하는 다양한 방법과 그를 통해 소개될 수 있는 네트워크의 종류를 보여준다.

다리 놓기의 형태

명칭	가교에 대한 설명	선교 활동
가교 선교사 1	가교 선교사는 기독교인의 사회적 네트워크를 소개하는 디아스포라 기독교인의 친구가 된다.	지역교회와의 협력, 제자도 혹은 리더십 훈련. 초청자는 방문자가 기독교 사역에 적응하고 감당하록 돕는다.
가교 선교사 2	가교 선교사는 무슬림의 사회적 네트워크를 소개하는 디아스포라 기독교인의 친구가 된다.	지역교회와의 협력, 가능하다면 전도 활동. 초청자는 방문자의 적응을 돕고, 그를 무슬림 이웃 및 친구와 연결한다.
가교 선교사 3	가교 선교사는 무슬림의 사회적 네트워크를 소개하는 디아스포라 무슬림의 친구가 된다.	선교를 먼저 그들에게 하고, 이후 함께 함. 초청자는 방문자의 적응을 돕고, 공동체 내 정당한 사회적 활동을 제공한다.

몇 가지 구체적인 예시를 통해 이 표를 더 잘 설명할 수 있다. '가교 선교사 1'은 레바논 학생과 친구가 될 수 있다. 우정을 통해 레바논 학생은 가교 선교사를 자신의 나라로 초대해 가족과 함께 지내며 교회에

서 선교 활동을 할 수 있게 한다. 이 경우 가교 선교사의 사역은 제자 훈련이나 리더십 교육을 통해 현지 기독교 공동체와 협력하는 것이다. 초청자는 방문자가 사역에 적응하고 수행할 수 있도록 돕는다.

'가교 선교사 2'의 예로는 디아스포라 시리아 기독교인과 협력하여 시리아의 무슬림 친구와 지인 네트워크에 접근하려는 기독교인을 들 수 있다. 가교 선교사의 주요 임무는 시리아 기독교인 친구의 사회적 네트워크를 통해 무슬림을 전도하는 것이다. 이 상황에서 사역은 현지 기독교 단체와 협력하고, 가능한 한 인근 무슬림 공동체에 선교하는 것이다. 초청자는 방문자가 적응하고 무슬림 친구, 이웃, 지인과 연결되도록 돕는다.

마지막으로, '가교 선교사 3'은 가장 큰 문화적 격차를 극복한다. 예를 들어, 글로벌 기업에서 일하는 기독교인이 무슬림과 친구가 되었다고 가정해보자. 이 관계를 통해 기독교인은 무슬림 친구의 고국으로 이직하거나 방문할 수 있다. 가교 선교사는 먼저 무슬림 친구의 대가족에 초점을 맞추고, 이후 그들의 네트워크로 확장한다. 이러한 상황에서 사역은 무슬림 네트워크 내에서의 개척 사역이다. 초청자는 방문자가 무슬림 공동체에 적응하고 사회적 정당성을 확보할 수 있도록 돕는다.

<u>문화</u>
친족 연결은 네 가지 문화의 특성, 즉 친족 관계, 네트워크, 환대, 호혜의 의무적 관계를 기반으로 한다. 이러한 특성은 문화마다 다양하게 나타나며, 특정 문화가 친족 관계를 연결하는 데 적합한 환경인지 판단하려면 세밀한 연구가 필요하다.

친족

친족은 흔히 생물학적 관계로 여겨지지만, 이러한 정의는 다음의 사실을 간과한 것이다. "친족은 생물학적 관계일 뿐만 아니라 사회적 관계의 네트워크이기도 하다. 이는 사회적 유대, 행동 양식, 의무와 책임, 그리고 권위 구조를 만들어낸다. 즉 친족은 대인관계의 '로드맵' 또는 인간관계의 구조라고 볼 수 있다."[6] 이렇게 친족을 폭넓게 이해하면, '친족'이 되는 세 가지 경로가 있음을 알 수 있다. 출생, 결혼, 그리고 명예로운 지위가 그것이다. 외부인으로서 사회의 친족 체계에 편입되고자 할 때, 결혼이 선택지가 아니라면 '명예로운' 유대 관계를 맺는 것이 대안이 될 수 있다.

많은 문화권에서 대부(godparent)나 의형제 같은 공식적인 명예 지위는 없지만, 문화적 이해도가 높고 관계 형성에 능숙한 외부인은 혈연을 넘어선 명예로운 지위를 얻고자 할 수 있다. 이러한 지위를 획득함으로써 외부인은 더 넓은 공동체 안에서 특정 가족이나 씨족과 연결되어 새로운 정체성을 갖게 된다.

네트워크

친족과 네트워크는 유사성을 공유한다. 친족 집단은 그 자체로 하나의 네트워크를 형성한다.[7] "네트워크는 부족 소속이나 정치적 가계와 같은 제도화된 사회적 관계와 유사하지만 *지역적 경계를 초월하는 연결*

---

6 Stephen A. Grunlan and Marvin K. Mayers, *Cultural Anthropology: A Christian Perspective*, 2nd ed. (Grand Rapids: Zondervan, 1988), 162.

7 Harris, *Kinship* (Minneapolis: University of Minnesota Press, 1990), 64.

이라는 점에서 구별된다."[8] 네트워크는 공통의 관심사, 사회적 행동, 정치적 견해, 또는 종교적, 도덕적 가치를 중심으로 형성될 수 있으며, 흔히 지리적 제약이나 가족의 경계를 넘어선다.

현대 사회에서 소셜 네트워크는 대개 민족, 기술, 미디어, 이념 등을 중심으로 형성된다. 오늘날 사람들의 잦은 이동과 대규모 이주로 인해, 이러한 네트워크는 세계화된 관계 속에서 연결성을 유지하는 중요한 역할을 한다. 예를 들어, 아랍인, 이집트인, 레바논인, 모로코인들은 이제 중동 지역에 국한되지 않고 전 세계에 걸쳐 살아가고 있다. 친족 관계로 인해 이들 디아스포라 그룹은 여전히 연결되어 있으며, 민족 네트워크 또한 이러한 변화를 반영하여 재구성되고 있다. 기술의 발전과 전 세계적 확산은 사람들이 가족뿐만 아니라 다른 이들과도 이전에는 불가능했던 방식으로 연결될 수 있게 해주었다. 이러한 기술은 아이디어, 운동(movements), 장소, 그리고 공통 관심사를 중심으로 새로운 네트워크와 현대적 의미의 '부족'을 형성할 수 있는 기반을 제공한다.

환대

동양과 글로벌 사우스의 문화권은 독특한 환대 관습으로 유명하다. 명예와 수치, 그리고 효율성과 목표보다 개인적인 관계를 우선시하는 경향이 강한 환대 문화를 키워냈다. 이는 일종의 강제적 환대로 발전했다. 강제적 환대에서 주인은 손님의 모든 필요를 충족시키는 데 전념한

---

8   Miriam Cooke and Bruce B. Lawrence, *Muslim Networks from Hajj to Hip Hop* (Chapel Hill, NC: The University of North Carolina Press, 2005), 1.

다. 이는 손님이 거절하더라도 계속되며, 주인 가족의 명예를 지키는 중요한 방법으로 여겨진다. 반면, 환대를 거부하는 것은 가족, 마을, 부족, 나아가 더 넓은 종교 공동체에 큰 수치를 안겨줄 수 있는 심각한 문제로 간주된다.

이러한 문화적 맥락에서 귀빈의 지위는 단순한 식사 초대 이상의 깊은 사회적 의미를 갖는다. 이 지위는 초청 가족의 정체성이나 특권, 사회적 지위와 밀접하게 연관된다. 개인적 관계와 가족 관계가 중시되는 사회에서, 초청 가족이 제공하는 소속감은 현지인들에게 가장 의미 있는 '존재의 이유'가 될 수 있다. 선교사 비자가 발급되지 않는 국가에서 "그 사람은 해외에 있는 제 친척의 친구입니다"라는 간단하고 관계 중심적인 한마디 설명이 구호활동가라는 정체성보다 더 큰 가치를 지닐 수 있다.

의무와 호혜

상호 의무와 호혜는 관계를 형성하고 유지하며 최적화하는 규칙이다. 특히 우정은 상호적 도움과 지원을 필요로 하는 중요한 관계로, 친구는 서로를 도울 의무가 있다. 도움을 거부하는 것은 관계를 단절하는 것과 같다. 이러한 문화적 맥락에서 사람들은 관계를 유지하면서도 창의적이고 다양한 방법으로 거절할 줄 안다. 도움을 요청하고 받는 과정에서 호혜가 이루어지며, 이를 통해 관계는 더욱 강화된다. 두 당사자는 상대방도 같은 관심을 가지고 행동할 것이라는 신뢰를 바탕으로 에너지와 자원을 쓰면서 관계를 발전시킨다. 따라서 디아스포라 사역은 통전적이어야 한다. 이는 개인과 그의 가족뿐만 아니라 지역적 혹은 국제적 차원에서 미래의 환대와 상호 의무를 다하기 위한 관계적 '계약금' 역할을 하기 때문이다.

결론: 디아스포라 동원

서두에서 언급했듯이, 지난 10년간 나는 '가교 선교사'로 구성된 팀을 이끄는 특권을 누렸다. 이 팀의 원래 목표는 디아스포라 무슬림을 대상으로 그들의 토착 언어를 사용하는 교회를 개척하고, '선교현장'의 사고방식과 전략을 기꺼이 받아들일 사람들을 훈련하고 동원하는 것이었다. 이 과정에서 일시적인 상황 변화, 정치적·경제적 문제, 박해는 큰 도전이었지만, 우리는 그 목표에 집중했다. 그 결과, 현지 팀을 성공적으로 양성했고, 최근에는 36번째 가교 선교사를 해외로 파송하기에 이르렀다. 이들 중 많은 선교사는 현지 무슬림에게 다가가기 위한 전략을 우리의 트레이너를 통해 배우고 그 방향으로 나아갔다. 수년간의 훈련을 통해 그들은 다양한 국가와 삶의 영역에서 무슬림들과 관계를 형성하는 법을 익혔고, 문화적·관계적으로 적절하게 복음을 전하는 법도 배웠다.

비록 모든 가교 선교사가 이 모델을 따르지는 않았지만, 이 모델에 대한 관심이 점점 더 커지고 있음을 목격하고 있다. 새로운 훈련생 그룹은 특정 국가의 디아스포라 네트워크와 의도적으로 협력하고 있으며, 이러한 협력은 본국의 무슬림 가족 구성원으로부터 초청을 받아 고국에서 일하며 살자는 제안으로 이어지기도 했다. 하나님은 디아스포라 선교의 가교를 통해 전 세계적으로 일하고 계시며, 그 결과 세계에서 '여섯 번째로 큰 무슬림 국가'뿐만 아니라 전략적이며 관계적으로 세계 곳곳에 하나님 나라의 일꾼들이 배치되고 있다. 이 과정에서 친족 간의 연결은 교회와 기관이 파트너로서 협력하게 만드는 중요한 고리가 될 수 있으며, 파송, 재정 지원, 훈련을 통해 이 고리는 더욱 강화될 것이다.

토론과 적용

1. 내가 살고 있는 도시에서 디아스포라 무슬림에 대해 알아보려면 어떻게 해야 하는가?
2. 디아스포라 무슬림과 소통하여 그들의 고국에 있는 친척에게 복음을 전할 수 있는 방법을 생각해보라.

참고문헌

Abu Toameh, Khaled. "Why Arab Leaders Do Not Care About Medical Services in Their Countries." Gaston Institute International Policy Council. http://www.gatestoneinstitute.org/1741/arab-countries-medical-services.

Bagby, Ihsan. *The American Mosque 2011: The Basic Characteristics of the American Mosque.* Report no. 1. Council on American-Islamic Relations. Washington, DC: CAIR, 2011.

Boyd, David. *You Don't Have to Cross the Ocean to Reach the World: The Power of Local Cross-Cultural Ministry.* Grand Rapids: Chosen Books, 2008.

Braziel, Jana Evans, and Anita Mannur, eds. *Theorizing Diaspora: A Reader.* Malden, MA: Blackwell Publishing, 2003.

Cooke, Miriam, and Bruce B. Lawrence. *Muslim Networks from Hajj to Hip Hop.* Chapel Hill: The University of North Carolina Press, 2005.

Green, Stephen T., Daniel Horsfall, and Russell Mannion. *Medical Tourism: Treatment, Markets and Health System Implications: A Scoping Review.* 2011, 14. Report available at http://www.oecd.org/els/health-systems/48723982.pdf.

Grunlan, Stephen A., and Marvin K. Mayers. *Cultural Anthropology: A Christian Perspective.* 2nd ed. Grand Rapids: Zondervan, 1988.

Harris, C. C. *Kinship.* Minneapolis: University of Minnesota Press, 1990.

Hébert, Brian. "The 'with' of Diaspora Missiology: The Impact of Kinship, Honor, and Hospitality on the Future of Missionary Training, Sending, and Partnership." In *Diaspora Missiology: Reflections on Reaching the Scattered Peoples of the World.* EMS no. 23. Pasadena, CA: William Carey Library, 2015.

Hiebert, Paul G. *Cultural Anthropology.* 2nd ed. Grand Rapids: Baker, 1983.

McGavran, Donald. The Bridges of God. Rev. ed. New York: Friendship Press, 1981.

Pew Forum. "Faith on the Move: The Religious Affiliation of the International Migrants." March 2012.

Pew Research Center. "Muslim Americans: Middle Class and Mostly Mainstream." May 22, 2007. http://www.pewresearch.org/2007/05/22/muslim-americans-middle-class-andmostly-mainstream/.

Van Dusen, Allison. "U.S. Hospitals Worth the Trip." Forbes, May 29, 2008. http://www.forbes.com/2008/05/25/health-hospitals-care-forbeslife-cx_avd_outsourcing08_05 29healthoutsourcing.html.

Woo, Rodney. *The Color of Church: A Biblical and Practical Paradigm for Multiracial Churches.* Nashville: B&H, 2009.

25 극단적 위협에는 철저한 대비가 필요하다

브라이언 에크하트는 이집트 카이로에서 3년간 사역하며 무슬림들에게 예수님을 따르도록 권유했다. 1993년, 개종 활동으로 인해 체포되어 3개월간 투옥되기도 했다. 현재는 프론티어스에서 현장 보안과 위기 관리자로 활동하고 있다.

핵심 포인트
- 위험은 무슬림 세계에서 사역할 때 피할 수 없는 요소다.
- 이러한 위험에 대비하는 데는 영적 준비와 실질적 준비가 모두 중요하다.
- 팀과 조직은 구성원이 직면할 수 있는 위협에 선제적으로 대응할 의무가 있다.

1993년 라마단의 두 번째 날, 새벽 4시 30분이었다. 내 손목에 채워진 수갑은 나보다 작은 사람을 위해 만들어졌는지 너무 꽉 조여 아팠다. 나는 비밀경찰 본부의 딱딱한 벤치에 앉아 있었다. 피투성이가 된 남자들이 발을 질질 끌며 복도를 지나가는 모습을 지켜보았다. 그때 갑자기 한 경찰이 쏟아붓는 질문에 심장이 두근거리기 시작했다. "당신은 이 나라에서 무엇을 하고 있습니까?" "당신을 파송한 교회가 어디인가요?" "누구를 만나 얘기했나요?"

나는 세 명의 팀원과 함께 3미터 남짓한 정사각형 감옥에 90일 동안 수감되었다가 결국 그 나라에서 추방되었다.

그 사건은 내가 무슬림 세계에서 사역하면서 처음으로 겪은 엄청난 어려움이었다. 이후로 나는 소속된 선교단체의 멤버들이 비자 거절, 추방, 투옥, 근본주의자들에 의한 살해, 납치 등 수많은 역경에 대처하도록 도왔다.

이러한 위협들이 일반적인 것은 아니지만 무슬림 다수 국가에서 사역하려면 피할 수 없는 현실이다. 무슬림들에게 예수님을 따르도록 권유하고자 한다면, 이런 위협을 무시하거나 자신에게 일어나지 않을 것이라고 가정해서는 안 된다. 사역자 자신은 물론이고, 리더는 조직 전체가 이러한 위협에 대비하도록 해야 한다.

자기 자신을 준비하기

무슬림 세계의 추수 현장에서 오랫동안 사역을 하다보면 갑작스러운 비자 취소, 교통사고로 인한 심각한 부상, 드물게는 납치와 같은 위협

> 우리는 위험을 인식하고 있으나 회피하지 않는다.

적인 상황에 직면할 가능성이 매우 높다. 이러한 잠재적 위협에 대비하는 것은 충격을 누그러뜨리고 두려움을 줄이는 데 도움이 된다.

먼저, 위험과 고통을 성경적으로 바라보는 신학을 정립하며 그 준비를 시작할 수 있다. 현지에서의 관계를 구축하고 자신의 정체성을 명확히 할수록 위험 요소는 줄어든다. 또한 실질적인 계획을 세워두면 긴급한 상황이 발생했을 때 현명하고 신속하게 대응할 수 있다.

위험과 고난의 신학 개발

여전히 무슬림 세계의 많은 미접촉 지역들은 영적으로 어둡고, 육체적으로 힘들며, 정치적으로 위험한 '완벽한 폭풍'과 같다. 그러나 어둠, 어려움, 위험이 우리의 사명을 바꾸지는 못한다. 무슬림에게 복음을 전할 때, 우리는 아직 복음을 접하지 못한 사람들을 위해 어떤 위험이라도 감수할 준비가 되어 있어야 하며, 위험이 없는 것처럼 행동해서는 안 된다. 우리는 위험을 인식하고 있으나 회피하지 않는다.

사역지 국가로 떠나기 전에, 현장 사역자들은 위험과 고난에 대한 신학을 신중하게 개발하여 불가피한 어려움에 대응하는 원칙을 세울 수 있다.

하나님의 진리를 기반으로 세우라

내가 사역하는 단체에서는 위험을 감수하고 고난을 견딜 수 있도록, 성경말씀에 기초한 진리의 목록을 개발했다. 사역자들은 하나님의 말씀을 마음에 새겨 어려움과 고통 속에서도 굳건히 설 수 있는 확신을 얻는다. 이 진리들은 절망적인 상황에서도 사역자들을 지탱하는 중요한 기반이 된다.

- 그 어떤 피조물도 하나님의 자녀인 나를 그분의 사랑에서 끊을 수 없다(롬 8:15, 38-39).
- 하나님은 모든 상황을 주관하시며, 내게 감당할 수 없는 것을 기대하지 않으신다(약 4:15, 고전 10:13, 빌 4:13).
- 성령님을 통해 하나님은 모든 것을 합력하여 선을 이루시며, 내가 어려움 속에 있어도 이를 통해 영광을 받으신다(롬 8:28, 엡 1:13-14, 고전 10:31).
- 나는 예수님의 약속과 다가오는 그분의 나라를 믿으며, 현재 상황에도 불구하고 승리하는 삶을 살아간다(약 5:8, 롬 8:37).
- 매일 새로운 날, 나는 예수님께서 나와 함께하신다는 위로와 기쁨 속에서 살아간다(고후 1:5, 행 4:13, 16:25).
- 내가 통제할 수 없는 일들은 내려놓고, 나의 생각과 행동을 예수님과 나를 향한 그분의 목적에 맞추기 위해 노력한다(벧전 5:6, 고후 10:5, 히 12:1).
- 나는 동료들을 사랑하며 하나님을 대적하는 모든 영적 세력과 싸울 것이다(마 5:44, 벧전 5:9, 엡 6:12).
- 나는 지혜로운 말과 행동을 통해 선을 이루기 위해 노력한다(마 10:16, 롬 12:18, 21).
- 살든지 죽든지 나는 전적으로 예수님께 속해 있으며 그분을 증

거할 것이다(롬 14:8, 계 12:11).

- 형제자매들이 나를 지지하고 있음을 알기에 나도 그들을 지킬 것이다(엡 4:3, 롬 16:3-4).

위험을 감수하되 하나님을 시험하지 말라

예수님은 궁극적인 위험을 감수하신 분이다. 그분은 아버지의 임재를 떠나 이 땅에 오셔서 조롱과 침 뱉음, 배신과 구타, 그리고 끔찍한 십자가의 죽음을 감당하셨으며, 결국 아버지 하나님께 버림받기까지 하셨다.

그렇다, 예수님도 위험을 감수하셨다. 그러나 그분에게는 돌보아야 할 사역과 훈련해야 할 제자들이 있었다. 다시 말해, 예수님께는 이루어야 할 사명이 있었다. 예수님은 부르심을 따르되 그 안에서 스스로 한계를 정하셨다. 그분은 자신의 능력이나 신실함을 증명하기 위한 아버지의 개입을 요구하지 않으셨고, 하나님께서 특정 방식으로 행동하시도록 강요하지 않으셨다.

> 이에 마귀가 예수님을 거룩한 성으로 데려다가 성전 꼭대기에 세우고 이르되 "네가 만일 하나님의 아들이거든 뛰어내리라. 기록되었으되 '그가 너를 위하여 그의 사자들을 명하시리니 그들이 손으로 너를 받들어 발이 돌에 부딪히지 않게 하리로다' 하였느니라."
>
> 예수께서 이르시되 "또 기록되었으되 '주 너의 하나님을 시험하지 말라' 하였느니라" 하시니(마 4:5-7).

우리도 때때로 비슷한 유혹에 직면한다. 위험한 상황에서 하나님께서 사랑과 능력을 증명해주시길 바랄 수 있다. 그러나 하나님의 사랑과 능력의 가장 큰 증거는 십자가와 빈 무덤이다. 이 사실을 기억한다면, 우리는 이기적인 이유로 스스로를 위험에 내몰아 하나님을 시험하지 않을 것이다. 예수님은 하나님을 시험하지 않는다는 원칙을 몸소 실천하셨다. 사실 때로는 일부러 위험을 피하기도 하셨다.

> 그 후에 예수께서 갈릴리에서 다니시고 유대에서 다니려 아니하심은 유대인들이 죽이려 함이러라(요 7:1).
> 예수께서 이르시되 "진실로 진실로 너희에게 이르노니 아브라함이 나기 전부터 내가 있느니라" 하시니 그들이 돌을 들어 치려 하거늘 예수께서 숨어 성전에서 나가시니라(요 8:58-59).

동시에 예수님은 제자가 되는 데 대가가 따른다는 사실도 분명히 하셨다.

> 이에 예수께서 제자들에게 이르시되 "누구든지 나를 따라오려거든 자기를 부인하고 자기 십자가를 지고 나를 따를 것이니라. 누구든지 제 목숨을 구원하고자 하면 잃을 것이요 누구든지 나를 위하여 제 목숨을 잃으면 찾으리라. 사람이 만일 온 천하를 얻고도 제 목숨을 잃으면 무엇이 유익하리요. 사람이 무엇을 주고 제 목숨과 바꾸겠느냐"(마 16:24-26).

이 부르심은 바울의 편지와 수 세기에 걸친 제자들의 삶 속에서, 그리고 순교자로 생명을 바친 수많은 기독교인의 삶에서 울려 퍼진다. 생명을 내려놓으라는 부르심은 단순히 육체적인 생명을 넘어선다. 독일의 목사이자 순교자인 디트리히 본회퍼는 "제자로의 부르심, 예수 그리스도의 이름으로 받는 세례는 죽음이자 생명을 뜻한다"(Bonhoeffer, 2001, 44)[1]고 말했다.

우리는 이러한 신념을 굳게 지키기 위해 격려와 동기부여, 그리고 힘이 필요하다. 하나님 나라를 위해 우리의 생명을 아낌없이 드리라는 부르심과 그 생명을 귀하게 관리해야 하는 책임 사이에는 끊임없는 긴장이 존재한다.

정직한 관계 구축하기

위협을 완전히 피할 수 없는 현장에서 가장 효과적인 대처법은 지역사회의 영향력 있는 사람들과 정직하고 친밀한 관계를 맺어두는 것이다. 많은 무슬림 사회에서 환대와 예의는 중요한 문화적 규범이므로 지역사회 내에 친밀하고 신뢰하는 관계를 구축해놓으면, 그들의 보호와 도움을 받을 가능성이 크다. 설령 그들에게 보호를 받기 어려운 상황이더라도 위험 상황을 미리 전달받아 다른 안전 대책을 강구할 수 있다.

지역 내 기독교인 동료뿐만 아니라 기독교인이 아닌 외국인들과도 중요한 관계를 맺는 것이 현명한 일이다. 이들이 위험과 고통에 대해 생각하는 방식은 다를 수 있지만 정보는 많을수록 좋고 확실한 신원은

---

[1] Dietrich Bonhoeffer, *The Cost of Discipleship* (London: SCM Press, 2001).

> 우리 단체에서는 사역자들에게 자신의 핵심 정체성을 한두 문장으로 요약하도록 권장한다. 이를 '간결하고 합법적인 진술' 혹은 SLS라고 부른다.

의심을 줄여주기 때문이다.

이웃이 차를 마시며 묻든, 정부 관리가 심문 중에 묻든, "왜 여기에 와 있나요?" "여기서 무엇을 하고 있습니까?"와 같은 물음에 현명하고 합리적인 대답을 할 수 있어야 한다.

우리 단체에서는 사역자들에게 자신의 핵심 정체성을 한두 문장으로 요약하도록 권장한다. 이를 '간결하고 합법적인 진술' 혹은 SLS(Short and Legitimate Statement)라고 부르며, 이러한 진술은 사람들이 합법적으로 이해할 수 있는 내용이어야 한다. 자신의 역할에 대한 설명은 그가 실제로 하는 일과 사람들이 그를 인식하는 방식과 일치해야 한다. 그러나 모든 것을 곧이 곧대로 이야기할 필요는 없다. 가능한 한 자신의 존재가 그 나라 사람들에게 이익이 된다는 점을 강조하며, 그들과의 관계를 형성하고 마음을 얻는 것이 중요하다.

대화는 SLS을 통한 자기 소개로 시작될 수 있으며, 상황에 따라 관계가 깊어지면 이야기로 확장해갈 수 있다. 단, 대화의 범위는 명확한 경계가 있어야 한다. 이를 '안전한 대화의 상자'로 비유할 수 있다. 상자 안에는 가족, 취미, 스포츠, 국가의 발전상 등 무해한 주제들이 들어 있다. 까다로운 질문을 받았을 때는 상자에서 이 안전한 주제들을 꺼내 대화를 전환할 수 있다.

논란이 되거나 민감한 주제는 이 상자 밖에 있다. 예를 들어, 동료의 이름이나 전화번호처럼 다른 사람을 위험에 빠뜨릴 수 있는 정보도 여기에 해당한다. 답변 거부가 문화적으로 불편한 상황에서는 대화의 방향을 부드럽게 전환하는 것이 좋다. 예를 들어, *"우리 대통령을 어떻게 생각하세요?"* 와 같이 상자 밖으로 유도하는 질문이 나올 경우, 상자 안에 있는 내용으로 이렇게 답할 수 있다. *"저는 그분이나 정치에 대해 잘 모릅니다. 우리가 여기 온 이유는 이곳 사람들을 사랑하기 때문입니다. 저와 제 가족은 여러분의 복지에 관심을 가지고 여성들에게 위생교육을 제공하는 NGO에서 일하고 있습니다."*

압박을 받는 상황에서는 '안전하고 합법적인 진술'로 돌아가야 한다. 필요 이상의 정보를 제공하지 말고, 준비된 진술의 범위를 지켜라.

구체적인 조치들

비상 상황에 대비해 가족과 동료가 어떻게 행동해야 할지, 어디로 이동해야 할지, 누구에게 연락해야 할지를 명확히 알려주는 대비 계획을 수립하는 것 또한 중요하다. 우리 단체는 이를 위해 대비 계획서를 제공하며, 각 팀은 이를 기반으로 자신들의 상황에 맞는 계획을 세워야 한다. 대비 계획에는 다음과 같은 사항이 포함될 수 있다.

- 팀원 및 친척의 이름, 주소, 기타 연락처 정보
- 팀 감독자/관리자의 이름과 연락처 정보
- 위기 상황 시 소속 선교단체의 리더 및 관련자와 소통할 주요 연락 담당자
- 다른 단체와 협력하는 경우, 위기 시 누가 주도할 것인지에 대한

명확한 결정
- 파송된 국가에 팀을 대표하는 대변인의 유무
- 긴급 대피가 필요한 위기 발생 시, 지정된 국가 내외 만남의 장소
- 팀이 직면할 수 있는 주요 위협에 대한 의사소통 및 대응 계획
- 긴급 대피 시 필요 물품(여권, 의약품, 필수 서류 등)이 담긴 비상용 가방

철수 원칙을 수립하라

거주하는 도시를 떠날지, 국가를 떠날지, 아니면 그곳에 계속 머물지 결정해야 할 때, 미리 수립해놓은 원칙과 질문이 있다면 압박감 속에서도 올바른 결정을 내리는 데 큰 도움이 된다.

- 위험과 고통에 대한 신학은 이 결정에 어떤 영향을 미치는가?
- 가족을 생각할 때, 당신은 믿음을 기반으로 행동하고 있는가? 믿음을 가지고 그곳에 남을 것인가, 아니면 떠날 것인가? 두려움 속에서 내린 결정은 종종 최선이 아닐 수 있다.
- 이 결정을 팀원과 어떻게 소통할 것인가? 만약 모두가 동의하지 않는다면 어떻게 할 것인가?
- 떠나거나 머무는 것은 사역에 어떤 영향을 미칠 수 있는가?
- 공항으로의 이동이나 비행기 탑승이 위험한 상황에서 어떻게 할 것인가?
- 대사관 및 뉴스 출처의 조언은 얼마나 신뢰할 수 있는가? 대사관

이 제공하는 정보는 일반적으로 자국민의 필요를 해결하기 위한 것이다. 따라서 주변의 친구 관계, 거주지의 안전 여부, 피난처로의 이동 가능성 등 개인 상황에 맞추어 정보를 종합적으로 판단해야 한다.

혼란의 시기를 대비하라

통제 불능의 상황이 되기 전에 미리 필요한 절차를 마련해두면 도움이 된다. 우리 단체에서 얻은 몇 가지 소중한 교훈은 다음과 같다.

- 항상 조직의 비상 연락처 번호를 휴대폰에 저장해두라.
- 위기 상황 관리자와 담당자를 모든 의사소통에 포함시키라.
- 네트워크를 구축하라. 위기 상황에서 정보 공유는 매우 중요하다.
- 충분한 음식, 물, 휘발유, 병입 가스, SIM 카드를 준비하라.
- 항상 현금을 소지하라. 현지 통화, 국제 환전통화, 대피할 가능성이 있는 이웃 국가의 화폐를 준비해놓으면 좋다.
- 인터넷이나 휴대폰 서비스가 항상 가능하다고 가정하지 말라.
- 상황은 예상보다 더 빨리 변할 수 있다.
- 비행기, 자동차, 선박 탑승 등의 탈출 경로를 파악해두라.
- 자신이 대사관 연락처 목록에 등록되어 있는지 확인하라.
- 필요한 경우 도움을 청할 현지 친구를 한 명 이상 확보하라.
- 때로는 도시에서 벗어나 시골 마을로 이동하는 것이 더 안전할 수 있다.

- 비상 계획을 정기적으로 검토하라.
- 비상 계획의 사본을 주요 본부에도 비치해두라.

선교본부를 위한 준비 사항

개인이 극단적 위협에 대비하는 것처럼 조직 역시 미리 대비하는 것이 중요하다. 리더는 단체의 구성원에 대한 도덕적, 법적 의무를 이해하고 균형을 이루면서도 궁극적인 목표를 분명히 해야 한다. 이를 위해 리더는 구성원에게 적절한 보안 훈련과 이를 뒷받침하는 자료를 제공하고, 최악의 상황이 발생했을 때 위기 후 관리를 제공할 준비를 갖추어야 한다.

하나님의 영광이라는 최종 목표를 명확히 하라

무슬림 종족 가운데 하나님의 영광을 드러내는 것이 선교단체의 목표라면, 리더는 그 목표가 자신의 의사 결정에 어떤 영향을 미치는지 고민해야 한다. 어떻게 해야 하나님의 영광에 초점을 맞출 수 있을까?

안전은 트럭 운전사의 목표일까? 물론 안전은 중요하지만, 트럭 운전사의 궁극적인 목표는 물건을 배달하는 것이다. 우리의 궁극적인 목표는 미전도 무슬림 종족에게 하나님의 영광을 드러내는 것이다. 때로는 이 목표가 안전과 보안보다 우선할 수 있다. 그러한 상황에서 선교단체는 현장의 선교사들과 동일한 긴장감을 가지고 고난과 위험을 어떻게 받아들일지 공동 신학에 대해 고민할 필요가 있다. 리더와 의사결정자는 사역자들과의 솔직하고 열린 대화를 통해, 하나님의 영광을 추구하는 과정에서 허용할 수 있는 위험 수위를 논의해야 한다.

관리 의무의 이행

'관리 의무'는 조직이 소속 구성원들의 안전과 복지를 보장해야 하는 법적, 도덕적 의무를 의미한다. 일부 국가에서는 이 의무를 이행하지 않을 경우 법적 처벌을 받을 수 있지만, 최소한으로 보더라도 우리는 사역자들에 대한 도덕적 책임을 져야 한다.

이러한 관리 의무를 무시해서는 안 되지만, 위험한 환경에서 모든 사역을 중단해야 한다는 의미는 아니다. 오히려 이것은 사역자들에게 필요한 도구, 자원, 정보 및 안전 훈련을 제공하는 것을 의미한다.

적절한 안전 훈련 제공

오늘날 세계에서 각 부서는 관리 의무에 따라 소속 구성원에게 그들의 환경에 맞는 안전 훈련을 제공해야 한다. 상대적으로 위험도가 낮은 환경에서 사역하는 사람들은 온라인 자료와 훈련 과정을 통해 기본적인 교육을 받을 수 있다. 그러나 위험도가 높은 환경에서 생활하고 사역하는 사람들은 더 철저하고 실질적인 훈련을 받을 필요가 있다.[2]

지원 자료의 제공

관리 의무의 또 다른 부분은, 지역별 안전 브리핑이나 비상 계획 수립

---

2 훈련 산업에서, 이러한 과정은 '적대적 환경 인식 훈련(HEAT)' 혹은 간단히 '적대적 환경 훈련'으로 알려져 있으며, 다양한 조직에서 이를 제공한다.

을 위한 서식 같은 적절한 자료를 제공하는 것이다. 또한 단체의 리더가 구성원 각각의 최신 개인 정보에 적절히 접근하여 비상 상황에서 신속히 지원할 수 있도록 준비해야 한다.

훈련된 보안 및 위기 관리 전문가들로 구성된 팀을 두는 것도 중요하다. 이러한 전문가들은 선교단체의 회원들이 위협적인 환경에서 사역할 수 있도록 도우며, 위기 상황에서 핵심적인 임무를 수행할 수 있다. 무슬림 세계에서 사역하는 우리는 모든 위험을 피할 수는 없지만, 신학적, 실질적, 그리고 조직적 준비를 통해 위험에 더 잘 대처할 수 있다.

토론과 적용

1. '위험 회피형'과 '위험 인식형' 사역자는 실제 현장에서 어떤 차이를 보이는가?
2. 당신과 당신의 동역자들은 자신을 '간결하고 합법적인 진술'로 소개할 수 있는가?
3. 이러한 안전 지침들을 고려할 때, 당신과 당신의 팀, 혹은 선교단체가 취해야 할 실질적인 조치는 무엇인가?

26 현존의 선물

쇼단케 존슨은 남편이자 일곱 자녀의 아버지이며, 시에라리온의 NHM(New Harvest Ministries)의 리더로 활동하고 있다. NHM은 14개국에 장기 사역자를 파송하고, 15개 무슬림 종족 집단 내에 수백 개의 교회를 개척했다.

존 베커는 비전 5:9 네트워크의 국제 코디네이터로 10년간 섬겼으며, 현재 AIM 인터내셔널의 글로벌 전략 책임자이자 "교회성장을 위한 글로벌 얼라이언스"의 글로벌 네트워킹과 파트너십 담당 부총재로 일하고 있다. 지난 25년간 아프리카, 유럽, 북미의 무슬림을 섬겼으며, 현재 캘리포니아에서 아내와 네 자녀와 함께 살고 있다.

핵심 포인트

- 기도는 사람들과 성육신적으로 함께하는 데 중요한 역할을 한다.
- 사람들의 이야기를 경청하는 것은 선교현장에서 역량을 강화하는 첫걸음이다.
- 사역지 국가의 사람들을 동역자로 대할 때, 그들의 적극적인 참여와 변화를 이끌어낼 수 있다.

10년 전, 비전 5:9 공동체는 모든 무슬림 미전도 종족에게 실질적으로 접촉하겠다는 야심찬 목표를 세웠다. 그러나 선교적 접촉은 본질적으로 성육신적이기에 단순히 특정한 수의 선교사를 특정 장소에 배치하는 것만으로는 이 목표를 충분히 이루었다고 볼 수 없다. 실질적인 접촉이란, 의도적이고 장기적으로 그들과 함께하는 가운데 각 문화에 적합한 방식으로 복음을 표현하여 사람들을 그리스도께로 인도하는 것을 의미한다.[1] 우리는 이러한 사역 방식을 '현존의 선물(gift of presence)'이라고 부른다. 이 선물의 능력은 기도, 배움의 자리, 필요를 느끼는 만남, 그리고 하나님 나라를 위한 협력 등을 통해 발휘된다.

현장에서 체현되는 기도

기도는 제자와 교회의 번성을 위한 하나님의 가장 위대한 영적 자원이다. 기도는 복음의 길을 열어줄 뿐만 아니라, 산소와 바람이 들불을 타오르게 하듯이 복음의 영향력이 지속되도록 연료를 공급한다.

성육신한 말씀인(요 1:14) 예수님은 기도의 모범을 보여주셨다. 공생애를 시작하기 전에 가장 먼저 하신 일이 기도였다. '육신을 입으신(in-fleshed)' 예수님은 이 땅의 현실 속에서 기도의 자세를 보이셨고, 이를 본 제자들은 예수님께 기도하는 법을 가르쳐달라고 요청했다(눅 11:1). 예수님의 본을 따라 기도는 그들의 사역에서 핵심이 되었다. 이처럼 기

---

[1] 비전 5:9 글로벌 동향에서 정의하는 "실질적 접촉"의 주요 요소들: 거주지에서 교회개척의 노력, 현지 언어와 문화 내에서 사역에 헌신, 장기적 사역에 헌신, 제자의 배가 혹은 교회개척 운동의 출현을 위한 일관된 방식의 씨 뿌리기와 훈련에 헌신.

도는 모든 사역의 기초가 되어 무슬림 미전도 종족(MUPG, Muslim Unreached People Groups) 접촉에서부터 하나님 나라 운동에 이르기까지 모든 것의 출발점이 된다. 가장 강력하고 효과적 접근 방식인 기도는 운동 전반에 지속적인 파급 효과를 일으킨다.

기도에 참여하는 방법은 다양한다. 연구에 따르면, 열매 맺는 사역자들은 광범위하고 의도적이며 집중적인 기도 동원을 확실히 실천하고 있다. 그들은 이것이 현지 문화권에서 활동하는 팀에 새로운 일꾼을 동원하는 것만큼이나 중요하다고 인식한다.[2] 또한 그들은 기도 네트워크에 자신들이 섬기는 공동체에 대한 정보를 제공하여 각 공동체를 위한 금식과 기도를 이끌어낸다. 그 결과, 하나님께서 적절한 시기에 올바른 문을 열어주시고 필요한 자원을 제공하신다.

우리는 다음 다섯 가지를 위한 중보기도로 접촉을 시작할 때 가장 풍성한 열매를 맺는 것을 발견했다.

1. 문호 개방, 열린 마음, 그리고 열린 손
2. 프로젝트 리더 선정
3. 하나님의 초자연적 운동
4. 성령님의 주도하심
5. 하나님의 필요한 자원 공급

기도의 또 다른 차원은 열매 맺는 사역자들이 흔히 복음을 확증하

---

[2] Don Allen, et al "Fruitful Practices: A Descriptive List." *International Journal of Frontier Missiology*, 26:3, Fall 2009, 111-122.

> 우리는 끈질긴 기도를 통해 매우 적대적인 공동체의 문이 열리는 것을 목격했다.

는 표징으로서 하나님의 초자연적 개입을 구한다는 점이다.[3] 우리는 전략적 금식과 기도가 지속적으로 어둠의 세력을 물리친다고 확신한다. 때로는 병자를 위한 단순한 기도만으로도 놀라운 돌파구가 열리기도 한다. 우리는 끈질긴 기도를 통해 매우 적대적인 공동체의 문이 열리고, 예상치 못한 평화의 사람들이 나타나며, 온 가족이 구원받는 모습을 목격했다. 이 모든 영광은 기도를 들으시고 응답하시는 아버지께 돌아간다.

현재 북아프리카에서 거두고 있는 많은 열매가 2001년 이 지역의 한 나라에서 드린 기도의 응답이라고 믿는다. 한 장기 선교사가 왕을 만날 기회를 얻었는데, 이 담대한 종은 왕에게 자신이 이 나라를 위해 정기적으로 기도해왔다고 말했다. 왕은 기쁨과 놀라움으로 기독교인들의 기도를 환영한다고 화답했다. 선교사는 용기를 내어 기독교인들이 나라 전체에서 기도할 수 있는지 물었고, 왕은 이를 허락했다!

이것이 "일어나 빛을 발하라(Arise and Shine)"로 알려진 기도의 해가 되었고, 전례 없는 축제로 절정을 이루었다. 수백 명의 중보기도자들이 전국을 순회한 후 종려주일에 모여 기도와 예배를 드렸다. 이 기간 동안 하나님의 기적적인 응답에 대한 간증이 이어졌다. 특히 북아프리카의 산간마을과 고대 성벽으로 둘러싸인 도시들에서 복음의 변화하는 능력이 나타났다. 한 예로, 오랜 가뭄으로 고통받던 현지 주민들이 비

---

3   Ibid.

를 구하는 기도를 요청했을 때, 기도 팀은 산 중턱에 올라가 엘리야의 심정으로 기도하며 응답을 기다렸다. 성경에서 엘리야가 일곱 번 기도한 후 그의 종이 "사람의 손만한 작은 구름"(왕상 18:44)을 보았던 것처럼 그들도 간절히 기도했다. 그러자 갑자기 비가 충만하게 내리기 시작했다. 현지 주민들은 기도하는 방문자의 하나님을 찬양하며 이 기적을 축하했다.

하나님의 능력 발현은 많은 무슬림들이 예수 그리스도를 믿게 되는 결정적 요인이 되어왔다. 이를 알게 된 열매 맺는 사역자들은 꿈과 치유, 악령으로부터의 구출과 같은 복음의 진리를 확증하는 표적을 통해 하나님께서 개입하시길 구체적으로 기도함으로써 그분의 능력을 드러내고 있다. 기도하는 사역자들은 공개적으로 친구들을 위해 기도함으로써 그들에게 공감하고 있음을 보여주며, 동시에 하나님께서 어떻게 응답하시든 그분이 일상의 필요를 돌보시고 축복과 온전함의 근원이심을 증거한다.[4]

체현된 기도의 능력은 모잠비크 북부의 코티 종족 사이에서도 입증되었다. 이 영적 운동은 부즈라는 작고 보잘것없는, 어둠으로 악명 높은 한 섬에서 시작되었다. 코티 제도로 향하던 측량 팀의 '사도행전과 같은' 난파 사건을 통해 복음이 처음 전해졌고, 도민들은 이를 하나님의 섭리로 받아들여 예수님을 열정적으로 영접했다. 그러나 복음이 전파되고 나서 부즈 섬은 시련을 맞았다. 사나운 북풍과 파도가 어찌 해볼 도리 없이 거세게 몰려와 끊임없이 섬을 내리쳤다. 도민들은 고민했

4　Ibid.

다. 파도에 섬이 완전히 잠긴다면 어디에서 살아야 하나?

새로운 교회개척자들은 특별 기도와 금식을 제안했고, 이에 고무된 지역 장로들이 이 소식을 섬 전체에 알렸다. 주민들은 남녀노소를 막론하고 여러 날 동안 기도하고 금식하고 줄지어 섬을 돌며 주님의 능력을 간구했다. 그리고 놀랍게도 북풍이 멈추었다. 이 사건을 계기로 영적 운동은 부즈 섬을 넘어 다른 섬들과 이웃 부족에게까지 퍼져나갔다.[5]

경청을 통해 배우기

우리가 사람들에게 현존의 선물을 제공하는 또 다른 방법은 진실한 연민을 보이는 것이다. 이는 모든 하나님 나라 운동에서 찾아볼 수 있는 필수적 가치다. 그러나 연민만으로는 충분치 않다. 우리의 연민은 현존, 즉 함께하는 데서 비롯되어야 하며, 이를 통해 그들과의 파트너십이 형성되어야 한다. 이를 위한 첫 걸음은 그들의 인지적 욕구(felt-needs) 이해하기 위한 적극적인 경청이다. 열매 맺는 사역자들은 이러한 방식으로 현지 지도자들과 긍정적 관계를 구축하여 그리스도의 사랑을 실천하고 지속적인 영향을 미치는 사역을 수행한다.

비기독교인을 포함한 지역 당국자들과의 신중한 관계 형성은 현지의 공동체에서 존경과 신뢰를 얻는 토대가 된다. 지역 지도자들과의 의

---

5 James Nelson, "The Forgotten Island," of *Where There Is Now a Church: Dispatches from Workers in the Muslim World*의 4장(Colorado Springs: Global Mapping International, 2014).

> 연민만으로는 충분치 않다. 우리의 연민은 현존, 즉 함께하는 데서 비롯되어야 하며, 이를 통해 그들과의 파트너십이 형성되어야 한다.

도적인 관계 형성은 더욱 풍성한 열매로 이어지는 경우가 많다.[6]

한 가지 입증된 접근 방법은 현지 공동체와 협력하여 필요를 평가하는 것이다. 현지 주민들의 리더십과 인력, 자원 제공을 통해 그들의 역량을 강화하고 자립을 도울 수 있다.

이러한 형태의 현존은 상호 존중과 신뢰를 발전시키는 중요한 방법이 된다. 이를 통해 형성된 관계는 궁극적으로 스토리텔링과 디스커버리 성경공부(DBS)로 이어진다. 이와 같이 다양한 사역 방식들이 미전도 종족 안에서 하나님 나라를 구현하는 데 기여할 수 있음이 확인되었다.

시에라리온의 한 지역에서 교육의 필요성이 대두되었을 때, 중보기도자들은 이 문제를 하나님께 가지고 나아갔고, 전략적 기도와 함께 지역사회는 어떤 자원을 활용할 수 있는지 파악하고, 자체적으로 지원할 수 있는 방안을 모색하는 데 참여했다. 그 결과, 지역 공동체는 임시 학교 건물을 위한 부지와 건축 자재를 제공하고, 일부 교사의 급여를 지급하기로 했다. 사역 팀은 자격을 갖춘 교사와 제자삼기, 교회개척 경험이 풍부한 사역자를 지원했다.

이러한 지역 주도적 전략을 통해 100개 이상의 초등학교가 설립되

6　Don Allen, et al "Fruitful Practices: A Descriptive List." *International Journal of Frontier Missiology*, 26:3, Fall 2009, 111-122.

어 현재 대부분의 지역 공동체가 운영하고 있다. 이 단순한 프로그램은 12개의 중등학교와 2개의 직업기술학교, 그리고 비즈니스와 신학을 가르치는 에브리네이션 칼리지(Every Nation College) 설립으로 이어졌다. 지역 공동체와의 협력을 통한 이러한 연민의 실천은 지역사회에 큰 변화를 가져오며, 결과적으로 하나님의 이름을 높이고 있다.[7]

섬김을 통한 구원

추수를 위해 수고하는 이들이 하나님 나라의 가시적 표현으로 그리스도와 같은 자세로 섬기는 모습은 진정한 현존을 보여주는 또 다른 방식이다. "우리는 우리를 전파하는 것이 아니라 오직 그리스도 예수의 주 되신 것과 또 예수를 위하여 우리가 너희의 종 된 것을 전파함이라"(고후 4:5).

시에라리온 남부의 한 대규모 무슬림 공동체는 관계 맺기가 매우 어려운 곳이었다. 기독교인이라는 이유만으로도 출입이 제한되었다. 많은 기도와 노력에도 불구하고 기존의 전략들은 효과를 보지 못했다. 그러던 중 갑자기 사건이 하나 일어났다.

전국 뉴스에서 이 마을에 특이한 건강 문제가 발생했다는 보도가 나오기 시작했다. 마을에서 남자아이에게 할례를 하지 않은 것과 관련해 치명적인 HIV 감염이 확산되면서 젊은 남성들이 사망하고 있다는

---

7   Shodankeh Johnson, "Passion for God-Compassion for People," *Mission Frontiers*, November/December 2017.

소식이었다. 기도와 묵상을 통해 주님께서 이 상황을 마을을 섬길 기회로 주셨다는 확신을 얻었다. 우리는 자원봉사 의료팀을 구성해 적절한 장비와 약품을 가지고 그 공동체로 가서 도움을 줄 수 있는지 물었다. 마을 지도자들은 이를 흔쾌히 받아들였고, 첫날에만 300명 이상의 청년에게 할례를 시행하게 되었다.

이 남성들이 회복되는 며칠 동안 디스커버리 성경공부(DBS)를 시작할 기회가 생겼다. 반응은 놀라웠다. 곧 교회들이 세워지기 시작하면서 하나님 나라가 확장되었고, 기독교인의 접근조차 어려웠던 이곳은 단 몇 년 만에 놀라운 변화를 맞이했다.[8]

담대한 간증과 함께 긍휼을 베풀며 섬기는 삶은 무슬림 사회에서 풍성한 열매를 맺는다. 어떤 이들은 단순히 위험한 환경에서 살기 위해 큰 위험을 무릅쓴다. 또 다른 이들은 적대적인 분위기 속에서 예수님을 담대히 증거한다. 이러한 사역자들의 열매는 무모함이 아닌 성령님의 능력을 나타내며, 그들의 말과 행동은 어려움 속에서도 예수 그리스도를 가리킨다.[9]

이러한 영웅적인 섬김은 2014년 서아프리카에서 에볼라가 창궐했을 때에도 극명하게 드러났다. 재난이 닥친 상황 속에서 일부 사역자들은 안전한 곳에 머무는 대신, 가장 위험한 지역에서 자원봉사를 하기로 결단했다. 에볼라 발병은 특히 무슬림 공동체에서 심각했다. 많은 마을이 장례식을 치르는 과정에서 바이러스의 급속한 전파를 겪었다. 사람들

---

8 Ibid.
9 Don Allen, et al. "Fruitful Practices: A Descriptive List." *International Journal of Frontier Missiology*, 26:3, Fall 2009, 111-122.

은 죽어가는 부모나 자녀를 만질 수도 없었다. 이런 위험한 상황에서도 하나님의 종들이 자발적으로 나서서 그들을 섬겼다. 이들 중 일부는 살아남았으나, 많은 이들이 무슬림 공동체를 섬기다가 목숨을 잃었다.

한 지역의 무슬림 족장은 부족민들이 격리된 마을에서 도망치는 상황을 지켜보며 낙담하던 중, 기독교인들의 헌신적인 섬김을 보고 놀랐다. 그는 남몰래 기도했다, "하나님, 저와 제 가족을 이 재앙에서 구해 주신다면, 우리도 이들처럼 사랑을 베풀며 섬기겠습니다." 하나님께서 그의 기도에 응답하셨고, 족장과 그의 가족은 살아남았다. 그 후 그는 약속을 지켰다. 그는 성경말씀을 암송하고, 이를 자신이 장로로 있던 모스크에서 나누기 시작했다. 그 마을에 교회가 세워졌고, 족장은 계속해서 여러 마을을 다니며 하나님의 사랑을 전하고 있다.[10]

이것은 역사적으로 반복되는 아름다운 사례다. 1세기에도 많은 로마인이 기독교로 회심했는데, 이는 전염병이 돌 때 기독교인들이 목숨을 걸고 병자들을 돌보는 모습을 목격했기 때문이었다.[11]

파트너십의 패러다임

앞서 설명한 것처럼, 사역자들이 진정으로 현지인들과 함께할 때, 다양한 협력의 기회가 열린다. 우리는 특히 무슬림 세계에서 아직 복음을

---

[10] Johnson, "Passion for God-Compassion for People."

[11] Rodney Stark, *The Rise of Christianity* (San Francisco: HarperSanFrancisco, 1997), 73-94. 이 책은 『기독교의 발흥』(손현선 역, 좋은씨앗, 2016)으로 번역, 출간되었다(역자 주).

접하지 못한 많은 이들을 이러한 협력적 접근 없이는 만나기 어렵다고 확신한다. 이를 위해서는 조직의 중요성을 내려놓고, "브랜드보다 신부를 먼저 생각하며(bride before brand)"[12] 거룩한 파트너십을 맺어야 한다. 릭 우드가 지적했듯이, "글로벌 선교 공동체는 점점 더 네트워크와 파트너십을 통해 결집하고 있다. 이 과업은 단일 조직이 감당하기에는 매우 방대하며, 개별적 접근보다 협력을 통해 훨씬 더 많은 성과를 거둘 수 있다."[13]

강력한 협력의 대표적 사례가 누바 대행동 연합(GNAC, Greater Nuba Actsion Coalition)[14]이다. 약 40개의 사역이 참여하는 이 파트너십은, 성경 번역, 인도주의적 구호와 개발, 의료 서비스, 제자 양성, 교회 개척 등의 다양한 영역을 아우른다. 수단의 누바 산 지역에는 96개 이상의 소수민족이 살고 있으며, 이 중 50개 이상의 미접촉 무슬림 종족들이 수단 정부의 인종 학살로 인해 큰 고통을 겪었다.[15] 정확한 사망자 수는 파악되지 않았으나, 수백 개의 마을이 무차별 폭격을 당해 약 370만 명의 이재민이 발생했다.[16] 음식, 숙소, 의약품, 교육 등 기본적인 필요 물자의 공급이 중단된 상황에서 GNAC는 이러한 문제들을 해결하기 위

---

12   Thomas Hieber가 표현한 용어, Diaspora Peoples of Europe Consultation Amsterdam, 2014.
13   Rick Wood, "Coming Together Around a Common Biblical Vision," *Mission Frontiers*, March/April 2017.
14   www.gnac4nuba.com.
15   https://www.nubareports.org/
16   Kimberly Curtis. "A Massive New Estimate of South Sudan's Death Tolls Released as the Country Takes Steps Toward Peace." *UN Dispatch*, Sept 28, 2018. https://www.undispatch.com/a-massive-new-estimate-of-south-sudans-death-toll-is-released-as-the-country-takes-steps-toward-peace/.

해 설립되었다. 주로 실향민이 된 누바 지도자들이 이끄는 이 파트너십은 전통적인 부족 간의 경계를 넘어 복음의 희망을 전하고 있으며, 하나님 나라에 헌신한 이 종들은 협력을 통해 단일 조직으로는 극복하기 어려운 장벽을 넘고 있다.

최근 한 GNAC 현장 리더는 이렇게 말했다.

> 하나님께서 이곳에 놀라운 전도의 문을 열어주셨습니다. 누바 산 역사상 처음으로, 모든 부족이 한자리에 모이는 역사적인 순간을 맞이했습니다. 특히 무슬림들이 복음에 열린 마음을 보이며, 많은 이들이 주님께 나아오고 있습니다. 새로운 캠프에서 큰 부흥이 일어나고 있으며, 많은 무슬림이 신앙을 갖게 되었습니다. 또한 치유와 함께 표적과 기사가 나타나 많은 무슬림이 우리를 자신의 집으로 초대해 기도를 요청합니다. 이러한 방문을 통해 네 개의 새로운 가정 모임이 시작되었고, 현재 이들은 우리 지역의 제자도 팀에 속해 있습니다.[17]

이는 현장 파트너십이 이른바 '현존의 선물'로 나타나는 수많은 사례 중 하나다. GNAC와 같은 지역 네트워크 외에 비전 5:9와 같은 글로벌 네트워크들도 모든 종족 집단과 지역 접촉을 위해 협력하며 성장하고 있다. 카린 버틀러 프리머스는 이러한 현상을 다음과 같이 설명한다.

---

17 Unpublished Field Report for GNAC, April 2018.

이러한 네트워크를 통해 전 세계 사역자들이 만나 정보와 자원을 공유하며, 우리 시대의 가장 큰 도전과 기회에 공동으로 대응하기 위해 협력하고 있습니다… 더 깊은 차원에서, 이러한 다문화 네트워크는 그리스도의 몸 안에서의 연합을 가장 가시적이고 실질적으로 보여주는 증거입니다. 인종, 문화, 종교적 정체성으로 점점 더 분열되어가는 세상에서, 네트워크는 글로벌 교회가 일치와 사랑, 파트너십을 통해 강력한 복음의 증거를 나타내는 방법을 만들어냅니다.[18]

네트워크가 현장에서 파트너십을 형성할 때, 이러한 형태의 현존은 그리스도의 몸인 교회의 일치를 가장 심오하고 실질적으로 보여주는 증거가 된다.

결론

'현존의 선물'은 그리스도를 알리는 접근 방식으로, 여러 차원의 접촉을 통해 종족 집단에게 다가가는 사역이다. 요한복음 1장 14절은 이렇게 기록한다. "말씀이 육신이 되어 우리 가운데 거하시매 우리가 그의 영광을 보니 아버지의 독생자의 영광이요 은혜와 진리가 충만하더라." 미접촉 종족이 그리스도의 현존이라는 선물을 알기 위해서는, 우리가 먼저 그곳에 가서 그들 곁에 있어야 한다.

---

18 Kärin Butler Primuth, "How Networks Are Shaping the Future of World Mission," *Mission Frontiers*, March/April 2017.

빌리 그래함은 이렇게 말했다.

> 그리스도의 성육신, 즉 이 땅에 오심과 죄 많은 인류와 자신을 동일시 하심은 역사상 가장 중요한 사실입니다. 인류의 모든 업적은 이것과 비교하면 미미할 뿐입니다… 먼 하늘과 먼 땅, 신비로운 하나님과 누더기 같은 인간이 서로 가까워졌습니다. 이 사실은 성경 전체에 나타나 있습니다. "곧 하나님께서 그리스도 안에 계시사 세상을 자기와 화목하게 하시며 그들의 죄를 그들에게 돌리지 아니하시고 화목하게 하는 말씀을 우리에게 부탁하셨느니라"(고후 5:19).[19]

우리의 사역은 결코 우리 자신이 아닌 그분에 관한 일이다. 현존의 선물은 기도에서 시작된다. 경청과 배움으로 쌓은 신뢰 관계는 삶으로 체현된 섬김으로 이어진다. 이는 때로 개인적인 위험을 감수하면서도 변화의 능력을 보여주며, 우리가 그리스도의 몸으로서 살아가며 실천할 때 이루어진다. 우리가 현존의 선물을 나눌 때, 그리스도께서 모든 민족 가운데서 영광을 받으실 것이다.

토론과 적용

1. '현존의 선물'은 일반적인 기독교 구호 활동과 어떤 차이가 있는가?

---

19 Billy Graham, "The Mystery of the Incarnation," *Decision Magazine*, November 22, 2006, https://billygraham.org/decision-magazine/november-2006/the-mystery-of-the-incarnation/.

2. 당신은 어떤 단체나 네트워크와 협력할 수 있는가?

3. 현지인의 목소리를 더 잘 경청하기 위해 구체적으로 어떤 노력을 할 수 있는가?

참고문헌

Allen, Don et al. "Fruitful Practices: A Descriptive List." *International Journal of Frontier Missiology*, 26:3, Fall 2009, 111-122.

Curtis, Kimberly. "A Massive New Estimate of South Sudan's Death Toll Is Released as the Country Takes Steps Toward Peace." *UN Dispatch*, Sept 28, 2018. https://www.undispatch.com/a-massive-new-estimate-of-south-sudans-death-toll-is-released-as-thecountry-takes-steps-toward-peace/.

Graham, Billy. "The Mystery of the Incarnation," *Decision Magazine*, November 22, 2006, https://billygraham.org/decision-magazine/november-2006/the-mystery-of-the-incarnation/.

Johnson, Shodankeh. "Passion for God—Compassion for People," *Mission Frontiers*, November/December 2017.

Nelson, James. "The Forgotten Island," chap. 4 of *Where There Is Now a Church: Dispatches from Workers in the Muslim World.* Colorado Springs: Global Mapping International, 2014.

Primuth, Kärin Butler. "How Networks Are Shaping the Future of World Mission," *Mission Frontiers*, March/April 2017.

Stark, Rodney. *The Rise of Christianity.* San Francisco: HarperSanFrancisco, 1997, 73–94.

Wood, Rick. "Coming Together Around a Common Biblical Vision," *Mission Frontiers*, March/April 2017.

27 운동의 발전 요인

샬롬(가명)은 23년간 타문화권 사역에 헌신한 아프리카 운동의 리더다. 아프리카와 그 너머의 미전도 종족 사이에서 제자 삼기 운동을 점화하고 가속화하며 지속시키는 비전을 가지고 있다.

트레버(가명)는 교사, 코치, 연구자로서 사도적 사역자들을 발굴하고, 그들의 열매를 극대화하는 데 열정이 있다. 20년간 아시아의 사도적 사역자들과 협력하며 미전도 종족 집단에서 여러 운동을 일으켰다.

＊ 이 장은 샬롬이 쓴 글에 트레버의 해설을 더한 결과물이다.

핵심 포인트
- 건강한 불만족은 사역 방법을 진지하게 재평가하는 원동력이 될 수 있다.
- 새신자는 운동의 발전을 위해 기존의 사회적 네트워크와 연결을 유지해야 한다.
- 사역자들은 자신의 고유한 사역을 넘어 제자와 교회, 그리고 차세대와 후세대 리더 양성에 중점을 두어야 한다.

> 우리는 새신자들이 자신의 사회적 환경 안에 머물러 있을 때, 배가가 더욱 빠르고 자연스럽게 일어날 수 있음을 깨달았다.

6년간 나(샬롬)는 아프리카의 가장 접근하기 어려운 종족 중 하나를 위한 사역에 참여했다. 그 과정에서 주님은 우리 지역의 모든 *미전도* 종족을 위한 더 큰 비전에 집중해야 한다고 말씀하셨다. 우리는 이 종족 집단 안에서 주님의 대위임령을 이루기 위해서는 새로운 접근이 필요하다는 사실을 깨달았다. 열정과 헌신은 있었지만 실질적인 접촉 방법을 찾지 못했기 때문이다. 전통적인 방식으로 얻은 성과는 나쁘지 않았으나 앞으로 해야 할 일의 규모에 비하면 부족했다.

제자삼기 운동(DMM, Disciple Making Movements)의 원칙을 적용하면서, 하나님께서 우리를 진정한 배가의 패러다임으로 인도하심을 목격했다. 여기에는 제자, 지도자, 그리고 교회의 배가가 포함된다. 불과 3년(2015-2017년) 만에 13,500명 이상이 세례를 받았고, 3,950개 이상의 교회가 세워졌다. 매일 평균 3.6개의 교회가 개척되고, 45명의 새로운 제자가 주님께 나아오고 있다. 또한 매년 20명 이상의 새로운 현지 토착 파트너가 양성되고 있다. 우리가 적용한 주요 원칙은 다음과 같다.

1. 이 운동에 불이 붙은 첫 번째 계기는 하나님께서 우리 안에 건강한 불만족을 일으키신 것이다. 하나님은 우리에게 좋은 것에 안주하지 말고 최상의 것을 추구하라는 확신을 심어주셨으며, 작은 열매에 만족하지 않도록 인도하셨다. 우리가 이 건강한 불만족과 씨름하고 있을 때, 한 국제 교회개척 리더를 통해 DMM 원칙을 접하게 되었고, 이는

우리의 확신에 더 큰 불을 지폈다.

2. 우리는 성경을 읽으면서 누가복음 10장과 마태복음 10장에서 단순하지만 강력한 패턴을 발견했다. 예수님은 구체적인 지침을 주셨는데, 그것은 바로 하나님께서 미리 준비해두신 *평화의 사람*을 찾으라는 것이었다. 그는 당신과 당신의 메시지를 기꺼이 받아들일 뿐만 아니라 자신의 가족과 이웃에게도 전할 사람이다.

> **트레버(운동 촉진자):** 우리는 평화의 사람을 *핵심 인물*이라고 부른다. 핵심 인물은 가장 먼저 복음을 받아들이고 전하는 사람일 수도 있고, 복음을 전하는 사람들을 지지하거나 재정적으로 후원하며, 기적에 관한 이야기를 퍼뜨리는 사람일 수도 있다. 핵심 인물은 개인적으로 신앙을 갖든지 아니든지, 자신이 속한 사회적 집단 내에서 복음의 문을 여는 역할을 한다.

3. 또 다른 핵심 요소는 단순히 사람을 더하는 것이 아닌 *배가*를 목표로 삼는 것이다. 물론 기존 교회에 새로운 사람들을 더하면 좋지만, 이는 종종 사람들을 그들의 사회적 배경에서 멀어지게 만드는 경향이 있다. 우리는 새신자들이 자신의 사회적 환경 안에 머물러 있을 때, 배가가 더욱 빠르고 자연스럽게 일어날 수 있음을 깨달았다. 사도행전 각 장에서 하나님께서 초대 교회에 빠른 배가를 허락하신 모습을 볼 수 있다. 우리는 목표를 추가가 아닌 배가로 전환했을 때, 이와 유사한 역동적인 변화를 경험했다.

> **트레버**: 배가에 집중하면 우리가 하는 모든 일을 새롭게 바라보게 된다. 배가를 위해서는 지역 주민들 사이의 기존 사회적 유대 관계를 활용해야 한다. 복음이 그들의 사회적 관계망으로 스며들도록 하는 것이다.

4. 이 운동에 중요한 또 다른 요소는 지식 중심의 제자도에서 순종 지향의 *제자*도로 전환함이다. 우리는 주님의 대위임령을 살펴보면서, 예수님 명령의 핵심이 "제자를 삼으라"는 데 있으며, 이는 그들에게 주님의 모든 명령에 순종하도록 가르치는 것임을 깨달았다. 이 진리는 우리에게 깊은 영향을 미쳤다. 순종 없는 지식은 무의미하다. 그래서 우리는 모든 것을 순종을 통해 완성하고자 한다.

> **트레버**: 하나님의 말씀이 즉시 적용될 때, 운동은 빠르게 배가된다. 우리는 말씀을 즉시 적용함으로써 그리스도 안에서 성숙해지는 길을 단축시키는데, 이는 신자들이 단순히 말씀을 듣는 자가 아니라 행하는 자가 되기 때문이다.

5. 우리는 가족, 즉 오이코스에 접근하는 데 중점을 둔다. 개인에게 다가가는 데 집중하면, 그들은 가족과의 자연스러운 관계에서 단절되는 결과를 맞이한다. 이런 경우 복음이 전파되기 어려워진다. 사도행전에서 개인이 홀로 신앙을 갖게 된 사례는 매우 드물며, 압도적인 다수가 가족이나 그룹 단위로 신앙을 가졌다. 우리는 계속해서 오이코스를 하나님 나라의 기본 단위로 보고 있다. 리디아와 그녀의 가족, 빌립보 감옥의 간수와 그의 가족, 고넬료와 그의 친척 및 가까운 친구들이 그 예다. 개인은 단순히 개인으로 끝나는 것이 아니라 가족으로 가는 관문이 된다. 이것이 큰 차이를 만들어낸다. 우리는 항상 사역 대상자들에게 묻는다. "이 진리를 누구와 나누실 건가요? 가족과 함께? 친구와 함께? 친척들과 함께?" 가족 중심은 우리의 운동 구조에 매우 깊게 통합되어 있다.

> **트레버**: '가족'의 경계는 우리가 중점을 두는 다양한 상황에서 유연하게 적용된다. 핵가족 외에도 다른 친척, 친구, 그리고 직장 동료들도 서로 '형제처럼 행동하여' 공동의 목표를 달성하기 위해 협력할 수 있다. 복음은 이렇게 구성된 가족을 통해 전파된다.

우리는 복음의 토착적 성육신을 지향하며, 우리가 개척하는 교회에서 지역사회의 '향기'가 풍기도록 한다. 한 부족이 다른 부족에게 그들의 예수님을 전수하는 것과는 다르다. 우리는 사람들이 다음과 같이 생각하고 느끼기를 바란다. "이분은 *나의* 예수님이시다. 이분은 나와 같은 언어를 사용하신다. 이분은 나처럼 말씀하신다." 이러한 성육신적 사역이 기여한 바는 크다. 우리는 가능한 한 문화의 장벽을 줄이려고 노력한다. 오직 복음만을 전하고, 토착민들이 하나님 말씀의 온전한 진리를 훼손하지 않으면서도, 그들의 공동체 상황에 맞게 복음을 전할 수 있도록 노력한다. 그럼으로써 그들은 자신들의 문화를 잃지 않으면서도 복음을 친숙하게 받아들이게 된다.

> **트레버**: 우리나라에는 다양한 종교적 변종을 포함해 130개 이상의 미전도 종족 집단이 있으며, 이들에게 복음은 각기 다른 상황에 맞게 적용되어 한다. 우리의 근접문화 사역자들은 지역 주민들이 중시하는 대화 주제를 파악하기 위해 문화 연구를 수행하며, 이러한 주제를 통해 지역 주민들과 그들의 사회 집단에서 *변화를 이끄는 대화*를 한다. 이후 현지 신자들은 이 연구 패턴을 따라 자신만의 변화를 이끄는 대화를 발전시킨다. 상황에 맞게 변화를 이끄는 대화 패턴 덕분에 12개국에 걸친 47개 이상의 미전도 종족 집단에서 배가를 이룰 수 있었다. 집단 배가가 3세대에 이르면서 제자도는 각 상황에 매우 적합하게 적용되었다.

6. 또 다른 중요한 요소는 접근 사역이다. 이는 지역 공동체의 필요를 채우며 제자 삼는 자와 지역사회 사이에 다리를 놓는 실제적인 사

역이다. 우리는 "접근 사역은 잃어버린 자들을 위한 기도의 응답이다" 라고 말한다. 접근 사역을 통해 말뿐만 아니라 행동으로 그리스도의 사랑을 나누며, 종합적인 복음의 메시지를 전하게 된다. 예수님도 지역사회의 필요를 채우시며 하나님 나라의 메시지를 전하셨고, 우리도 그와 같은 사역을 하라고 명하셨다. 우리는 주님께서 우리 마음속에 주시는 것이 무엇이든 그것에 중점을 두고 각 곳마다 고유한 접근 방식을 찾고자 노력한다.

> **트레버**: 우리는 필요에 기초한 사역을 신자 그룹의 배가와 통합한다. 이 사역은 새로운 공동체에 접근할 수 있는 기회를 제공할 뿐만 아니라, 그 운동의 사회적 역할을 더욱 확고히 한다. 지역 지도자들은 신자들이 이웃의 필요를 채우도록 격려하여, 그리스도 안에서 나누는 삶의 질을 높이고 사회적 정당성을 강화함으로써 보안의 위험을 줄일 수 있다. 또한 필요에 기초한 사역은 지역 리더들과 함께 일하면서 그들과의 유대감을 형성하고 발전시킨다.

7. 우리는 의도적으로 토착민 리더들을 양성한다. 토착민 리더 없이 복음이 전파되기는 매우 어렵기 때문에 의도적으로 풀뿌리 리더십 개발에 집중한다. 이 리더들은 공동체에서 자연스럽게 발굴되며, 공동체에 의해 식별된다. 우리가 진행하는 대부분의 리더십 교육은 현장에서 단기간에 이루어진다.

> **트레버**: 우리는 5주가 지나면 1세대 그룹을 현지 진행자에게 맡기고, 토착민 리더 개발을 시작한다. 리더 그룹은 새로운 리더들에게 역량을 부여하고 지속적인 성장을 지원한다. 우리는 형제자매 간의 유대를 형성하여, 지역 리더들 간의 관계적 유대를 굳게 하고, 이 유대는 각 지역의 신자 그룹들을 감독한다.

> 4년 이내에 한 사회의 족속이나 종족 집단에서 4세대 이상에 걸쳐 100개의 교회가 세워졌을 때, 우리는 그것을 운동이라고 부른다.

8. 또 다른 배가의 요소는 세대에 중점을 두는 것이다. 우리는 제자, 교회, 또는 지도자를 세대 기준으로 관찰한다. 4년 이내에 한 사회의 족속이나 종족 집단에서 4세대 이상에 걸쳐 100개의 교회가 세워졌을 때, 우리는 그것을 운동이라고 부른다. 우리는 이 지역에서 14개의 운동을 목격했으며, 어떤 운동에서는 최대 19세대에 이르는 교회가 존재한다.

트레버: 우리의 슬로건, "1세대가 아닌 3세대"는 사람들이 자신의 사역에만 집중하는 것을 넘어 영적 자녀와 손자, 증손자까지 격려하도록 패러다임을 전환한다. 일단 3세대에 접어든 그룹은 배가되기 시작하며, 약 10개의 신자 그룹으로 구성된 '클러스터'에 연결되고, 장로를 선출한다. 이러한 클러스터가 형성되면, 그룹은 지속적으로 건강하게 배가될 수 있다.

9. 우리는 조직으로서 혼자 일하지 않는다. 이 운동에는 특정한 자아나 로고가 없다. 이는 전적으로 하나님의 운동이다. 성령 하나님께서 이 운동을 시작하고 실행하시므로 누구도 그 공로를 가져갈 수 없다. 우리는 하나님 나라를 중심으로 하는 네트워크로서 여러 교단, 교회, 그리고 토착 단체들이 함께 일하고 있다. 우리의 목표는 사역을 확장하는 것이 아니라 하나님 나라를 확장하는 것이다. 하나님 나라는 우리의 교단이나 사역보다 훨씬 크기 때문이다. 주님의 대위임령은 혼자 감당하기에는 너무도 크고 벅찬 일이므로 우리는 서로의 도움이 필요하다. 우리는 본질적인 요소는 타협하지 않으면서도, 하나님 나라 운동

에 집중하며 함께 일하겠다는 자발적인 약속을 공유한다.

10. 우리 단체는 촉매제 역할을 하고 있다. 우리는 불을 지피는 뜨거운 석탄과도 같아, 특정 미전도 및 미접촉 종족 집단에 집중하여 다른 지역에도 불을 붙일 뜨거운 석탄을 전달한다. 이를 통해 해당 공동체도 또 다른 운동으로 발전하며, 다시 새로운 미접촉 종족 집단에 뜨거운 석탄을 전달할 수 있게 된다. 추수밭이었던 우리는 뜨거운 석탄을 전달하며 추수의 역동적인 힘으로 변모하고 있으며, 이제 우리 지역을 넘어 다른 지역으로도 사역자들을 보내고 있다. 이 뜨거운 석탄 전략은 여기에서 매우 효과적이었기에 우리는 더 멀리 나아갈 계획을 세우고 있다.

> **트레버**: 가난한 지역의 노동자들과 대학생들이 가장 자주 '뜨거운 석탄'이 되는 두 유형의 사람들이다. 이 새신자들은 우리의 유익한 실천을 받아들이고, 일자리를 찾아 이동한 후, 새로운 지역과 종족 집단에서 그룹을 배가한다. 이러한 '뛰어넘는 열매(jump-over fruit)'는 클러스터를 배가시키며, 이어서 운동을 배가시킨다. 이 과정에서 순회 멘토들이 지역을 다니며 현지 리더들을 지원한다.

11. 현지 사역자들은 정기적으로 열매 맺는 실천과 모범 사례를 서로 공유한다. 전략 코디네이터, 운동의 리더, 그리고 풀뿌리 조직 리더들이 함께 모여 어떤 사역이 효과적인지 논의한다. 철이 철을 날카롭게 하듯이 이들은 정직한 평가를 통해 사역을 다듬어간다. 우리는 스스로에게 묻는다. "어떤 사역을 시작해야 하는가? 어떤 사역을 지속하고, 어떤 사역을 중단해야 하는가?"

> 트레버: 열매에 집중할 때 우리는 더욱 열매 맺는 실천을 발견하고, 이를 서로 공유하게 된다. 우리는 다음과 같은 원칙을 따른다. 1) 하나님은 열매를 사랑하시는 분이고, 우리는 그분의 동역자로 일한다, 2) 활동보다 열매에 우선순위를 둔다, 3) 열매 맺는 실천을 발견하기 위해 새로운 시도를 한다, 4) 리더들은 배움의 공동체 안에서 열매 맺는 실천을 서로 공유한다, 5) 그리스도께서 겸손으로 명예를 재해석하신 부분에 대한 성경공부는 리더들의 학습 공동체를 가능하게 만든다.

12. 우리는 의도적으로 하나님의 말씀에만 중점을 두고, 사람들을 순종과 변화로 이끄는 간단한 토론 모델을 사용한다. 디스커버리 성경공부(DBS)라고 부르는 이 모델은 잃어버린 자들이 자신들의 삶 속에서 하나님의 뜻을 스스로 발견할 수 있도록 돕는다. 성령님의 도우심으로 우리는 그들이 예수님을 사랑하는 여정으로 이끌고, 그들과 그들의 가족이 함께 주님께 나아와 세례를 받으며 신앙 공동체를 형성하게 돕는다. 이 간단한 DBS 접근법은 강력한 변화를 가져오며, 신자들이 그리스도 안에서 성장하고 순종할 수 있는 탁월한 도구다. 신자들은 성경의 가르침을 이해하고, 이를 자신들의 언어로 표현하며, 하나님의 뜻에 따라 살아가는 법을 배워간다.

> 트레버: '개인이 아닌 그룹'이라는 원칙은 복음전도 전부터 리더 양성에 이르기까지 항상 그룹으로 사역하는 것을 의미한다. 그룹을 촉진하는 DBS 모델은 일곱 가지 질문을 통해 사회적 그룹을 영적 성장을 위한 온실로 전환한다. 이 온실은 신자들이 영적으로 성장할 수 있는 좋은 환경을 제공한다.

13. 우리는 종교가 아닌 영성에 중점을 둔다. 사람들에게 우리의 종교를 전하려 한다면, 그들은 더 큰 메시지를 놓치게 될 것이다. 예수님

은 우리에게 자신을 본받아 생명을 전하라고 말씀하셨다. 우리의 목표는 기독교라는 종교가 아니라 예수님을 전하는 것이다. 그럴 때 삶의 변화가 일어난다.

14. 기도는 이 사역의 중추적 역할을 해왔다. 기도가 최우선 요소다. 기도 없이는 아무것도 할 수 없다. 기도 없이 제자삼기 운동을 하려는 것은 날개 없이 날고자 하는 것과 같다. 우리는 정보를 바탕으로 한 중보기도를 중요시한다. 리더들은 각자 추수 현장과 추수 일꾼들을 위해 간절한 마음으로 기도에 참여한다. 이 운동 가운데 영적 전쟁은 실재하는 현실이므로 우리는 함께 중보기도할 사람들을 동원해야 한다.

15. 기도와 관련해 우리는 특히 미전도 종족 집단에서 표적, 기적, 치유, 구속, 비전을 통해 하나님께서 그분의 말씀을 확증하시는 데 중점을 둔다. 하나님은 각 사람의 상황에 맞게 자신을 드러내며 그분의 메시지를 들려주신다. 그들의 삶과 그 가족들의 삶 속에서 능력을 나타내신다. 어려움에 처한 이들을 향한 하나님의 돌보심을 보여주는 것은 이 운동의 중요한 성장 요소다.

16. 모든 신자는 대위임령의 사명을 함께 수행한다. 대위임령에 순종하는 데는 특별한 부르심이 필요하지 않다. 우리는 마태복음 28장의 제자 삼으라는 부르심이 사도행전 13장의 사도직에 대한 부르심과 다르다고 생각한다. 새신자든 오랫동안 그리스도를 따른 이든 모든 신자는 제자를 삼는 데 있어 각자의 역할이 있다. 특히 믿은 지 2년 혹은 그 이하인 새신자들이 제자를 삼고 교회를 개척하는 데 큰 능력을 발휘한다. 그들은 열정과 헌신, 담대함으로 가족들에게 예수님의 선하심을 전한다.

> **트레버**: 우리 모델에서 핵심적인 배가 요인은 *사도적 에이전트*다. 이는 앞서 언급한 샬롬의 개념과도 관련이 있다. 이 운동은 모든 신자의 적극적인 제자삼기에 기반해 성장하기 때문에, 사도적 에이전트는 신자들이 제자삼기를 적극적으로 실천하도록 격려해야 한다. 특별한 은사를 받은 사도적 에이전트를 발굴하고, 그들이 촉매 사역을 극대화하도록 도우면서 운동이 시작된다. 그런 다음, 최초의 사도적 에이전트를 넘어서는 배가 패턴이 필요하다. 1-4세대 리더들이 5-8세대 리더들을 양성하는 식으로 끊임없이 새로운 세대를 준비시키는 모델이 배가를 가져오는 패턴이다.

17. 우리는 신약성경의 모델을 기초로 교회를 재정의했다. 교회는 건물이 아니다. 교회는 세례를 받은 신자들이 공동체로 모인 집단으로서, 함께 모여 예배하고, 세상으로 나가 주님의 명령을 실행하는 곳이다. 교회는 얼마든지 재현될 수 있는 유기적 신앙 공동체다. 서로 만나고 재현된다. 우리는 항상 "이런 공동체는 재현될 수 있는가? 우리가 없더라도 이 사역이 지속될 수 있는가?"라고 묻는다. 우리는 '코끼리 전략'이 아닌 '토끼 전략'을 구사하여, 가능한 한 각 그룹에 속한 신자들의 평균 수를 최소 25명이나 두 가정 규모로 하고자 한다. 이러한 소그룹은 단순히 두세 명의 인원이 아닌 교회로 성장할 씨앗을 의미한다. 이러한 모임은 금요일 저녁, 토요일 아침, 혹은 매일 등 각자의 상황에 맞는 시간과 다양한 장소에서 이루어진다. 이들은 단순히 성경공부를 하는 데서 그치지 않고 교회로 기능한다.

> **트레버**: 신자 공동체의 유기적이고 성경적인 모델은 배가에 중요하다. 우리는 반드시 성경의 개념을 회복해야 한다. 건강한 신자 공동체는 1) 자연스럽게 성장하고 배가한다. 2) 독립된 집단이 아닌 네트워크로 연결된다. 신약 시대의 교회는 건물이나 조직 구조에 의존하지 않았기에 그러한 요소가 필수적이지 않았다. 신자들의 모임은 소규모 가정 그룹, 도시 전체 네트워크, 지역 네트워크라는 세 가지 형태로 존재했다. 이러한 다양한 규모와 인종의 신자 공동체는 형제애로 하나가 되었고, 지역교회와 선교적 연결망이라는 두 날개로 성장하고 확산되었다.

18. 우리는 상황에 맞는 전략을 사용한다. 우리 현장의 대부분은 구전 전통을 가진 문화권이기 때문에 사람들은 실제로 *행동하는 가운데* 많이 배운다. 그래서 우리는 하나를 보여주고, 가르치며, 실행하는 단순하고 재현이 가능한 방식을 사용한다.

19. 이 운동의 리더들은 운동 중심의 확고한 신념을 가지고 있다. 그들은 촉매자로서 이 비전을 *소유하고 있다*. 이는 외부의 강요가 아닌, 그들이 먹고, 숨쉬고, 말하는 모든 순간에 녹아 있는 제자삼기 운동이다. 이들은 모든 상황을 운동의 관점으로 바라본다. 주님은 이러한 핵심 리더들과 그들의 신념을 통해 교단과 지역교회를 변화시켜오셨다.

결론

주님은 아프리카와 아시아에서 이러한 원칙들을 통해 제자삼기 운동을 빠르게 배가시키셨다. 우리는 이 원칙들이 어떤 상황에서도 유용하며 하나님께 쓰임 받을 수 있다고 믿는다. 그러므로 성령님의 인도하심에 마음을 열기 바란다. 하나님 말씀에 순종하는 자세를 유지하고, 진리를 하나라도 더하거나 빼지 않고 하나님 나라의 복음을 전하는 데 지속적으로 헌신하라. 하나님께서 일하실 때, 우리는 그분 없이는 아무것도 할 수 없음을 기억하고 모든 영광을 그분께 돌려야 한다. 모든 일과 모든 시간 속에서 우리는 작아지고 하나님의 영광만이 커져야 한다. 영원토록 그분께 영광을!

일곱 가지 질문의 모델
(디스커버리 성경공부)

1. 당신은 무엇을 감사하는가?
2. 당신 앞에 닥친 어려움은 무엇인가?
   (성경말씀을 읽고, 이 내용을 나눌 사람을 찾아보라.)
3. 이 구절에서 하나님에 대해 무엇을 배울 수 있는가?
4. 이 구절에서 이싸 알마시흐(예수)에 대해 무엇을 배울 수 있는가?
5. 이 구절에서 사람들에 대해 무엇을 배울 수 있는가?
6. 이 구절을 읽은 후, **당신은** 이번 주에 무엇을 할 것인가? 혹은 어떻게 적용할 것인가? 이번 주에 **우리는** 어떤 실천을 할 수 있는가?
7. 이 구절에서 배운 것을 누구와 나누고 싶은가?

토론과 적용

1. 당신의 지역에 교회를 세울 때, 기존의 사회적 유대관계를 어떻게 활용할 수 있는가?
2. 당신의 사역에서 '운동에 집중하는 것'은 구체적으로 어떤 모습인가?

참고문헌

Butler, Robby. "Indigenous Movements: How Peoples Are Reached." *Mission Frontiers*, March/April 2018. http://www.missionfrontiers.org/issue/article/indigenous-movements.

McGavran, Donald. *The Bridges of God: A Study in the Strategy of Missions*. Eugene, Oregon: Wipf & Stock Publishers, 2005.

28 토착 미디어는 그리스도를 향한 제자화 운동을 촉발시킬 수 있다

캘빈과 캐롤 콘키는 태국 치앙마이에 거주하며 미전도 종족을 위한 효과적인 미디어 자료 제작에 주력하는 글로벌 사역 단체 크리에이트 인터내셔널(Create International)을 이끌고 있다. 또한 비전 5:9 미디어 자료 프로젝트 팀의 진행자로도 활동하고 있다. 캘빈과 캐롤은 각각 교차문화 개발 및 커뮤니케이션 분야의 석사학위가 있다.

핵심 포인트
- 토착민은 해당 지역의 운동을 촉진하는 데 효과적인 미디어를 개발하고 전달하는 중요한 역할을 한다.
- 기술의 발전으로 '대중매체' 중심에서 각 상황에 맞는 미디어 활용으로 전환이 가능해졌다.
- 최고의 미디어 전략은 여러 요소가 유기적으로 통합되어 작동할 때 실현된다.

태국에서 열린 "거하라, 열매 맺으라" 컨설테이션에 참석했을 때, 우리는 무슬림을 사랑하는 일에 헌신된 한 특별한 인도네시아인을 만났다. 그는 15년 전 우리 팀이 제작한 영화에 문화 자문을 했던 분이었다. 세월이 흘러 머리가 희끗해졌지만, 그의 미소와 예수님을 향한 열정은 여전히 생생하게 기억났다. 바쁜 일정 중에도 그와의 재회를 위해 기도했고, 다음날 기도 응답을 받았다. 아흐메드와 그의 팀원들이 상기된 표정으로 우리 테이블을 찾아와, 최근 그들의 종족 가운데서 여전히 우리 영화가 큰 영향력을 발휘하고 있다는 소식을 전해주었다. 그는 젊은 이들이 휴대폰으로 이 영화를 보고 싶어 하니 인터넷에서 찾는 방법을 다시 한번 알려줄 수 있는지 물었다.

함께 영화를 볼 때 아흐메드가 출연 배우들을 회상하며 말했다. "영화 제작 당시 출연진 12명 중 단 2명만이 신자였습니다. 그런데 지금은 모두가 이싸 알마시흐를 믿는 신자가 되었습니다. *당신의 영화가 우리 종족 가운데 촉발시킨, 예수님을 향한 대규모 운동의 선구자가 되었지요!*"

어떻게 하면 현장 사역자들이 미디어를 더 잘 활용하여 무슬림 종족 집단 사이에서 운동을 촉발시킬 수 있을까?

토착 미디어의 힘에 불을 지피다

대부분의 무슬림 미전도 종족은 '구두-시각적' 의사소통 방식을 선호한다. 성령님 주도의 미디어 활용은 개인이든 국가든, 모든 민족에게 복음을 전하라는 예수님의 명령을 효과적으로 수행하는 데 중요하다.

이때 구전 미디어와 토착 미디어의 조화로운 결합이 이상적이다. 무슬림들이 다양한 미디어 형식으로 발전된 자신들의 토착적 사고방식을 통해 진정으로 복음을 듣고 볼 수 있도록 도와야 한다.

청중이 종종 거부하는 것은 복음 자체가 아닌 전달 방식이다. 따라서 미디어 소통자로서 우리는 각 종족이 정확히 듣고 이해하며 수용할 수 있는 방식으로 복음을 전달해야 한다. 에드 스테처가 말했듯이, "문화는 불변하는 성경적 복음을 선포하는 가변적 현장이다".[1] 미디어 제작자이자 타문화간 사역자로서 상황에 맞는 미디어를 개발할 때 다음 세 가지를 고려해야 한다.

1. 해당 종족의 실제적, 인지적 필요
2. 가장 효과적인 미디어 유형의 선택
3. 최적의 소통을 위한 메시지의 문화적 맥락 고려

사례 연구: 하나님께서 적절한 참여자를 보내주신다

현지로 떠나기 3개월 전, 우리는 적절한 주연 배우가 나타나기를 기도했다. 하산을 만났을 때, 우리는 기도의 응답을 받았음을 깨달았다. 하산은 꿈에서 예수님께서 그에게 "나를 따르라"고 말씀하셨다고 했다. 이어서 그는 "이싸께서 저를 당신들의 영화에 출연시키길 원하시는 것

---

[1] Ed Stetzer, "Engaging an Ever-Changing Culture with a Never-Changing Gospel." *Christianity Today*, August 21, 2014. https://www.christianitytoday.com/edstetzer/2014/june/avoidingchurch-culture-pendulum-swings-engaging-ever-chang.html.

같습니다"라고 말했다.

하산은 뛰어난 연기를 했을 뿐만 아니라, 그의 민족과 소통하는 데 도움이 되는 훌륭한 '구속'의 비유를 제시해주었다.

통찰력 있는 대본 작성

현장에 도착한 후, 팀은 현지인과 경험이 풍부한 외국인 사역자의 조언을 받아 대본의 초고를 수정하기 시작했다. 외국인 사역자 로이는 그 문화에서 명예와 수치가 갖는 중요성을 강조하며 다음과 같은 이야기를 들려주었다.

"저는 방금 한 결혼식에 다녀오는 길입니다. 이곳에서는 모든 하객이 신부 가족에게 선물을 하는 것이 관례입니다. 그런데 결혼식에서 신부의 아버지가 믿기 힘든 일을 했습니다. 한 손님의 이름을 호명하며, 그가 쌀을 고작 5킬로그램만 가져왔다고 공개적으로 불평한 것입니다. 자신은 그의 딸 결혼식에 20킬로그램의 쌀을 가져갔다면서 말이지요." 이처럼 공개적인 수치심 유발은 극히 드문 일이며, 상당한 파장을 일으킬 수 있는 행위였다.

"수치를 당한 손님은 자리를 박차고 나갔고, 다들 그가 복수하기 위해 집에서 칼을 가져올 것이라고 생각했습니다. 실제로 그는 칼을 들고 돌아왔는데, 칼날은 흰 천에 싸여 있었습니다. 그는 신부의 아버지 앞에 무릎을 꿇고 그 칼을 들어올렸습니다. 긴 침묵이 흐른 후 신부의 아버지가 칼을 받아들고 그를 끌어안았습니다. 그 순간 모든 하객은 환호성을 질렀고 축제는 계속되었습니다." 로이는 이어서 설명했다. "이 남자는 가난하고 무력했기 때문에 그의 겸손한 행동으로 신부의 아버지로부터 용서를 구했고 용서를 받았던 것입니다."

우리 팀은 이것이 강력한 구속의 비유가 될 수 있음을 깨달았고, 현지 문화상담사인 아흐마드의 도움을 받아 이 이야기를 대본에 녹여냈다. 배우들은 겸손을 통한 용서라는, 양측 모두에게 명예를 가져다준 이 구속의 비유를 연기하며 깊은 감동을 받았다. 후에 이 영화는 관객들에게도 큰 영향을 미쳤는데, 이는 문화적으로 적절한 이미지가 복음의 메시지를 명확히 전달하는 데 도움이 되었기 때문이다.

<u>모임은 아이디어를 불러일으킨다</u>

촬영 중 우리 팀은 한 마을 집에서 무슬림 남성들이 모여 두아(du'a)[2]를 드리며 꾸란을 논하는 모습을 목격했다. 우리는 하산에게 이와 유사한 형태로 새신자나 구도자들이 이싸 알마시흐의 가르침을 배울 수 있는 적절한 방법을 영화에 담아낼 수 있을지 물었다.

호기심 많은 무슬림들이 문화적으로 적절하게 예배하는 집단을 보았을 때, 기독교 신자가 된다는 것이 무엇을 의미하는지에 대한 고정관념이 허물어졌다. 그들은 계속해서 이싸에게 내려준 책(Injil)을 공부하고, 자신들에게 익숙한 방식으로 예배를 드리면서도 여전히 하나님을 온전히 기쁘시게 할 수 있다는 것을 처음 깨달았다. 우리는 많은 이들이 이싸 알마시흐를 따를 준비가 되어 있음을 발견했다. 그들의 이해가 깊어졌을 때, 그 효과는 마치 제방을 걷어내고 물이 흐르게 하는 것과 같았다.

---

2 '두아'는 비공식적인 이슬람 기도를 말한다.

성령님의 침투하심

영화가 완성된 후 몇 달 만에 놀라운 일이 일어났다. 12명의 출연진 전원이 이싸 알마시흐를 따르게 된 것이다! 배우들과 다른 새신자들은 영화 복사본을 친구와 가족에게 나누어 주었고, 현지 언어와 문화로 제작된 이 영화는 큰 인기를 얻어 해적판까지 등장했다.

몇 년 후 유튜브에 공개된 영화는 며칠 만에 10만 건 이상의 조회수를 기록했고, 영화를 다운로드받는 이들의 수가 급증했다. 나중에 알게 된 사실이지만, 이는 몇몇 현지 이맘들이 세계 최대 무슬림 단체에 영화 차단을 요청하면서 벌어진 일이었다. 그들은 웹사이트에 영화를 보지 말라는 경고와 함께 유튜브 링크를 게시했다. 그러나 이는 오히려 역효과를 가져왔고, 후에 이슬람 학자들은 이 영화가 이슬람을 모욕하거나 예언자 무함마드에 반대하는 내용을 담고 있지 않다고 선언함으로써 체면을 살렸다.

결국 조회수는 줄어들었지만, 이미 50만 명 가까이가 영화를 시청한 뒤였다. 결과적으로 100만 명 이상이 영화를 보았고, 2,500여 명의 MBB들에게 이 운동이 확산되었다. 수백 개의 교제 모임이 생겨났고, 3세대에 걸쳐 그 영향력이 배가되었다. 영화 제작 후 10년 만에 다시 만난 아흐메드는 우리의 노력에 감사하며 눈물을 흘렸다.

토착 미디어 운동 발화의 문화적 열쇠

10년 넘게 이어진 이 이야기는 지속적인 돌파구와 깨달음의 물결을 보여준다. 이 성장하는 운동의 구성원들은 우리 영화가 새신자들에게 독실한 이슬람 문화 속에서 이싸 알마시흐를 따르도록 격려했다고 증언했다. 그들은 그리스도를 따르면서도 문화적 정체성을 유지하는 방법을 시각화함으로써 힘을 얻었다.

영화는 현지인들이 지역 공동체의 문제에 대처하는 모습을 보여준다. 그들은 일련의 사건들을 통해 필요에 응답하시는 그리스도를 만난다. 신자와의 만남, 꿈, 또는 적절한 성경 구절 발견 등이 이루어진다. 주인공이 공동체 안에서 그리스도께 나아오는 과정과 가족, 친구들과 신앙을 나누며 교제하는 장면이 이어진다. 공동체 중심의 문화에서는 개인의 회심이 고립을 의미할 수 있어 회피된다. 그러나 복음에 열려 있는 가족들과 각기 다른 문화권에서 온 신자들이 상황에 맞게 교제하는 모습을 영화를 통해 보면서 관객들은 위안과 용기를 얻는다.

이러한 집단적, 공동체 지향적 문화를 위한 의사소통 전략을 개발할 때는 다음 사항들을 고려해야 한다.

- 개인의 선택이 공동체에 영향을 미친다.
- 명예와 수치는 공동체 지향적 문화의 '운영 체계'다.
- 명예는 이러한 공동체에서 사회적 화폐 역할을 한다.
- 이 문화권에서는 수치심이 죄의 개념보다 강력하다. 신의 규율을 어기는 것보다 사회 규범 위반에 대한 두려움이 더 크다.
- 가족에게 수치를 주는 것에 대한 두려움이 죽음보다 강력한 경우가 많다.

이 원칙들을 적용함으로써, 영화는 이싸 알마시흐를 따르는 것이 개인이 아닌 공동체의 경험임을 보여준다. 이는 공동체를 중시하는 오늘날의 미전도 종족들에게 매우 중요한 의미를 갖는다. 개인의 변화가 사회적 변화로 이어지도록 하는 것이 실제적 접근이다(마 28:19-20). 이러한 원칙들의 적용은 무슬림 세계에서의 미디어 활용 사례를 통해 더 깊이 이해될 수 있다.

보는 것이 믿는 것이다: 공동체 정체성의 시각화

제이콥이라는 월로프족 신자가 아프리카 전도 영화에서 새로운 가정 교회의 리더로 캐스팅되었다. 그는 자신의 문화에 맞는 형식을 사용해 진정한 토착적 교제 장면을 촬영한 후, 이렇게 말했다. "이러한 유형의 교제를 월로프족 전체에 전파해야 합니다."

경험 많은 다문화 사역자가 감격한 듯 이렇게 말했다. "아, 제가 7년 넘게 당신에게 말하고 싶었던 게 이것이었어요!"

제이콥은 대답했다. "알아요. 하지만 이런 모임을 직접 *보고* 경험해야 했어요. 이제는 이런 그룹을 포용하고 재생산할 수 있을 것 같아요."

미디어는 한 공동체가 어떻게 그리스도를 믿고 상황에 맞는 교제를 형성할 수 있는지 그 과정을 시각적으로 *모델링함*으로써 중요한 역할을 한다. 이러한 문화적 맥락에서 교회가 활동하는 모습을 보는 것은 그들에게 절대적으로 중요하다. 시청자들은 다른 하나님 나라의 신자들이 함께 삶에 참여하고 있다는 사실에 격려를 받는다. 그들은 영화

마지막에서 글로벌 몽타주[3]로 '그리스도의 움마'가 나오는 장면을 좋아한다. MBB들은 "우리 공동체 안에서 이싸 알마시흐를 따르는 삶을 보게 하는 더 많은 미디어 자료가 필요하다"고 조언한다.

대면과 사이버 공간

과거의 대중매체 전략은 보다 많은 시청자에게 도달하기 위해 텔레비전, 영화, 위성 등 고비용의 기술을 필요로 했다. 이로 인해 콘텐츠는 의미와 초점을 '확장'하고 '상업 언어'를 사용해야 했다. 다양한 문화와 언어를 가진 광범위한 청중을 대상으로 하다보니 메시지의 의미와 영향력의 상당 부분이 일반화 과정에서 손실되었다. 그러나 다행히 오늘날에는 맞춤형 의사소통에 큰 진전이 이루어지고 있다.

미전도 세계에서 급증하는 모바일 기기와 SNS 사용은 복음 전달을 위한 이상적인 플랫폼을 제공한다. 이를 통해 맞춤형이고 중점적이며 토착적 상황에 맞는 시청각 미디어로 복음을 전할 수 있게 되었다. 저렴하고 역동적인 배포 채널로 인해 대중매체 커뮤니케이션은 더 이상 전통적인 '방송' 전략에 얽매일 필요가 없다. 우리는 특정 문화와 언어 그룹에 '맞춤형' 메시지를 전달할 수 있는 새로운 시대를 맞이했다.

유튜브와 페이스북 같은 기업의 영향력으로, 현재 가장 단순한 복음전도 웹사이트도 국제적인 스트리밍 사역의 잠재력을 갖게 되었다.

---

[3] '몽타주'는 따로 촬영된 화면을 떼어 붙이면서 새로운 장면이나 내용을 만드는 영화 또는 영상 기법이며, '글로벌 몽타주'란 세계 여러 지역이나 문화권에서 일어나는 비슷한 상황이나 장면들을 연속적으로 보여주는 편집 방식을 말한다(역자 주).

신자들은 휴대폰을 활용해 땅끝까지 복음을 전할 수 있다. 2019년에는 휴대폰 사용자 수가 45억 명을 넘을 것으로 예상된다. 이러한 모바일 기기를 각 언어로 된 예수 영화와 제자훈련을 위한 강력한 도구로 전환해 열방에 영향을 미칠 수 있다.

많은 나라에서는 일반인들이 인터넷에 접속할 수 없는 경우가 많다. 심지어 개인이 와이파이나 블루투스 연결 기능이 있는 모바일 기기(휴대폰이나 태블릿)를 가지고 있더라도 인터넷 접속이 불가능할 수 있다. 이러한 상황은 무료 와이파이 네트워크를 찾고 연결하려는 욕구와 필요성을 증대시켰고, 그로 인해 휴대용 와이파이 네트워크 서버가 등장했다. 이 장치는 작은 배터리로 작동하며, 자체적으로 오픈 와이파이 네트워크를 송출할 수 있는 기능을 갖추고 있다. '도브 스트림(The DoveStream)'은 이러한 장치 중 하나로, 복음 미디어를 호스팅하고 송출하기 위해 개발되었다. 이 장치는 휴대가 간편하고 인터넷과 완전히 독립적으로 작동한다. 내장된 충전식 배터리와 특별히 설정된 USB 스틱을 사용하여 전원을 켜면 비밀번호가 필요 없는 와이파이 네트워크가 생성된다. 이를 통해 접속한 기기에서는 송출되는 모든 영화를 시청할 수 있다(더 자세한 정보는 www.equip2go.org/dovestream에서 확인할 수 있다).

모바일 기기를 통한 미디어와 기술의 보급은 이제 전 세계적으로 거의 100퍼센트에 달하고 있다. 모바일 플랫폼을 활용할 수 있는 기회는 점점 더 확장되고 있으며, 이는 대위임령을 이해하는 데 활용되어야 한다. 접근이 제한된 많은 국가에서는 집이나 개인용 컴퓨터, 혹은 휴대폰을 통해 개인의 정보 보호와 보안을 유지하면서 온라인 상호작용을 해야 한다. 교회가 자신을 단순한 하나의 장소로 여기지 않고 각 사람으로 정의하여[4] 스스로를 구분하거나 제한하지 않는다면 얼마나 많은 일을 할 수 있을지 상상해보라. 관계를 형성하는 동안 함께 미디어를 시청할 수 있고, 이후에 개인적으로 시청할 수도 있다. 복음적 미디어는 휴대폰을 통해 제공되어 개인 간의 상호작용을 촉진할 수 있다. 사람들이 어떤 주제로 이야기하고 싶어 하는지 알아보고 그들과 소통하라.

이와 같은 놀라운 기회들이 있지만, 그 어떤 기술도 실제 관계를 완전히 대체할 수는 없다. 사람들이 영화나 미디어 작품을 즐기다보면, 때로는 대면 만남을 원하거나 온라인으로 대화하고 싶어 할 것이다. 어떤 미디어 전략이든 이러한 요소들은 통합된 미디어 전략의 일부로 구성되어야 한다.

통합된 미디어 전략

미디어는 개인의 상호작용을 보완하면서 그리스도 중심의 토착적 운동을 촉진할 수 있는 강력한 도구다. 다양한 형태로 교회의 모든 성장 단계와 민족의 제자화를 지원할 수 있으며, 보안 문제에 따라 이러한 미디어 형태 중 일부는 상황에 맞게 좀 더 신중하게 준비할 수 있다.

가능한 시나리오: 대규모 공개 모임이나 가정 내 비공개 소그룹 모임의 참석을 홍보하는 영화나 짧은 동영상을 제작하여 라디오 광고, 전단지 배포, SNS 게시물을 통해 지역사회의 관심을 유도할 수 있다. 보

---

4 Carl Jones, "When We Think of the Church as a Building," *Relevant*, August 23, 2013, https://relevantmagazine.com/god/church/when-we-think-church-building.

> 미디어는 개인의 상호작용을 보완하면서 다양한 형태로 교회의 모든 성장 단계와 민족의 제자화를 지원할 수 있다.

안이 필요한 상황에서는 SNS를 통해 참여한 구도자들이 나중에 커피숍에서 만나 더 많은 정보를 들을 수 있다. 프레젠테이션으로는 전도지, DVD 혹은 SD카드를 배포하여 사람들이 집에 가져가 개인적으로 생각해볼 수 있는 자료를 제공할 수 있다. SNS 게시물, 출판물, 혹은 구두로 가정 모임에 초대할 수 있으며, 신자들은 구도자들과의 관계를 발전시켜 후속 모임을 통해 성경말씀을 더 명확히 전할 수 있다. 구도자가 예수님을 따르기로 결심하면, 새신자를 위한 워크북과 동영상을 사용해 주중 성경공부를 강화할 수 있다. 라디오와 유튜브 동영상은 새신자의 신앙 성장에 도움이 될 수 있으며, DVD, SD카드, 인터넷 링크, 워크북, 웨비나 등 다양한 멀티미디어 도구를 통해 지도자에게 제자도 자료를 제공할 수 있다. 또한 성경공부를 하는 토착민 가정 그룹이 출연하는 단편 영화를 상영 및 제작할 수 있다. 개인은 중보기도, 복음전도, 타문화 사역 등의 주제를 비디오 프로필이나 기도 소책자를 통해 배울 수 있다.

결론

30년이 넘는 미디어 사역을 통해 우리는 토착민의 문화와 상황에 맞게 제작된 미디어가 현지에서 운동을 일으키고 있는 것을 목격했다. 우리는 하나님께서 그분의 꿈과 열정을 이루기 위해 시청각 스토리텔러와 미디어 제작자들을 부르시며, 이 세대에게 인류가 들어본 가장 위대한 이야기를 전하라 명하신다고 믿는다. 선교사, 현지인, 그리고 다른 동역자들은 각자의 문화적 상황에서 효과적으로 소통하는 방법에 대한 통찰과 지식을 공유함으로써 이 일에 기여할 수 있다. 이 일을 통해 우리는 자원이 생산되고, 신자들이 준비되며, 국가들이 변화되고, 하나님 나라가 확장되는 모습을 보게 될 것이다.

토론과 적용

1. 토착 미디어와 적절한 기술을 어떻게 현재와 미래의 사역에 가장 잘 통합할 수 있는가?
2. Indigitube.tv에서 당신이 속한 사용자 그룹의 언어로 영화를 다운로드하여 휴대폰이나 노트북에서 보여주거나, 그 링크를 구도자에게 보내라. 그들과 함께 영화를 보고 메시지를 이해했는지 질문하라. 영화 자료, 성경 이야기, 현장의 인터넷 자료 등 문화적으로 적절한 미디어 자료를 활용하여 후속 모임을 지속적으로 이어가라.

* 미디어 전략 개발과 미디어 제작에 도움과 정보가 필요하거나, 당신의 종족 집단을 위한 자료가 필요하다면, creategcrc@gmail.com 로 연락하라.

자료 제안

- Media2Movements.org는 SNS와 페이스북 광고를 활용해 다수의 무슬림 국가에 접근할 수 있는 훌륭한 자료를 제공한다.
- Indigitube.tv는 150개 이상의 언어로 제작된 600개 이상의 영화

와 애니메이션을 제공하는 복음 미디어 플랫폼이다. 모든 영화는 무료로 다운로드 가능하며, 언어적·문화적으로 특정 미전도 종족 집단에 영향을 미치도록 제작되었다.

- Create International 앱은 미전도 종족 복음화를 위해 수백 가지 언어로 제작된 200여 편의 복음 영화를 제공한다. 모바일 기기에 앱을 다운로드한 후 'Gospel Films'를 선택하고, 전도 대상의 언어나 종족 집단을 검색하면, 기기와 인터넷 속도에 맞는 해상도로 영화가 자동 재생된다. Create International은 http://www.oikosapp.com/indigitube/에서 무료로 다운로드할 수 있다.

참고문헌

Baig, Sufyan. "The Ummah and Christian Community." In *Longing for Community: Church, Ummah, or Somewhere in Between?* edited by David Greenlee, 70–78. Pasadena, CA: William Carey Library, 2013.

B., John. "The Story-Teller." *Mission Frontiers*, May/June 2014, 16. http://www.missionfrontiers.org/issue/article/the-story-teller-the-dhow-and-the-fishers-of-men.

Jones, Carl. "When We Think of the Church as a Building." *Relevant*, August 23, 2013. https://relevantmagazine.com/god/church/when-we-think-church-building.

Klem, Herbert. *Oral Communication of the Scripture*. Pasadena, CA: William Carey Library, 1982.

Palusky, David. "Opportunity to Reach the Least of These." *Mission Frontiers*, May/June 2014, 30–31. http://www.missionfrontiers.org/issue/article/opportunity-to-reach-the-least-of-these.

Stetzer, Ed. "Engaging an Ever-Changing Culture with a Never-Changing Gospel." *Christianity Today*, August 21, 2014. https://www.christianitytoday.com/edstetzer/2014/june/avoidingchurch-culture-pendulum-swings-engaging-ever-chang.html.

Wu, Jackson. "Does the 'Plan of Salvation' Make Disciples? Why Honor and Shame Are Essential for Christian Ministry." In *Leadership Development for the 21st Century Asian Mission*, edited by Hoyt Lovelace. Seoul: East-West Center, 2017.

29 알바니아와 코소보에서의 피스메이킹

데이비드 쉥크는 수년간 이슬람 세계에서 피스메이킹(peace-making) 사역에 참여해왔으며, 다음 세 가지 원칙을 바탕으로 사역하고 있다. 첫째, 구세주이자 주님이신 예수님께 헌신한다. 둘째, 그리스도의 특사가 된다. 셋째, 복음에 대해 묻는 모든 사람에게 증인이 된다.

핵심 포인트
- 무슬림과 기독교인이 나누는 공정하고 우호적인 대화는 복음의 장벽을 허문다.
- 기독교의 피스메이킹은 전쟁을 겪은 이들의 상처를 치유하는 중요한 과정이다.
- 성경적 피스메이킹은 정치적 활동이 아니라 어려운 상황에 하나님의 말씀을 적용하는 것이다.

"우리는 복음주의 기독교인들과는 절대 대화하지 않겠습니다!"라고 저명한 대학 교수들이 단호히 선언했다. 코소보의 한 대학에서 복음주의 평화 운동가들이 공개 대화의 가능성을 타진하고자 이 무슬림 교수들과 만났지만, 그들의 반응은 냉담했다. 이는 2000년의 일이며, 당시 코소보는 지난 내전의 여파가 가라앉지 않은 상태였다. 코소보 내전의 상처가 채 아물기도 전에 기독교와 무슬림 간의 평화 대화를 논하는 것은 많은 이들에게 비현실적으로 보였다. 정통 기독교인과 무슬림은 서로를 향해 깊은 원한과 분노를 키웠다. 더욱이 공산주의 시대의 유산으로 종교적 상황은 한층 복잡해졌다. 반세기 동안 알바니아는 극단적 마르크스주의를 표방한 무신론 국가였다. 예를 들어, 자녀와 함께 기도했다는 이유만으로 어머니가 투옥될 수 있었다. 전반적으로 난민들이 떠돌아다니던 혼란의 시기였다.

코소보와 알바니아는 별개의 국가이지만 민족적, 언어적으로 매우 유사하다. 전쟁은 새로운 형태의 종교 간 갈등을 야기했다. 여러 복음주의 단체들이 전쟁 중 알바니아와 코소보 양국에서 구호 활동을 펼쳤고, 난민들은 이들의 도움에 감사했다. 그러나 이는 종교적, 민족적 정체성에 심각한 혼란을 초래했다.

전통적 복음주의 그룹들은 활동하러 가는 곳마다 무슬림과 정교회 기독교인 모두를 복음주의 신앙으로 이끌었다. 공개적인 대화는 젊은 영적 모험가들이 개신교 신앙을 더욱 활기차게 받아들일 가능성을 높였다. 순니파 무슬림과 같은 전통적 종교 지도자들은 새로운 교회의 성장을 우려했다. 결과적으로 무슬림과 정교회 기독교인 모두 코소보 내에 있던 기존의 30개 개신교 교회가 더 이상 선교 활동을 할 필요가 없다고 여겼다.

이러한 이유로 대다수의 무슬림 공동체와 소수의 정교회 공동체는 평화 구축을 위한 공개 대화의 가능성을 거부했다. 그러나 복음주의 연합의 지도자들은 대학을 떠날 때, 몇 권의 책을 테이블 위에 놓아두었다. 그 책의 제목은 『무슬림과 기독교인의 대화(*A Muslim and a Christian in Dialogue*)』였다.

평화를 위한 대화

1997년, 나는 무슬림인 바드루 카테레가와 함께 한 권의 책을 집필했다. 우리는 1970년대 나이로비 대학교 켄야타 캠퍼스에서 세계 종교를 가르치며 친구가 되었다. 카테레가는 우간다 출신이고, 나는 미국 출신이었다. 이러한 배경에서 우리는 『무슬림과 기독교인의 대화』를 공저하기로 결심했다.

우리의 목표는 교사와 학생들이 이슬람과 기독교 신앙을 더 깊이 이해할 수 있도록 돕는 것이었다. 책은 무슬림 신앙과 기독교 신앙에 대해 각각 12장씩, 총 24장으로 구성되었다. 각 장마다 기독교와 무슬림 양측의 답변을 실었고, 서로의 견해가 부정확하다고 여겨질 때는 추가 설명을 할 수 있도록 했다. 최근 개정판에는 각 장 끝에 토론 질문도 포함시켰다. 무슬림들은 순니파 이슬람 신앙을 잘 표현했다고 평가했고, 기독교인들도 자신들의 신앙을 제대로 대변했다며 감사를 표했다. 이 책은 여러 나라에서 호평을 받아 현재 12개 언어로 번역되었으며, 이집트의 권위 있는 알아즈하르 대학교에서도 인정을 받았다.

앞서 언급했듯이 이슬람 교수들은 처음에 평화 구축을 위한 공개적인 대화를 거부했다. 개신교 측은 크게 실망했지만, 코소보의 교회들이 연합하여 그들의 마음이 바뀌기를 기도했다. 놀랍게도 나중에 한 이슬람 교수가 이렇게 말했다. "당신의 책을 읽었습니다. 이는 진실을 추구하는 대화입니다. 무슬림이나 기독교인을 파괴하려는 것이 아닙니다. 그래서 저는 무슬림을 공격하지 않는 방식으로 평화의 길을 찾는 대화를 원합니다." 이 교수는 신뢰를 쌓는 대화를 열망했던 것이다!

곧 코소보에서 가장 큰 700석 규모의 홀에서 대화 모임이 열렸다. 그날 저녁, 강당은 가득 찼다. 지역의 주요 인사들은 물론 전국 각지에서 사람들이 모여들었고, 일부는 먼 거리를 운전해서 왔다고 했다. 정교회와 개신교 대표들도 참석했다. 무슬림 측에서는 순니파와 시아파 지도자들이 모두 왔는데, 단순히 참석하는 데서 그치지 않고 진정한 대화를 갈망하며 온 것이었다. 이날은 역사에 남을 만한 밤이 될 것 같았다.

코소보에서의 대화는 한동안 발전해가는 과정을 밟았다. 1979년 처음 코소보를 방문했을 때, 나는 이러한 현실을 느꼈다. 내가 알기로 당시 코소보에는 한 쌍의 복음주의 신앙인 부부만 살고 있었다. 그들은 수년간 닫혀 있던 문이 열리기를 기도해왔다. 이 일을 지원하기 위해 어느 작가가 코소보와 주변 지역의 복음주의자들을 위한 성경공부 자료를 개발했다. 이 일은 그들이 이웃에게 복음을 전하는 데 도움이 되었다.

이는 놀라운 진전이었다. 교회에 복음주의자들을 준비시킬 수 있는 자료가 배포되기 시작했다. 특히 무슬림을 위한 성경공부 교재가 큰 호응을 얻었다. 교재가 꾸란에서 인정하는 성경의 기록에 근거했기 때문이었다. 구도자들은 익숙한 성경 이야기를 통해 편안함을 느꼈고, 그 결과 놀라운 수용이 이루어졌다. 기독교인들도 무슬림과의 대화에서 자신감을 얻었다. 부정적인 반응은 거의 없었고, 오히려 사라예보에서는 거절 대신 상황화된 사역의 문이 열렸다.

우리는 피스메이킹에서 개인적 변화를 넘어 사회 전체의 변혁을 목표로 삼아야 한다는 것을 깨달았다. 이는 풀뿌리 차원의 역량 강화에 특별한 관심을 기울여야 함을 의미하며, 이것이 바로 건전한 시민사회 발전으로 이어지는 핵심 요소다.

기독교인들은 흔히 이러한 변혁을 개인의 거듭남 차원에서만 이야기하지만, 우리는 그리스도께서 사회 전체의 변혁을 위해 한 사람을 만나신다고 믿는다. 이것이 바로 코소보 혁명에서 일어난 일이다. 이 극적인 변화는 급진적 변혁의 과정 중에 있었고, 그래서 그들은 나에게 정치 및 종교 지도자들을 만나달라고 요청했다. 그들은 변화의 필요성을 인식했고, 하나님의 사람이 그 촉매제가 되기를 원했다.

그러나 신뢰할 수 있는 피스메이킹 관계를 발전시키려면 따뜻한 악수나 학습 자료 개발 이상의 조치가 필요하다. 주요 무슬림과 기독교 지도자들을 만났을 때, 나는 대화의 시급성을 깊이 느꼈다. 그들 모두가 종교 지도자들이 함께 신앙에 관해 대화하는 것이 매우 드문 일이라고 말했기 때문이다. 그럼에도 불구하고 보스니아, 사라예보, 그리고 코소보에서 바로 그런 종류의 대화가 시작되고 있다. 우리는 앞으로 다양한 종교 공동체 간의 신뢰 관계 형성에 초점을 맞춘 종교 간 포럼이 여러 차례 열릴 것으로 기대한다.

전쟁의 상처를 치유하며

코소보에서의 대화는 인종 전쟁이 남긴 복잡하고 비극적인 상황에서 이루어졌다. 이 일생일대의 경험은 피스메이킹이라는 단순한 주제로 시작되었다. 내가 화평케 하시는 예수님에 대해 나누자 이슬람교와 기독교의 근본적인 차이가 드러났다. 이슬람에는 십자가가 없기에 화해의 사랑이라는 메시지도 없었다. 나는 참석자들에게 예수 그리스도의 화해하시는 사랑을 받아들이기를 호소했다. 그러나 무슬림 대화 상대자는 다른 메시지를 전했다. 이슬람에는 십자가가 없으며, 무슬림들은 예수가 전능하다고 믿기 때문에, 메시아가 십자가에 못박히도록 하나님께서 내버려두지 않으셨을 것이라 믿는다고 했다.

무슬림 발표자는 코소보가 앞으로 나아가려면 정의(justice)가 필요하다고 강조했다. 나는 용서하라는 하나님의 부르심을 전하며, "이 나라가 용서하지 않으면 보복의 악순환은 결코 끝나지 않을 것"이라고 호소했다. 우리 죄를 대속하기 위해 십자가에 달리신 예수님을 이야기하며, 그분의 희생적 죽음이 보복의 사슬을 끊고 우리를 용서받게 하여, 우리도 우리에게 잘못한 이들을 용서할 수 있게 했다고 설명했다. 십자가에서 예수님은 고통 중에도 화해의 사랑을 부르짖으셨고, 우리는 그 십자가에서 하나님의 정의를 만난다. 십자가에 달리시고 부활하신 예수님을 통해 우리는 하나님의 정의와 용서를 모두 경험하게 된다. 기독교 측 발표자로서 나는 베드로전서 3장 8-12절을 주제 구절로 삼았다.

마지막으로 말하노니 너희가 다 마음을 같이하여 동정하며 형제를 사랑하며 불쌍히 여기며 겸손하며 악을 악으로, 욕을 욕으로 갚지 말고 도리어 복을 빌라. 이를 위하여 너희가 부르심을 받았으니 이는 복을 이어받게 하려 하심이라. 그러므로 생명을 사랑하고 좋은 날 보기를 원하는 자는 혀를 금하여 악한 말을 그치며 그 입술로 거짓을 말하지 말고 악에서 떠나 선을 행하고 화평을 구하며 그것을 따르라. 주의 눈은 의인을 향하시고 그의 귀는 의인의 간구에 기울이시되 주의 얼굴은 악행하는 자들을 대하시느니라 하였느니라.

우리는 모두 성경을 토대로 피스메이킹에 대해 발표하기로 했다. 예를 들어, 무슬림 발표자는 이슬람에서는 꾸란에서 한 구절을 제외한 모든 수라(sura)가 하나님을 자비롭고 자애로운 분으로 언급하고 있음을 상기시켰다. 또한 가인이 아벨을 죽이러 왔을 때, 아벨이 형에게 무기를 들고 대항하기보다 차라리 죽겠다고 하나님께 부르짖은 사실도 언급했다. 하나님은 아벨이 더 나은 길을 선택했다고 말씀하셨다. 그는 이슬람이 정의를 필요로 하는 종교이며, 정의 없이는 용서도, 평화도 있을 수 없다고 주장했다.

두 시간 동안 이어진 대화에서 예수님과 용서가 주된 관심사였다. 나는 주로 무슬림 청중에게 예수 그리스도를 통해 하나님께서 주시는 놀라운 회복에 대해 생각해보기를 강조했다. 이 행사는 우리를 용서하시는 하나님의 어린 양인 메시아 예수님의 의미를 깊이 생각할 수 있는 귀중한 시간이었다.

엄숙한 토론

1년 후, 코소보는 다시 분쟁의 위기를 맞이했다. 이전의 피스메이킹과 용서에 관한 대화는 이번 토론을 위한 준비 과정이었다. 이번에는 다원주의 세계의 시민사회를 주제로 삼았다. 그 핵심 쟁점은 서로 다른 신앙을 가진 사람들이 어떻게 하나의 사회에서 평화롭게 살아갈 수 있는가에 관한 것이었다.

토론의 핵심에는 코소보가 독립 과정에서 어떤 정치 체제를 택할 것인가 하는 문제가 있었다. 이슬람 국가가 될 것인가, 아니면 다양한 종교적 표현의 공간을 가질 수 있는 세속적 국가가 될 것인가? 이런 상황에서 이슬람 대학은 나를 학생과 교직원 총회의 강연에 초청했다. 내가 맡은 주제는 "진리와 자유"였다.

나는 이 주제가 헌법 제정과 관련되었을 가능성이 높다는 것을 알고 있었다. 코소보를 세속적 국가로 만들자는 강력한 의견이 있었다. 대학 총회에는 모든 교수진과 학생, 그리고 새로 독립한 코소보의 새 헌법을 작성하는 일을 위임받은 신학자도 참석했다. 이 자리의 중요성은 아무리 강조해도 지나치지 않았다. 미국 개신교 신학자인 내가 무슬림 최고 성직자들, 그것도 헌법 작성을 위해 선임된 이들과 만나는 자리였다. 만약 종교 자유의 보장에

> 전체적인 대화는 성경에 근거했다. 이러한 토론에서 때때로 유엔과 같은 권위 있는 기관을 참조하는 것이 도움이 될 수 있지만, 본질적으로 무슬림은 기독교인이 세속적 권위의 원천에서 나온 것이 아닌, 성경에 대해 기독교인 그들이 믿는 바를 듣고 싶어 할 것이다.

서 멀어지는 결정이 내려진다면, 개신교인들이 가장 큰 타격을 입을 것으로 예상되었다. 그날 대학에는 코소보의 주요 지도자들이 모두 참석했고, 논의되는 문제들도 결코 가볍지 않았다.

그 포럼에서 나는 성경을 가장 중요한 권위로 삼았다. 물론 나는 다른 출처를 권위로 의존할 수도 있었다. 우선, 권리(right) 문언의 예를 미국 독립선언문에서 인용할 수 있었다. 그러나 그 문구는 무슬림 주최 측에게 그다지 설득력을 갖지 못했을 것이다. 독립선언문은 성경에 근거한 신학이 아니기 때문이다. 무슬림들은 대화에 참여할 때, 주로 꾸란에 의존한다.

기독교인이 대화에 참여할 때, 무슬림은 기독교인이 성경에 근거하여 증거를 제시하기를 기대한다. 실제로 꾸란은 기독교인에게 성경에 근거해 증거하라고 명령하고 있다(꾸란 3:187). 그래서 나는 그렇게 했다. 전체적인 대화는 성경에 근거했다. 이러한 토론에서 때때로 유엔과 같은 권위 있는 기관을 참조하는 것이 도움이 될 수 있지만, 본질적으로 무슬림은 기독교인이 세속적 권위의 원천에서 나온 것이 아닌, 성경에 대해 기독교인 그들이 믿는 바를 듣고 싶어 할 것이다.

그 자리에서 내가 했던 말을 요약하면 다음과 같다. "모든 아브라함 신앙은 성경에 그 기반을 두고 있습니다. 따라서 이 총회는 하나님께서 성경을 통해 진리를 나타내셨다는 확신 가운데 모인 것입니다. 저는 토라와 시편, 그리고 이싸에게 내려준 책(인질)을 기반으로 발표하고자 합니다. 꾸란에 대한 어떤 언급이라도 있다면, 저는 그것을 이 자리에 계신 무슬림 신학자들에게 맡기겠습니다."

나는 내가 '경전의 사람'임을 겸손히 고백한다. 다음의 성경 구절들은 진리와 자유에 관한 우리의 토론과 연관해 무슨 말을 하고 있을까?

먼저, 토라의 첫 문단에서 우리는 "하나님이 자기 형상 곧 하나님의 형상대로 사람을 창조하시되 남자와 여자를 창조하시고"(창 1:27)라는 말씀을 읽을 수 있다.

그런 다음 토라의 두 번째 단락에서 "하나님이 그들에게 복을 주시며 하나님이 그들에게 이르시되 생육하고 번성하여 땅에 충만하라, 땅을 정복하라"(창 1:28)는 말씀을 읽는다.

토라의 세 번째 단락에서는 아담과 하와가 하나님께서 그들에게 주신 자유를 오용했다는 내용을 읽는다(창 3:1-10).

네 번째 핵심 계시에서는 하나님께서 아담과 하와를 불순종의 재앙에서 구원하겠다고 약속하신 내용을 읽는다(창 3:15).

이 네 가지 핵심 구절이 토라에서 가장 중요하다. 최초의 인간 부부는 하나님의 형상대로 창조되어 좋은 땅을 경작하고 돌보아야 했으나, 자유를 오용하며 그 책임을 다하지 못했다. 그러나 하나님은 그들을 버리지 않으시고, 구속자를 보내주겠다고 약속하셨다.

시민사회 원칙

이 네 가지 주제는 우리가 보통 '시민사회'라고 부르는 건강한 정치 체제를 형성하는 매우 중요한 요소다. 건강한 사회를 이루기 위해서는 이 네 가지 필수적 원리가 서로 긴밀하게 엮여 있어야 한다. 특히 교회는 이 과정에서 특별한 책임을 지닌다. 기독교인들은 산상수훈에 나타난 예수님의 가르침을 따르며 살아가도록 부르심을 받았기 때문이다(마

5:1-7). 그렇다면 건강한 사회의 특징은 무엇인가?

1. 모든 사람은 하나님의 형상대로 평등하게 창조되었으므로 누구나 존중받아야 한다고 믿는다.
2. 각 사람은 하나님께 순종할지, 불순종할지 결정할 자유를 하나님께 부여받았다는 진리를 존중한다.
3. 모든 관계에서 진실함을 쌓아가며, 궁극적으로 하나님을 영화롭게 한다.
4. 억압받는 자들을 돌본다. 이는 넘어진 이들을 긍휼히 여긴다는 의미다.

내가 리투아니아의 한 대학에서 학과장으로 일했을 때, 우리는 이 네 가지 원칙이 건강한 대학 발전에도 적용될 수 있다는 생각을 자주 했다. 이는 건강한 기관과 사회가 발전하는 데 필요한 도구, 즉 원칙들이다. 이러한 원칙들을 사회적 가치에 적용하면 활기찬 시민사회를 만들 수 있다. 교회의 중요한 역할 중 하나는 이러한 건강한 사회를 만드는 것이다. 교회와 움마가 협력하여 함께 건강한 사회를 발전시키는 것은 매우 의미 있는 일이다. 그렇게 할 때, 우리는 십자가를 통해 하나님과 인간 사이에 평화를 이루신 그분을 증언하게 된다.

모든 정치적 논의와 대화에서 예수님은 난민이었고, 무함마드는 고아였으며, 모세는 버림받은 자였다는 사실을 결코 잊어서는 안 된다. 이들 모두가 소외된 자로서 고통을 겪었다. 그러므로 우리는 하나님께 영광을 돌리는 방식으로 고통받는 이들을 돌보아야 한다. 이를테면, 하나님께서 아담에게 선택의 자유를 주셨듯이, 우리도 오늘날 종교의 자유가 보장되는 정치 체계를 발전시켜야 한다.

결론

> 또한 모든 정치적 논의와 대화에서, 예수님은 난민이었고, 무함마드는 고아였으며, 모세는 버림받은 자였다는 사실을 결코 잊어서는 안 된다.

코소보 대학에서 강연을 하고 몇 주 후, 복음주의 연합체의 리더들과 다시 만나 코소보의 종교 자유에 대해 논의할 기회가 있었다. 다행히 코소보는 헌법을 통해 모든 시민에게 종교의 자유를 보장하는 법적 근거를 마련했다! 이로써 시민사회 발전을 위한 기반이 확장되고, 다양한 종교 공동체들이 성장할 수 있는 중요한 문이 열렸다. 이러한 결정은 코소보 시민들이 건강한 시민사회를 발전시킬 수 있는 하나의 방법이 되었다.

이는 예수님께서 제자들에게 명하신 "세상의 빛과 소금이 되라"는 사명을 실천하는 길이다. 무슬림 세계의 다른 많은 지역에서도 이러한 건강한 대화가 사회 전체에 축복이 될 뿐만 아니라, 예수 그리스도의 복음, 즉 "평화의 복음"(엡 6:15, 새번역)을 선포할 수 있는 문을 열 것이다.

토론과 적용

1. 이러한 대화 방식을 당신의 상황에 어떻게 적용할 수 있는가? 종족 간, 가족, 친척 간에, 혹은 개인 차원에서 어떻게 실현할 수 있는가?

2. 당신의 사역에서 사회에 분열을 일으키는 비성경적 요소가 있다면, 이를 어떻게 개선할 수 있는가?

참고문헌

Ali, Haile Ahmed. *Teatime in Mogadishu: My Journey as a Peace Ambassador in the World of Islam.* Harrisonburg, VA: Herald Press, 2011.

Shenk, David. *Christian. Muslim. Friend.: Twelve Paths to Real Relationship.* Harrisonburg, VA: Herald Press, 2014.

30 열매 맺는 실천, 배움의 공동체

네이트 숄츠는 중동의 미접촉 종족 집단에서 7년간 예수님의 제자를 양성했고, 영어 교사로 사역했다. 현재는 북미의 무슬림 디아스포라와 일반 기독교인들을 연결하는 풀뿌리 공동체 사역을 하고 있다.

래리 버크는 아프리카 사헬 지역에서 25년 넘게 사역하면서, 성경 번역과 미전도 종족을 하나님의 말씀으로 인도하는 창의적 방법에 참여했다. 2007년부터는 "열매 맺는 실천 연구팀"에서 선교 열매에 미치는 언어의 영향을 연구하고 있다.

핵심 포인트
- 사역 기술 발전에 가장 적합한 환경은 같은 뜻을 가진 복음 사역자들의 헌신적인 공동체다.
- 이러한 공동체를 시작하고 육성하려면 주도자가 필요하다.
- 조직 간 정보 공유를 위한 "신뢰하는 중개인 네트워크"는 모든 관계자에게 큰 유익을 가져다줄 수 있다.

부름받은 자들의 공동체에 온 것을 환영한다

2017년 10월, "거하라, 열매 맺으라" 컨설테이션의 마지막 날 저녁, 더들리 우드베리는 이렇게 호소했다. "하나님의 계획은 그리스도께서 다시 오시는 날까지 사도들로부터 증인들이 연이어 일어나는 것입니다." 이어서 그는 사무엘 즈웨머의 설교를 듣고 선교사로 부름받은 자신의 이야기를 나누었다. 그는 즈웨머가 설교 도중 쓰러져 교회 밖으로 실려 나갔던 그날의 장면을 회상하며 말했다. "우리에게는 그 다음 연결고리를 만들 기회가 있습니다… 즈웨머가 그날 끝내지 못한 메시지를 우리가 완성할 수 있습니다."

그런 다음, 우리 가운데 있는 시니어 리더들이 부르심에 헌신하고자 하는 이들에게 안수 기도를 하기 위해 넓은 연회장 앞에 일렬로 섰다. 각기 다른 나라와 부족 출신의 사람들이 끝없이 긴 줄을 섰고, 시니어들은 이들을 위해 기도했다. 많은 이들이 고향의 전통 의상을 입고 있었다. 그중 상당수는 무슬림 배경을 가졌으나 이제는 예수님을 따르는 사람들이었다.

우드베리는 우리 공동체에 아낌없이 기름을 부어주었다. 그의 손이 이마에 닿을 때마다 네 손가락에서 기름이 뚝뚝 떨어졌다. 그의 손이 스쳐 지나갈 때 내 손에도 기름이 묻었다. 나도 기름으로 안수 기도를 받았는데, 그 순간의 거룩한 무게가 나(네이트)의 인생에 새겨졌다.

그날 우리는 강력한 공동체 의식을 느꼈다. 무슬림 가운데 사역하는 많은 이들이 종종 고립감을 느낀다는 사실을 알고 있다. 그러나 그럴 필요가 없다. 우리는 추수의 사역이 이루어지는 곳마다 우리의 비전과 열정을 공유하는 사람들을 하나로 모을 수 있다. 그 방법 중 하나는 앞서간 많은 증인이 발견한 유익한 실천을 본받아 목적 의식을 가지고 '학습 공동체'를 만드는 것이다.

이 장에서는 몇몇 학습 공동체의 사례를 나누고자 한다. 여기에는 소규모 그룹부터 공통의 목표를 위해 여러 조직과 사람들이 협력하는 대규모 프로젝트에 이르기까지 다양한 공동체들이 포함된다. 이러한 사례들을 통해 유사한 공동체를 형성할 수 있는 재생산 가능한 원칙들을 도출할 것이다.

리즈 이야기: 시애틀에서 공동체 세우기

워싱턴 주 스포캔에 위치한 "허브 커뮤니티(Hub Community)"는 세 번째 주간 모임을 맞아 활기찬 대화로 가득 찼다. 리즈는 마침내 자신과 같은 생각을 가진 사람들과 함께 일하는 기쁨을 깨달았다. 모임에 참석한 모든 사람은 무슬림 친구들이 있었고, 리즈의 열정처럼 그들의 삶에 예수님을 소개하고자 했다.

모임이 끝난 후, 리즈는 1년 전 파티마를 처음 만났던 때를 떠올렸다. 그 순간이 이 모든 일의 시작이었다. 이라크에서 온 무슬림 학생인 파티마는 대학교 근처로 이사 오면서 리즈의 이웃이 되었다. 그들은 자연스럽게 대화를 나누기 시작했고, 리즈는 그들이 너무나 쉽게 친구가 된 것에 놀랐다. 처음부터 리즈는 자신의 신앙을 나누고 싶었지만, 혹시라도 말실수를 해서 새 친구와 멀어질까 긴장했다.

리즈는 이슬람에 대한 일반 지식은 있었지만, 실제로 무슬림들과 교

> 문제는 무슬림 친구가 있는 사람이 주변에 아무도 없다는 것이었다. 교회 친구들조차 그 주제에 별 관심을 보이지 않았다.

류한 경험이 있는 사람들과 대화하고 싶었다. 문제는 무슬림 친구가 있는 사람이 주변에 아무도 없다는 것이었다. 교회 친구들조차 그 주제에 별 관심을 보이지 않았다. 그래서 그녀는 선교대회에 참석해 전시 부스를 하나하나 돌아다니며 만나는 모든 사람에게 조언을 구했다.

선교대회의 한 발표자가 리즈에게 나(네이트)에게 이메일을 보내보라고 제안했다. 나는 답장에서 리즈에게 다음 가설을 검증해보자고 제안했다. *"무슬림 공동체의 밀집도와 상관없이 운전해서 갈 수 있는 거리에, 무슬림 친구를 사귀고 그들을 하나님 나라에 초대하려는 열망을 가진 기독교인이 적어도 100명은 있을 것이다."* 내 경험에 따르면, 실제 장벽은 이러한 신자들이 서로를 잘 모른다는 것이었다. 나는 리즈에게, 교회 친구들의 관심을 촉구하기보다는 이미 무슬림에 관심이 있는 이들을 찾아 서로 연결하는 전략이 더 효과적일 것이라고 조언했다.

리즈는 이 도전을 기꺼이 받아들였다. 그녀는 보물찾기를 하듯이 자신과 같은 열정을 가진 이들을 적극적으로 찾아 나섰다. 새로운 연락처를 하나씩 모으며 비슷한 생각을 가진 이들을 차츰 발견했다. 관심이 있는 15명이 모였을 때, 그녀는 자신의 집에서 첫 모임을 열었다.

첫 "허브 커뮤니티" 모임에서는 식사를 나누며 각자의 무슬림 친구들에 대한 이야기를 조금씩 공유하기 시작했다. 대화가 중반쯤 이르렀을 때, 모두는 중요한 사실을 깨달았다. 그들은 지금까지 서로에게 줄 수 있었던 지지와 도움을 놓치고 있었다는 것이다. 모두가 비슷한 경험을 하고, 때로는 같은 무슬림 친구를 알고 있었다. 무엇보다 그들 모두가 쉽게 만나서 교류할 수 있는 가까운 거리에 살고 있었다. 함께 배우는 유익은 크고 분명했다. 그 후 몇 달 동안, 그들은 지속적으로 서로를 격려하고 기도하며 새로운 아이디어를 나누었다.

리즈는 그 여정을 되돌아보며, 공동체를 통해 그녀에게 필요한 격려를 채워주신 하나님께 감사 기도를 드렸다. 하나님은 그들 한 사람 한 사람을 신실하게 인도하셨고, 덕분에 리즈는 하나님에 대한 신뢰를 더욱 확고히 다질 수 있었다.

리즈의 이야기는 사역자 공동체의 핵심 요소를 잘 보여준다.

- 주도자는 같은 생각을 하는 사람들과의 교제를 간절히 원한다. 자신과 열정을 공유하는 사람들을 찾아 지원 그룹을 만들 수 있는 능력과 동기를 가지고 있다.
- 모이는 사람들은 이미 적극적으로 활동하고 있으며, 주도자의 노력에 기꺼이 호응할 것이다. 이들은 공동 학습의 필수 요소인 무슬림들과의 관계를 이미 맺고 있다.
- 모임에서 그들은 무슬림 친구들과의 교류 경험을 나누고, 더 효과적인 신앙 실천 방법을 함께 모색하며, 서로를 위해 기도하고 책임진다. 대체로 구체적인 목표를 가지고 동료 간에 제자도를 실천한다.

이 모델은 북미 대륙에만 국한되지 않는다. 오히려 공동체 중심의 접근은 전 세계의 다른 많은 지역에서 더욱 자연스러운 방식이다.

이자카 이야기: 실천하는 아프리카 공동체

처음에 이자카는 회의적이었다. 그는 이 사람들이 자신에게 도움이 될 수 있을지 확신하지 못했다. 수년간 그는 아프리카 전역의 무슬림 동족에게 복음을 전하려는 열정을 가지고 있었다. 이웃 국가에서 대학 시절에 그리스도를 만났고, 고국에 돌아와 신앙을 전파했다. 그러나 여러 해가 지나 어느 정도 결실을 보았음에도 진전은 더디었고, 그는 종종 고립감과 외로움을 느꼈다.

이자카는 MBB들의 효과적인 전도를 위해 특별히 고안된 교육 프로그램이 있다는 소식을 듣고 참여하기로 했다. 그러나 처음에 그의 태도는 부정적이었다. 이 사람들이 과연 그가 모르는 것을 알려줄 수 있을까? 그것이 정말 그의 사역에 변화를 가져올 수 있을까?

2년 후, 이자카의 관점은 크게 달라졌다. 그는 직접 그 열매를 목격했다. 교육 초기에 비슷한 배경과 열정을 가진 소수의 동료들을 만났고, 함께 시간을 보낸 후 이제 정기적으로 만나기로 약속했다. 그들은 협력 방식에 대한 지침에 동의하고, 공통된 사역 틀에 헌신하기로 했다. 각자 다른 곳에서 다른 이들과 사역했지만, 그들의 사역에는 많은 공통점이 있었다. 모임에서 그들은 다음과 같은 핵심 활동에 집중했다.

집중적인 기도

초기 훈련 그룹이 채택한 핵심 원칙 중 하나는 기도의 중요성이었고, 그들은 이를 진지하게 받아들였다. 이들은 특정한 필요를 위해, 각 지역의 중요한 접촉자(평화의 사람)를 위해, 그리고 사역이 진행되면서는 각각의 접촉자들을 위해 기도했다.

말씀을 통해 하나님의 음성을 듣겠다는 헌신
이들은 기독교의 전통적 형태에서 큰 영향을 받았지만, 성경 자체를 최고의 권위로 삼았다. 그들의 사역은 귀납적 성경 연구를 중심으로 했으며, 이를 통해 구도자들이 먼저 주요한 성경의 핵심 원리를 파악한 후 즉시 실천할 수 있도록 도왔다.

실제적 필요를 도움
네트워크가 섬기는 사회 공동체에는 절박한 필요가 많았다. 그들은 주변의 실제적 필요를 해결하고 의미 있는 사역 방법을 찾기 위해 끊임없이 함께 논의했다. 해법을 모색하는 과정에서 다른 외부 기관들과 협력하고, 자신들의 경험과 연락처를 공유했다.

반대에 부딪힐 준비
그들은 일상적으로 핍박과 영적 전쟁을 겪었지만, 그룹의 일원이 됨으로써 함께 어려움에 맞서는 힘을 얻었다.

이자카와 동료들은 "열매 맺는 실천 학습 공동체"나 "실천 공동체"라는 용어를 들어본 적이 없었지만, 그들의 그룹은 처음부터 그런 방식으로 운영되었다. 처음에는 회의적이었던 이자카도 곧 공동체에서 함께 일하는 것의 가치를 깨닫게 되었다.

짐 이야기: 신뢰할 수 있는 중개인 네트워크 모델

일부 사역자들은 조직적 영향력을 행사하는 최상위 수준에서 협력 구조를 형성하기도 하는데, 이를 "신뢰하는 중개인 네트워크(trusted broker network)"라고 부른다. *이 아이디어의 핵심*에는 "신뢰하는 중개인"이라는 개념이 있다. 이는 특정한 사역 분야에서 관계적 인맥을 쌓은 핵심 인적 네트워크를 의미한다. 이러한 인맥은 그룹 활동과 관련된 중요한 정보에 접근할 수 있는 고유한 권한을 제공한다. '신뢰하는'이라는 수식어는 강력한 관계를, '중개인'은 교환 능력을 가진 존재를 의미한다.

"신뢰하는 중개인 네트워크"는 서로 다른 조직의 중개인들로 구성된 비교적 소규모의 그룹이다. 이들은 특정 목표를 달성하기 위해 지속적으로 상호작용하려는 의지와 여유를 가지고 있다. 또한 쌓아온 신뢰 관계를 바탕으로 자신들의 지식을 안전하게 공유하고, 동시에 구성원의 보안을 지킨다.

IMB의 연구 책임자인 짐 해니는 전 세계의 종족 집단에 대한 방대한 데이터베이스를 보유하고 있다. 이는 여러 세계적 기관들의 업데이트된 정보를 바탕으로 만들어졌다. 이 데이터베이스는 비록 무슬림에 국한되지는 않지만, 짐의 비전 5:9 네트워크와의 협력은 '미접촉'으로 분류되는 무슬림 종족 집단에 대한 그의 특별한 관심을 보여준다. 이 목록의 정확성 유지와 업데이트에 수천 시간이 투입되었다. 매년 수많은 현장 사역자와 재정 자원 배분 결정이 이 목록을 기반으로 이루어진다.

짐은 유용한 도구를 마련했음에도 불구하고 고민에 빠졌다. 다른 네

> "신뢰하는 중계인 네트워크"는 서로 다른 조직의 중개인들로 구성된 비교적 소규모의 그룹이다. 이들은 특정 목표를 달성하기 위해 지속적으로 상호작용하려는 의지와 여유를 가지고 있다.

트워크들도 비슷한 목록을 가지고 있었지만 서로 일치하지 않았기 때문이다. 그는 정보 통합의 부족이 선교 공동체의 신뢰를 약화시키고 있다고 우려하며, "우리 가운데 누구도 혼자서 전 세계의 종족 집단을 정확히 추적할 수 없습니다. 우리가 할 수 있는 유일한 방법은 함께 협력하고 정보를 공유하는 것입니다"라고 강조했다.

기록 유지를 담당하는 핵심 인물들은 소수였고, 짐은 그들을 모두 알고 있었다. 각 목록마다 집단들을 다르게 분류하는 것은 각 조직이 가진 서로 다른 비전과 기준 때문이었다. 그러나 짐은 조직들이 서로 고립된 채 계속 활동한다면, 한쪽은 '옳고' 다른 한쪽은 '틀린' 것처럼 보이게 될 것이라는 사실을 깨달았다. 짐은 다음 세 가지 기준을 공유하는 정보 중개인들을 불러모으기 시작했다.

- 미접촉 종족 집단 접촉에 대한 비전
- 실질적이고 정확한 접촉 추적의 중요성에 대한 인식
- 해결책에 기여하는 중요한 자산의 소유

이 막강한 정보 전문가들은 자신들의 그룹을 "함께 접촉하기(Engaging Together)"라 명명하고, 분기별로 인터넷 회의를 통해 만난다. 각 세션에서 세계의 다른 지역들을 논의하고, 지역별 전문가를 초청해 의견을 정리한다. 그들은 종족 집단 접촉에 관한 결정을 조율하고 공감대를 형성하고자 노력한다. 이 실험은 모두에게 일관된 기록과 보고를 제공할 수 있는 표준화의 가능성을 보여준다.

리즈의 "허브 커뮤니티" 사례와는 달리, 짐은 유명한 전문가들을 불러모으는 일부터 시작했다. 그들은 이미 짐이 요청한 가치를 창출하고 있었다. 그러나 조직의 정치, 보안 문제, 개인적 의심과 같은 장애물로 인해 신뢰를 쌓기가 쉽지 않았다. 짐은 "집단적 영향력이 작동하려면, 신뢰하는 중개인들이 각자의 지식과 통찰력을 서로 제공하여, 모두가 각자 개인적으로 아는 것을 알 수 있어야 한다"고 말했다. 이러한 어려움은 아프리카의 리더들 간에도 타문화 협업의 과제로 반복되고 있다.

래리 이야기: 사헬 이니셔티브

파트너십 전문가인 필 버틀러는 "혼자서 할 수 없다면 협력이 필요하다"라고 말했다. 아프리카 사헬 지역에서 우리는 바로 그런 상황에 직면했다. 위클리프 성경번역선교회는 2025년까지 모든 언어로 성경 번역을 시작한다는 목표를 세웠지만, 이는 우리의 능력치를 벗어난 것처럼 보였다. 사헬 지역은 사하라 사막의 가장자리에 위치한, 인간의 거주가 가능한 마지막 땅이다. 이 지역은 불안정한 식량 공급, 물 부족, 끊이지 않는 정치 분쟁 등 다양한 문제에 시달리고 있다. 이러한 현실적 어려움도 크지만, 무슬림 문화가 지배적인 이 지역에서 교회개척자들과 성경 번역가들이 마주하는 영적 도전은 훨씬 더 크다.

사헬 지역에서의 성경 번역 작업은 수년간 지속되었으나 많은 장애물에 부딪혔다. 이에 대응하여 사헬 이니셔티브가 결성되었는데, 이는 이 지역의 번역 문제를 구체적으로 해결하기 위해서였다. 사헬 이니셔티브는 앞서 언급한 짐 해니의 "함께 접촉하기" 그룹과 유사하지만, 더 높은 수준의 실천적 학습 공동체를 지향한다. 사헬 이니셔티브는 네 가지 주요 분야의 포커스 그룹을 통합하고자 했다.

- 교회개척
- 성경 번역
- 개발
- 미디어

이 분야들에 초점을 맞춘 파송 단체, 교회, 기타 네트워크의 대표들이 모여 하나님 나라 운동으로 이어지는 효과적인 실천 방법을 탐구했다. 사헬 이니셔티브를 시작하면서 그들은, 다른 사람들이 이와 유사한 이니셔티브를 시작할 때 참고할 수 있는 네 가지의 핵심 단계를 밟았다.

조직 내 초기 주도자 발굴
사헬 이니셔티브의 초기 비전은 한 대형 단체 리더의 발상에서 시작되었다. 그는 비전을 직접 실행할 시간이 부족했지만, 대신 시간의 여유가 더 많고 당면 문제에 집중할 수 있으며 동기 부여된 인재를 찾아냈다. 이러한 주도자의 등장으로 이니셔티브가 구체화되기 시작했다.

유사한 생각을 가진 그룹의 구성
다음 과제는 비전을 실현할 수 있는 핵심 인재 그룹을 모으는 것이었다. 사헬 이니셔티브의 경우, 핵심 인사들을 한자리에 불러모으기가 큰 도전이었으나, 이를 성공시킴으로써 하나님의 축복을 경험했다.

공유된 비전과 목적 개발

사헬 이니셔티브의 창립위원회는 시간을 들여 비전 선언문, 목표, 네트워크의 기본 구조에 합의했다. 첫 회의가 끝날 즈음 이니셔티브의 목적이 명확해졌다.

초기의 성과 달성

많은 새로운 네트워크와 파트너십이 설계 단계에서 사라진다. 따라서 동력을 얻기 위해서는 초기에 긍정적인 변화를 보여줄 필요가 있다. 2014년 첫 대회에서 전역의 지역 대표자들이 모여 협력의 의지를 보였고, 이는 초기 성공 사례가 되었다.

2018년 에티오피아 아디스아바바에서 열린 세 번째 대회에서는 교회개척, 성경 번역, 개발, 미디어라는 네 가지 중점 분야를 다루었다. 공동 비전을 논의하고 하나님의 역사를 묵상하면서 협력에 대한 열정이 더욱 고조되었다.

혼인 예식과 준비된 신부

열매 맺는 실천 학습 공동체의 형성은 연회 준비에 비유할 수 있다. 출발점은 사람들의 배고픔을 인식하는 것이다. 그들은 먹어야 하고, 우리는 그들을 먹여야 한다. 모든 것은 이 배고픔을 인식하고, 그 필요를 해결하고자 하는 깊은 열망에서 시작된다.

연회 준비는 요리사로부터 시작된다

우리가 사역하는 상황 안에서 배고픈 이들의 요구를 실질적으로 충족시키는 것은 중대한 도전이다. 이는 한 개인이나 단체가 감당하기에는 너무 큰 일이므로, 비전을 공유하고 필요한 자원을 찾아줄 수 있는 동료들의 도움이 필요하다. 열매 맺는 실천 학습 공동체 형성의 첫 단계는 핵심 인물들을 모을 수 있는 누군가가 나서는 것이다. 이 주도자는 비전을 명확히 전하고 다른 이들과 소통할 수 있어야 한다.

누가 웨이터인가?

우리는 비전을 갖추고, 발전을 가로막는 공통의 장벽을 인식하며, 균형 있고 맛있는 음식을 제공할 수 있는 적합한 사람들을 끌어들여야 한다.

메뉴는 무엇인가?

적절한 사람들이 모였다면, 이제는 비전을 명확히 하고 마무리할 시간이다. 식탁 주변에 모인 이들이 부르심에 응답했다. 이 단계에서 목표는 모든 관계자의 열정이 담긴 통합된 비전과 핵심 목표를 만들어 발전에 필요한 동기부여를 하는 것이다. 필요와 참여자들을 고려할 때, 어떤 일을 할 수 있을까? 이것은 우리의 풀뿌리 사역자 공동체의 예처럼 간단할 수도 있고, 아니면 정교하거나 그 초점이 전 세계적일 수도 있다. 그러나 원칙은 항상 동일하다.

식사를 즐기자!

메뉴가 명확해졌다면 이제 실행할 시간이다. 안타깝게도 행동은 말처럼 쉽지 않을 때가 많다. 유익한 실천 학습 공동체는 실수로부터 배우고, 하나님의 인도하심을 구하며, 재시도한다. 공동체에서 이를 행하면 그 과정에서 지원과 격려를 받을 수 있다.

우드베리가 들려주는 즈웨머의 도전을 들어보라. 사도들로부터 예수님께서 다시 오실 그날까지 이어지는 증인의 띠는 하나님 가족의 역사로 연결된 공동체다. 하나님의 계획은 어린 양의 혼인 잔치에서 정점을 이룬다! 교회가 모든 종족 가운데 하나님 나라를 앞당기는 통일된 접근 방식을 통해, 그분의 준비된 신부가 되는 길을 그려가자.

토론과 적용

1. 다른 사역자와의 긴밀한 협력은 사역의 어떤 면에서 도움이 되는가?
2. 공식적이든 비공식적이든, 공동의 소명에 대한 실질적 지식을 나누는 현장 네트워크에 참여하고 있는가?
3. 사역 현장에서 상호작용을 통해 배우고, 그 내용을 나누고 싶은 두세 명의 동역자가 있는가?

바울의 선교 전략에서 배운다

SERMON No.5

- 설교자: 알렌 마타모로스
- 본문: 로마서 15장 14-24절

오늘 본문은 사도 바울의 로마 방문 계획에 대해 언급합니다. 동쪽 지역에서 부지런히 복음을 전하던 바울은 그곳에서의 시간이 얼마 남지 않았음을 깨닫고, 서쪽 지역을 새로운 선교지로 바라보기 시작했습니다. 그는 로마에 보낸 편지에서 교회의 문제를 다룰 뿐만 아니라 서바나(스페인) 선교 계획을 제시합니다.

당시 바울은 고린도에서 예루살렘의 가난한 이들을 위한 기금을 모으고 있었습니다. 그는 이 헌금을 예루살렘의 가난한 사람들에게 전달해야 했기 때문에 로마를 방문하는 가장 좋은 시기가 언제일지 조율하고 있습니다. 평소 그는 다음 여행을 계획하면서 서신을 쓰곤 했습니다.

바울은 자신의 새로운 선교 여행에 로마 교회를 참여시킬 계획이었음을 명확히 밝히고 있습니다. 그가 교회들이 그를 지원할 수 있도록 로마를 통과해서 가겠다고 말한 것은, 단순한 기도와 재정 지원을 넘어선 광범위한 참여를 기대했기 때문입니다. 그는 서바나 선교를 위해 서부 지역에서 중요한 파트너십을 구축하고자 했습니다.

이 구절에서 바울이 몇 가지 중요한 사항에 관심을 가지고 있음을 볼 수 있습니다.

유산

처음 몇 구절에서 바울은, 자신을 이방인을 하나님께 바치는 제사장으로 소개합니다. 그는 예루살렘에서 일루리곤까지지 복음을 전한 사역을 보고하며, 자신의 유산을 로마 교회와 공유하기 위해 편지를 쓰고 있습니다. 바울은 자신의 생각과 말, 행동에 힘을 주시는 성령님께서 함께하시기에 자신이 유산을 남기고 있음을 알았습니다.

오늘날 우리도 역사를 돌아보면서 무슬림 선교에서 우리 선배들이 남긴 유산에 대해 하나님을 찬양해야 합니다. 다행히 우리는 세계 곳곳에서 온 형제자매들과 손을 맞잡을 수 있습니다. 아프리카인과 미국인, 아시아인과 유럽인 모두가 복음을 위해 함께 일하고 있습니다.

거룩한 야망

바울은 그리스도의 이름이 알려지지 않은 곳에서 복음을 전하고자 합니다. 그는 다른 사람이 닦아놓은 터 위에 집을 짓기보다 복음을 한 번도 들어보지 못한 이들에게 선포하기를 원했습니다. 바울이 놀라운 유산을 남길 수 있었던 것은 이 거룩한 야망에 이끌렸기 때문입니다. 그의 마음속에 타오르는 불과 복음 전파에 대한 열망이 그의 걸음을 열방으로 인도했습니다.

오늘날 우리 역시 미전도 종족, 미접촉 종족, 그리고 거의 접촉되지 않은 종족에게 복음을 전하는 꿈을 품고 있습니다. 우리 앞에는 대도시의 복잡함과 빈곤, 폭력, 테러, 전쟁 등 다양한 어려움 속에 있는 18억 무슬림에게 다가가고자 하는 야망이 있습니다. 하나님은 우리에게 안전지대를 벗어나 그들을 섬기라고 부르고 계십니다. 이는 결코 쉬운 일이 아닙니다. 우리는 이 거룩한 야망을 이루기 위해 기꺼이 대가를 치를 준비가 되어 있어야 합니다.

<u>협력</u>

바울은 복음을 듣지 못한 이들 가운데서 헌신적인 사역을 통해 유산을 쌓았고, 그 결과 넓은 지역에 복음이 전파될 수 있었습니다. 거룩한 야망은 그를 미전도 종족으로 이끌었으며, 로마 제국의 가장 험난한 지역들까지 복음을 들고 가게 했습니다. 바울은 항상 새로운 문을 찾아 나섰고, 불가능해 보이는 일이 실현되기를 기대하며 앞으로 나아갔습니다.

바울이 사역을 감당할 수 있었던 이유 중 하나는, 형제자매들과 긴밀하게 협력했기 때문입니다. 그는 자주 안디옥으로 돌아갔고, 마게도냐에 있는 데살로니가 교회와 빌립보 교회의 도움을 받았습니다. 이러한 협력 관계가 바울의 사역을 가능하게 했으며, 그의 유산을 쌓는 데 중요한 역할을 했습니다.

우리는 무슬림 세계에 다가가기 위해 함께 노력하는 180개 이상의 선교단체로 이루어진 네트워크입니다. 그럼에도 그리스도의 몸 안에서 더욱 긴밀한 협력이 필요합니다. 18억의 무슬림에게 복음을 전하기 위해서는 앞서간 형제자매들이 남긴 유산 위에 서서, 대위임령을 이루고자 하는 거룩한 야망으로 하나 되어 협력해야 합니다.

    우리 앞에는 막대한 과제가 놓여 있으며, 이 과제를 혼자서는 결코 완수할 수 없다는 사실을 인식해야 합니다. 저는 전 세계적인 협력의 파도가 일어나는 것을 보고 싶습니다. 각 나라의 기독교인들이 모여, 모든 무슬림 종족에게 복음을 전하겠다는 열정으로 함께 사역하는 그날을 눈앞에 그립니다. 아멘.

나오며

이러한 책의 결론을 맺는 방법은 여러 가지다. 모든 훌륭한 아이디어를 요약하거나 가장 중요한 몇 가지를 검토하고 강조할 수도 있다. 그러나 이 프로젝트의 목표는 처음부터 지구상의 모든 종족, 특히 무슬림 종족이 예수님을 예배하는 모습을 보는 것이다. 그 목표는 지식이 아니라 순종을 통해 달성된다. 물론 순종하기 위해서는 '알아야' 하지만, 이 책의 저자들은 이미 우리에게 깊이 생각할 거리를 제공했다. 이제 남은 과제는 그 지식을 실천하는 것이다.

이 도전은 머리가 아닌 마음에서 시작된다. 그러므로 우리는 모든 기독교인의 삶이 시작되는 곳, 바로 예수님 안에 거함에서 시작해야 한다. "나는 포도나무요 너희는 가지라. 그가 내 안에, 내가 그 안에 거하면 사람이 열매를 많이 맺나니 나를 떠나서는 너희가 아무것도 할 수 없음이라"(요 15:5). 예수님은 이어서 말씀하신다. "너희가 열매를 많이 맺으면 내 아버지께서 영광을 받으실 것이요 너희는 내 제자가 되리라"(요 15:8).

예수님은 우리가 그분 안에 거하면 많은 열매를 맺을 것이라고 분명히 말씀하셨다. 무슬림 세계의 거칠고 험난한 사역 현장에서 이 거함이 실제로 어떤 모습인지 이해하는 것이 우리의 과제이며, 이 책은 그에 대해 깊이 생각해볼 기회를 제공한다.

하나님께서 무슬림 세계에서 다양한 배경의 기독교인들을 통해 행하시는 위대한 일들을 나누는 데 이 책이 도움이 되기를 바란다. 그러나 다시 강조하지만, 열매 맺는 순종이 없다면 지식만으로는 목표를 이룰 수 없다. 이 진리는 그리스도를 따르는 모든 이들에게 해당한다. "너희가 나를 택한 것이 아니요 내가 너희를 택하여 세웠나니 이는 너희로 가서 열매를 맺게 하고 또 너희 열매가 항상 있게 하여 내 이름으로 아버지께 무엇을 구하든지 다 받게 하려 함이라"(요 15:16). 당신은 영속하는 열매를 맺도록 선택받았다. 이제 남은 질문은 그 열매가 어디에 있는가 하는 것이다.

다양한 동역자들의 이야기를 통해 얻은 배움이 추수의 주님께 "무슬림 세계의 큰 추수에 제가 어떻게 동참하기를 원하십니까?"라고 묻는 계기가 되기를 바란다. 이 질문에 대한 답은 이 책을 읽는 각 사람마다 다를 것이다. 주님이 유일하신 것처럼, 그분을 따르는 각 사람도 고유하기 때문이다.

주님과 대화를 시작할 수 있는 몇 가지 질문을 제시한다.

- 이 책에서 배운 내용을 통해 내 삶은 어떻게 달라질 수 있는가?
- 예수님과 나의 관계, 그리고 세상과의 관계는 어떻게 달라질 수 있는가?

- 나의 기도는 어떻게 달라질 것인가?
- 내가 속한 공동체와 새로운 방식으로 교류할 것인가?
- 더 많은 일꾼을 추수 현장으로 보내는 일을 어떻게 도울 수 있는가?
- 이 배움을 누구와 나눌 수 있는가?

주님은 당신을 통해 무슬림을 제자로 부르기를 원하신다. 예수님과 동행하는 기쁨을 누리기를!

인명 색인

갈렙 롬 Caleb Rome 251

나비드·사라 부부 Naveed and Sara 121, 125, 126
나지 아비하솀 Naji Abi-Hashem 245
네이트 숄츠 Nate Scholz 17, 316, 471, 472
뉴스너 Neusner 297

다우드 아흐메드 Dawood Ahmed 110
다이앤 랭버그 Diane Langberg 240, 242
달리아 압델하디 Dalia Abdelhady 210
댄 히츠후젠 Dan Hitzhusen 7
더들리 우드베리 Dudley Woodberry 7, 18, 271
데보라 리 Deborah Lee 185
데이비드 개리슨 David Garrison 136, 137, 138
데이비드 솅크 David Shenk 18, 458
데이비드 F. 아르조우니 David F. Arzouni 296
데이비드 필립스 David Phillips 257
돈 맥커리 Don McCurry 18, 22, 56
디트리히 본회퍼 Dietrich Bonhoeffer 407
딕 브로그덴 Dick Brogden 22, 30, 41

라잔 가자위 Razan Ghazzawi 277
랄프 윈터 Ralph Winter 104

래니 아렌슨 Lanny Arensen 148
래리 버크 Larry Burke 471
레이나 Leina E. 332
레이몬드 룰 Raymond Lull 51
레이프 스텐버그 Leif Stenberg 215
로렌스 통 Lawrence Tong 144
로버트 더글러스 Robert Douglas 203
로빈 스토킷 Robin Stockitt 288
로야·자베드 Roya and Javed 311
롤랜드 뮬러 Roland Muller 287
롤랜드 빙엄 Rowland Bingham 252, 255, 259, 262
루스 발레리오 Ruth Valerio 67
루크 헤린 Luke Herrin 17, 151
리아즈 하산 Riaz Hassan 202
리카드 라거발 Rickard Lagervall 215
릭 러브스 Rick Loves 271-272
린다 사이먼 Linda Simon 121

마날 알샤리프 Manal al-Sharif 277
마르코 프레토리우스 Marko Pretorius 191
마이클 카스파 Michael Kaspar 171
마틴 홀 Martin Hall 31, 141, 142
맷 레드먼 Matt Redman 326

모이라 데일 Moyra Dale 267, 288
민 하 응우옌 Minh Ha Nguyen 191

바나바 형제 Brother Barnabas 357, 360
바드루 카테레가 Badru D. Kateregga 460
베넷 F. Benet 195
베켈레 샨코 Bekele Shanko 7
브라이언 에크하트 Brian Eckheart 401
브라이언 히버트 Brian Hébert 389
빅터 하시웨 Victor Hashweh 7
빌 머스크 Bill Musk 271

사라 Sarah G. 237
사무엘 즈웨머 Samuel Zwemer 19-20, 55, 472, 484
샬롬 Shalom 430, 431, 440
손 Sonn 297
쇼단케 존슨 Shodankeh Johnson 415
수 에니젠버그 Sue Eenigenburg 121
스탠리 무니햄 W. Stanley Mooneyham 57
스테판 헹어 Stefan Henger 17, 46

아론 휴스 Aaron Hughes 209
아미나 와두드 무흐신 Amina Wadud-Mushin 275
아부 술레이만 야히야 Abu Suleman Yahiya 108
아스마 바를라스 Asma Barlas 275
아얀 히르시 알리 Ayaan Hirsi Ali 274
안네케 컴펜옌 Anneke Companjen 245
알라마 악바르 압바스 Allama Akbar Abbas 110
알렌 마타모로스 Allan Matamoros 21, 30, 485
앙겔라 메르켈 Angela Merkel 94, 95
야시르 에릭 Yassir Eric 369
에드 스테처 Ed Stetzer 446
오드리 프랭크 Audrey Frank 281
오미드 사피 Omid Safi 275

오스만 B. Osman 347
올리비에 로이 Olivier Roy 209
윌리엄 캐리 William Carey 359
윌슨 나무위자 Wilson Namuwoza 223, 230
움므 라이스 Umm Layth 273
이디 아민 Idi Amin 200
이븐 칼둔 Ibn Khaldun 202

자이나 안와르 Zainah Anwar 275
자이로 드 올리베이라 Jairo De Oliveira 17, 281
제프 닐리 Jeff Neely 17, 47, 135
제프 리버맨 Jeff Liverman 47, 160
젠 브라운 Jenn Brown 47
조나단·소피아 모건 Jonathan and Sofia Morgan 207, 214, 216, 218, 220
존 베커 John Becker 17, 141, 148, 415
존 아주마 John Azumah 268
존·오페예미 이도코 John and Opeyemi Idoko 223, 226, 230
존 청 John Chung 61
존 포셋 John Fawcett 246
진 다니엘스 Gene Daniels 317, 357, 374
짐 해니 Jim Haney 47, 76, 155, 157, 478, 481

카린 버틀러 프리머스 Kärin Butler Primuth 426
칼 판더 Karl Pfander 19
칼레드 아부 엘파디 Khaled Abou El Fadi 275
캘빈·캐롤 콘키 Calvin and Carol Conkey 444
케시아 알리 Kecia Ali 275
케이시 하인 Cathy Hine 267
켄 Ken 7
크리소스톰 Chrysostom 353

타마라 닐리 Tamara Neely 17, 135
타우와쿨 카르만 Tawakkol Karmen 277
템플 가드너 Temple Gairdner 43

토마스 발피 Thomas Valpi 19
토마스 피케티 Thomas Piketty 213
트레버 Trevor 430, 432-438, 440-441
파리다 샤히드 Farida Shaheed 277
팸 알룬드 Pam Arlund 92, 190
페인 J. D. Payne 225
프라우케 쉐퍼 Frauke Schaeffer 240
피터 카메론 스콧 Peter Cameron Scott 149
필 버틀러 Phil Butler 480
필 파샬 Phil Parshall 235, 271

하지노로 라자 Hasinoro Raja 267
할랜드 Harland 297
허드슨 테일러 Hudson Taylor 42
헨리 마틴 Henry Martin 19
헨리 제섭 Henry Jessup 52, 55
헬렌 이완 Helen Ewan 43
히나 질라니 Hina Jilani 277
히샴 모타다 Hisham Mortada 195

Fruit to Harvest:
Witness of God's Great Work Among Muslims

© 2019 by Vision 5:9
All rights reserved.

Published by William Carey Press (an imprint of William Carey Publishing)
10 W. Dry Creek Cir
Littleton, CO 80120 | www.missionbooks.org
William Carey Publishing is a ministry of Frontier Ventures
Pasadena, CA 91104 | www.frontierventures.org

This Korean translation edition © 2024 by Good Seed Publishing, Seoul, Republic of Korea.
All rights reserved.

열매에서 추수로

초판 1쇄 발행	2024년 12월 30일
엮은이	진 다니엘스, 팸 알룬드, 짐 해니
옮긴이	정승현
펴낸이	신은철
펴낸곳	좋은씨앗
출판등록	제4-385호(1999. 12. 21)
주소	서울시 서초구 바우뫼로 156(MJ 빌딩) 402호
주문전화	(02) 2057-3041
주문팩스	(02) 2057-3042
이메일	good-seed21@hanmail.net
페이스북	facebook.com/goodseedbook

ISBN 978-89-5874-408-5 03230

© 좋은씨앗 2024

이 한국어판의 저작권은 William Carey Press와 독점 계약한 좋은씨앗에 있습니다. 신저작권법에 의해 한국 내에서 보호받는 저작물이므로 무단 전재와 무단 복제를 금합니다.